TECH BIBLE

Tech Bible Series

9급 국가직·지방직·고졸채용을 위한 **기술직 공무원** 합격 완벽 대비서

환경공학개론

기출이 답이다

TECH
BIBLE

Always **with you**

사람이 길에서 우연하게 만나거나 함께 살아가는 것만이 인연은 아니라고 생각합니다.
책을 펴내는 출판사와 그 책을 읽는 독자의 만남도 소중한 인연입니다.
(주)시대고시기획은 항상 독자의 마음을 헤아리기 위해 노력하고 있습니다.
늘 독자와 함께하겠습니다.

머리말

책을 처음 써야겠다고 느낀 건, 현재 환경직 공무원이 되기 위해 준비해야 하는 과정이 너무나 힘들고 인터넷강의나 학원수강을 통해서만 가능하기 때문에 이런 부적합한 구조적 문제에 대한 해결책을 조금이나마 제시하고자 하는 마음에서였습니다. 또한 지속적인 환경공무원의 채용에 관한 소식도 공무원 서적에 대한 필요성을 더욱 생각하게 한 계기였습니다.

환경기능사 수험서를 쓰면서 쌓아온 나름대로의 노하우와 학교현장에서 학생들을 가르치며 틈틈이 정리하였던 환경, 대기, 수질, 화학, 소음ㆍ진동 등 저만의 교재를 활용한다면 그리 어렵지 않은 작업이 되리라 생각하고 시작했습니다. 그러나 환경공학개론이 담고 있는 이론이 방대하며, 기출문제라는 것이 큰 의미가 없을 정도로 해마다 이리 튀고, 저리 튀는 출제경향을 분석하여 책 한권에 담는다는 것은 생각만큼 간단한 작업은 아니었습니다. 또한 환경에 대한 폭넓은 배경지식을 요구하는 문제 경향으로 인해 많은 어려움을 겪은 건 사실입니다.

이에 국가가 공개한 환경공학개론 기출문제에 대한 자세한 해설을 달고, 각 단원별로 나름대로의 내용을 정리하여, 시중에 나와 있는 책들과는 조금 차별화된 교재를 만들자는 생각으로 책을 써 나가자, 조금은 편한 마음으로 마무리를 할 수 있었습니다. 이 책을 통해 기출문제의 경향을 파악하시고, 어떤 방법으로 준비해야 할지 명확한 체계를 잡아 공부하시면 도움이 될 것입니다. 특히 화학에 관한 배경지식에 소홀함 없이 공부하시고, 기본적인 단위 환산부터 복잡한 수식에 이르기까지 빠짐없이 준비하신다면 좋은 결과를 얻으실 수 있을 것입니다.

앞으로 더 많은 환경직 공무원을 채용할 것으로 예상됩니다. 지금 전국은 미세먼지, 물부족 현상, 대체에너지 등의 다양한 환경문제를 해결할 인력을 요구할 것입니다. 이 책을 통해 조금이나마 도움이 되었으면 하는 바람이며, 폭넓은 공부를 통해 좋은 결과를 내시길 바랍니다. '태양을 향해 쏜 화살이 가장 멀리 날아간다'는 옛 격언처럼 최선을 다해 원하시는 합격의 영광을 누리시길 기도하겠습니다.

편저자 씀

Guide

기술직 공무원 **시험 안내** 📢 세부 사항은 변경될 수 있으니 해당 시험 공고를 확인하시기 바랍니다.

❖ 기술직 공무원의 업무

기계, 전기, 화공, 농업, 토목, 건축, 전산 등 각 분야에 대한 전문적이고 기술적인 업무를 수행

❖ 응시자격

▶ 9급채용 응시연령 : 18세 이상(고졸자 경력경쟁임용시험은 조기 입학한 17세 해당자도 응시 가능)

▶ 국가공무원법 제33조 및 지방공무원법 제31조(결격사유), 국가공무원법 제74조 및 지방공무원법 제66조(정년)에 해당되는 자 또는 지방공무원 임용령 제65조(부정행위자 등에 대한 조치) 및 부패방지 및 국민권익위원회의 설치와 운영에 관한 법률 제82조(비위면직자 등의 취업제한) 등 관계법령 등에 의하여 응시자격이 정지된 자는 응시할 수 없음

국가공무원법 제33조, 지방공무원법 제31조(결격사유)

- 피성년후견인 또는 피한정후견인
- 파산선고를 받고 복권되지 아니한 자
- 금고 이상의 형을 선고받고 그 집행이 종료되거나 집행을 받지 아니하기로 확정된 후 5년이 지나지 아니한 자
- 금고 이상의 형을 선고받고 그 집행유예 기간이 끝난 날부터 2년이 지나지 아니한 자
- 금고 이상의 형의 선고유예를 선고받고 그 선고유예 기간 중에 있는 자
- 법원의 판결 또는 다른 법률에 따라 자격이 상실되거나 정지된 자
- 공무원으로 재직기간 중 직무와 관련하여 형법 제355조(횡령, 배임) 및 제356조(업무상의 횡령과 배임)에 규정된 죄를 범한 사람으로서 300만원 이상의 벌금형을 선고받고 그 형이 확정된 후 2년이 지나지 아니한 자
- 성폭력범죄의 처벌 등에 관한 특례법 제2조에 규정된 죄를 범한 사람으로서 100만원 이상의 벌금형을 선고받고 그 형이 확정된 후 3년이 지나지 아니한 자
- 미성년자에 대한 다음의 어느 하나에 해당하는 죄를 저질러 파면 · 해임되거나 형 또는 치료감호를 선고받아 그 형 또는 치료감호가 확정된 자(집행유예를 선고받은 후 그 집행유예 기간이 경과한 자를 포함한다)
  - 성폭력범죄의 처벌 등에 관한 특례법 제2조에 따른 성폭력범죄
  - 아동 · 청소년의 성보호에 관한 법률 제2조제2호에 따른 아동 · 청소년대상 성범죄
- 징계로 파면처분을 받은 때부터 5년이 지나지 아니한 자
- 징계로 해임처분을 받은 때부터 3년이 지나지 아니한 자

▶ 거주지 제한(지방직 공무원, 아래의 요건 중 하나를 충족하여야 함)

- 매년 1월 1일 이전부터 최종시험(면접시험)일까지 계속하여 응시지역에 주민등록상 주소지 또는 국내 거소신고(재외국민에 한함)가 되어 있는 자
  - 📢 동 기간 중 주민등록의 말소 및 거주 불명으로 등록된 사실이 없어야 함
  - 📢 재외국민(해외영주권자)의 경우 위 요건과 같고 주민등록 또는 국내거소신고 사실증명으로 거주한 사실을 증명함
- 매년 1월 1일 이전까지 주민등록상 주소지 또는 국내거소신고(재외국민에 한함)가 응시지역으로 되어 있었던 기간을 모두 합산하여 총 3년 이상인 자
  - 📢 각 시 · 도에 따라 다를 수 있음

❇ 시험방법

▶ 제1 · 2차 시험(병합실시) : 선택형 필기시험(과목별 20문항, 4지택일형)
  - 📢 서류전형 : 필기시험 합격자에 한해 서면으로 실시(응시자격, 가산점 등)

▶ 제3차 시험 : 면접시험(필기시험 합격자 중 서류전형 합격자)

❇ 가산점

▶ 가산점 적용대상자 및 가산점 비율표

구 분	가산비율	비 고
취업지원대상자	과목별 만점의 10% 또는 5%	· 취업지원대상자 가점과 의사상자 등 가점은 1개만 적용 · 취업지원대상자/의사상자 등 가점과 자격증 가산점은 각각 적용
의사상자 등	과목별 만점의 5% 또는 3%	
직렬별 가산대상 자격증 소지자	과목별 만점의 3~5% (1개의 자격증만 인정)	

📢 세부 사항은 변경될 수 있으니 원서접수 홈페이지를 확인하시기 바랍니다.

▶ 기술직 가산점

구 분	8 · 9급	
	기술사, 기능장, 기사, 산업기사	기능사
가산비율	5%	3%

📢 폐지된 자격증으로서 국가기술자격법령 등에 따라 그 자격이 계속 인정되는 자격증은 가산대상 자격으로 인정됨

이 책의 **구성과 특징**

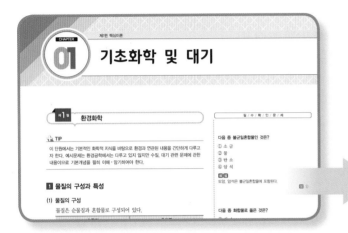

01

핵심이론

필수적으로 학습해야 하는 중요한 이론들을 각 과목별로 분류하여 수록하였습니다. 시험에 꼭 나오는 이론을 중심으로 효과적으로 공부할 수 있습니다.

02

적중예상문제

실제 과년도 기출문제와 유사문제를 단원별로 수록하여 실전에 대비할 수 있도록 하였습니다. 상세한 해설을 통해 핵심이론에서 학습한 중요 개념과 내용을 한번 더 확인할 수 있습니다.

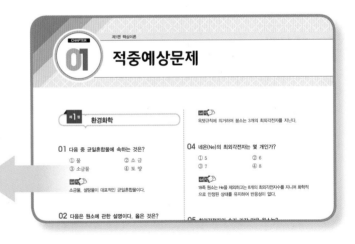

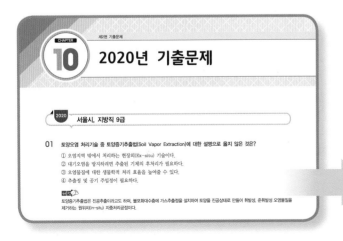

03

최근 기출문제

최근에 출제된 기출문제로 가장 최신의 출제경향을 파악하고 새롭게 출제된 문제의 유형을 익혀 처음 보는 문제도 모두 맞출 수 있도록 하였습니다.

Contents

목 차

한눈에 보는 개념 정리

표준 주기율표
Periodic Table of the Elements

※ 출처 : 대한화학회(www.kcsnet.or.kr)

표기법:
원자 번호 / 기호 / 원소명(국문) / 원소명(영문) / 일반 원자량 / 표준 원자량

1	2	3	4	5	6	7	8	9	10	11	12	13	14	15	16	17	18
1 **H** 수소 hydrogen 1.008 [1.0078, 1.0082]																	2 **He** 헬륨 helium 4.0026
3 **Li** 리튬 lithium 6.94 [6.938, 6.997]	4 **Be** 베릴륨 beryllium 9.0122											5 **B** 붕소 boron 10.81 [10.806, 10.821]	6 **C** 탄소 carbon 12.011 [12.009, 12.012]	7 **N** 질소 nitrogen 14.007 [14.006, 14.008]	8 **O** 산소 oxygen 15.999 [15.999, 16.000]	9 **F** 플루오린 fluorine 18.998	10 **Ne** 네온 neon 20.180
11 **Na** 소듐 sodium 22.990	12 **Mg** 마그네슘 magnesium 24.305 [24.304, 24.307]											13 **Al** 알루미늄 aluminium 26.982	14 **Si** 규소 silicon 28.085 [28.084, 28.086]	15 **P** 인 phosphorus 30.974	16 **S** 황 sulfur 32.06 [32.059, 32.076]	17 **Cl** 염소 chlorine 35.45 [35.446, 35.457]	18 **Ar** 아르곤 argon 39.948
19 **K** 포타슘 potassium 39.098	20 **Ca** 칼슘 calcium 40.078(4)	21 **Sc** 스칸듐 scandium 44.956	22 **Ti** 타이타늄 titanium 47.867	23 **V** 바나듐 vanadium 50.942	24 **Cr** 크로뮴 chromium 51.996	25 **Mn** 망가니즈 manganese 54.938	26 **Fe** 철 iron 55.845(2)	27 **Co** 코발트 cobalt 58.933	28 **Ni** 니켈 nickel 58.693	29 **Cu** 구리 copper 63.546(3)	30 **Zn** 아연 zinc 65.38(2)	31 **Ga** 갈륨 gallium 69.723	32 **Ge** 저마늄 germanium 72.630(8)	33 **As** 비소 arsenic 74.922	34 **Se** 셀레늄 selenium 78.971(8)	35 **Br** 브로민 bromine 79.904 [79.901, 79.907]	36 **Kr** 크립톤 krypton 83.798(2)
37 **Rb** 루비듐 rubidium 85.468	38 **Sr** 스트론튬 strontium 87.62	39 **Y** 이트륨 yttrium 88.906	40 **Zr** 지르코늄 zirconium 91.224(2)	41 **Nb** 나이오븀 niobium 92.906	42 **Mo** 몰리브데넘 molybdenum 95.95	43 **Tc** 테크네튬 technetium	44 **Ru** 루테늄 ruthenium 101.07(2)	45 **Rh** 로듐 rhodium 102.91	46 **Pd** 팔라듐 palladium 106.42	47 **Ag** 은 silver 107.87	48 **Cd** 카드뮴 cadmium 112.41	49 **In** 인듐 indium 114.82	50 **Sn** 주석 tin 118.71	51 **Sb** 안티모니 antimony 121.76	52 **Te** 텔루륨 tellurium 127.60(3)	53 **I** 아이오딘 iodine 126.90	54 **Xe** 제논 xenon 131.29
55 **Cs** 세슘 caesium 132.91	56 **Ba** 바륨 barium 137.33	57-71 란타넘족 lanthanoids	72 **Hf** 하프늄 hafnium 178.49(2)	73 **Ta** 탄탈럼 tantalum 180.95	74 **W** 텅스텐 tungsten 183.84	75 **Re** 레늄 rhenium 186.21	76 **Os** 오스뮴 osmium 190.23(3)	77 **Ir** 이리듐 iridium 192.22	78 **Pt** 백금 platinum 195.08	79 **Au** 금 gold 196.97	80 **Hg** 수은 mercury 200.59	81 **Tl** 탈륨 thallium 204.38 [204.38, 204.39]	82 **Pb** 납 lead 207.2	83 **Bi** 비스무트 bismuth 208.98	84 **Po** 폴로늄 polonium	85 **At** 아스타틴 astatine	86 **Rn** 라돈 radon
87 **Fr** 프랑슘 francium	88 **Ra** 라듐 radium	89-103 악티늄족 actinoids	104 **Rf** 러더포듐 rutherfordium	105 **Db** 두브늄 dubnium	106 **Sg** 시보귬 seaborgium	107 **Bh** 보륨 bohrium	108 **Hs** 하슘 hassium	109 **Mt** 마이트너륨 meitnerium	110 **Ds** 다름슈타튬 darmstadtium	111 **Rg** 뢴트게늄 roentgenium	112 **Cn** 코페르니슘 copernicium	113 **Nh** 니호늄 nihonium	114 **Fl** 플레로븀 flerovium	115 **Mc** 모스코븀 moscovium	116 **Lv** 리버모륨 livermorium	117 **Ts** 테네신 tennessine	118 **Og** 오가네손 oganesson

57	58	59	60	61	62	63	64	65	66	67	68	69	70	71
La 란타넘 lanthanum 138.91	**Ce** 세륨 cerium 140.12	**Pr** 프라세오디뮴 praseodymium 140.91	**Nd** 네오디뮴 neodymium 144.24	**Pm** 프로메튬 promethium	**Sm** 사마륨 samarium 150.36(2)	**Eu** 유로퓸 europium 151.96	**Gd** 가돌리늄 gadolinium 157.25(3)	**Tb** 터븀 terbium 158.93	**Dy** 디스프로슘 dysprosium 162.50	**Ho** 홀뮴 holmium 164.93	**Er** 어븀 erbium 167.26	**Tm** 툴륨 thulium 168.93	**Yb** 이터븀 ytterbium 173.05	**Lu** 루테튬 lutetium 174.97

89	90	91	92	93	94	95	96	97	98	99	100	101	102	103
Ac 악티늄 actinium	**Th** 토륨 thorium 232.04	**Pa** 프로트악티늄 protactinium 231.04	**U** 우라늄 uranium 238.03	**Np** 넵투늄 neptunium	**Pu** 플루토늄 plutonium	**Am** 아메리슘 americium	**Cm** 퀴륨 curium	**Bk** 버클륨 berkelium	**Cf** 캘리포늄 californium	**Es** 아인슈타이늄 einsteinium	**Fm** 페르뮴 fermium	**Md** 멘델레븀 mendelevium	**No** 노벨륨 nobelium	**Lr** 로렌슘 lawrencium

한눈에 보는

개념 정리

한눈에 보는 개념 정리는
저자가 직접 **엄선한 중요 개념**입니다.
공부하실 때 참고하여 **시험의 맥**을
짚어 가시기 바랍니다.

■ **몰(mol)** : 원소, 분자를 표현하기 위한 임의의 단위(1몰 = 6.02×10^{23}개)

■ **몰질량(M)** : 6.02×10^{23}개의 물질이 가지는 무게로 물질의 고유 성질

■ **몰수(n)** : 물질의 몰의 양

　　예 H_2O 54g은 $\dfrac{54(물질질량)}{18(몰질량)} = 3$몰, $n = 3$

■ **몰농도(M, Molarity)** : 용액 1L당 용질의 양(mol/L)

■ **당량** : 화학반응에 관여하는 반응물질의 일정량

■ **노말농도(N)** : 용액 1L에 포함되어 있는 용질의 g당량수

■ **보일의 법칙**

$$PV = k$$

여기서, P : 압력, V : 부피, k : 상수

■ **샤를의 법칙**

$$\frac{V}{T} = k$$

여기서, V : 부피, T : 절대온도, k : 상수

■ 보일-샤를의 법칙

$$\frac{P_1 V_1}{T_1} = \frac{P_2 V_2}{T_2} = k\,(\text{일정한 상수})$$

여기서, P : 압력, V : 부피, T : 절대온도

■ 이상기체방정식

$$PV = nRT$$

여기서, P : 압력, V : 부피, n : 몰수, R : 기체상수(0.082atm·L/mol·K), T : 절대온도

■ 헨리의 법칙

$$P = HC$$

여기서, P : 분압, H : 헨리상수, C : 농도

• 헨리의 법칙이 잘 적용되는 기체 : H_2, O_2, CO_2, N_2, CH_4 등의 무극성 분자(지용성)
• 헨리의 법칙이 잘 적용되지 않는 기체 : NH_3, HCl, SO_2, H_2S, NO_2, HF 등의 극성 분자(수용성)

■ 스토크스의 법칙

$$V_g = \frac{(d_p)^2 (\rho_s - \rho) g}{18 \mu}$$

여기서, V_g : 입자의 속도(cm/sec), d_p : 입자의 직경(cm), μ : 점성계수(g/cm·sec = 1poise)
ρ_s : 입자의 밀도(g/cm^3), ρ : 가스의 밀도(g/cm^3), g : 중력가속도(= 980cm/sec^2)

■ 람베르트-비어의 법칙

$$A = C\varepsilon L = \log \frac{1}{t}$$

여기서, C : 농도, ε : 몰흡광계수, L : 빛의 투사거리(셀의 길이), t : 투과율(%)

■ 매연의 농도 측정

$$\frac{\sum N \cdot V}{\sum N} \times 20\,(\text{day})$$

여기서, N : 횟수, V : 평균도수

■ 프로인들리히식 흡착등온식

$$\frac{X}{M} = k\, C^{\left(\frac{1}{n}\right)}$$

여기서, X : 농도차(mg/L), M : 활성탄 주입농도(mg/L)

C : 유출농도(mg/L), k, n : 상수(온도, 압력에 의해 변화함)

■ 단일 집진율

$$\eta = \left(1 - \frac{C_o}{C_i}\right) \times 100$$

여기서, C_i : 입구가스의 농도, C_o : 출구가스의 농도

■ 총집진율

$$\eta_t = 1 - (1 - \eta_1)(1 - \eta_2)$$

여기서, η_1, η_2 : 1차, 2차 집진장치의 집진율(%)

■ 백필터(Filter Bag)의 개수

$$n = \frac{A_f}{A_c}$$

여기서, A_f : 백필터 전체면적, A_c : 백필터 1개 면적

■ 기체연료 연소방정식

$$C_mH_n + \left(m + \frac{n}{4}\right)O_2 \rightarrow mCO_2 + \frac{n}{2}H_2O + Q$$

■ 이론공기량(A_o)

연소에 필요한 실제 공기량

부피단위 : $A_o = \dfrac{1}{0.21}\left\{1.867C + 5.6\left(H - \dfrac{O}{8}\right) + 0.7S\right\}[\mathrm{Sm^3/kg}]$

여기서, 0.21 : 공기 중의 산소 부피비

중량단위 : $A_o = \dfrac{1}{0.232}(2.67C + 8H - O + S)[\mathrm{kg/kg}]$

여기서, 0.232 : 공기 중의 산소 무게비

■ 공기연료비(AFR ; A/F)

공급된 공기와 연료가 완전 연소하는 경우, 공기와 연료의 질량비 또는 몰(부피)비

■ 발열량

$$H_l = H_h - 600(W + 9H)$$

여기서, H_l : 저위발열량(kcal/kg), H_h : 고위발열량(kcal/kg)

H : 수소의 함량(%), W : 수분의 함량(%)

■ BOD 부하량(kg/d)

BOD농도$(\mathrm{kg/m^3}) \times$ 폐수량$(\mathrm{m^3/d})$

■ BOD 제거율

$$\eta = \frac{\text{BOD 제거량}}{\text{유입수 BOD량}} \times 100 = \frac{\text{유입수 BOD량} - \text{유출수 BOD량}}{\text{유입수 BOD량}} \times 100 = \left(1 - \frac{\text{유출수 BOD량}}{\text{유입수 BOD량}}\right) \times 100$$

■ 잔존 BOD 농도

$$\mathrm{BOD}_t = \mathrm{BOD}_u \times 10^{-k \times t}$$

여기서, k : 탈산소계수$(\mathrm{d^{-1}})$, t : 시간

■ 소비공식

$$\mathrm{BOD}_t = \mathrm{BOD}_u \times (1 - 10^{-k \times t})$$

■ 화학적 산소요구량

$$\mathrm{COD}\,(\mathrm{mg/L}) = (b-a) \times f \times \frac{1,000}{V} \times 0.2$$

여기서, a : 바탕시험 적정에 소비된 과망간산칼륨용액(0.005M)의 양(mL)

b : 시료의 적정에 소비된 과망간산칼륨용액(0.005M)의 양(mL)

f : 과망간산칼륨용액(0.005M)의 농도계수(Factor)

V : 시료의 양(mL)

■ 총경도

2가 이온 경도의 합 = 칼슘경도 + 마그네슘경도 + 기타이온경도(영향이 적음)

$$= \sum \frac{\mathrm{M}^{2+} \times 50(\text{탄산칼슘 당량})}{\mathrm{M}^{2+}\text{당량}}$$

■ F/M비

$$\frac{C \times Q}{V \times \mathrm{MLSS}}$$

여기서, C : 포기조 유입 BOD농도(kg BOD/m^3), Q : 포기조에 들어가는 유량(m^3/d)
　　　V : 포기조 용적(m^3), MLSS : MLSS 농도(kg/m^3)

■ SS의 제거효율(%)

$$\frac{유입수SS - 유출수SS}{유입수SS} \times 100$$

■ BOD 용적부하

$$\frac{C \times Q}{V}$$

여기서, C : 포기조 유입 BOD농도(kg BOD/m^3), Q : 포기조에 들어가는 유량(m^3/d)
　　　V : 포기조 용적(m^3)

■ 수리학적 체류시간(HRT ; Hydraulic Retention Time)

$$\mathrm{HRT} = \frac{V}{Q} \times 24$$

여기서, V : 포기조 용적(m^3), Q : 유량(m^3/d)

■ 고형물 체류시간(SRT ; Solids Retention Time)

$$\theta_c = \frac{V \times X}{Q_w \times X_w}$$

여기서, θ_c : SRT(d), V : 반응조의 용량(m^3), X : 반응조 혼합액의 평균부유물(MLSS)의 농도(mg/L)
　　　Q_w : 잉여슬러지량(m^3/d), X_w : 잉여슬러지의 평균 SS농도(mg/L)

■ 슬러지용적지수

$$\mathrm{SVI} = \frac{30분간\ 침강된\ 슬러지\ 부피(mL/L)}{\mathrm{MLSS}농도(mg/L)} \times 1,000 = \frac{\mathrm{SV}_{30}(\%) \times 1,000}{\mathrm{MLSS}농도(mg/L)}$$

■ 슬러지밀도지수

$$SDI = \frac{100}{SVI}$$

■ 월류속도

$$V = \frac{Q}{\frac{\pi D^2}{4}}$$

■ 월류부하

$$\frac{유량(m^3/d)}{월류위어의\ 길이(m)}$$

■ 표면부하율

$$V_o = \frac{Q}{A}$$

여기서, Q : 유량(m^3/d), A : 침전지의 수평단면적(m^2)

■ 레이놀즈수

$$Re = \frac{\rho v_s L}{\mu} = \frac{v_s L}{\nu}$$

여기서, ρ : 유체의 밀도(g/cm^3), v_s : 평균속도(침강속도, cm/sec), μ : 점성계수(g/cm·sec)

ν : 동점성계수(cm^2/sec), L : 특성길이(입자의 직경)

■ MHT(Man · Hour/Ton)

$$\frac{\text{작업인부} \times \text{작업시간}}{\text{쓰레기 수거량}}$$

■ 압축비

$$CR = \frac{V_1}{V_2}$$

여기서, V_1 : 압축 전 부피(m^3), V_2 : 압축 후 부피(m^3)

■ 압축 후 부피

$$\text{폐기물부피}(m^3) \times \frac{\text{압축 전 밀도}(kg/m^3)}{\text{압축 후 밀도}(kg/m^3)}$$

■ 부피감소율(부피변화율)

$$VR = \frac{V_1 - V_2}{V_1} \times 100 = \left(1 - \frac{1}{CR}\right) \times 100$$

여기서, V_1 : 압축 전 부피(m^3), V_2 : 압축 후 부피(m^3)

■ 수분함량(%)

$$\frac{\text{수분의 중량}(kg)}{\text{소화슬러지 중량}(kg)} \times 100$$

■ 소화율(%)

$$\frac{\text{소화 전 비율} - \text{소화 후 비율}}{\text{소화 전 비율}} \times 100$$

■ Monod식

$$\mu = \mu_{\max} \times \frac{S}{K_s + S}$$

여기서, $\mu_{\max}$: 세포의 비증식속도 최대치, S : 제한기질농도, K_s : 1/2 포화농도

■ 농축계수

$$\frac{\text{그 물질의 생물체 내 농도}}{\text{그 물질의 환경매체 중 농도}}$$

■ 균등계수(C_u)

60% 통과율을 나타내는 모래입자의 크기의 비

$$C_u = \frac{D_{60}}{D_{10}}$$

■ 곡률계수(C_z)

사질토의 입도분포가 좋고 나쁨을 나타내는 계수

$$C_z = \frac{D_{30}{}^2}{D_{10} \times D_{60}}$$

■ 공(간)극비(e)

토양 공극의 부피와 고체입자의 부피의 비율

$$공극비 = \frac{공극의\ 부피}{흙입자만의\ 부피(토양\ 중\ 고체부피)} = \frac{공극률}{1-공극률}$$

■ 공(간)극률(Porosity, n)

토양전체부피에 대한 공극부피(물 + 공기)의 비율

$$공극률 = \frac{공극부피}{토양전체부피} = 1 - \frac{겉보기밀도}{입자밀도}$$

■ 함수율

토양이 포함하고 있는 수분의 양을 백분율로 나타낸 것

$$함수율 = \frac{물부피}{토양부피} \times 100$$

■ **습윤용적밀도** : 토양의 부피와 무게의 비

$$습윤용적밀도 = \frac{토양의\ 무게}{토양의\ 부피}$$

■ **겉보기밀도**

전체 토양부피 중 건조토양 질량의 비율

$$겉보기밀도 = \frac{습윤용적밀도}{1 + 함수율}\left(= \frac{건조토양\ 질량}{토양부피}\right)$$

■ **나트륨 흡착비(SAR)**

토양과 평형을 이루는 용액 중 Ca^{2+}와 Mg^{2+}에 대한 Na^+의 농도비

$$SAR = \frac{Na^+}{\sqrt{\frac{1}{2}(Mg^{2+} + Ca^{2+})}} \quad (단위는\ meq/L)$$

■ **저류계수(S)**

대수층 내의 단위 수두변화에 의해 단위면적당 대수층으로부터 배출되거나 흡수되는 물의 양

$$S = \frac{물의\ 부피}{단위면적 \times 단위수두변화} = \frac{m^3}{(m^2) \times (m)}$$

■ **동수경사**

두 지점의 지하수위의 차이를 두 지점 간의 거리로 나눈 비로 지하수가 이동하는 힘의 근원

$$동수경사 = \frac{dh}{dI}$$

여기서, dh : 지하수위 차이, dI : 두 지점 간의 거리

■ **투수량계수(T)**

물과 같은 유체가 토양, 암석 등의 다공성 매채를 통과하는 정도로 물을 통과시키는 능력

$$T = Kb$$

여기서, K : 투수계수(수리전도도, 침투계수), b : 대수층의 두께

■ **Darcy 법칙**

지하수가 스며들어가는 흐름에 대한 기본 법칙

$$Q = av = KIa$$

여기서, Q : 양수량, v : 지하수 침투속도, K : 투수계수(수리전도도, 침투계수)

I : 지하수의 동수구배$\left(I = \dfrac{dh}{dI}\right)$, a : 지하수 침투 단면적

■ **우수유출량 합리식**

$$Q = \frac{1}{360} \times CIA$$

여기서, C : 유출계수, I : 강우강도(mm/h), A : 배수면적(ha)

■ **유출계수**

어느 지역의 총강우량에 대한 유출량의 비

$$유출계수 = \frac{최대강수유출량}{총강우량(강우강도 \times 배수면적)}$$

■ **강우지속시간(유달시간)**

실제로 비가 내려 유역의 끝 지점까지 이동하는 시간을 말하며, 일반적으로 비가 내리기 시작하여 그칠 때까지의 시간이다.

$$유달시간 = t + \frac{L}{V}$$

여기서, t : 유입시간(min), V : 관거 내의 평균유속(m/min), L : 관거의 길이(m)

■ **파장(λ)** : 음의 파동에서 마루와 마루사이의 거리

$$\lambda = \frac{c}{f}$$

　여기서, c : 광속, f : 주파수

■ **주파수(f)** : 음파가 1초 동안 진동한 횟수

$$f = \frac{c}{\lambda} = \frac{1}{T}$$

■ **주기(T)** : 1회 진동에 걸리는 시간(초)

$$T = \frac{1}{f}$$

■ **음압(Sound Pressure, P)** : 음파가 매질 속을 지나갈 때 매질에 발생하는 미세한 압력의 변화

$$P = \frac{P_m}{\sqrt{2}} (\text{N/m}^2)$$

■ **음압레벨(SPL ; Sound Pressure Level)**

$$\text{SPL} = 20\log\left(\frac{P}{P_o}\right) \text{dB}$$

　여기서, P : 대상음의 음압실효치(음의 압력), P_o : 최소음압실효치($2 \times 10^{-5}\text{N/m}^2$)

■ **고유음향임피던스**
　주어진 매질 속에서 입자속도(V)에 대한 음압(P)의 비

$$Z = \frac{P}{V}$$

　여기서, P : 음의 압력(N/m²), V : 입자의 속도(m/sec)

■ 음의 세기(I) : 음파의 진행방향에 수직인 단위면적을 단위시간에 통과한 에너지

$$I = P^2/\rho v \, (\mathrm{W/m^2}) = P \times V$$

여기서, P : 음압($\mathrm{N/m^2}$), ρ : 공기밀도, v : 음의 전파속도, V : 입자속도

■ 음의 세기레벨(SIL ; Sound Intensive Level) : 어떤 음의 세기로 그 정도를 나타낸 값

$$\mathrm{SIL} = 10\log\left(\frac{I}{I_o}\right) \mathrm{dB}$$

여기서, I : 특정 음의 세기, I_o : 기준음의 세기(정상인의 최소가청세기, 보통 $10^{-12}\mathrm{W/m^2}$)

■ 지향지수, 지향계수

$$\mathrm{DI} = 10\log Q$$

여기서, DI : 지향지수, Q : 지향계수

■ 평균흡음률

$$\alpha = \frac{\sum S_i \alpha_i}{\sum S_i}$$

여기서, S_i : 면의 넓이, α_i : 각 재료의 흡음률

■ 투과손실(Transmission Loss) : 벽이 얼마나 음의 투과를 방지하는가를 나타내는 정도

$$T_L = 10\log_{10}\left(\frac{1}{\tau}\right) \mathrm{dB}$$

여기서, τ : 투과율

■ 진동레벨(VAL ; Variation Level)

$$\mathrm{VAL} = 20\log\left(\frac{a}{a_0}\right) \mathrm{dB}$$

여기서, a : 측정대상 진동의 가속도 실효치($\mathrm{m/sec^2}$), a_0 : 진동가속도 레벨의 기준치($10^{-5}\mathrm{m/sec^2}$)

MEMO

제 **1** 편

핵심이론

기술직

TECH BIBLE

환경공학개론

9급 국가직 · 지방직 · 고졸채용을 위한 합격 완벽 대비서

CHAPTER 01 기초화학 및 대기

제1절 환경화학

 TIP

이 단원에서는 기본적인 화학적 지식을 바탕으로 환경과 연관된 내용을 간단하게 다루고 자 한다. 예시문제는 환경공학에서는 다루고 있지 않지만 수질, 대기 관련 문제에 관한 내용이므로 기본개념을 필히 이해·암기하여야 한다.

1 물질의 구성과 특성

(1) 물질의 구성

물질은 순물질과 혼합물로 구성되어 있다.

순물질		혼합물	
원 소	화합물	균일혼합물	불균일혼합물
산소, 탄소	물, 소금	소금물, 설탕물	토양, 암석

※ 원소가 환경화학의 범주에선 가장 중요하다.

(2) 원소의 특성

원소는 특성에 따라 주기율표에서 구분된다. 금속, 비금속으로 나뉘며 수은 (Hg)을 제외한 모든 금속은 고체이다.

필 / 수 / 확 / 인 / 문 / 제

다음 중 불균일혼합물인 것은?

① 소 금
② 물
③ 탄 소
④ 암 석

해설
토양, 암석은 불균일혼합물에 포함된다.

답 ④

다음 중 화합물로 옳은 것은?

① 산 소
② 물
③ 소금물
④ 토 양

해설
물과 소금 등은 화합물이다.

답 ②

HNO₃의 분자량은 얼마인가?(단, 원자량 값은 H=1,
N=14, O=16)

① 60
② 61
③ 62
④ 63

해설
각 원자량에 계수를 곱하여 더하면 된다.
$1 + 14 + (16 \times 3) = 63$

답 ④

H₂SO₄의 분자량은 얼마인가?

① 95
② 98
③ 101
④ 115

해설
각 원자량에 계수를 곱하여 더하면 된다.
$(1 \times 2) + 32 + (16 \times 4) = 98$

답 ②

[주기율표와 성질]

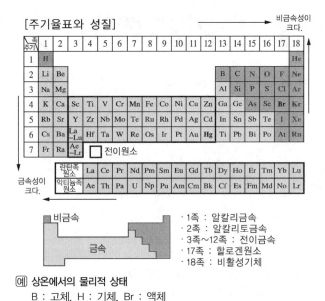

비금속성이
크다.

금속성이
크다.

□ 전이원소

· 1족 : 알칼리금속
· 2족 : 알칼리토금속
· 3족~12족 : 전이금속
· 17족 : 할로겐원소
· 18족 : 비활성기체

예 상온에서의 물리적 상태
B : 고체, H : 기체, Br : 액체

(3) 원소의 표시

$$_{B}^{A}\text{H}$$

A : 질량수 = 양성자 + 중성자
B : 원자번호 = 전자수 = 양성자수

원소는 기본적으로 원자핵(양성자+중성자)과 그 주위를 도는 양성자 수와
동일한 전자로 구성되며 무게의 대부분은 원자핵에 기인한다(전자는 무게가
거의 없음).

(4) 원자량

원자의 고유 무게를 의미하며 탄소원자를 12라고 정하고, 이것을 기준으로
주기율표에 다양한 원자들의 무게가 표시되어 있다.
※ H(1), C(12), N(14), O(16), Na(23), Mg(24), S(32), Cl(35.5) 등의 원자
량은 암기하는 것이 좋다.

(5) 분자량

분자는 복수의 원자, 또는 원자들 간의 결합으로 구성되어 있으며 물질의
성질을 띠는 최소 단위이다. 물질을 구성하는 화학식을 기초로 각 원자의
합을 계산하면 분자량이 된다.
예 H₂O의 분자량 = H의 원자량 1 + O의 원자량 16 = 18($1 \times 2 + 16$)

(6) 옥텟규칙

원자의 가장 바깥쪽 전자껍질이 전자를 8개를 채우려는 성질을 의미하며,

부족할 경우 전자를 더 받아들이려고 하고(−), 남는 경우 전자를 제공하여 (+) 원소마다 특유의 전기적 특성을 지니게 된다. 이는 최외각전자가 8개가 되었을 때 가장 안정한 상태를 이루기 때문이다(1족은 2개).

(7) 최외각전자

전자껍질의 가장 마지막에 위치하는 전자이며 전자 껍질의 수(n=1, 2, 3)에 따라 각각 2, 8, 8개의 순으로 채워지며 1족을 제외하곤 8개를 유지하려 한다.

[최외각전자가 표시된 주요 원소의 주기율표]

(8) 원자가전자

최외각전자 중 결합에 참여하는 전자로 18족을 제외한 모든 원소들은 원자 가전자 = 최외각전자가 된다.

(9) 원자가

분자 내에서 원자들 간의 결합하는 수를 의미하며 항상 고정된 것은 아니다.
예 H_2O : H−O−H 구조를 가지므로 H의 원자가는 1, O의 원자가는 2이다.
CO_2 : O=C=O 구조를 가지므로 C의 원자가는 4, O의 원자가는 2이다.

(10) 금속의 이온화 경향

이온화 경향이 클수록 전자를 방출하여 A^+의 상태가 되기 쉬우며 강한 환원의 역할을 한다. 이는 최외각전자가 적을수록, 전자껍질이 많을수록 크며, 전자를 방출하여 안정한 상태가 되려는 것은 옥텟규칙의 영향으로 생각할 수 있다.
예 이온화 경향 순서(암기)
　　K > Ca > Na > Mg > Zn > Fe > Co > Pb > H > Cu > Hg > Ag > Au

---

산소의 최외각전자는 몇 개인가?

① 2　　　　　　　② 4
③ 6　　　　　　　④ 8

해 설
옥텟규칙에 의거하여 산소는 6개의 최외각전자를 갖는다.
답 ③

다음 중 화학적으로 가장 안정된 형태를 띠는 원소는?

① He
② H
③ Na
④ Mg

해 설
옥텟규칙에 의거하여 He, Ne, Ar은 비활성기체라 칭하며 스스로 안정된 형태를 유지하고 있어 다른 물질과의 결합이 잘 일어나지 않는다.
답 ①

He의 원자가전자는 몇 개인가?

① 0
② 1
③ 2
④ 3

해 설
He의 최외각전자는 2개이나 결합에 참여하는 전자는 없어서 원자가전자는 0이 된다.
답 ①

(11) 물질의 결합

① **1차 결합** : 이온결합, 공유결합, 금속결합 → 원자가전자 간의 상호작용에 의한 강한 결합

    ㉠ 이온결합 : 반대로 대전된 이온들 간의 결합을 의미하며, 물에 쉽게 용해되어 이온상태로 분리되는 경향이 있다.

        예 $NaCl \rightarrow Na^+ + Cl^-$

    ㉡ 공유결합

      • 서로 간의 공유전자쌍을 통해 가장 강한 결합을 형성하며, 공유전자쌍의 개수가 증가할수록 결합력이 강하다.

      • 일반적으로 투명도가 높고 단단한 만큼 융점이 높다.

      • 동일물질은 비극성 공유결합, 이종물질의 결합은 극성 공유결합을 나타낸다.

      예 H_2, O_2, CH_4

      ※ 배위결합 : 공유결합의 일종으로, 원자 하나가 공유전자쌍을 일방적으로 제공한다.

        예 NH_4^+

    ㉢ 금속결합 : 금속물질의 원자들이 지닌 인력으로 인해 결정을 이루는 결합이다.

    ※ 이온결합 : 금속 + 비금속, 공유결합 : 비금속 + 비금속, 금속결합 : 금속 + 금속

② **2차 결합** : 반데르발스 결합, 수소결합 → 분자 간의 인력에 의해 얻어지는 약한 결합

    ㉠ 반데르발스 결합 : 분자에 발생한 극성으로 인한 결합으로, 결합력이 약하다.

      예 도마뱀 발바닥

    ㉡ 수소결합 : 전기음성도가 강하고 크기가 작은 2주기 원소들이 수소원자를 끌어당기며 발생하는 정전기적 인력으로, 분자들간 일의 인력을 말한다.

      예 물의 표면장력

※ 반데르발스 결합은 수소결합을 포함한다.

결합의 종류		결합세기(kJ/mol)
원자의 힘	이온결합	100~1,000
	공유결합	100~900
	금속결합	100~800
분자의 힘	수소결합	~40
	쌍극자~쌍극자	~30
	분산력	1~20

 TIP

일반적인 물질의 결합력 비교

이온결합 = 공유결합 > 금속결합 > 수소결합 > 극성 간 결합 > 분산력

2 물질의 표시

(1) 몰(mol)

① 원자, 분자의 수가 너무 많아 편의상 한 번에 묶어서 표현하고자 하는 단위를 1mol로 규정한다.

② 표준상태(0℃, 1기압)에서 모든 기체는 1mol의 부피가 22.4L가 되고, 그 안에 포함된 개수는 6.02×10^{23}(아보가드로의 수)이 된다.

　예 2mol의 물 분자수

　　$2 \times 6.02 \times 10^{23} = 1.204 \times 10^{24}$

(2) 몰질량(M)

6.02×10^{23}개의 물질이 가지는 무게로 물질의 고유 성질이 된다.

　예 물 1mol의 질량

　　$H_2O = 18g(2 \times 1 + 16)$

(3) 몰수(n)

물질의 몰의 양을 뜻하며 다음 식으로 계산한다.

$$n = \frac{m}{M}$$

여기서, n : 몰수, m : 물질의 질량, M : 물질의 몰질량

(4) 몰농도(M, Molarity, 몰질량과는 다름)

용액(물) 1L에 포함되어 있는 용질(녹아들어 가는 물질)의 양을 의미하며, 단위는 mol/L이다.

(5) 몰랄농도(m, Molality)

용매 1kg 속에 포함되어 있는 용질의 양을 의미하며, 단위는 mol/kg이다.

(6) 당량(eq)

화학반응에서 기본이 되는 반응에 관여하는 반응물질의 일정량을 말한다.

　예 HCl → 1당량

　　H_2SO_4 → 2당량

(7) g당량(g/eq)

① 원자 및 이온의 g당량 $= \dfrac{원자량}{원자가}$

　예 $Na^+ = 23g/1 = 23g$, $Mg^{2+} = 24g/2 = 12g$

물분자 2×10^{23}개의 질량으로 옳은 것은?

① 4.5g

② 5.2g

③ 5.9g

④ 6.4g

해설
1mol당 분자수는 6.02×10^{23}개이므로 0.33mol일 때 분자수는 2×10^{23}개가 되며, 1mol당 물의 질량은 18g이다.
그러므로 $18 \times 0.33 = 5.9g$

답 ③

메탄 2mol의 질량은?

① 16g

② 25g

③ 32g

④ 64g

해설
CH_4 1mol의 질량 $= 12 + (1 \times 4) = 16g$
2mol이므로 $16g \times 2 = 32g$

답 ③

500mL의 메스플라스크에 NaOH 40g이 녹아 있다. 이 용액의 몰농도는?

① 1M

② 2M

③ 3M

④ 4M

해설
NaOH 40g = 1mol
1mol/0.5L = 2mol/L = 2M

답 ②

② 분자화합물의 g당량 $= \dfrac{분자량}{양이온의\ 가수}$

　예 $CaSO_4 = 136g/2(Ca^{2+} + SO_4^{2-}) = 68g$

　　 $NaCl = 58.5g/1(Na^+ + Cl^-) = 58.5g$

③ 산·염기의 g당량 $= \dfrac{분자량}{H^+(산)\ 또는\ OH^-(알칼리)}$

　분자량을 H^+(산) 또는 OH^-(알칼리)로 나눈 값

　예 $H_2SO_4 = 98g/2 = 49g,\ NaOH = 40g/1 = 40g$

④ 산화·환원의 g당량 $= \dfrac{분자량}{주고\ 받은\ 전자수}$

　예 $KMnO_4$(과망가니즈산칼륨)

　　 주고받은 전자수 = 칼륨당량(1) + 망가니즈당량(2) + 산소당량(4×-2 = -8)

　　　　　　　　　 = -5

　　 즉, 5개의 전자를 주고받음

　　 1당량 : $\dfrac{158g}{5} = 31.6g$

　예 다이크로뮴산칼륨 1당량$(K_2Cr_2O_7) = \dfrac{294}{6} = 49g$

　　 티오황산나트륨 1당량$(Na_2S_2O_5) = \dfrac{158}{1} = 158g$

　　 아이오딘산칼륨 1당량$(KIO_3) = \dfrac{214}{6} = 35.7g$

※ 자주 출제되는 문제이므로 1당량값을 반드시 암기한다.

※ 주요물질의 g당량값

물질명	화학식	당량값	비 고
칼 슘	Ca^{2+}	20g	경도 계산 시 필요
마그네슘	Mg^{2+}	12g	경도 계산 시 필요
과망가니즈산칼륨	$KMnO_4$	31.6g	–
다이크로뮴산칼륨	$K_2Cr_2O_7$	49.0g	구 중크롬산칼륨
티오황산나트륨	$Na_2S_2O_5$	158.0g	–
아이오딘산칼륨	KIO_3	35.7g	–

(8) 노말농도(N)

용액 1L에 포함되어 있는 용질의 g당량수를 의미한다.

500mL의 메스플라스크에 NaOH 40g이 녹아 있다. 이 용액의 노말농도는?

① 1N

② 2N

③ 3N

④ 4N

해설

NaOH 40g = 1mol

1mol/0.5L = 2mol/L = 2M

NaOH는 1당량이므로 2M×1 = 2N

답 ②

3 화학의 기본법칙

(1) 보일의 법칙

일정 온도에서 일정량의 기체의 압력은 부피에 반비례한다.

$$PV = k$$

여기서, P : 압력, V : 부피, k : 상수

(2) 샤를의 법칙

압력이 일정할 때 일정한 양의 기체가 차지하는 부피는 절대온도에 비례한다(온도가 $1℃$ 올라갈 때마다 부피는 $1/273.16$만큼 증가).

$$\frac{V}{T} = k$$

여기서, V : 부피, T : 절대온도, k : 상수

(3) 보일 – 샤를의 법칙

일정량의 기체의 체적은 압력에 반비례하고, 절대온도에 정비례한다.

$$\frac{P_1 V_1}{T_1} = \frac{P_2 V_2}{T_2} = k$$

여기서, P : 압력, V : 부피, T : 절대온도, k : 상수

(4) 이상기체방정식

압력, 부피, 온도변화에 따른 기체의 상태를 가장 이상적으로 설명할 수 있는 방정식이다.

$$PV = nRT$$

여기서, P : 압력, V : 부피, n : 몰수, R : 기체상수$(0.082\,atm \cdot L/mol \cdot K)$, T : 절대온도

(5) 헨리의 법칙

일정한 온도에서 기체의 용해도는 그 기체의 분압에 비례한다.

$$P = HC$$

여기서, P : 분압, H : 헨리상수, C : 농도

① 헨리의 법칙이 잘 적용되는 기체 : H_2, O_2, CO_2, N_2, CH_4 등의 무극성 분자(지용성)

일정한 압력 및 27℃에서 부피 20L의 타이어가 있다. 부피가 40L일 때 온도는?

① 307℃

② 317℃

③ 327℃

④ 337℃

해설

27℃ = 300K

$\dfrac{V}{T} = k$를 이용하면, $\dfrac{20L}{300K} = \dfrac{40L}{x}$ 에서 $x = 600K$이므로

$600 - 273 = 327℃$

답 ③

400℃, 680mmHg 상태에서 200m³의 배출가스는 표준상태에서 부피가 얼마인가?

① 52Sm³

② 61Sm³

③ 68Sm³

④ 73Sm³

해설

보일 – 샤를의 법칙 $\dfrac{P_1 V_1}{T_1} = \dfrac{P_2 V_2}{T_2} = k$을 활용

P_1 : 680mmHg, V_1 : 200m³, T_1 : 673K(400+273)

P_2 : 760mmHg, V_2 : x m³, T_2 : 273K(표준상태 0℃, 1기압)

$\dfrac{680\,mmHg \times 200m^3}{(273+400)K} = \dfrac{760\,mmHg \times x}{273K}$

$x = \dfrac{680 \times 200m^3}{673} \times \dfrac{273}{760} = 72.59\,Sm^3$

답 ④

유해가스와 물이 일정 온도에서 평형상태에 있을 때 기상의 유해가스 분압이 38mmHg이고 수중 유해가스 농도가 4kmol/m³라 가정하면 헨리상수(atm · m³/kmol)는?(단, 분압의 단위는 atm으로 하며, 헨리의 법칙은 $P = HC$이며 P : 분압, H : 헨리상수, C : 농도)

① 0.0125

② 0.0225

③ 0.0325

④ 0.0425

해설

$P = HC$

$\dfrac{38}{760} = H \times 4kmol/m^3$

$H = 0.05/4 = 0.0125$

답 ①

안심Touch

다음 중 헨리의 법칙에 관한 설명으로 가장 적합한 것은?

① 기체의 용매에 대한 용해도가 높은 경우에만 헨리의 법칙이 성립한다.
② HCl, HF, SO₂ 등은 헨리의 법칙이 잘 적용되는 가스이다.
③ 일정 온도에서 특정 가스의 압력은 용해가스의 액중 농도에 비례한다.
④ 헨리상수는 온도변화에 상관없이 동일성분 가스는 항상 동일한 값을 가진다.

해설

헨리의 법칙($P = HC$)은 "일정한 온도에서 일정량의 용매에 녹는 기체의 질량은 압력(P)에 비례하지만 부피는 압력에 관계없이 일정하다"는 법칙이다.

답 ③

스토크스(Stokes)의 법칙에 따라 물속에서 침전하는 원형입자의 침전속도에 관한 설명으로 옳지 않은 것은?

① 침전속도는 입자 지름의 제곱에 비례한다.
② 침전속도는 물의 점도에 반비례한다.
③ 침전속도는 중력가속도에 비례한다.
④ 침전속도는 입자와 물과의 밀도차에 반비례한다.

해설

스토크스(Stokes)의 법칙

$$V_g = \frac{(d_p)^2(\rho_s - \rho)g}{18\mu}$$

• 비례 : 입자의 직경의 제곱(d_p^2), 밀도차($\rho_s - \rho$), 중력가속도(g)
• 반비례 : 점도(μ)

답 ④

감압 또는 진공이라 함은 따로 규정이 없는 한 몇 mmHg 이하를 뜻하는가?

① 15
② 20
③ 25
④ 30

해설

"감압 또는 진공"이라 함은 따로 규정이 없는 한 15mmHg 이하를 뜻한다.

답 ①

---

② 헨리의 법칙이 잘 적용되지 않는 기체 : NH₃, HCl, SO₂, H₂S, NO₂, HF 등의 극성 분자(수용성)

(6) 스토크스의 법칙(Stokes' Law)

입자가 완전한 구형이고, 유체의 흐름이 층류(안정)상태일 때 입자의 침강속도는 직경의 제곱에, 입자의 밀도차이에, 중력가속도에 비례하고 유체의 점성에 반비례한다.

$$V_g = \frac{(d_p)^2(\rho_s - \rho)g}{18\mu}$$

여기서, V_g : 입자의 속도(cm/sec) d_p : 입자의 직경(cm)
ρ_s : 입자의 밀도(g/cm³) ρ : 가스의 밀도(g/cm³)
μ : 점성계수(g/cm · sec=poise)
g : 중력가속도(980cm/sec²)

4 물질의 측정

(1) 용어 정의

① 방울수 : 20℃에서 정제수 20방울을 떨어뜨릴 때 그 부피가 약 1mL 되는 것을 뜻한다.
② 정확히 단다 : 규정한 양의 검체를 취하여 분석용 저울로 0.1mg까지 다는 것을 뜻한다.
③ 항량(恒量)으로 될 때까지 강열한다(건조한다) : 같은 조건에서 1시간 더 건조하거나 또는 강열할 때 전후 무게의 차가 g당 0.3mg 이하일 때를 말한다.
④ 감압 또는 진공 : 따로 규정이 없는 한 15mmHg 이하를 뜻한다.
⑤ 용해도 : 용매 100g당 녹을 수 있는 용질의 양(g)을 의미한다.
  ※ 물에 대한 기체의 용해도 : HCl > HF > NH₃ > SO₂ > Cl₂ > H₂S > CO₂ > O₂ > CO
⑥ PM₁₀ : 인체에 유해한 공기역학적 직경이 10μm 미만인 미세먼지(입자)를 뜻한다.
⑦ PM₂.₅ : 인체에 유해한 공기역학적 직경이 2.5μm 미만인 초미세먼지(입자)를 뜻한다.

(2) 단위 정리

물리량	정 의	명 칭	기 호
길 이	거 리	미터(meter)	m
질 량	물질의 고유의 무게	킬로그램(kilogram)	kg
시 간	시 간	초(second)	s
온 도	온 도	절대온도(kelvin)	K
물질의 양	몰	몰(mole)	mol
부 피	부 피	리터(liter)	$L(1,000cm^3)$
밀 도	일정 질량을 부피로 나눈 값	$\dfrac{질량}{부피}$	$\rho(kg/m^3,\ g/cm^3,$ kg/L 등$)$
비 중	특정물질의 질량을 동일 부피의 표준물질로 나눈 값(보통 물)	$\dfrac{대상물질밀도}{표준물질밀도}$	무단위
점 도	유체의 끈끈함을 나타내는 단위	뮤(μ)	$p(g/cm \cdot sec)$ $cP(mg/mm \cdot sec)$
압 력	단위 면적당 작용하는 힘	표준압력 (Standard Atmosphere)	atm(760mmHg)

⭐TIP

접두어 정리

킬로(k)	데카(d, 기준)	센티(c)	밀리(m)	마이크로(μ)	나노(n)
10^3	10^1	10^{-2}	10^{-3}	10^{-6}	10^{-9}

예 $1kg = 10^3 g,\ 1\mu g = 10^{-6} g$

※ ppm과 %농도 : ppm은 인위적으로 만든 무단위이며, 1ppm은 0.0001%이 다($1ppm = 10^{-6}$).

(3) 단위 환산

① 온 도

　㉠ 화씨온도($^\circ$F) $= 1.8 ^\circ\text{C} + 32$

　　※ 화씨, 섭씨 변환은 한 가지만 암기한다.

　㉡ 절대온도(K) $= ^\circ\text{C} + 273.15$

② 물의 질량과 부피의 변환

　물의 경우 밀도가 $1g/cm^3(1g/mL = 1kg/L)$이므로, 다음과 같이 환산이 가능하다.

　물 $1,000L = 1,000,000mL \times 1g/mL$

　　　　　 $= 1,000,000g = 1,000kg = 1ton = 1m^3$

다음 (　　) 안에 들어갈 말로 알맞은 것은?

"정확히 단다"라 함은 규정한 양의 검체를 취하여 분석용 저울로 (　　)까지 다는 것을 뜻한다.

① 0.1g

② 0.01g

③ 0.001g

④ 0.0001g

해설

"정확히 단다"라 함은 규정한 양의 검체를 취하여 분석용 저울로 0.1mg까지 다는 것을 뜻한다.

※ 0.1mg = 0.0001g

답 ④

다음 중 물에 대한 용해도가 가장 큰 기체는?(단, 온도는 30℃ 기준이며, 기타 조건은 동일하다)

① SO_2　　　　　　　② CO_2

③ HCl　　　　　　　④ H_2

해설

물에 대한 용해도

$HCl > HF > NH_3 > SO_2 > O_2$

답 ③

1913년 북미 캘리포니아의 죽음의 계곡(Death Valley)의 온도가 134°F까지 도달했다. 이를 Celsius도와 절대온도로 나타내면?

해설

• $134°F = 1.8 ^\circ\text{C} + 32 ≒ 56.7 ^\circ\text{C}$

• 절대온도 $= 56.7 + 273 ≒ 329.7K$

답 $56.7^\circ\text{C},\ 329.7K$

해양에는 대략 $1.35 \times 10^9 km^3$의 물이 함유되어 있다. 이것을 L로 환산하면?

해설

$1.35 \times 10^9 km^3 \times \left(\dfrac{1,000m}{1km}\right)^3$

$= 1.35 \times 10^{18} m^3 = 1.35 \times 10^{18} m^3 \times \dfrac{10^3 L}{1m^3} = 1.35 \times 10^{21} L$

※ 무게로 환산 시

$1.35 \times 10^{21} L \times 1kg/L = 1.35 \times 10^{21} kg = 1.35 \times 10^{18} ton$

답 $1.35 \times 10^{21} L$

밀도가 500kg/m³인 압축폐기물이 1,000kg 있을 때 전체 부피는 얼마인가?

해설

$$d = \frac{m}{V}, \quad V = \frac{1,000\text{kg}}{500\text{kg/m}^3} = 2\text{m}^3$$

답 2m³

어느 태풍의 기압이 약 711mmHg였다. 표준대기압(atm)으로 환산하면?

해설

1atm : 760mmHg = x : 711mmHg

$$\therefore \ x = \frac{711}{760} ≒ 0.936\text{atm}$$

답 0.936atm

대기권의 구성 가운데 10~50km의 구간에 해당하며, 자외선을 흡수하는 오존층이 존재하며, 고도가 상승할수록 온도가 상승하는 구간을 의미하는 것은?

① 대류권   ② 성층권
③ 중간권   ④ 열 권

해설

성층권에 관한 설명이다. 온도상승은 자외선 흡수로 인해 발생하며, 기상현상이 없다.

답 ②

대기권에 대한 설명으로 옳지 않은 것은?

① 대기권은 지구를 중심으로 중력에 의해 붙잡혀 있는 기체의 집합권역을 의미하며 대류권, 성층권, 중간권, 열권으로 구성되어 있다.
② 대류권에는 수증기, 구름 및 강수의 대부분이 발생하고 고도가 높아질수록 기온이 낮아진다.
③ 성층권에는 오존층이 존재하고 태양복사열이 흡수되므로 상층부의 더운 공기와 하층부의 찬 공기의 혼합이 활발하게 일어난다.
④ 중간권에는 대기가 매우 희박하지만 질소와 산소의 비율은 지구표면과 유사하다.

해설

성층권은 오존층이 존재하여 태양복사열이 흡수되지만 온도분포가 안정(하부는 저온, 상부는 고온)하여 공기의 순환이 없어 혼합이 발생하지 않는다.

답 ③

---

③ 밀도 : 밀도$(d) = \dfrac{\text{질량}(m)}{\text{부피}(V)}$으로 환산한다.

④ 압 력

    ㉠ 단위면적당 가해지는 힘이다.

    ㉡ 1atm = 760mmHg = 101,325Pa = 101,325kPa

제2절 대기오염

⭐ **TIP**

대기이론, 계산파트가 항상 출제되며 문제의 난이도는 어렵지 않으나, 기본 개념의 숙지를 묻는 이론문제와 주로 이론공기량, 산소량 등을 묻는 계산문제로 나뉘어 출제가 된다.

1 대기의 생성 및 조성

지구 대기는 50억년 전 지구생성 이후 많은 조성의 변화를 거쳐 현재 질소(N, 78%), 산소(O, 21%), 아르곤(Ar, 0.95%), 이산화탄소(CO_2, 0.03%)의 구성을 지니게 되었으며 그 외 네온, 헬륨, 수소, 메탄 등은 미량이다.

2 대기권의 구조

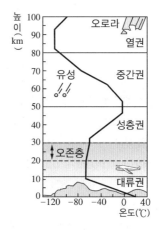

(1) 대류권

① 지표면으로부터 약 10km까지의 구간이다.
② 기상현상과 대류현상이 발생한다.
③ 100m당 약 0.65℃의 기온감률이 발생한다(습윤기온감률 기준, 건조공기는 100m당 1℃).

(2) 성층권

① 지표면으로부터 약 10~50km까지의 구간이다.

② 자외선을 흡수하는 오존층이 존재한다.

③ 기상현상이 없으며 오존층의 자외선 흡수로 온도는 점점 상승한다.

🔹 TIP

자외선의 종류 (UV-A, B, C)

• UV-C(100~280nm) : 파장, 오존층에 거의 대부분 흡수되어 지표도달이 어렵다.

• UV-B(280~320nm) : 오존층에 대부분 흡수되나 일부 지표에 도달한다. 피부 내 비타민 D 합성에 사용되며, 유리는 통과하지 못한다.

• UV-A(320~400nm) : 햇빛에 많이 포함되어 장기적으로 피부노화를 촉진시키며, 오존에 거의 흡수가 되지 않는다.

(3) 중간권

① 지표면으로부터 약 50~80km까지의 구간이다.

② 온도는 고도에 따라 하강하여 대류현상이 발생하나 공기의 부족으로 기상현상은 발생하지 않는다.

(4) 열 권

① 중간권 위로 약 600km까지의 구간이다.

② 전리층으로 인해 고도에 따라 온도가 상승한다.

③ 극지방에는 오로라가 발생한다.

3 대기의 열역학

(1) 대기복사

① 태양 복사에너지 중 일부가 대기를 통과하면서 대기를 구성하는 기체와 물질에 흡수된 후 적외선 형태로 대기로 방출(Radiation)되는 것을 말한다.

② 일정량의 에너지를 흡수한 후, 대기복사를 통해 방출해 일정 기온을 유지한다(완전흑체).

③ 태양은 단파복사, 지구는 장파복사이며 적외선 영역에서 이루어진다.

④ 태양상수란 태양으로부터 지구까지의 평균거리를 가정할 때 태양광선의 입사방향과 수직인 표면에서의 단위면적당 받는 총복사에너지의 양을 말한다.

※ 열의 3가지 전도형태 : 대류, 전도, 복사(복사만 매질 없이 우주공간에서 전달이 가능하다)

성층권에 있는 오존층에 대한 설명으로 옳지 않은 것은?

① 태양에서 방출된 유해한 자외선을 흡수하여 지상의 생명을 보호하는 막의 역할을 한다.

② UV-C는 인체에 무해하며 오존층이 파괴되어 UV-B가 많아지면 피부암을 유발할 수 있으며, UV-A는 생물체의 유전자 파괴를 일으킬 수 있다.

③ 오존층이 파괴되면 성층권 내 자외선의 흡수량이 적어져 많은 양의 자외선이 지표면에 도달하여 지구의 온도가 상승한다.

④ 성층권에 있는 오존은 짧은 파장의 자외선을 흡수하여 지속적으로 소멸되고 동시에 산소원자로 변환시키는 화학반응을 일으킨 후 산소분자와 결합해 오존을 생성한다.

해설

• UV-A : 인체에 무해하며 안정한 상태이다.

• UV-B : 인체에 비교적 무해하며 일정량만 지표에 도달한다.

• UV-C : 인체에 상당히 유해하며 거의 지표에 도달하지 않는다.

 답 ②

다음 중 대기권에 대한 설명으로 옳은 것은?

① 대류권에서는 고도가 1km 상승함에 따라 기온이 약 9.8℃ 높아진다.

② 대류권의 높이는 계절이나 위도에 관계없이 일정하다.

③ 성층권에서는 고도가 높아짐에 따라 기온이 내려간다.

④ 성층권에는 지상 20~30km 사이에 오존층이 존재한다.

해설

대기권

① 대류권에서는 고도가 1km 상승함에 따라 약 6.5℃씩 낮아진다.

② 대류권의 높이는 열대지방의 경우 16~18km이고, 극지방의 경우 약 10km 정도이다.

③ 성층권에서는 고도가 높아짐에 따라 기온이 올라간다.

※ 대기권의 고도상승에 따른 기온분포
대류권(하강) - 성층권(상승) - 중간권(하강) - 열권(상승)

 답 ④

(2) 전자기파

① 태양광선은 파장의 길이에 따라 감마선, 엑스선, 자외선, 가시광선, 적외선 등으로 구분된다.

② 가시광선의 파장범위는 보라색인 380nm에서 붉은색인 750nm까지이다.

③ 일몰 시 밤하늘이 붉게 보이는 이유는 긴 파장 영역인 붉은색 계열이 대기성분들과 적게 산란되어 두꺼운 대기층을 더 잘 통과해 시야에 보이기 때문이다.

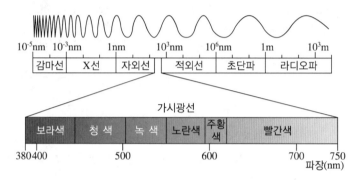

※ 가시광선은 무지개색이므로, 자외선 ← 보남파초노주빨 → 적외선으로 암기한다.

(3) 흑체(Black Body)

① 키르히호프에 의해 규정된 가상적인 물체로, 입사되는 모든 전자기파를 완전흡수하는 물질을 말한다.

② 가시광선을 흡수하면 반사시키지 않아 표면이 검게 보여 붙여진 이름이다.

(4) 단열변화

① 공기의 기온이 고도에 따라 상승·하강하는 비율을 말한다.

② 건조단열감률 : 이상기체방정식과 열역학 제1법칙에 의해 건조공기 기준 100m당 약 1℃의 비율로 낮아진다.

③ 습윤단열감률 : 복사에너지의 출입 및 수증기의 잠열에 의해 실제 기온감률은 100m당 0.65℃ 정도이다.

4 바 람

(1) 바람에 관여하는 힘

① 기압경도력 : 바람 발생의 근본적인 원인으로, 기압차에 의해 발생하는 힘의 차이를 말한다.

② **전향력** : 지구의 회전(자전)에 의한 수평방향의 운동방향의 변화를 말한다.

③ **마찰력** : 지표에서 풍속에 비례하며, 진행방향과 반대로 작용한다.

④ **원심력** : 관성의 영향으로 바깥쪽으로 향하는 힘으로, 크기는 극지방이 최소이며 적도지방이 최대이다.

(2) 바람의 종류

① **지균풍** : 등압선이 직선인 경우, 등압선을 기준으로 평행으로 작용하는 바람이다(온도만 영향).

② **경도풍** : 등압선이 곡선인 경우, 전향력과 원심력이 평형이 되어 부는 바람이다.

③ **지상풍** : 지상의 건축물, 자연물의 마찰력으로 인해 등압선과 평행이 되어 불지 않는 바람이다.

(3) 국지풍의 종류

① **해륙풍** : 육지와 바다의 온도 차이로 발생한다(낮 : 해풍, 밤 : 육풍).

② **산곡풍** : 산악지형의 일출, 일몰과 관계되어 발생한다(낮 : 상승기류, 밤 : 하강기류).

5 대기안정도

(1) 정적 대기안정도 : 대기의 기온 연직분포를 통한 안정도의 측정방법

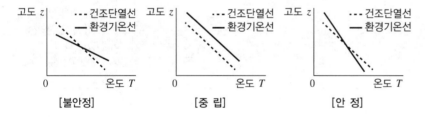

(2) 동적 대기안정도 : 대기의 역학적인 난류를 고려하는 안정도

① **리처드슨 수** : 대류 난류를 기계적 난류로 전화시키는 율로, 대기의 동적 안정도의 척도이다.

  ㉠ $Ri < -0.04$: 대류에 의한 혼합이 기계적 혼합을 지배한다.

  ㉡ $-0.03 < Ri < 0$: 기계적 난류와 대류가 존재하나 기계적 난류가 주로 혼합을 일으킨다.

  ㉢ $0 < Ri < 0.25$: 성층에 의해 약화된 기계적 난류가 존재한다.

  ㉣ $Ri > 0.25$: 수직혼합이 없어지고 수평상의 소용돌이만 남는다.

6 대기의 운동

(1) 대기의 상·하 온도 차이에 의해 바람이 발생하며, 대기상태에 따른 기온수직분포, 굴뚝 연기는 다음과 같은 형태를 지닌다.

구 분	대기상태	기온수직분포	굴뚝 연기모양	특 징
환상형	불안정			• 대기가 불안정하고 난류가 심할 때 발생 • 국부적인 고농도 오염 발생
원추형	중 립			오염의 단면분포가 전형적인 가우시안 분포를 이루며, 대기가 중립 조건일 때 잘 발생
부채형	안정 (역전)			대기상태가 안정적이며 연기 배출 폭이 매우 좁으면서 서서히 이동
지붕형	• 상층 : 　불안정 • 하층 : 　안정(역전)			• 하층이 안정하고, 상층은 불안정한 상태일 때 나타나는 연기의 형태 • 해가 뜨면 역전층은 사라짐
훈증형	• 상층 : 　안정(역전) • 하층 : 　불안정			• 대기오염이 가장 심함 • 굴뚝높이 아래쪽으로 확산이동 • 해가 뜨면 역전층은 사라짐
구속형	• 상층 : 　안정(역전) • 중층 : 　불안정 • 하층 : 　안정(역전)			• 고기압 지역에서 장시간 침강역전이 있거나, 전선면에서 전선역전이 생겼을 때 발생 • 해가 뜨면 역전층은 사라짐

(2) 유효굴뚝높이

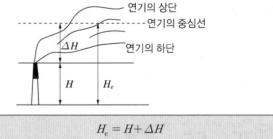

$$H_e = H + \Delta H$$

여기서, H_e : 유효굴뚝높이(m), ΔH : 연기의 상승고(m), H : 굴뚝의 실제높이(m)

오염물질 확산의 조건
• 굴뚝 배출가스 속도의 증가
• 배출가스 온도의 상승
• 배출구의 직경 감소
• 굴뚝높이 증가
• 배출가스량 증가

(3) 대기확산 모델의 종류

종 류	조 건	특 징
상자 모델	• 대상지역을 커다란 상자로 간주한다. • 배출된 오염물질을 모두 잘 혼합되는 것으로 가정한다. • 환기의 유무에 따라 구분한다. • 오염물 분해는 1차 반응이다. • 농도는 시간에 따라서만 변한다. • 공간 내 오염물 농도는 균일하다.	• 기본원리가 단순해 작은 규모에 적합하다. • 수직, 수평확산을 고려하지 않는다. • 오차의 폭이 커서 잘 이용되지 않는다.
가우시안 모델	• 오염의 분포가 가우스 분포(정규분포)를 이룬다는 통계학적 가정을 선택한다. • 기본조건은 정상상태로 규정한다. • 점배출원으로부터 오염물질의 연속적 방출을 가정한다. • 연직방향 풍속은 고려하지 않는다. • 풍속 및 난류 확산계수는 일정하다.	• 평탄지역에 최적화되도록 개발되었다. • 중·장기적 대기오염도 예측에 용이하다. • 정확하여 가장 널리 사용되는 모델이다.
라그랑지 모델	• 농도, 바람의 확산에 의해 변화한다고 규정한다. • 변화값을 위치에 따른 수학적 계산으로 결정한다. • 풍향변화, 오염물질의 화학변화 등의 변수를 시간에 따라 고려할 수 있다.	• 단기간 예측에 매우 효과적이다. • 수식이 복잡하다.
오일러 모델	• 대기를 수직, 수평방향의 여러 상자로 나눈 후 유·출입을 바람의 이동시간 변화에 따라 계산한다. • 수학적 연산이 주를 이룬다.	• 수치모델이라고 부른다. • 적용대상범위가 매우 넓다. • 고도의 지식이 필요하다.

(4) 역전층

일시적으로 대기의 하부는 저온, 상부는 고온이 되어 공기순환이 멈추는 현상으로 대기오염에 상당히 치명적이다.

① **침강역전** : 고기압에서 상부의 공기가 하강하면서 단열압축으로 인한 온도 상승에 의한 역전이다.

대기의 기온역전 현상과 대기오염에 관한 설명으로 옳지 않은 것은?

① 기온역전은 대기가 매우 안정된 상태를 나타내며, 오염물질의 수평이동을 막는 역할을 한다.

② 침강역전은 고기압대에서 기층이 하강하면서 발생하고, 수일 이상 지속되어 대기오염 사건을 일으키기도 한다.

③ 전선역전은 따뜻한 공기가 찬 공기 위로 올라갈 때 생기는데, 이동성이기 때문에 대기오염 문제에 심각한 영향을 주지 않는다.

④ 복사역전은 겨울철 지표면 가까이에서 발생하여 몇 시간 후에 사라지나, 종종 초저녁의 퇴근길 자동차에서 발생하는 배기가스를 지표면에 정체시켜 고농도 오염물질에 따른 악영향을 유발한다.

해설
① 기온역전은 공기의 수직이동을 막는 역할을 하여 대류의 순환을 방해한다.

 답 ①

 안심Touch

복사역전에 대한 설명으로 옳지 않은 것은?

① 고기압 중심부근에서 대기하층의 공기가 발산하고 넓은 지역에 걸쳐 상층의 공기가 서서히 하강하여 나타난다.

② 일몰 후 지표면의 냉각이 빠르게 일어나 지표부근의 온도가 낮아져 발생한다.

③ 복사역전이 형성되면 안개형성이 촉진되며, 이를 접지역전이라고도 부른다.

④ 복사역전은 아침 햇빛이 지면을 가열하면서 사라지기 시작한다.

[해설]
복사역전은 가장 일반적인 역전현상으로 일몰 후 지표 냉각으로 발생하며 일출 후 자연스럽게 사라진다. 고기압 중심의 역전현상은 침강성 역전을 말한다.

[답] ①

대기의 수직혼합이 억제되어 대기오염을 심화시키는 기온역전현상은 생성과정에 따라 여러 종류가 있는데, 다음 설명은 어떤 기온역전층에 대한 내용인가?

- 지표면 부근의 공기가 냉각되어 발생
- 맑고 건조하며 바람이 약한 날 야간에 주로 발생
- 일출 후 지표면으로부터 역전층이 서서히 해소

① 침강역전   ② 복사역전
③ 난류역전   ④ 전선역전

[해설]
복사역전은 가장 일반적인 역전현상으로 일출 후 지표가 따뜻해지면서 서서히 해소된다.

[답] ②

대기권에서 발생하고 있는 기온역전의 종류에 해당하지 않는 것은?

① 자유역전   ② 이류역전
③ 침강역전   ④ 복사역전

[해설]
② 이류역전 : 따뜻한 기류가 차가운 지표나 공기층 위로 유입되는 것이다.

③ 침강역전 : 고기압하에 상층의 공기가 서서히 침강할 때 단열압축에 의해 발생한다.

④ 복사역전 : 지표면이 복사 냉각되어 새벽에 지표면 부근에서 발생한다.

[답] ①

② 복사역전 : 일반적인 역전으로 구름이 없는 날 해가 진 후 지표의 복사 냉각에 의한 역전이다. 주로 새벽에 발생하며 일출 후 자연스럽게 소멸된다(런던스모그의 주범).

③ 전선역전 : 난류가 한류를 타고 상승하며 발생하는 역전이다.

④ 이류역전 : 공기가 산을 타고 넘어 온도가 단열상승하고 이때 다시 찬 공기를 만나 생성되는 역전층이다.

⑤ 난류역전 : 대기 하층부의 강한 난류층과 상층부의 약한 난류층 사이에서 발생하는 온도 역전현상이다.

7 대기오염물질의 분류

(1) **1차 대기오염물질** : 자동차, 공장, 비행기, 선박, 가정, 발전소 등의 발생원에서 직접 배출되는 오염물질이다(예 이산화황, 일산화질소, 일산화탄소, 탄화수소, 먼지, 중금속화합물 등).

(2) **2차 대기오염물질** : 발생원에서 배출된 이후 대기 중의 다양한 물질과의 반응, 가수분해, 빛과의 반응 등으로 생성되는 오염물질이다(예 오존, PAN, 아크롤레인, NOCl, H_2O_2, CO, 케톤 등).

8 대기오염현상의 원인과 발생

(1) **오염물질의 형태**

① 실내공기오염물질(실내공기질 관리법 시행규칙 별표 1)

미세먼지(PM_{10})	이산화탄소(CO_2)
폼알데하이드(Formaldehyde)	총부유세균(TAB)
일산화탄소(CO)	이산화질소(NO_2)
라돈(Rn)	휘발성 유기화합물(VOCs)
석면(Asbestos)	오존(O_3)
초미세먼지($PM_{2.5}$)	곰팡이(Mold)
벤젠(Benzene)	톨루엔(Toluene)
에틸벤젠(Ethylbenzene)	자일렌(Xylene)
스타이렌(Styrene)	–

② 대표적 실내공기오염물질별 오염원

오염물질	오염원
연소에 의한 부산물	가스레인지, 석탄 스토브, 벽난로, 배기가스의 실내 유입 등
간접흡연	담배, 시가, 파이프담배
미생물	가습기, 냉방기, 냉장고 배수관, 곰팡이, 애완동물, 집쥐, 곤충
휘발성 유기물 (VOC)	유기용제, 세척액, 페인트, 접착제, 의복 방향제, 일부 가구 건축자재 등
폼알데하이드	합판, 파티클 보드, 패널, UFFI, 가정용 세제, 방향제, 접착제, 연소가스
석 면	건물의 벽, 천장의 단열재, 송수관의 단열용 테이프, 일부 바닥 타일 등
라 돈	토양, 바위, 우물물, 일부 그라나이트 등의 건축자재

③ 입자성 물질

㉠ 먼지 : 대기 중 부유하는 입자성 물질이다.

㉡ 매연 : 연소 시 발생하는 미세한 입자성 물질이다.

㉢ 검댕 : 연소 시 발생하는 유리탄소가 응결한 지름 $1\mu m$ 이상의 입자성 물질이다.

㉣ 미스트 : 가스 또는 증기의 응축으로 액상이 된 것이며, 작은 물방울이 낮은 농도로 기상 중 분산된 것이다.

㉤ 훈연 : 고온에서 휘발된 금속증기의 응축에 의해 발생한 $1\mu m$ 이하의 고체입자이다.

㉥ 비산재 : 연소로 인해 발생한 미세한 재(Ash) 입자이다.

㉦ 안개 : 액체상태의 눈에 보이는 연무질이다.

㉧ 연무 : 70% 이하의 습도에서 떠 있는 입자성 물질(뿌연 현상)이다.

㉨ 에어로졸 : 대기 중의 미세한 고체, 액체입자의 분산상태로 가장 광범위한 의미를 지닌다.

💥 TIP

미세먼지 저감 및 관리에 관한 특별법상 미세먼지의 정의

• '미세먼지'란 대기환경보전법에 따른 먼지 중 다음의 흡인성 먼지를 말한다.
  – 입자의 지름이 $10\mu m$ 이하인 먼지(PM10, 미세먼지)
  – 입자의 지름이 $2.5\mu m$ 이하인 먼지(PM2.5, 초미세먼지)
• '미세먼지 생성물질'이란 대기 중에서 미세먼지로 전환되는 다음의 물질을 말한다.
  – 질소산화물
  – 황산화물
  – 휘발성 유기화합물
  – 그 밖의 환경부령으로 정하는 물질
• '미세먼지 배출원'이란 미세먼지와 미세먼지 생성물질을 대기에 배출하는 시설물·기계·기구 및 그 밖의 물체로서 대기환경보전법에 따른 대기오염물질 배출시설과 환경부령으로 정하는 것을 말한다.

대기 중 부유성 입자와 침강성 입자를 분류하는 입경 (Particle Diameter) 기준은?

① $2.5\mu m$ ② $10\mu m$

③ $50\mu m$ ④ $100\mu m$

해설
부유성 입자와 침강성 입자의 분류기준 : PM10

답 ②

대기환경보전법에서 규정하는 '미세먼지 생성물질'에 해당하지 않는 것은?

① 질소산화물

② 황산화물

③ 휘발성 유기화합물

④ 이산화탄소

해설
미세먼지 생성물질 기준
• 질소산화물
• 황산화물
• 휘발성 유기화합물
• 그 밖의 환경부령으로 정하는 물질

답 ④

[주요 금속성, 난분해성 물질의 특징과 영향]

물질명	배출원 및 특징	영 향
구리(Cu)	• 산업 전반에 사용되는 물질이다.	• 간 중독 • 황 달 • 혈 뇨
납(Pb)	• 자동차 배기가스로 인해 주로 발생한다. • 체내 축척성이 강하다.	• 식욕부진 • 복부 통증 • 용혈성 빈혈 및 중추신경계 장애
니켈(Ni)	• 도금 및 합금공정에서 다량 배출된다.	• 피부건조 및 가려움증 • 발 작 • 폐암 유발
바나듐(V)	• 촉매제, 합금강 제조 시 배출된다. • 도자기 유액제조 공정에서 배출된다.	• 혈당 감소 • 설 사 • 면역억제 유발
벤젠(C_2H_6)	• 합성세제, 안료, 농약, 페인트 제조 시 배출된다.	• 재생불량성 빈혈 • 백혈병, 다발성 골수종 • 신경쇠약
베릴륨(Be)	• 농약, 의약품 등으로 활용된다. • 적갈색의 부식성 기체이다.	• 호흡곤란 • 체중 감소 • 식욕부진
비소(As)	• 안료, 화학, 농약, 의약품 제조 시 배출된다.	• 복부 통증 • 설사 및 구토 • 마비 및 의식장애
브롬(Br)	• 염료, 의약품, 농약 제조 시 배출된다.	• 상기도 점막 자극, 두통 및 메스꺼움 • 혼수상태
석 면	• 단열재료, 자동차 브레이크에서 배출된다.	• 석면폐 • 폐 암 • 중피종
수은(Hg)	• 석탄연소시설, 의료용 폐기물 소각시설	• 소화기 염증 • 설사, 구토를 동반한 복통 • 미나마타병
카드뮴(Cd)	• 아연정련공업, 합금공업, 도금공업	• 근육마비 • 성장 부진 • 이타이이타이병
크롬(Cr)	• 피혁공업, 염색공업, 시멘트제조업	• 점막 자극 • 궤양 및 피부 손상
페놀(C_6H_5OH)	• 약품합성공업, 페놀수지공업 배출	• 구강 및 위의 부식 • 위카타르증상(위병, 구토, 구역질) • 출혈성 신장염
포스겐($COCl_2$)	• PVC 연소 시 발생한다. • 일산화탄소와 염소 반응 시 생성된다.	• 혈담과 기침 • 심장기능 이상
다환방향족 탄화수소(PAH)	• 유기물질의 불완전연소 시 발생한다.	• 유전자 계통 이상 • 발암 유발
PCBs	• 변압기, 콘덴서에 사용되는 절연제	• 생태독성 • 암 유발

④ 가스상 물질

　㉠ 탄소산화물

　　• 일산화탄소(CO)

　　　− 무색, 무미, 무취의 난용성 기체이다(분자량 28).

　　　− 자동차의 불완전연소에서 가장 많이 발생한다.

　　　− 혈중 헤모글로빈과의 결합이 강한 유독성 물질이다.

　　　− 생성식 : $2C + O_2 \rightarrow 2CO + 220kJ$(발열반응)

🌟 TIP

혈액 속의 카복시헤모글로빈 평형농도 계산공식

$$\frac{[HbCO]}{[HbO_2]} = 210 \times \frac{P_{co}}{P_{O_2}}$$

여기서, HbCO : 혈액 중 카복시헤모글로빈의 평형농도

　　　　HbO₂ : 혈액 중 옥시헤모글로빈의 평형농도

　　　　PCO : 흡입가스 중 CO의 분압

　　　　PO₂ : 흡입가스 중 O₂의 분압

　　• 이산화탄소(CO₂)

　　　− 무색, 무미의 기체이다(분자량 44).

　　　− 모든 연소에 기인하며, 온실가스의 주범이다.

　　　− 실외에서는 온실가스, 실내에서는 공기질 오염의 지표이다.

　　　− 대기 중의 농도는 해양에 의한 흡수가 가장 크다.

　㉡ 황산화물(SOx) : 황과 산소가 결합되어 있는 물질로(SO₂, SO₃, H₂S, CS₂ 등), 환경정책기본법과 대기환경보전법에는 아황산가스(SO₂)에 대한 환경기준과 배출허용기준만 있다. SOx의 대부분(80% 이상)은 황화수소(H₂S)이다.

　　• 이산화황(SO₂)

　　　− 자극성 냄새를 지니는 무색의 기체이다(분자량 64).

　　　− 자연발생과 인위적 발생원이 있으며, 인위적 화석연료 연소 시 아황산가스가 발생한다.

　　　− 물에 대한 용해도가 높아 황산(H₂SO₄)을 형성한다.

　　　− 먼지 또는 액적이 황산미스트화 하여 독성이 증가한다.

　　　− 주로 호흡기 계통의 질환을 유발한다.

　　　− 식물은 백화현상을 유발하여 고사시킨다.

　　• 삼산화황(SO₃)

　　　− 물과의 반응성이 매우 높다(1차, 2차 오염물질).

　　　− 황산을 형성하여 호흡기 계통 질환을 유발한다.

　　• 황화수소(H₂S)

　　　− 혐기성 소화 시 발생하는 악취 유발물질이다(계란 썩는 냄새).

　　　− 물과 반응하여 황산을 만들며 금속물질을 부식시킨다.

일산화탄소의 특성으로 옳지 않은 것은?

① 무색, 무취의 기체이다.

② 물에 잘 녹고, CO₂로 쉽게 산화된다.

③ 연료 중 탄소의 불완전연소 시에 발생한다.

④ 헤모글로빈과의 결합력이 강하다.

해설

일산화탄소(CO)는 상온에서 무색, 무취, 무미의 기체로 물에 잘 녹지 않는다.

답 ②

흡연 시 일산화탄소 농도가 250ppm이다. 혈액 속의 카르복시헤모글로빈(HbCO)의 평형농도를 구하면?(단, 폐 속의 가스 산소함유량은 대기와 동일하다)

해설

$P_{CO} = 250ppm$,　$P_{O_2} = 21\% = 21 \times 10^4 ppm$

$210 \times \dfrac{P_{co}}{P_{O_2}} = 210 \times \dfrac{250\,ppm}{210,000\,ppm} \times 100 = 25\%$

답 25%

– 과다 흡입 시(700ppm 이상) 의식불명 및 사망한다.

• 이황화탄소(CS_2)

  – 무색, 투명한 휘발성이 강한 유독성 액체이다.

  – 호흡기, 비강을 통해 체내로 흡수된다.

ⓒ 질소산화물(NOx) : 질소와 산소의 결합물질의 통칭으로(NO, NO_2, HNO, N_2O) 광화학반응에 따라 1차, 2차 오염물질로 구별되며, 자동차 연료 연소(고온, 고압)에 기인하며 자외선과 반응하여 광화학 스모그 및 산성비(HNO_3)를 생성한다.

• 일산화질소(NO)

  – 무색, 난용성 기체로 1차 오염물질이다.

  – 자동차 연소실의 고온, 고압상태에서 주로 발생한다.

  – 혈중 헤모글로빈과의 결합력이 상당히 강하다.

• 이산화질소(NO_2)

  – 적갈색, 자극성을 지닌 난용성 기체로 2차 오염물질이다.

  – 자외선과의 광화학반응으로 생성된다.

  – 광화학 스모그 주 유발물질이다.

• 아산화질소(N_2O)

  – 달콤한 냄새와 맛이 나는 무색의 기체이다.

  – 일명 웃음가스라고 알려져 있으며, 과다 흡입 시 저산소증을 유발한다.

  – 기후변화 유발물질이다.

• 암모니아(NH_3)

  – 공업분야에 많이 사용되는 무색의 자극성 가스이다.

  – 인도페놀법, 중화적정법 등을 사용하여 배출량을 분석한다.

  – 식물에 독성을 끼친다.

※ 헤모글로빈과의 결합력 비교 : NO ≫ NO_2 ≫ CO ≫ O_2

ⓔ 광화학산화물(Oxydant)

• 오존(O_3) : 질소산화물과 오존의 반응으로 생성되며, 광화학 스모그의 주요 원인물질이다(LA형 스모그).

• PAN(Peroxy Acetyl Nitrate) : 자외선에 의해 화학적으로 합성된 광화학산화물이다.

ⓜ 카보닐기 화합물(–C=O)

• 아세트알데하이드 : 과일향을 지닌 무채색 기체로, 가연성이 높은 발암물질이다.

• 폼알데하이드 : 눈, 기도, 점막에 강한 자극을 주는 자극성 냄새를 지닌 물질이다(산화되면 폼산(CH_2O)이 된다).

• PAN(Peroxy Acetyl Nitrate) : 자외선에 의해 화학적으로 합성된 광화학산화물이다.

다음은 어떤 오염물질에 관한 설명인가?

• 적갈색의 자극성을 가진 기체
• 공기에 대한 비중이 1.59이며, 공기보다 무겁다.
• 혈액 중 헤모글로빈과의 결합력이 O_2에 비해 아주 크다.

① 아황산가스   ② 이산화질소

③ 염화수소   ④ 일산화탄소

해설

이산화질소(NO_2)는 적갈색의 자극성 냄새가 있는 유독한 대기 오염물질로 아질산가스라고도 한다.

 ②

ㅂ 기타물질
- 라돈(Rn) : 무색, 무취, 무미의 치명적인 방사성 발암물질 가스이다.
- 염소(Cl₂) : 부식성, 독성을 지는 녹황색의 기체로, 자극적 냄새를 지닌다.
- 다이옥신(Dioxin) : 소각 시 저온연소에서 주로 발생되며, 유기물과 플라스틱의 염소(Cl) 성분이 결합하여 생성되며 1,200℃ 이상 고온 소각으로 최소화가 가능하다.
- VOC(Volatile Organin Compounds) : 휘발성 유기화합물로 새집증후군의 주범이다(톨루엔, 자일렌, 에틸벤젠 순으로 강한 독성을 나타낸다).

⭐ **TIP**

다이옥신
- 정의 : 벤젠고리 두 개에 염소가 여러개 결합되어 있는 화합물이다.
- 발생원 : 주로 염소계 플라스틱과 유기물의 저온소각 시 발생된다.
- 물리적 성질
  - 증기압이 낮다.
  - 염소의 수가 많아지면 HLC가 감소한다.
  - 물에 대한 용해도가 낮다(소수성).
  - 화학적으로 안정하여 자연계에서 생성 시 잘 분해되지 않는다.
- 처리방법 : 촉매분해법, 광분해법, 고온열분해법, 생물학적 분해법, 초임계유체 분해법

⑤ 유해성 대기감시물질 : 대기오염물질 중 사람의 건강, 동식물의 생육에 위해를 끼칠 수 있어 지속적인 측정이나 감시·관찰 등이 필요하다고 인정된 물질을 말한다(총 43종).

⑥ 특정대기유해물질 : 유해성 대기감시물질 중 저농도에서도 장기적인 섭취나 노출에 의하여 사람의 건강이나 동식물의 생육에 직접 또는 간접으로 위해를 끼칠 수 있어 대기배출에 대한 관리가 필요하다고 인정된 물질을 말한다(총 35종).

[주요 특정대기유해물질 배출허용기준]

구 분		배출허용기준		강화율(%)
		현 행	개 정	
특정 (24종)	카드뮴 및 그 화합물(mg/Sm³)	0.02~0.5	0.02~0.2	21
	시안화수소(ppm)	5~10	4~8	20
	납 및 그 화합물(mg/Sm³)	0.2~2	0.15~1.5	19
	크롬 및 그 화합물(mg/Sm³)	0.3~0.5	0.15~0.4	34
	비소 및 그 화합물(ppm)	0.25~2	0.2~0.5	38
	수은 및 그 화합물(mg/Sm³)	0.05~2	0.04~0.1	42
	염소 및 그 화합물(ppm)	2~20	2~15	25
	플루오린화물(ppm)	2~5	2~3	24

다음에서 설명하는 실내공기 오염물질은?

- 자연 방사능 물질 중의 하나이다.
- 무색, 무취의 기체로 공기보다 9배 정도 무겁다.
- 주요 발생원은 토양, 시멘트, 콘크리트, 대리석 등의 건축자재와 지하수, 동굴 등이다.

① 석 면
② 라 돈
③ 폼알데하이드
④ 휘발성 유기화합물

해 설

라돈은 일반적으로 흙, 시멘트, 콘크리트, 대리석 등 자연계에 널리 존재하며 무색, 무취의 기체로 공기 중으로 방출되며 공기보다 약 9배 정도 무겁다.

답 ②

안심Touch

구 분		배출허용기준		강화율(%)
		현 행	개 정	
특정 (24종)	니켈 및 그 화합물(mg/Sm^3)	2	2	0(원료회수)
	염화비닐(ppm)	10~180	10~90	30
	페놀(ppm)	5	4	20
	벤젠(ppm)	10	6	40
	폼알데하이드(ppm)	10	8	20
	1,3-뷰타다이엔(ppm)	6	6	0('17년 기준 설정)
	다이클로로메탄(ppm)	50	50	0('13년 기준 설정)
	트라이클로로에틸렌(ppm)	50~85	50	19
	테트라클로로에틸렌(ppm)	–	10	100
	벤조(a)피렌(다환방향족 탄화수소류)(mg/Sm^3)	–	0.05	100
	1,2-다이클로로에탄(ppm)	–	12	100
	클로로폼(ppm)	–	5	100
	아크릴로나이트릴(ppm)	–	3	100
	스틸렌(ppm)	–	23	100
	에틸벤젠(ppm)	–	23	100
	사염화탄소(ppm)	–	3	100

※ 대기오염물질(64종) > 유해성 대기감시물질(43종) > 특정대기유해
물질(35종)

⑦ **악취** : 황화수소, 메르캅탄류, 아민류, 그 밖에 자극성 있는 물질이 사람
의 후각을 자극해 불쾌감과 혐오감을 주는 냄새를 말한다(총 22종).

[악취방지법 기준 악취 유발물질 종류 및 특성]

종 류	취기특성	발생원
암모니아	코를 자극하는 냄새(Pungent Odor) Detectable at 17ppm	축산농업, 닭똥건조장, 복합비료 제조업, 전분제조업, 어장골처리장, 가죽처리장, 쓰레기 처리장, 분뇨처리장, 하수처리장
메틸메르캅탄	마늘냄새(Garlic Odor), 썩은 양배추(Rotten Cabbage)	크래프트펄프공장, 어장골처리장, 쓰레기처리장, 분뇨처리장, 하수처리장
황화수소	썩은 달걀 냄새, 높은 농도에서 후각의 피로를 쉽게 느낌	축산시설, 크래프트펄프공장, 전분제조업, 셀로판제조업, 비스코스레이온제조장, 화제장, 어장골처리장, 가죽처리장, 쓰레기처리장, 분뇨처리장, 하수처리장
다이메틸 설파이드	부패한 냄새(Decayed), 가솔린(Gasoline), 불쾌한 냄새(Repulsive Odor)	크래프트펄프공장, 화제장, 어장골처리장, 쓰레기처리장, 분뇨처리장, 하수처리장
다이메틸다이 설파이드	썩은 냄새(Putrid), 불쾌한 냄새(Unpleasant Odor), 마늘냄새(Garlic)	

종 류	취기특성	발생원
트라이메틸아민	생선 비린내(Fishy Odor), 암모니아(Ammonia Odor), 썩는 냄새(Pungent)	축산농업, 복합비료제조장, 화제장, 어장골처리장, 쓰레기처리장, 분뇨처리장, 하수처리장
아세트알데하이드	과일 냄새(Fruity Odor), 썩는 냄새(Pungent)	아세트산제조공장, 아세트산비닐제조공장, 클로로프렌제조공장, 담배제조공장, 복합비료제조공장, 어장골처리장
스타이렌	달콤한 냄새(Sweet), 썩는 냄새(Pungent)	폴리스타이렌제조공장, 폴리스타이렌가공공장, SBR제조공장, FRP제품제조공장
프로피온알데하이드	자극적인 냄새(Irritating), 썩는 냄새(Pungent)	도장공장, 기타 금속제조공장, 자동차수리공장, 인쇄공장, 어장골처리공장, 유지계식품제조공장, 수송용 기계기구제조공장
뷰틸알데하이드	자극적인 냄새(Irritating), 썩은 맛(Pungent Taste)	포르말린제조, 합판제조, 합성수지 및 화학제품제조, 소각로, 석유정제, 유류 및 천연가스 연소시설
n-발레르알데하이드	자극적인 냄새(Irritating), 썩은(Pungent Odor), 불유쾌한(Stench)	
i-발레르알데하이드	썩은(Pungent Odor), 사과(Apple-like)	
톨루엔	벤젠 같은(Benzene like), 페인트(Paint)	합판제조, 도료제조, 인쇄·잉크제조, 도장시설
자일렌	향긋한(Sweet), 벤젠(Benzene like)	
메틸에틸케톤	향긋한(Sweet), 박하향(Minty)	가죽제조, 인쇄시설
메틸아이소뷰틸케톤	향긋한(Sweet), 기분 좋은(Pleasant Odor), 자극적인(Irritating)	
뷰틸아세테이트	과일(Fruity Odor), 자극적인(Irritating)	–
프로피온산	고약하고 자극적인(Pungent and Irritating Odor)	지방산제조공장, 염색공장, 축산사업장, 화제장, 전분제조공장
n-뷰틸산	불쾌한 냄새(Unpleasant Odor), 썩은(Putrid Odor)	축산사업장, 화제장, 어장골처리장, 닭똥건조장, 축산식품제조공장, 전분제조공장, 분뇨처리장, 폐기물처리장
n-발레르산	불쾌한 냄새(Unpleasant Odor), 썩은(Putrid Odor)	
i-발레르산	불쾌한 냄새(Unpleasant Odor), 치즈(Cheese)	
i-뷰틸알코올	자극적인(Irritating), 약간 진흙 냄새(Slighty Musty)	–

여름철 광화학 스모그의 일반적인 발생조건으로만 옳게 묶여진 것은?

> ㉠ 반응성 탄화수소의 농도가 크다.
> ㉡ 기온이 높고 자외선이 강하다.
> ㉢ 대기가 매우 불안정한 상태이다.

① ㉠, ㉡   ② ㉠, ㉢

③ ㉡, ㉢   ④ ㉢

[해][설]

광화학 스모그는 자외선에 의해 영향을 받기 때문에 빛이 강한 날에 잘 발생하며, 대기 중에 머물러야 하기 때문에 대기가 안정한 상태에서 잘 발생한다.

[답] ①

런던형 스모그에 관한 설명으로 가장 거리가 먼 것은?

① 주로 아침 일찍 발생한다.

② 습도와 기온이 높은 여름에 주로 발생한다.

③ 복사역전 형태이다.

④ 시정거리가 100m 이하이다.

[해][설]

런던형 스모그는 가정난방의 배기가스 중 황(S)이 원인이며, 겨울철에 많이 발생한다.

[답] ②

로스엔젤레스(Los Angeles)형 스모그 발생조건으로 가장 거리가 먼 것은?

① 방사성 역전형태   ② 23~32℃의 고온

③ 광화학적 반응   ④ 석유계 연료

[해][설]

로스엔젤레스형 스모그 발생조건

• 침강성 역전형태(하강형)
• 26~32℃의 고온
• 광화학적 반응
• 석유계 연료
• 높은 자외선 농도

[답] ①

(2) 스모그(Smoke + Fog = Smog)

① 런던형 스모그

㉠ 석탄, 석유 등 화석연료의 사용으로 인해 발생한 황화합물(SO_x)이 먼지, 안개 등과 축적되어 발생하며 주로 겨울철 복사형 역전형태의 대기구조에서 주로 발생한다.

㉡ 런던형 스모그의 발생조건

• 겨울철(5℃ 이하)   • 새벽에 주로 발생

• 화석연료(석탄)의 사용   • 환원형 반응

② 로스엔젤레스형(LA형) 스모그

㉠ 자동차 배기가스의 질소산화물(NO_x), 올레핀계 탄화수소, 황산화물 등의 1차 오염물질과 자외선과 반응하여 생성된 오존(O_3), PAN(PeroxyAcetyl Nitrate) 등의 광화학 옥시던트 형태의 2차 오염물질로 이루어지며, 주로 산성비(HNO_3)를 생성하며 침강성 역전형태를 지닌다.

㉡ 로스엔젤레스형 스모그의 발생조건

• 침강성 역전(하강형)

• 고온(25~32℃)

• 자외선 농도가 높은 시간(11~2시)에 주로 발생

• 석유계 연료 사용

• 산화형 반응

㉢ 주요 생성물질 : 오존, 알데하이드, PAN, 유기산, 케톤 등

※ 산성비의 개념 : 대기 중의 이산화탄소가 약 350ppm 존재하며 이것이 빗물에 녹아 탄산(H_2CO_3)을 형성하며 자연 빗물의 pH는 약 5.6을 유지하게 된다. 황산과 질산에 의해 pH가 5.6보다 낮게 유지되는 경우를 산성비라고 부른다.

(3) 황사현상

① 정의 : 바람에 의해 상승한 미세한 모래먼지가 대기 중에 퍼져 있다가 서서히 떨어지는 현상이다.

② 원 인

㉠ 봄철 건조해진 중국대륙의 상승기류를 통한 편서풍에 의한 먼지의 이동

㉡ 발원지 : 내몽골 고원, 고비사막, 타클라마칸 사막 등

③ 특 징

㉠ 입자의 분포 : 10~1,000μm

㉡ 주요 발생시기 : 연간 25일 정도이며, 주로 4~5월 봄철에 관측된다.

㉢ 대부분 유해물질을 함유하고 있으며, 호흡기 질환을 유발시킨다.

④ 대 책

㉠ 국가 간(한국-중국-일본)의 협력을 통한 발원지 특성 조사 및 사막화 방지를 위한 대책이 요구된다.

㉡ 황사의 농도·성분분석 및 예측을 통해 피해를 줄이는 대책이 필요하다.

(4) 기후변화현상

인간의 다양한 활동으로 인해 발생한 이산화탄소, 메탄, 아산화질소 등에 의해 지구기온이 상승하는 현상이다.

① 6대 온실가스 영향

이산화탄소(CO_2) > 메탄(CH_4) > 아산화질소(N_2O) > 수소플루오린화탄소(HFCs) > 과플루오린화탄소(PFCs) > 육플루오린화황(SF_6)

② 온난화지수(GWP)

적외선 흡수능력을 이산화탄소와 비교하는 값이며, 육플루오린화황이 가장 높다.

※ 온난화지수 상대적 비교

- SF_6(육플루오린화황, 23,900)
- PFCs(과플루오린화탄소, 6,500~9,200)
- HPCs(수소플루오린화탄소, 140~11,700)
- N_2O(아산화질소, 310)
- CH_4(메탄, 21)
- CO_2(이산화탄소, 1)

③ 온실효과는 태양의 복사열(단파장)이 지표면으로 흡수된 후 반사된 지구복사(장파장)를 가두는 형식으로, 장파장에 의한 영향이 크다.

④ 온실가스의 주요 발생원

온실가스명	주요 발생원
이산화탄소(CO_2)	산업, 수송에너지(석탄, 석유)
메탄(CH_4)	폐기물, 농업, 축산
아산화질소(N_2O)	산업공정, 비료
수소플루오린화탄소(HFCs)	에어컨 등 냉매
육플루오린화황(SF_6)	절연체
과플루오린화탄소(PFCs)	세정용 플루오린화성 액체

(5) 오존층 파괴

성층권에서 존재하는 오존은 자외선을 흡수하며, Dobson(DU)이란 단위로 표시한다. 염화플루오린화탄소(CFCs), 할론 등에 의해 파괴된다. 염소원자 하나는 결합력이 약한 분자 약 10만 개를 파괴하며 다음과 같은 반응식을 보인다.

$CF_2Cl_2 \rightarrow CF_2Cl + Cl$ ⓐ

$O_3 + Cl \rightarrow ClO + O_2$ ⓑ

$ClO + O \rightarrow Cl + O_2$ ⓒ

위 반응식과 같이 ⓑ와 ⓒ가 계속적으로 반복이 되며 성층권 내 오존을 산소로 분해한다.

다음에서 ㉠, ㉡에 들어갈 말로 옳게 짝지어진 것은?

"온난화지수"란 각 온실가스의 온실효과를 상대적으로 환산함으로써 비용적 접근이 가능하도록 하는 지수를 말하는 것으로 대상 기체 1kg의 적외선 흡수능력을 (㉠)와(과) 비교하는 값이다. 이 온난화지수가 가장 높은 물질은 (㉡)이다.

	㉠	㉡
①	메탄	육플루오린화황
②	메탄	과플루오린화탄소
③	이산화탄소	육플루오린화황
④	이산화탄소	과플루오린화탄소

[해설]

"온난화지수(GWP)"란 적외선 흡수능력을 이산화탄소와 비교하는 값이며, 육플루오린화황이 가장 높다.

[답] ③

(6) 오존파괴지수(ODP)

$CFC-11(CFCl_3)$을 기준으로 오존파괴능력을 수치상으로 표시한 것이다.

⭐ **TIP**

오존파괴지수 비교
할론-1301(CF_3Br) > 할론-2402($C_2F_4Br_2$) > 할론-1211(CF_3ClBr) > CCl_4 > $CFC-11$(기준, $CFCl_3$) > $CFC-113(C_2F_3Cl_3)$ > $CFC-115(C_2F_5Cl)$

(7) 열섬 현상(Heat Island Effect)

하나의 도시가 다양한 열원을 보유하고 있으며, 도시 내부의 다양한 건물들과 콘크리트, 아스팔트의 영향으로 발생된 열과 오염물질이 배출되지 못하고 거대한 지붕형태로 융합된 현상을 말한다.

(8) 엘리뇨, 라니냐 현상

① 엘니뇨 : 스페인어로 '아기예수'에서 유래한 남아메리카 페루 연안에서 주기적으로 해수면 온도상승 현상이 발생하여 이로 인해 플랑크톤 수의 감소로 어획량이 줄고 이 지역의 농사에 많은 피해를 끼치는 대표적인 이상기후 현상을 말한다.
② 라니냐 : 엘리뇨의 반대로 무역풍의 영향이 강해져 해수면 온도가 낮아져 피해를 주는 현상을 말한다.

(9) 협약 정리

① 런던협약(1972) : 폐기물의 투기로 인한 해양오염의 방지를 위한 협약이다.
② 람사르협약(1975) : 습지와 습지보존 자원의 보호를 위한 국제 협약이다.
③ 비엔나협약(1985), 몬트리올의정서(1987), 런던회의(1990) : 오존층 파괴 물질에 대한 관리가 목적이다.
④ 바젤협약(1989) : 유해폐기물의 국가 간 이동 및 처리규제에 관한 협약이다.
⑤ 기후변화 방지협약(1992) : 온실가스 배출량 억제를 위한 협약이다.
⑥ 교토의정서(1997) : 지구온난화의 규제 및 방지를 위한 국제 협약인 기후변화협약의 수정안이다. 온실효과를 나타내는 이산화탄소를 비롯한 모두 6종류의 감축 대상 가스(온실기체)의 법적 구속력을 가진 배출 감소 목표를 지정하고 있다.
　㉠ 공동이행제도(JI) : 의무부담을 하는 선진국 간 공동 협력사업
　㉡ 배출권거래제도(ET) : 의무부담 국가 간의 온실가스 배출권 거래
　㉢ 청정개발체제(CDM) : 선・후진국 간 공동 협력사업
⑦ 생물다양성 보존협약(1992) : 종의 다양성을 보호하기 위한 협약이다.
⑧ 나고야 의정서(1992) : 생물의 유전적 자원활용의 이익을 공정하게 공유한다는 의정서이다.

대기오염으로 인한 지구환경 변화 중 도시지역의 공장, 자동차 등에서 배출되는 고온의 가스와 냉난방시설로부터 배출되는 더운 공기가 상승하면서 주변의 찬 공기가 도시로 유입되어 도시지역의 대기오염물질에 의한 거대한 지붕을 만드는 현상은?

① 라니냐 현상
② 열섬 현상
③ 엘리뇨 현상
④ 오존층 파괴 현상

해설
열섬 현상이란 도심의 온도가 대기오염이나 인공열 등의 영향으로 주변지역보다 높게 나타나는 현상으로 대도심 주거지역이 가장 뚜렷한 현상을 나타낸다.

답 ②

환경문제 해결을 위한 국제협약과 그 내용이 옳게 짝지어진 것은?

① 런던협약 : 폐기물의 투기로 인한 해양오염의 방지
② 람사르협약 : 오존층 파괴 물질에 대한 관리
③ 몬트리올의정서 : 유해폐기물의 국가 간 이동 및 처리규제
④ 바젤협약 : 물새 서식지로서 국제적으로 주요한 습지의 보호

해설
② 람사르협약 : 습지와 습지보존 자원의 보호를 위한 국제 협약이다.
③ 몬트리올의정서 : 오존층 파괴 물질에 대한 관리가 목적이다.
④ 바젤협약 : 유해폐기물의 국가 간 이동 및 처리규제에 관한 협약이다.

답 ①

(10) 연도별 대기오염사건

사 례	발생 국가	발생 연도	원인물질	피해현상
크라카타우섬 사건	인도네시아, 크라카타우섬	1883년 8월	H_2S 유출 (화산폭발)	지역주민 건강상 피해
뮤즈계곡 사건	벨기에	1930년 12월	SOx, 분진	심장 및 호흡기 질환
횡빈 사건	일본, 도쿄	1946년 12월	SOx, 분진	심장 및 호흡기 질환
도노라 사건	미국, 도노라	1948년 10월	SOx, 분진	심장 및 호흡기 질환
포자리카 사건	멕시코, 포자리카	1950년 11월	H_2S 누출	호흡기·중추장애
런던 스모그 사건	영국, 런던	1952년 10월	SOx, 분진	심장 및 호흡기 질환
LA 스모그 사건	미국, LA	1954년 10월	O_3, PAN 등	• 눈, 코 자극 • 식물생장 저하
보팔 사건	인도, 보팔	1984년 12월	MIC 유출 (메틸아이소 시아네이트)	유독가스에 의한 질식

9 기기분석

(1) 흡광광도법

① 광원으로부터 빛이 나오면 단색화장치, 필터를 이용해 좁은 파장범위의 빛을 선택하여 측정하고자 하는 액층을 통과시켜 흡광도를 측정하여, 목적성분의 양을 측정하는 방법이다.

② 특 징

　㉠ 감도가 높고 미량분석에 좋다.

　㉡ 조작이 비교적 간단하고 측정시간이 짧다.

　㉢ 방해물질을 제거할 수 있어 선택성이 좋다.

③ 적용법칙 : 람베르트-비어의 법칙(흡광도는 용액의 두께와 농도에 비례한다)

$$A = C\varepsilon L = \log\frac{1}{t}$$

여기서, C : 농도, ε : 몰흡광계수, L : 빛의 투사거리(셀의 길이), t : 투과율(%)

(2) 원자흡광광도법

시료를 적당한 방법으로 해리시킨 후 중성원자로 증기화 하여 바닥상태의 원자가 이 원자 증기층을 투과하는 특유의 파장으로 빛을 흡수하는 현상을 이용해 광전측광과 같은 개개의 특유파장에 대한 흡광도를 측정해 시료 중의 원소농도를 정량측정한다.

어떤 굴뚝에서 배출되는 매연을 링겔만 매연농도법으로 측정한 결과가 다음과 같을 때 매연의 농도는?

• 0도 : 150회	• 1도 : 75회
• 2도 : 45회	• 3도 : 38회
• 4도 : 10회	• 5도 : 5회

① 5.21%

② 21.3%

③ 45.7%

④ 53.2%

해설

매연 흑색도(%) = $\dfrac{\sum N \cdot V}{\sum N} \times 20 \, (\text{day})$

여기서, N : 횟수, V : 평균도수

$= \dfrac{(0\times150)+(1\times75)+(2\times45)+(3\times38)+(4\times10)+(5\times5)}{323} \times 20$

$= 21.3\%$

답 ②

---

(3) 가스크로마토그래피

혼합기체인 시료를 액체, 고체로 채운 분리관 속으로 통과시켜 각 기체 시료의 성분을 분리검출하거나 농도를 측정한다.

(4) 배출가스 중 매연측정

① 링겔만 매연농도법 : 굴뚝에서 배출되는 매연의 농도를 측정하는 방법이다.

② 구성 : 6종(0~5도)으로 분류한다.

③ 매연농도

　ㄱ 0도 : 전백　　ㄴ 1도 : 20%　　ㄷ 2도 : 40%

　ㄹ 3도 : 60%　　ㅁ 4도 : 80%　　ㅂ 5도 : 100%

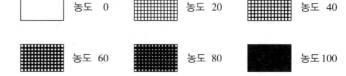

④ 링겔만 농도표

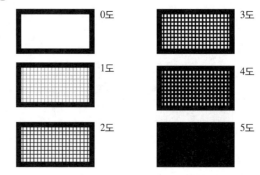

---

10 대기오염방지 대책

(1) 가스상 오염물질

　① 일산화탄소

　　ㄱ 연소장치, 자동차 내연기관에서 주로 배출한다.

　　ㄴ 저감방법

　　　• 공연비(Air Fuel Ratio)를 조절한다.

　　　• 완전연소를 유도한다.

　　　• 삼원촉매장치를 이용해 이산화탄소로 전환하여 배출한다(사후대책).

　② 황산화물(SOx)

　　ㄱ 화석연료(석탄, 석유) 연소 시 포함된 황성분의 연소로 발생한다.

　　ㄴ 저감방법

　　　• 사전처리법 : 배연탈황, 중유탈황

– 배연탈황법의 종류

구 분	습식법	건식법
종 류	• NaOH 흡수법 • 암모니아법 • 산화 흡수법	• 석회석 주입법 • 활성탄 흡착법 • 활성산화망간법
장 점	• 경제적으로 우수하다. • 반응속도가 빠르다. • 보일러 부하 변동의 영향이 적다. • 장치의 집적화가 높아 소요부지가 적다. • 건식에 비해 공정신뢰도가 높다.	• 초기 투자비가 적다. • 용수사용이 적다. • 열의 소모가 적다. • 부산물이 적어 처리비용 발생이 거의 없다.
단 점	• 동력소모가 크다. • 많은 용수의 사용이 필요하다. • 용수사용이 많아 폐수방출이 불가피하다. • 처리한 가스의 온도가 낮아 재가열해야 한다. • 부식과 마모가 심하다.	• 탈황률이 낮다. • 부하변동에 따른 유연성이 떨어진다. • 고가의 흡수제 사용으로 추가비용이 발생한다. • 대용량 발전소에서 사용이 부적합하다.

– 중유탈황법 : 중유 속에 포함된 황(S)을 제거하는 방법으로 금속 산화법, 미생물법, 방사선법 등이 있으며 수소화탈황법을 가장 많이 사용한다.

• 사후처리법 : 습식 산화칼슘 탈황공법(산화칼슘을 혼합해 황산칼슘으로 침전 후 제거)

③ 질소산화물(NOx)

고온, 고압상태의 연소로 인해 자연발생한다(대기 중 질소가 79%이므로).

㉠ 배연탈질법 : 질소산화물을 억제하는 방법으로 배기가스에 포함된 NOx만 선택적으로 처리하기 위한 방법으로 습식법과 건식법으로 나뉘며, 습식법의 공정이 복잡하고 처리단가가 높아 건식법이 주로 사용된다.

• 건식법

– 종 류

ⓐ 선택적 접촉환원법(SCR ; Selective Catalytic Reduction) : 배기가스 성분 중 NO를 선택적으로 환원제(NH_3, 요소 등)와 반응시켜 NOx를 N_2, H_2O로 분해시키는 반응이다.

ⓑ 선택적 무촉매환원법(SNCR ; Selective NonCatalytic Reduction) : 고온의 배기가스에 환원제(NH_3, 요소 등)를 촉매 없이 직접 분사해 NOx를 N_2, H_2O로 분해시키는 반응으로 효율이 낮은(50~70%) 단점이 있다.

ⓒ 비선택적 접촉환원법(NCR ; Nonselective Catalytic Reduction) : 배기가스의 산소를 환원제로 선소비하여 NOx를 처리하는 방법이다.

ⓓ 흡수법

ⓔ 흡착법

ⓕ 전자선 조사법

- 장단점

ⓐ 투자비, 유지비가 저렴하다.

ⓑ 공정이 단순하다.

ⓒ NOx 제거효율이 높다.

ⓓ 폐수처리가 필요 없다.

ⓔ 배기가스 성분 중 포함된 분진의 영향을 많이 받는다.

• 습식법

- 종 류

ⓐ 알칼리 흡수법

ⓑ 산 흡수법

ⓒ 착염 흡수법

ⓓ 산화 흡수법

- 장단점

ⓐ 입자의 성상에 영향을 받지 않는다.

ⓑ 투자비, 운전비 많이 든다.

ⓒ 폐수를 따로 처리해야 한다.

ⓓ NO 반응성이 낮다.

ⓔ 처리단가가 비싸다.

ⓛ 저감방법

• 1차 고온연소 이후 2차 저온연소법을 이용한다.

• 연소실의 체류시간을 짧게 조정한다.

• 연소공기를 쪼개어 투입한다.

• 수산화나트륨, 수산화칼륨, 수산화칼슘을 이용해 흡수한다(사후대책).

④ 악 취

ⓗ 악취는 기본적으로 황, 질소를 다량 포함한 유기성분, 가연성분이며 주로 직접연소법을 이용해 소각시킨 후 물과 무취성 기체로 변환시켜 배출한다.

다음 중 연소 시 질소산화물의 저감방법으로 가장 거리가 먼 것은?

① 배출가스 재순환

② 2단 연소

③ 과잉공기량 증대

④ 연소부분 냉각

해 설

공급공기량을 과량주입하면 질소산화물 발생을 촉진한다.

답 ③

구 분	종 류
물리적 방법	수세식, 흡착식, 희석식 등
화학적 방법	화학적 산화법, 산·알칼리 흡수법, 연소법 등
생물학적 방법	활성오니법, 토양흡착법, 효소법 등
기 타	중화법, 오존처리법 등

ⓛ 지정악취물질 22종(악취방지법 시행규칙 별표 1)

암모니아, 메틸메르캅탄, 황화수소(H_2S), 다이메틸설파이드, 다이메틸다이설파이드, 트라이메틸아민, 아세트알데하이드, 스타이렌, 프로피온알데하이드, 뷰틸알데하이드, n-발레르알데하이드, i-발레르알데하이드, 톨루엔, 자일렌, 메틸에틸케톤, 메틸아이소뷰틸케톤, 뷰틸아세테이트, 프로피온산, n-뷰틸산, n-발레르산, i-발레르산, i-뷰틸알코올

(2) 처리기술

① 흡착법

주로 오염가스, 악취 등의 기체성분을 고체성분의 표면에 물리, 화학적으로 결합시켜 제거하는 방법으로 활성탄, 알루미나, 실리카겔, 합성제올라이트 등을 사용한다.

㉠ 물리적 흡착

- 가스분자와 흡착제 표면의 활성점 사이에 반데르발스(Van der Waals) 힘에 의한 결합을 적용한다.
- 가역적 반응이다(재생 가능).
- 분자량이 클수록 흡착이 용이하다.
- 온도의 영향이 크며 가온을 통해 흡착제의 재생이 가능하다.

㉡ 화학적 흡착

- 화학적 반응에 의한 결합을 적용한다.
- 물리적 반응보다 더 강한 결합을 지닌다.
- 비가역적 반응이다(재생 불가능).
- 온도의 영향이 적다.

㉢ 흡착제의 종류

구 분	비극성(포화결합) : 유기질	극성(불포화결합) : 무기질
대 ↑ 분자의 크기 ↓ 소	탄소질 흡착제 (활성탄, 골탄 등)	실리카, 알루미나계 흡착제 (실리카겔, 알루미나겔)
	분자체 탄소 (Carbon Molecular Sieve)	합성 제올라이트 (Zeolite Molecular Sieve)

- 활성탄 : 가장 일반적인 흡착제로 비극성 물질의 제거에 사용한다.
- 알루미나겔 : 알루미나 수화물을 가열하여 생성한 다공질로 기체 및 액체의 습기 제거에 주로 사용되며 180~330℃로 가열 후 재생한다.
- 실리카겔 : 주로 방습용으로 사용되며 250℃ 이하(상온)에 적용한다.
- 합성제올라이트 : 극미세공을 지닌 다공질 결정체로 특수한 물질(폼알데하이드)의 제거에 효과적이며 용도에 따라 다양하게 합성할 수 있다.

흡착법에 관한 설명으로 옳지 않은 것은?

① 물리적 흡착은 Van der Waals 흡착이라고도 한다.
② 물리적 흡착은 낮은 온도에서 흡착량이 많다.
③ 화학적 흡착인 경우 흡착과정이 주로 가역적이며 흡착제의 재생이 용이하다.
④ 흡착제는 단위질량당 표면적이 큰 것이 좋다.

해설
③ 화학적 흡착은 비가역적이고, 물리적 흡착은 가역적이다.
- 가역적 흡착 : 흡착과 제거가 쉽게 일어난다.
- 비가역적 흡착 : 흡착은 쉽지만 입자의 제거(흡착제 재생)가 쉽지 않다.

답 ③

가스상태의 오염물질을 물리적 흡착법으로 처리하려고 한다. 흡착효율을 높이기 위한 방법으로 옳은 것은?

① 접촉시간을 줄인다.
② 온도를 내린다.
③ 압력을 감소시킨다.
④ 흡착제의 표면적을 줄인다.

해설
흡착률을 높이기 위한 방법
- 접촉시간을 늘린다.
- 압력을 증가시킨다.
- 흡착제의 표면적을 늘인다.

답 ②

오염가스를 흡착하기 위하여 사용되는 흡착제와 가장 거리가 먼 것은?

① 활성탄 　　　　② 활성망가니즈
③ 마그네시아 　　④ 실리카겔

해설
흡착제의 종류에는 활성탄, 활성알루미나, 실리카겔, 합성제올라이트, 마그네시아 등이 있다.
※ 활성망가니즈 : 흡수제

답 ②

다음 용어 중 흡착과 가장 관련이 깊은 것은?

① 도플러효과　　　　　② VAL

③ 플랑크상수　　　　　④ 프로인들리히의 식

해설

프로인들리히(Freundlich)의 식은 흡착제를 이용해 오염물질을 제거할 때 사용하는 흡착등온식이다.

$$\frac{X}{M} = kC^{\left(\frac{1}{n}\right)}$$

여기서, X : 농도차(mg/L)

　　　　M : 활성탄 주입농도(mg/L)

　　　　C : 유출농도(mg/L)

　　　　k, n : 상수(온도, 압력에 의해 변화함)

답 ④

활성탄을 이용하여 폐수를 흡착법으로 처리하고자 한다. 폐수 내 오염물질의 농도를 30mg/L에서 10mg/L로 줄이는 데 필요한 활성탄의 양은?(단, $\frac{X}{M} = KC^{\frac{1}{n}}$ 사용, K=0.5, n=1)

① 3.0mg/L　　　　　　② 3.3mg/L

③ 4.0mg/L　　　　　　④ 4.6mg/L

해설

등온흡착식 : $\frac{X}{M} = KC^{\frac{1}{n}}$

여기서, X : 농도차(mg/L), M : 활성탄 주입농도(mg/L),

　　　　K, n : 상수, C : 유출농도(mg/L)

$\frac{30 - 10}{M} = 0.5 \times 10^{\frac{1}{1}}$, $M = \frac{20}{5} = 4.0\,\mathrm{mg/L}$

답 ③

다음 흡수장치 중 장치 내의 가스속도를 가장 크게 해야 하는 것은?

① 분무탑　　　　　　　② 벤투리스크러버

③ 충전탑　　　　　　　④ 기포탑

해설

흡수장치 입구유속

• 분무탑 : 0.2~1m/sec

• 벤투리스크러버 : 30~80m/sec

• 충전탑 : 0.3~1m/sec

• 제트스크러버 : 20~50m/sec

답 ②

㉣ 흡착제의 조건

　• 기체의 흐름에 대한 압력손실이 작다.

　• 강도와 경도가 어느 정도 있다.

　• 재생이 용이하며 흡착물질의 회수가 쉬워야 한다.

　• 흡착률이 우수해야 한다.

㉤ 돌파현상(Break Point) : 흡착 시 탑의 입구농도와 출구농도가 같게 되는 현상으로 파과점(Break Point) 이후 배출가스 농도가 급격히 상승하는 것을 말하며 유출농도 곡선은 일반적으로 기울기가 큰 것이 바람직하다.

㉥ 흡착등온식(프로인들리히의 식) : 흡착제를 이용해 오염물질을 제거할 때 사용하는 식이다.

$$\frac{X}{M} = kC^{\left(\frac{1}{n}\right)}$$

여기서, $\frac{X}{M}$: 흡착제 단위 무게당 흡착된 피흡착제의 양

　　　　C : 평형상태에 도달했을 때의 용액 내에 잔류하고 있는 피흡착제의 농도

　　　　k, n : 경험적 상수(온도, 압력에 의해 변화함)

② 흡수법

흡수장치를 이용해 가스상 오염물질을 흡수하여 세정하는 방법이다.

구 분		특 징
액분산형	충전탑	다양한 형태의 충전물질을 탑내에 채워둔 후 아래쪽으로 가스를 주입시켜 상부로 이동하면서 함진가스를 제거하는 방법이다(가장 많이 사용됨).
	벤투리 스크러버	입구쪽에 벤투리관을 삽입하고, 세정수를 뿌려 오염가스를 흡수하는 방식으로 유속은 60~90m/sec이며, 압력손실(300~800mmH₂O)이 크고 동력소모가 많은 단점이 있다.
	제트스크러버	노즐을 통해 고압의 세정수를 분무하여 가스를 흡인, 제거하는 장치로 높은 성능을 가지고 있으나 소요액 양이 큰 단점이 있다.
	사이클론 스크러버	원통의 탑에 선회상승하는 기류를 생성시켜 탑 중심의 분무공으로 분무하여 세정한다.
	분무탑	미세한 세정수를 분무하여 세정하는 방식으로 편류 발생이 쉽고 분무액 가스의 접촉을 고르게 유지하는 것이 어려운 단점이 있다.
가스분산형	단 탑	포종탑(종을 엎어놓은 모양의 구조물), 다공판탑
	기포탑	기체를 기포형태로 액과 접촉시켜 가스속의 유해성분을 흡수하는 장치로 거품발생이 많고 점도가 높은 물질은 처리가 어렵다.

ⓐ 흡수액의 구비조건
- 흡수능력과 용해도가 커야 한다.
- 화학적으로 안정하며, 휘발성이 낮아야 한다.
- 독성과 부식성이 없어야 한다.
- 점성과 휘발성이 작아야 한다.
- 가격이 저렴하고, 재생이 가능해야 한다.

ⓑ 충전물의 구비조건(충전탑)
- 단위용적에 대한 표면적이 커야 한다.
- 마찰저항과 압력손실이 작아야 한다.
- 공극률과 충전밀도가 커야 한다.
- 내열성과 내식성이 커야 한다.
- 액의 홀드 업(Hold Up)이 작아야 한다.
  ※ 홀드 업 : 충전층 내 액 보유량

③ 연소법

가연성분의 배출가스를 고온을 이용해 소각하여 제거, 탈취하는 방식으로 처리조건이 까다롭고 시설투자비가 많이 들어가지만, 폐열을 회수하여 자원화 할 수 있는 장점이 있다.

ⓐ 직접연소법 : 오염가스를 연소(600~800℃)하여 이산화탄소와 물로 산화 분해하는 방법으로 거의 모든 물질의 처리에 활용 가능하나 주로 가연성분이 50% 이상일 때 적용한다.

ⓑ 가열연소법 : 오염가스의 가연성분 함유량이 낮아 직접연소가 어려울 경우 3T(Temperature, Time, Turbulance)를 고려하여 적용한다.

ⓒ 촉매연소법 : 오염가스의 오염도가 낮을 때 산화반응이 잘 진행되지 않는데, 백금, 동, 은, 니켈 등의 귀금속을 촉매로 활용하여 산화를 돕는 방법으로 대부분의 물질에 적용가능하며 주로 탄화수소계 물질의 제거에 효과적이며 직접연소법보다 연료비는 적게 들지만 탈취율이 조금 떨어진다(촉매구입비가 많이 든다).

(3) 입자상 오염물질

① 중력집진장치 : 중력에 의한 자연 침강력을 이용한 방법이다.

ⓐ 취급입경 : $50\mu m$ 이상

ⓑ 압력손실 : $10{\sim}15mmH_2O$

ⓒ 집진율 : 40~60%

ⓓ 특 징
- 전처리장치로 많이 이용된다.
- 다른 집진장치에 비하여 압력손실이 적다.
- 구조가 간단하고 운전비 및 설치비용이 적게 든다.
- 부하가 높은 가스 및 고온가스 처리에 용이하다.
- 미세한 입자의 포집효율이 낮다.

충전탑(Packed Tower)에 채워지는 충전물의 구비조건으로 틀린 것은?

① 단위용적에 대하여 비표면적이 작을 것
② 마찰저항이 작을 것
③ 압력손실이 작고 충전밀도가 클 것
④ 내식성과 내열성이 클 것

해설
① 단위용적에 대하여 비표면적이 커야 한다.

답 ①

악취성분을 직접연소법으로 처리하고자 할 때 일반적인 연소온도로 가장 적합한 것은?

① 100~150℃ ② 200~300℃
③ 600~800℃ ④ 1,400~1,500℃

해설
직접연소법은 악취가스를 연소로에 도입하여 고온의 연소온도에서 가스 중의 악취물질을 이산화탄소(CO_2)와 물로 산화 분해하는 방법이다. 악취의 일반적인 연소온도는 700~850℃가 요구된다.

답 ③

중력집진장치의 효율을 향상시키는 조건으로 거리가 먼 것은?

① 침강실 내의 배기가스의 기류는 균일해야 한다.
② 높이가 높고, 길이가 짧을수록 집진율이 높아진다.
③ 침강실 내의 처리가스 유속이 작을수록 미립자가 포집된다.
④ 입구폭이 클수록 미세입자가 포집된다.

해설
높이가 낮고, 길이가 길수록 집진율이 높아진다.

답 ②

함진가스를 방해판에 충돌시켜 기류의 급격한 방향전환을 이용하여 입자를 분리·포집하는 집진장치는?

① 중력집진장치 ② 전기집진장치
③ 여과집진장치 ④ 관성력집진장치

해설
④ 관성력집진장치 : 뉴턴의 관성의 법칙을 이용한 것으로 함진가스를 방해판에 충돌시키거나 기류를 급격하게 방향전환시켜 입자를 관성력에 의하여 분리·포집하는 장치이다.

답 ④

관성력집진장치에서 집진율 향상조건으로 옳지 않은 것은?

① 일반적으로 충돌 직전의 처리가스의 속도는 작고, 처리 후의 출구 가스속도는 빠를수록 미립자의 제거가 쉽다.
② 기류의 방향전환 각도가 작고, 방향전환 횟수가 많을 수록 압력손실은 커지나 집진은 잘된다.
③ 적당한 모양과 크기의 호퍼가 필요하다.
④ 함진가스의 충돌 또는 기류의 방향전환 직전의 가스 속도가 빠르고, 방향전환 시의 곡률반경이 작을수록 미세입자의 포집이 가능하다.

해설
① 충돌 직전의 처리가스 속도는 빠르고, 출구 가스속도가 느릴 수록 미립자의 제거가 쉽다.

답 ①

다음 중 일반적으로 배기가스의 입구 처리속도가 증가하면 제거효율이 커지며, 블로다운 효과와 관련된 집진장치는?

① 중력집진장치
② 원심력집진장치
③ 전기집진장치
④ 여과집진장치

해설
블로다운(Blow Down)은 원심력집진장치의 집진율을 높이기 위한 방법이다.

답 ②

사이클론의 집진효율을 높이는 블로다운 효과를 위해 호퍼부에서 처리가스량의 몇 % 정도를 흡인하는가?

① 0.1~0.5%
② 5~10%
③ 100~120%
④ 150~180%

해설
블로다운(Blow Down) 효과를 위해 사이클론의 집진함 또는 호퍼로부터 처리가스의 5~10%를 흡인해 줌으로써 사이클론 내의 난류현상을 감소시켜 원심력을 증가시키고 집진된 먼지의 재비산을 방지한다.

답 ②

세정식 집진장치의 유지 · 관리에 관한 설명으로 옳지 않은 것은?

① 먼지의 성상과 처리가스 농도를 고려하여 액가스비를 결정한다.
② 목부는 처리가스의 속도가 매우 크기 때문에 마모가 일어나기 쉬우므로 수시로 점검하여 교환한다.
③ 기액분리기는 시설의 작동이 정지해도 잠시 공회전을 하여 부착된 먼지에 의한 산성의 세정수를 제거해야 한다.
④ 벤투리형 세정기에서 집진효율을 높이기 위하여 될 수 있는 한 처리가스 온도를 높게 하여 운전하는 것이 바람직하다.

해설
④ 벤투리형 세정기는 낮은 온도에서 높은 유해가스 제거효율을 기대할 수 있다.

답 ④

• 먼지부하 및 유량변동에 적응성이 낮다.
② 관성력집진장치 : 관성의 법칙을 이용해 방해판에 가스를 충돌시켜 방향전환을 시켜 분리 · 포집하는 장치이다.
  ㉠ 취급입경 : 10~100μm
  ㉡ 압력손실 : 20mmH$_2$O 이상
  ㉢ 집진율 : 50~70%
  ㉣ 특 징
    • 다른 집진장치의 전처리용으로 많이 이용한다.
    • 비교적 굵은 입자를 선택 제거할 수 있다.
    • 구조가 간단하며 취급이 쉽다.
    • 운전비용이 적게 들고, 고온가스 처리가 가능하다.
    • 미세한 입자의 포집효율이 낮다.
    • 부식성, 점착성 가스처리에 부적합하다.
③ 원심력집진장치(사이클론) : 함진가스를 사이클론의 입구로 유입시켜 선회류를 형성시켜 먼지를 집진기 외벽에 충돌 포집한다.
  ㉠ 취급입경 : 3~100μm
  ㉡ 압력손실 : 50~150mmH$_2$O
  ㉢ 집진율 : 85~95%
  ㉣ 특 징
    • 작용하는 집진력은 원심력, 관성력, 중력 등이다.
    • 구조가 간단하고 가동부가 없다.
    • 고온에 견딜 수 있는 재질로 제작할 수 있다.
    • 사용범위가 광범위하다.
    • 분리한계 입경이 큰 편이다.
    • 비용이 적게 든다.
    • 미세입자 처리에 부적합하다.
    • 압력손실이 높아 동력비가 많이 소요된다.
    • 마모성, 조해성, 접착성, 부식성 가스 처리에 부적합하다.
  ㉤ 사이클론의 효율 증대
    • 블로다운(Blow Down) 효과 : 원심력집진장치의 효율을 증대시키기 위해 처리가스의 약 5~10%를 재흡인하여 원심력을 증대시키고 집진된 먼지의 재비산(날아다님)을 막는 효과가 있다. 사이클론 내의 난류현상을 억제하여 집진된 먼지의 비산을 방지하고, 먼지의 장치내벽 부착으로 일어나는 먼지의 축척도 방지할 수 있다.
    • 배기관경 : 배기관경(내경)이 작을수록 입경이 작은 더스트를 제거한다.
    • 입구유속 : 입구유속에는 한계가 있지만 그 한계 내에서 속도가 빠를수록 효율은 높으나 압손도 높아진다.
    • 일반적으로 축류식직진형, 접선유입식, 소구경 Multiclone에서는 블로다운 효과를 얻을 수 있다.

- 사이클론의 직렬단수, 적당한 Dust Box의 모양과 크기도 효율에 영향을 미친다.
- 사이클론의 표준형이 절대적인 것이 아니라 여러 가지 조건에 따라 집진효율을 다양하게 높일 수 있다.
- 사이클론을 직렬로 사용하는 경우에는 그 단수로 집진효율에 영향을 미치며, 보통 3단계가 한계이다.
- 분진에 응집성이 있으면 집진효율도 증가한다.
- 점착성이 있는 분진이나 마모성이 있는 딱딱한 입자의 집진에는 적당하지 않다.
- 고성능의 전기집진기나 여과집진장치의 전처리용으로 쓰인다.

※ 한계(분리)입경 : 100% 분리포집되는 입자의 최소입경

※ 절단입경 : 50% 분리포집되는 입자의 최소입경

④ 세정집진장치 : 함진가스를 세정액에 분산시켜 포집하는 장치로 관성력, 응집력, 중력을 이용한다.

ㄱ 취급입경 : $0.1\sim100\mu m$

ㄴ 압력손실 : $300\sim800mmH_2O$

ㄷ 집진율 : $80\sim95\%$

ㄹ 특 징

- 가연성, 폭발성 먼지를 처리할 수 있다.
- 단일장치에서 가스흡수와 분진 포집이 동시에 가능하다.
- 미스트를 처리할 수 있다.
- 고온가스를 냉각시킬 수 있다.
- 부식성 가스와 먼지를 중화시킬 수 있다.
- 소요설치면적이 대체로 적게 들며 설치비용이 저렴하다.
- 압력손실이 커 동력비가 많이 소요된다.
- 부식의 위험성이 크다.
- 슬러지 발생 시 처리가 곤란하다.
- 백연문제가 발생할 가능성이 있다.

⑤ 여과집진장치 : 함진가스를 여과재(Bag Filter)로 통과시켜 먼지를 제거한다.

ㄱ 취급입경 : $0.1\sim20\mu m$

ㄴ 압력손실 : $100\sim200mmH_2O$

ㄷ 집진율 : $90\sim99\%$

ㄹ 특 징

- 미세입자에 대한 집진효율이 높다.
- 여러 가지 형태의 분진을 포집할 수 있다.
- 집진율에 비하여 시설비 및 유지비가 많이 든다.

백필터(Bag Filter)의 특징으로 틀린 것은?

① 폭발성 및 점착성 먼지 제거가 곤란하다.
② 수분에 대한 적응성이 낮으며, 유지비용이 많이 든다.
③ 여과속도가 클수록 집진효율이 커진다.
④ 가스 온도에 따른 여재의 사용이 제한된다.

해 설
여과속도가 클수록 집진효율이 낮아진다.

답 ③

다음 중 여과집진장치에 대한 설명으로 옳은 것은?

① 350℃ 이상의 고온의 가스처리에 적합하다.
② 여과포의 종류와 상관없이 가스상 물질도 효과적으로 제거할 수 있다.
③ 압력손실이 약 $20mmH_2O$ 전후이며, 다른 집진장치에 비해 설치면적이 작고, 폭발성 먼지제거에 효과적이다.
④ 집진원리는 직접차단, 관성충돌, 확산 등의 형태로 먼지를 포집한다.

답 ④

전기집진장치에 관한 설명으로 옳지 않은 것은?

① 관성력집진장치에 비해 집진효율이 높다.
② 압력손실이 커서 동력비가 많이 소요된다.
③ 약 350℃ 정도의 고온가스를 처리할 수 있다.
④ 전압변동과 같은 조건변동에 쉽게 적용하기 어렵다.

[해][설]
② 전기집진장치는 압력손실이 작으므로(10~20mmAq) 팬(Fan)
의 동력비가 적어 운전 유지비가 적게 든다.
[답] ②

전기집진장치에서 먼지의 겉보기 전기저항이 $10^{12}\Omega \cdot$ cm보다 높은 경우 투입하는 물질로 거리가 먼 것은?

① NaCl   ② NH_3
③ H_2SO_4 ④ Soda Lime(소다회)

[해][설]
전기집진장치에서 먼지의 겉보기 전기저항이 $10^{12}\Omega \cdot$cm 이
상이면 역전리현상이 발생하기 때문에 이를 해소하기 위해
NaCl, H_2SO_4, Soda Lime(소다회) 등을 투입한다.
※ 역전리현상 : 비저항이 클 경우 발생되는 현상으로 전기집진
장치의 효율저하 요인이 된다.
[답] ②

포집먼지의 중화가 적당한 속도로 행해지기 때문에 이상적인 전기집진이 이루어질 수 있는 전기저항의 범위로 가장 적절한 것은?

① $10^2 \sim 10^4 \Omega \cdot m$ ② $10^5 \sim 10^{10} \Omega \cdot m$
③ $10^{12} \sim 10^{14} \Omega \cdot m$ ④ $10^{15} \sim 10^{18} \Omega \cdot m$

[해][설]
비저항(Resistivity)
• 저비저항(Low Resistivity) : $10^4 \Omega \cdot m$ 이하(재비산)
• 정상비저항(Normal Resistivity) : $10^4 \sim 10^{11} \Omega \cdot m$
• 고비저항(High Resistivity) : $10^{11} \Omega \cdot m$ 이상(역전리현상)
[답] ②

전기집진장치의 집진극이 갖추어야 할 조건으로 옳지 않은 것은?

① 부착된 먼지를 털어내기 쉬울 것
② 전기장 강도가 불균일하게 분포하도록 할 것
③ 열, 부식성 가스에 강하고 기계적인 강도가 있을 것
④ 부착된 먼지의 탈진 시 재비산이 일어나지 않는 구조를 가질 것

[해][설]
② 전기장 강도가 균일하게 분포하도록 할 것
[답] ②

• 다양한 용량을 처리할 수 있다.
• 수분, 여과속도에 적응성이 낮다.
• 넓은 설치공간이 필요하다.
• 가연성, 점착성, 폭발성 분진은 제거가 곤란하다.
• 250℃ 이하의 가스처리에 적합하다.
• 가스상 물질보다 입자상 물질 제거에 효과적이다.
※ 집진원리 : 차단부착, 관성충돌, 확산작용, 중력작용, 정전기와 반발력

⑥ **전기집진장치** : 코로나 방전을 이용하여 입자에 전기적 부하를 제공하여 입자가 집진극에 포집되도록 유도한다.
㉠ 취급입경 : $0.05 \sim 20\mu m$
㉡ 압력손실 : $10 \sim 20 mmH_2O$
㉢ 집진율 : $90 \sim 99.9\%$
㉣ 특 징
• 미세입자에 대한 집진효율이 높다(99% 이상 가능).
• 낮은 압력손실(10~20mmAq)로 대량의 가스처리가 가능하다.
• 재생성 분진은 건식으로, 훈연이나 연무는 습식으로 집진이 가능하다.
• 광범위한 온도범위에서 설계가 가능하다.
• 초기 시설비가 많이 들지만 비교적 운영비가 적게 든다.
• 설치비용이 고가이다.
• 운전조건에 대한 유연성이 낮다.

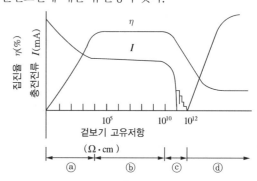

ⓐ 겉보기 고유저항이 10^4 이하 : 재비산
ⓑ 겉보기 고유저항이 $10^4 \sim 10^{10}$ 범위 : 정상적으로 진행
ⓒ 겉보기 고유저항이 $10^{10} \sim 10^{12}$ 범위 : 스파크 빈발
ⓓ 겉보기 고유저항이 10^{12} 이상 : 역코로나와 역전리 현상
 → NaCl, H_2SO_4, Soda Lime(소다회) 등을 투입
※ 고유저항의 단위는 $\Omega \cdot m$이나 길이를 cm 단위로 측정할 경우 $\Omega \cdot cm$으로도 표현한다.

⑦ 집진효율

ⓐ 단일집진율

$$\eta = \left(1 - \frac{C_o}{C_i}\right) \times 100$$

여기서, C_i : 입구가스의 농도, C_o : 출구가스의 농도

ⓑ 총집진율

$$\eta_t = 1 - (1 - \eta_1)(1 - \eta_2)$$

여기서, η_1, η_2 : 1차, 2차 집진장치의 집진율(%)

ⓒ 백필터(Bag Filter)의 개수

$$n = A_f / A_c$$

여기서, A_f : 백필터 전체면적, A_c : 백필터 1개 면적

⑧ 후드의 포착속도

오염물질을 오염지역에서 후드로 이동시키기 충분한 최소한의 바람의 속도(유속)를 말한다.

11 연소공학

(1) 처리단위

① 표준압력(Standard Atmosphere) : 1atm

② SI 단위 : 파스칼(Pascal, Pa)

$1Pa = 1N/m^2$

$1atm = 101,325Pa = 1,013.25hPa = 101.325kPa$

③ 실험실 단위 : torr, mmHg

$1atm = 760mmHg$

(2) 연 소

① 연소의 종류

ⓐ 증발연소 : 주로 액체가 자체 증발하여 발생하는 연소이다(휘발유, 석유, 중유, 경유 등).

ⓑ 분해연소 : 고체성분이 열분해하여 휘발성인 가연성 가스로 연소하는 것이다(석탄, 목재, 고분자 가연성 물질).

ⓒ 표면연소 : 공기가 공급되는 고체 표면이 산소와 반응하여 붉은 빛을 내며 반응하는 연소이다(코크스).

ⓓ 확산연소 : 공기가 확산하면서 발생한 불꽃의 이동에 의한 연소이다.

2대의 집진장치가 직렬로 배치되어 있다. 1차 집진장치의 집진율은 80%이고 2차 집진장치의 집진율이 90%일 때 총집진효율은?

① 85% ② 90%
③ 95% ④ 98%

[해설]

$\eta_t = 1 - (1 - \eta_1)(1 - \eta_2)$

여기서, η_t : 총집진율(%), η_1 : 1차 집진율, η_2 : 2차 집진율

∴ $\eta_t = 1 - (1 - 0.8)(1 - 0.9) = 0.98 = 98\%$

[답] ④

집진장치의 입구 더스트 농도가 2.8g/Sm³이고 출구 더스트 농도가 0.1g/Sm³일 때 집진율(%)은?

① 86.9 ② 94.2
③ 96.4 ④ 98.8

[해설]

단일 집진기의 효율을 묻는 문제이므로 $\eta = \left(1 - \frac{C_o}{C_i}\right) \times 100$

여기서 η : 집진율(%), C_o : 출구농도(g/Sm³), C_i : 입구농도(g/Sm³)

∴ $\eta = \left(1 - \frac{0.1}{2.8}\right) \times 100 = 96.4\%$

[답] ③

함진배기가스 100m³/min를 지름 26cm, 유효길이가 3m 되는 원통형 백필터로 처리하고자 한다. 가스처리속도를 3m/min으로 할 때 소요되는 백필터의 개수는?

① 14개 ② 28개
③ 56개 ④ 72개

[해설]

총여과면적 $= \dfrac{100m^3/min}{3m/min} = 33.33m^2$

백필터의 단면적 $= \pi \times$ 지름 $\times$ 길이 $= 3.14 \times 0.26 \times 3 = 2.44m^2$

백필터의 개수 $= \dfrac{33.33}{2.44} = 14$개

[답] ①

다음 중 연료형태에 따른 연소의 종류에 해당하지 않는 것은?

① 분해연소 ② 조연연소
③ 증발연소 ④ 표면연소

[해설]

연소의 형태에 따른 분류

• 분해연소 : 석탄, 중유 등이 열분해하여 증기와 함께 연소초기에 불꽃을 내면서 반응하는 연소이다.

• 증발연소 : 액체연료인 휘발유, 등유, 알코올, 벤젠 등이 기화하여 증기가 되는 연소이다.

• 표면연소 : 고체연료인 목탄, 석탄 등이 고온이 되면 고체표면이 빨갛게 빛을 내면서 반응하는 연소이다.

• 자기연소 : 나이트로글리세린처럼 공기 중 산소를 필요로 하지 않고, 분자 속의 산소에 의해서 반응하는 연소이다.

[답] ②

연료의 완전연소 조건으로 가장 거리가 먼 것은?

① 공기(산소)의 공급이 충분해야 한다.
② 공기와 연료의 혼합이 잘 되어야 한다.
③ 연소실 내의 온도를 가능한 한 낮게 유지해야 한다.
④ 연소를 위한 체류시간이 충분해야 한다.

해설

완전연소의 조건
긴 체류시간, 적당한 온도(고온), 적당한 혼합, 충분한 산소공급
※ 연소실의 온도가 낮으면 불완전연소에 의해 HC, CO 등이 발생한다.

답 ③

분자식이 C_mH_n 인 탄화수소 가스 $1Sm^3$당 완전연소 시 필요한 이론산소량은?(단, mol 기준)

① $m+n$ ② $m+(n/2)$
③ $m+(n/4)$ ④ $m+(n/8)$

해설

$$C_mH_n + \left(m+\frac{n}{4}\right)O_2 \rightarrow mCO_2 + \frac{n}{2}H_2O$$

답 ③

메탄(CH_4) $2Sm^3$을 완전히 연소시키는 데 필요한 이론공기량(Sm^3)은?

① 19   ② 23
③ 32   ④ 41

해설

$CH_4 + 2O_2 \rightarrow CO_2 + 2H_2O$
메탄(CH_4)과 산소(O_2)의 비가 1 : 2이므로
이론산소량 $x = 2Sm^3 \times 2 = 4Sm^3$
이론공기량 $A_o = 4/0.21 = 19.0Sm^3$

답 ①

옥탄(C_8H_{18}) 연료의 이론적 완전연소 시 부피기준에서의 AFR(moles Air/moles Fuel)은?

① 12.5   ② 41.5
③ 59.5   ④ 74.5

해설

공기연료비(AFR)
공급된 공기와 연료가 완전연소하는 경우, 공기와 연료의 질량비 또는 몰(부피)비를 말한다.
$C_8H_{18} + 12.5O_2 \rightarrow 8CO_2 + 9H_2O$
연료(C_8H_{18}) 1mol당 이론산소량은 12.5mol이므로 연료의 부피를 $22.4Sm^3$라고 하면

공기의 부피 $x = 12.5 \times \dfrac{22.4Sm^3}{0.21(\text{산소의 부피비})} = 1,333.33Sm^3$

$AFR = \dfrac{1,333.33Sm^3}{22.4Sm^3} = 59.5$

답 ③

② 완전연소 조건

  ㉠ 공기와 연료의 비가 완벽해야 한다.

  ㉡ 충분한 혼합 및 산소공급이 있어야 한다.

  ㉢ 체류시간이 적절해야 한다.

  ㉣ 일정한 연소온도를 유지해야 한다.

⭐ **TIP**

일반적인 완전연소 조건(3T)
Time(체류시간), Temperature(온도), Turbulence(충분한 혼합)

③ 연소식 계산

> **일반적인 기체연료의 연소방정식**
>
> $$C_mH_n + \left(m+\frac{n}{4}\right)O_2 \rightarrow mCO_2 + \frac{n}{2}H_2O + Q$$

④ 이론산소량, 이론공기량, 실제공기량

  ㉠ 이론산소량(O_o) : 연료의 완전연소를 위해 필요한 최소한의 산소의 양을 뜻한다.

> $$O_o = 1.867C + 5.6\left(H - \frac{O}{8}\right) + 0.7S$$

  예 수소의 연소반응식

H_2 +	$\frac{1}{2}O_2$	$\rightarrow$	H_2O
2kg	16kg		18kg
1kg	$\frac{16}{2}=8kg$		9kg
2kg	$11.2Sm^3$		$22.4Sm^3$
1kg	$\frac{11.2}{2}=5.6Sm^3$		$11.2Sm^3$

  → 수소 1kg의 연소에는 8kg의 산소가 필요하며, 부피로는 $5.6Sm^3$이 필요하다.

  ㉡ 이론공기량(A_o) : 이론산소량의 계산 후 이 산소를 공급하기 위해 필요한 공기량으로 이론산소량을 구한 뒤 중량단위일 경우 0.23, 부피단위일 경우 0.21로 나누어 준다.

  ㉢ 습연소가스량 : 연소가스량이 수분을 함유하고 있는 경우를 말한다.

  ㉣ 실제공기량(A) : 공기비를 고려하여 실제로 공급되는 공기량을 말한다.

> $$A = A_o \times m = A_o + \frac{A}{A_o}$$

여기서, A : 실제공기량, A_o : 이론공기량, m : 공기비

⑤ 등가비(ϕ, Equivalent Ratio)

이론적인 연료와 공기의 혼합비에 대하여 실연소 연료와 공기의 혼합비를 말한다.

$$등가비(\phi) = \frac{실연료량/산화제}{완전연소\ 이상\ 연료량/산화제}$$

㉠ $\phi = 1$: 완전연소로서, 연료와 산화제의 혼합이 이상적이다.

㉡ $\phi < 1$: 연료가 이상적인 경우보다 적고, 공기가 과잉인 경우로, 완전연소가 발생한다.

㉢ $\phi > 1$: 연료가 과잉인 경우로, 불완전연소가 발생한다.

⑥ 발열량

㉠ 고위발열량(H_h) : 연료 중의 수분 및 연소에 의하여 생성된 수분의 응축열(증발잠열)을 함유한 열량으로 열량계를 사용할 경우 고위발열량이 측정된다.

㉡ 저위발열량(H_L) : 고위발열량에서 수분의 응축열(증발잠열)을 뺀 열량으로 진발열량이라 하며 소각로의 설계에 이용된다.

㉢ 발열량 공식 : $H_L = H_h - 600(9H + W)$

㉣ 듀롱식 : 원소분석으로 고위발열량 계산

$$H_h = 8,100C + 34,000\left(H - \frac{O}{8}\right) + 2,500S$$

⑦ 최대 탄산가스율(CO_{2max})

㉠ 정의 : 연료가 이론적으로 완전연소될 경우에 발생하는 배출가스 중 CO_2 농도이다.

㉡ 연료의 성분조성으로 계산

$$CO_{2max} = \frac{CO_2}{이론건조가스량} \times 100$$

㉢ 배출가스의 조성으로 계산

$$CO_{2max} = \frac{21(CO_2 + CO)}{21 - O_2 + 0.395CO} \times 100$$

⑧ 이론습연소가스량

㉠ 정의 : 연소가스량에서 수증기를 포함하고 있는 경우의 양을 말한다.

㉡ 습연소가스량 = 실제 연소공기량 - 이론산소량 + 이론탄산가스량 + 이론수소량

중량비로 수소가 15%, 수분이 1%인 연료의 고위발열량이 9,500kcal/kg일 때 저위발열량은?

① 8,684kcal/kg ② 8,968kcal/kg

③ 9,271kcal/kg ④ 9,554kcal/kg

해설

$H_l = H_h - 600(W + 9H)$

여기서, H_l : 저위발열량(kcal/kg), H_h : 고위발열량(kcal/kg)

H : 수소의 함량(%), W : 수분의 함량(%)

$H_l = 9,500 - 600\{0.01 + (9 \times 0.15)\} = 8,684$kcal/kg

답 ①

소각로를 설계할 때 가장 기본이 되는 폐기물 발열량인 고위발열량(HHV)과 저위발열량(LHV)과의 관계로 옳은 것은?(단, 발열량의 단위는 kcal/kg, W는 수분함량 %이며, 수소함량은 무시한다)

① LHV = HHV + 6W ② LHV = HHV - 6W

③ HHV = LHV + 9W ④ HHV = LHV - 9W

해설

저위발열량은 수분에 의한 영향을 무시하므로 고위발열량에서 수분에 의한 영향을 빼주면 된다.

즉, 저위발열량 = 고위발열량 - 6(9H + W) 의 식에서 수소함량을 무시하므로 저위발열량 = 고위발열량 - 6W 이다.

답 ②

프로판 가스 1Sm³를 공기과잉계수 1.1의 공기로 연소시킬 때 습연소가스량을 구하면?(완전연소 기준)

해설

$C_3H_8 + 5O_2 \rightarrow 3CO_2 + 4H_2O$

공기 중 산소의 부피비 21%로 하면

· 이론공기량 $= 5 \times \dfrac{100}{21} ≒ 23.8Sm^3$

· 실제공기량 $= 23.8 \times 1.1 ≒ 26.18Sm^3$

∴ 습연소가스량 $= 26.18 - 5 + 3 + 4 ≒ 28.18Sm^3$

답 28.18Sm³

12 대기관련법령상의 정의

(1) 대기환경보전법(제2조)

① '대기오염물질'이란 대기 중에 존재하는 물질 중 심사·평가 결과 대기오염의 원인으로 인정된 가스·입자상 물질로서 환경부령으로 정하는 것을 말한다.

② '유해성 대기감시물질'이란 대기오염물질 중 심사·평가 결과 사람의 건강이나 동식물의 생육에 위해를 끼칠 수 있어 지속적인 측정이나 감시·관찰 등이 필요하다고 인정된 물질로서 환경부령으로 정하는 것을 말한다.

③ '기후·생태계 변화유발물질'이란 지구온난화 등으로 생태계의 변화를 가져올 수 있는 기체상 물질로서 온실가스와 환경부령으로 정하는 것을 말한다.

④ '온실가스'란 적외선 복사열을 흡수하거나 다시 방출하여 온실효과를 유발하는 대기 중의 가스상태 물질로서 이산화탄소, 메탄, 아산화질소, 수소플루오린화탄소, 과플루오린화탄소, 육플루오린화황을 말한다.

⑤ '가스'란 물질이 연소·합성·분해될 때에 발생하거나 물리적 성질로 인하여 발생하는 기체상 물질을 말한다.

⑥ '입자상 물질'이란 물질이 파쇄·선별·퇴적·이적될 때, 그 밖에 기계적으로 처리되거나 연소·합성·분해될 때에 발생하는 고체상 또는 액체상의 미세한 물질을 말한다.

⑦ '먼지'란 대기 중에 떠다니거나 흩날려 내려오는 입자상 물질을 말한다.

⑧ '매연'이란 연소할 때에 생기는 유리탄소가 주가 되는 미세한 입자상 물질을 말한다.

⑨ '검댕'이란 연소할 때에 생기는 유리탄소가 응결하여 입자의 지름이 $1\mu m$ 이상이 되는 입자상 물질을 말한다.

⑩ '특정대기유해물질'이란 유해성 대기감시물질 중 심사·평가 결과 저농도에서도 장기적인 섭취나 노출에 의하여 사람의 건강이나 동식물의 생육에 직접 또는 간접으로 위해를 끼칠 수 있어 대기 배출에 대한 관리가 필요하다고 인정된 물질로서 환경부령으로 정하는 것을 말한다.

⑪ '휘발성 유기화합물'이란 탄화수소류 중 석유화학제품, 유기용제, 그 밖의 물질로서 환경부장관이 관계 중앙행정기관의 장과 협의하여 고시하는 것을 말한다.

⑫ '대기오염물질배출시설'이란 대기오염물질을 대기에 배출하는 시설물, 기계, 기구, 그 밖의 물체로서 환경부령으로 정하는 것을 말한다.

⑬ '대기오염방지시설'이란 대기오염물질배출시설로부터 나오는 대기오염물질을 연소조절에 의한 방법 등으로 없애거나 줄이는 시설로서 환경부령으로 정하는 것을 말한다.

⑭ '자동차'란 다음의 어느 하나에 해당하는 것을 말한다.

   ㉠ 자동차관리법에 규정된 자동차 중 환경부령으로 정하는 것

   ㉡ 건설기계관리법에 따른 건설기계 중 주행특성이 ㉠에 따른 것과 유사한 것으로서 환경부령으로 정하는 것

⑮ '원동기'란 다음의 어느 하나에 해당하는 것을 말한다.

   ㉠ 건설기계관리법에 따른 건설기계 중 ⑭의 ㉡외의 건설기계로서 환경부령으로 정하는 건설기계에 사용되는 동력을 발생시키는 장치

   ㉡ 농림용 또는 해상용으로 사용되는 기계로서 환경부령으로 정하는 기계에 사용되는 동력을 발생시키는 장치

   ㉢ 철도산업발전기본법에 따른 철도차량 중 동력차에 사용되는 동력을 발생시키는 장치

⑯ '선박'이란 해양환경관리법에 따른 선박을 말한다.

⑰ '첨가제'란 자동차의 성능을 향상시키거나 배출가스를 줄이기 위하여 자동차의 연료에 첨가하는 탄소와 수소만으로 구성된 물질을 제외한 화학물질로서 다음의 요건을 모두 충족하는 것을 말한다.

   ㉠ 자동차의 연료에 부피 기준(액체첨가제의 경우만 해당한다) 또는 무게 기준(고체첨가제의 경우만 해당한다)으로 1% 미만의 비율로 첨가하는 물질. 다만, 석유 및 석유대체연료 사업법에 따른 석유정제업자 및 석유수출입업자가 자동차연료인 석유제품을 제조하거나 품질을 보정하는 과정에 첨가하는 물질의 경우에는 그 첨가비율의 제한을 받지 아니한다.

   ㉡ 석유 및 석유대체연료 사업법에 따른 가짜 석유제품 또는 석유대체연료에 해당하지 아니하는 물질

⑱ '촉매제'란 배출가스를 줄이는 효과를 높이기 위하여 배출가스저감장치에 사용되는 화학물질로서 환경부령으로 정하는 것을 말한다.

⑲ '저공해자동차'란 다음의 자동차로서 대통령령으로 정하는 것을 말한다.

   ㉠ 대기오염물질의 배출이 없는 자동차

   ㉡ 제작차의 배출허용기준보다 오염물질을 적게 배출하는 자동차

⑳ '배출가스저감장치'란 자동차에서 배출되는 대기오염물질을 줄이기 위하여 자동차에 부착 또는 교체하는 장치로서 환경부령으로 정하는 저감효율에 적합한 장치를 말한다.

㉑ '저공해엔진'이란 자동차에서 배출되는 대기오염물질을 줄이기 위한 엔진(엔진 개조에 사용하는 부품을 포함한다)으로서 환경부령으로 정하는 배출허용기준에 맞는 엔진을 말한다.

㉒ '공회전제한장치'란 자동차에서 배출되는 대기오염물질을 줄이고 연료를 절약하기 위하여 자동차에 부착하는 장치로서 환경부령으로 정하는 기준에 적합한 장치를 말한다.

㉓ '온실가스 배출량'이란 자동차에서 단위 주행거리당 배출되는 이산화탄소(CO_2) 배출량(g/km)을 말한다.

㉔ '온실가스 평균배출량'이란 자동차 제작자가 판매한 자동차 중 환경부령으로 정하는 자동차의 온실가스 배출량의 합계를 해당 자동차 총대수로 나누어 산출한 평균값(g/km)을 말한다.

㉕ '장거리이동대기오염물질'이란 황사, 먼지 등 발생 후 장거리 이동을 통하여 국가 간에 영향을 미치는 대기오염물질로서 환경부령으로 정하는 것을 말한다.

㉖ '냉매(冷媒)'란 기후·생태계 변화유발물질 중 열전달을 통한 냉난방, 냉동·냉장 등의 효과를 목적으로 사용되는 물질로서 환경부령으로 정하는 것을 말한다.

(2) 신에너지 및 재생에너지 개발·이용·보급 촉진법(제2조)

① '신에너지'란 기존의 화석연료를 변환시켜 이용하거나 수소·산소 등의 화학반응을 통하여 전기 또는 열을 이용하는 에너지로서 다음의 어느 하나에 해당하는 것을 말한다.

　㉠ 수소에너지

　㉡ 연료전지

　㉢ 석탄을 액화·가스화한 에너지 및 중질잔사유를 가스화한 에너지로서 대통령령으로 정하는 기준 및 범위에 해당하는 에너지

　㉣ 그 밖에 석유·석탄·원자력 또는 천연가스가 아닌 에너지로서 대통령령으로 정하는 에너지

② '재생에너지'란 햇빛·물·지열·강수·생물 유기체 등을 포함하는 재생 가능한 에너지를 변환시켜 이용하는 에너지로서 다음의 어느 하나에 해당하는 것을 말한다.

　㉠ 태양에너지

　㉡ 풍 력

　㉢ 수 력

　㉣ 해양에너지

　㉤ 지열에너지

　㉥ 생물자원을 변환시켜 이용하는 바이오에너지로서 대통령령으로 정하는 기준 및 범위에 해당하는 에너지

　㉦ 폐기물에너지(비재생폐기물로부터 생산된 것은 제외한다)로서 대통령령으로 정하는 기준 및 범위에 해당하는 에너지

　㉧ 그 밖에 석유·석탄·원자력 또는 천연가스가 아닌 에너지로서 대통령령으로 정하는 에너지

③ '신에너지 및 재생에너지 설비'(이하 '신재생에너지 설비'라 한다)란 신에 너지 및 재생에너지(이하 '신재생에너지'라 한다)를 생산 또는 이용하거 나 신재생에너지의 전력계통 연계조건을 개선하기 위한 설비로서 산업통 상자원부령으로 정하는 것을 말한다.

④ '신재생에너지 발전'이란 신재생에너지를 이용하여 전기를 생산하는 것 을 말한다.

⑤ '신재생에너지 발전사업자'란 전기사업법에 따른 발전사업자 또는 자 가용 전기설비를 설치한 자로서 신재생에너지 발전을 하는 사업자를 말한다.

(3) 저탄소 녹색성장 기본법(제2조)

① '저탄소'란 화석연료에 대한 의존도를 낮추고 청정에너지의 사용 및 보급 을 확대하며 녹색기술 연구개발, 탄소흡수원 확충 등을 통하여 온실가스 를 적정수준 이하로 줄이는 것을 말한다.

② '녹색성장'이란 에너지와 자원을 절약하고 효율적으로 사용하여 기후변 화와 환경 훼손을 줄이고 청정에너지와 녹색기술의 연구개발을 통하여 새로운 성장 동력을 확보하며 새로운 일자리를 창출해 나가는 등 경제와 환경이 조화를 이루는 성장을 말한다.

③ '녹색기술'이란 온실가스 감축기술, 에너지 이용 효율화 기술, 청정생산 기술, 청정에너지 기술, 자원 순환 및 친환경 기술(관련 융합기술을 포함 한다) 등 사회·경제활동의 전 과정에 걸쳐 에너지와 자원을 절약하고 효율적으로 사용하여 온실가스 및 오염물질의 배출을 최소화하는 기술을 말한다.

④ '녹색산업'이란 경제·금융·건설·교통물류·농림수산·관광 등 경제 활동 전반에 걸쳐 에너지와 자원의 효율을 높이고 환경을 개선할 수 있는 재화의 생산 및 서비스의 제공 등을 통하여 저탄소 녹색성장을 이루기 위한 모든 산업을 말한다.

⑤ '녹색제품'이란 에너지·자원의 투입과 온실가스 및 오염물질의 발생을 최소화하는 제품을 말한다.

⑥ '녹색생활'이란 기후변화의 심각성을 인식하고 일상생활에서 에너지를 절약하여 온실가스와 오염물질의 발생을 최소화하는 생활을 말한다.

⑦ '녹색경영'이란 기업이 경영활동에서 자원과 에너지를 절약하고 효율적 으로 이용하며 온실가스 배출 및 환경오염의 발생을 최소화하면서 사회 적, 윤리적 책임을 다하는 경영을 말한다.

⑧ '지속가능발전'이란 지속가능발전법에 따른 지속가능발전을 말한다.

⑨ '온실가스'란 이산화탄소(CO_2), 메탄(CH_4), 아산화질소(N_2O), 수소플루오린화탄소(HFCs), 과플루오린화탄소(PFCs), 육플루오린화황(SF_6) 및 그 밖에 대통령령으로 정하는 것으로, 적외선 복사열을 흡수하거나 재방출하여 온실효과를 유발하는 대기 중의 가스 상태의 물질을 말한다.

⑩ '온실가스 배출'이란 사람의 활동에 수반하여 발생하는 온실가스를 대기 중에 배출·방출 또는 누출시키는 직접 배출과 다른 사람으로부터 공급된 전기 또는 열(연료 또는 전기를 열원으로 하는 것만 해당한다)을 사용함으로써 온실가스가 배출되도록 하는 간접 배출을 말한다.

⑪ '지구온난화'란 사람의 활동에 수반하여 발생하는 온실가스가 대기 중에 축적되어 온실가스 농도를 증가시킴으로써 지구 전체적으로 지표 및 대기의 온도가 추가적으로 상승하는 현상을 말한다.

⑫ '기후변화'란 사람의 활동으로 인하여 온실가스의 농도가 변함으로써 상당 기간 관찰되어 온 자연적인 기후변동에 추가적으로 일어나는 기후체계의 변화를 말한다.

⑬ '자원순환'이란 자원순환기본법의 자원순환을 말한다.

⑭ '신재생에너지'란 신에너지 및 재생에너지 개발·이용·보급 촉진법에 따른 신에너지 및 재생에너지를 말한다.

⑮ '에너지 자립도'란 국내 총소비에너지량에 대하여 신재생에너지 등 국내생산에너지량 및 우리나라가 국외에서 개발(지분 취득을 포함한다)한 에너지량을 합한 양이 차지하는 비율을 말한다.

(4) 악취방지법(제2조)

① '악취'란 황화수소, 메르캅탄류, 아민류, 그 밖에 자극성이 있는 물질이 사람의 후각을 자극하여 불쾌감과 혐오감을 주는 냄새를 말한다.

② '지정악취물질'이란 악취의 원인이 되는 물질로서 환경부령으로 정하는 것을 말한다.

③ '악취배출시설'이란 악취를 유발하는 시설, 기계, 기구, 그 밖의 것으로서 환경부장관이 관계 중앙행정기관의 장과 협의하여 환경부령으로 정하는 것을 말한다.

④ '복합악취'란 두 가지 이상의 악취물질이 함께 작용하여 사람의 후각을 자극하여 불쾌감과 혐오감을 주는 냄새를 말한다.

⑤ '신고대상시설'이란 다음의 어느 하나에 해당하는 시설을 말한다.
　㉠ 제8조제1항 또는 제5항에 따라 신고하여야 하는 악취배출시설
　㉡ 제8조의2제2항에 따라 신고하여야 하는 악취배출시설

CHAPTER 01 적중예상문제

제1절 환경화학

01 다음 중 균일혼합물에 속하는 것은?

① 물   ② 소 금

③ 소금물   ④ 토 양

해설

소금물, 설탕물이 대표적인 균일혼합물이다.

02 다음은 원소에 관한 설명이다. 옳은 것은?

> ㄱ. 원소의 원자핵은 양성자와 전자로 구성된다.
> ㄴ. 원자번호는 전자수, 양성자수와 같다.
> ㄷ. 전자의 무게는 원소마다 다르다.
> ㄹ. 원소의 무게는 대부분 원자핵에 기인한다.
> ㅁ. 원자핵의 양성자수 만큼 전자의 수가 존재한다.

① ㄱ, ㄴ, ㅂ   ② ㄱ, ㄷ, ㄹ

③ ㄴ, ㄷ, ㅁ   ④ ㄴ, ㄹ, ㅁ

해설

원자는 원자핵(양성자+중성자)의 무게에 기인하며 전자는 양성자의 수만큼 존재하지만 무게는 거의 없다.

03 붕소의 최외각전자는 몇 개인가?

① 1   ② 2

③ 3   ④ 4

해설

옥텟규칙에 의거하여 붕소는 3개의 최외각전자를 지닌다.

04 네온(Ne)의 최외각전자는 몇 개인가?

① 5   ② 6

③ 7   ④ 8

해설

18족 원소는 He을 제외하고는 8개의 최외각전자수를 지니며 화학적으로 안정된 상태를 유지하여 반응성이 없다.

05 최외각전자의 수가 가장 많은 원소는?

① Li   ② Be

③ B   ④ C

해설

같은 주기의 원소는 원자번호가 증가할수록 최외각전자의 수 1씩 증가한다.

① Li : 1개   ② Be : 2개

③ B : 3개   ④ C : 4개

06 다음 중 화학적으로 가장 안정된 형태를 지니는 원소는?

ㄱ. Li	ㄴ. He
ㄷ. Ne	ㄹ. Cl

① ㄱ, ㄴ   ② ㄴ, ㄹ

③ ㄱ, ㄹ   ④ ㄴ, ㄷ

해석
He, Ne, Ar 등을 비활성기체라고 하며 각각 최외각전자 2, 8, 8개를 유지하여 안정된 구조를 지녀 반응성이 전혀 없다.

07 일반적인 물질의 결합력을 비교했을 때 가장 약한 결합의 종류는?

① 이온결합　　　　② 공유결합
③ 금속결합　　　　④ 분산력

해석
분산력은 분자 간의 결합에 속하며, 모든 결합의 종류 가운데 결합력이 가장 약하다.

08 금속의 이온화 경향이 가장 큰 물질은?

① K　　　　　　　② Ca
③ Na　　　　　　④ Fe

해석
이온화 경향이란 전자를 쉽게 방출하는 경향을 말하며 최외각전자가 적을수록, 전자껍질이 많을수록 크다.
금속의 이온화 경향(필수암기)
K > Ca > Na > Mg > Zn > Fe > Co > Pb > H > Cu > Hg > Ag > Au

09 표준상태를 의미하는 기준은?

① 0℃, 1기압(atm)
② 4℃, 1기압(atm)
③ 4℃, 2기압(atm)
④ 25℃, 1기압(atm)

해석
표준상태(Normal State)는 0℃, 1기압(atm)에서 기체에 존재하는 물질의 상태를 말한다.
※ Nm^3과 Sm^3은 원칙적으로 20℃, 1기압과 0℃, 1기압 상태에서 기체의 부피를 의미하나 우리나라 공정시험법에서는 둘 다 표준상태[0℃, 1기압(atm)]에서 기체의 부피를 말한다.
즉, $Nm^3 = Sm^3$

10 표준상태에 있는 기체가 가지는 1mol의 부피는?

① 11.2L　　　　　② 22.4L
③ 44.8L　　　　　④ 99.6L

해석
지구상의 모든 기체는 표준상태에서 1mol당 22.4L의 부피를 가진다.

11 아보가드로의 수는?

① 3.02×10^{23}　　　② 4.02×10^{23}
③ 5.02×10^{23}　　　④ 6.02×10^{23}

해석
아보가드로의 법칙에 의하면 표준상태에서 기체 1mol은 22.4L의 부피를 지니며 그 안에 포함된 개수는 6.02×10^{23}이다. 이 수를 아보가드로의 수라고 한다.

12 황산 2mol의 질량은?

① 85g　　　　　　② 98g
③ 196g　　　　　④ 252g

해석
H_2SO_4의 분자량은 98g이며 2mol이 있으므로 $98g \times 2 = 196g$이 된다.

13 질산 1mol의 질량은?

① 52g　　　　　　② 63g
③ 75g　　　　　　④ 87g

해석
HNO_3의 분자량은 63g이며 1mol이 있으므로 63g이 된다.

14 염산 2mol의 질량은?

① 25.5g　　　　　② 36.5g
③ 55g　　　　　　④ 73g

해석
HCl의 분자량은 36.5g이며 2mol이 있으므로 $36.5g \times 2 = 73g$이 된다.

15 염산 73g은 몇 mol인가?

① 1mol   ② 2mol

③ 3mol   ④ 4mol

해설

몰수$(n) = \dfrac{m}{M}$(여기서, m : 물질의 질량, M : 물질의 몰질량)이므로

$n = \dfrac{73}{36.5} = 2\text{mol}$

16 질산 31.5g을 물에 녹여 360g으로 만들었다. 질산의 몰농도는 약 얼마인가?(단, 수용액의 비중은 1.1이다)

① 0.7mol/L   ② 1.2mol/L

③ 1.5mol/L   ④ 1.7mol/L

해설

몰농도 $= \dfrac{\text{용질의 몰수(mol)}}{\text{용액의 부피(L)}}$

이 식에 몰수와 용액의 부피를 구하여 대입하면 된다.

질산의 몰수 $= \dfrac{31.5\text{g}}{63\text{g/mol}} = 0.5\text{mol}$,

용액의 부피 $= \dfrac{360\text{g}}{1.1\text{g/mL}} = 327\text{mL} = 0.327\text{L}$이므로

몰농도(M) $= \dfrac{0.5\text{mol}}{0.327\text{L}} = 1.529\text{mol/L}$

17 NaOH 4g이 용해된 1L의 용액이 있을 경우 몰농도를 계산하여라.

① 0.1M   ② 0.2M

③ 0.3M   ④ 0.4M

해설

NaOH의 몰질량은 40g/mol이므로

몰수$(n) = \dfrac{4\text{g}}{40\text{g/mol}} = 0.1\text{mol}$

몰농도 $= \dfrac{0.1\text{mol}}{1\text{L}} = 0.1\text{mol/L} = 0.1\text{M}$

18 $CaCO_3$ 50g이 2L의 물속에 녹아 있을 때의 농도를 몰농도로 계산하여라.

① 0.05M   ② 0.1M

③ 0.15M   ④ 0.25M

해설

$CaCO_3$의 몰질량은 100g/mol이므로

몰수$(n) = \dfrac{50\text{g}}{100\text{g/mol}} = 0.5\text{mol}$

몰농도 $= \dfrac{0.5\text{mol}}{2\text{L}} = 0.25\text{mol/L} = 0.25\text{M}$

19 $CaCO_3$ 50g이 2L의 물속에 녹아 있을 때의 농도를 노말농도로 계산하여라.

① 0.1N   ② 0.2N

③ 0.3N   ④ 0.5N

해설

$CaCO_3$의 몰질량은 100g/mol이므로

몰수$(n) = \dfrac{50\text{g}}{100\text{g/mol}} = 0.5\text{mol}$

몰농도 $= \dfrac{0.5\text{mol}}{2\text{L}} = 0.25\text{mol/L} = 0.25\text{M}$

$CaCO_3$는 2당량이므로$(Ca^{2+} + CO_3^{2-})$ $0.25\text{M} \times 2 = 0.5\text{N}$

20 인산(H_3PO_4) 49g이 500mL의 물속에 녹아 있을 때 몰농도를 구하시오.

① 1M   ② 2M

③ 3M   ④ 4M

해설

인산의 분자량 = 98g이므로

몰수$(n) = \dfrac{49\text{g}}{98\text{g/mol}} = 0.5\text{mol}$

몰농도 $= \dfrac{0.5\text{mol}}{0.5\text{L}} = 1\text{M}$

21 인산(H_3PO_4) 49g이 500mL의 물속에 녹아 있을 때 노 말농도를 구하시오.

① 1N ② 2N
③ 3N ④ 4N

해설

인산의 분자량 = 98g이므로

몰수(n) = $\dfrac{49g}{98g/mol}$ = 0.5mol

몰농도 = $\dfrac{0.5mol}{0.5L}$ = 1M

인산(H_3PO_4)은 3당량이므로($3H^+ + PO_4^{3-}$) 1M × 3 = 3N

22 비중이 1.2인 35%의 순수한 염산으로 0.1N HCl 1,000 mL를 제조하려고 한다. 염산 몇 mL를 물과 함께 1,000 mL로 채워야 하는가?

① 5.75mL ② 6.75mL
③ 7.75mL ④ 8.70mL

해설

염산의 분자량 = 36.5g이며 1당량이므로

0.1N HCl = 36.5g × 0.1 = 3.65g을 넣으면 된다(비중 1, 100% 기준).

그러나 순도가 35%이므로 $\dfrac{3.65}{0.35}$ = 10.4285g,

비중이 1.2이므로 $\dfrac{10.4285g}{1.2g/mL}$ = 8.69mL

즉, 8.70mL의 염산을 넣고 물을 1,000mL로 채우면 된다.

23 수질오염공정시험기준상 따로 규정이 없는 한 감압 또는 진공의 기준으로 옳은 것은?

① 5mmHg 이하
② 10mmHg 이하
③ 15mmHg 이하
④ 20mmHg 이하

해설

"감압 또는 진공"이라 함은 따로 규정이 없는 한 15mmHg 이하를 뜻한다.

24 다음 (　　) 안에 들어갈 말로 알맞은 것은?

> "정확히 단다"라 함은 규정한 양의 검체를 취하여 분석 용 저울로 (　　)까지 다는 것을 뜻한다.

① 0.1g ② 0.01g
③ 0.001g ④ 0.0001g

해설

"정확히 단다"라 함은 규정한 양의 검체를 취하여 분석용 저울로 0.1mg까지 다는 것을 뜻한다.

※ 0.1mg = 0.0001g

25 0.1%는 몇 ppm인가?

① 5ppm ② 50ppm
③ 500ppm ④ 1,000ppm

해설

ppm = %농도 × 10,000

0.1% × 10,000 = 1,000ppm

※ 단위 필수암기 : 1% = 10,000ppm

26 0.001N-NaOH 용액의 농도를 ppm으로 옳게 나타낸 것은?

① 40 ② 400
③ 4,000 ④ 40,000

해설

NaOH 1당량(eq) = 40g = 40,000mg

ppm = mg/L이므로

0.001당량/L × 40,000mg/당량 = 40mg/L = 40ppm

※ NaOH → $Na^+ + OH^-$: 1가 물질
　해리되었을 때 수소 이온과 염기 이온의 수에 따라 1가, 2가 물질로 결정된다.

27 0.5M 수산화나트륨 용액의 농도는 몇 ppm인가?

① 20 ② 200
③ 2,000 ④ 20,000

1M 수산화나트륨(NaOH) = 40g/L이므로

0.5M 수산화나트륨 = 20g/L이다.

ppm = mg/L이므로 20,000ppm

※ M 농도=mol/L

28 어느 태풍의 기압이 733mmHg이었다. 이 기압을 atm으로 나타내면?

① 0.88   ② 0.92

③ 0.96   ④ 0.99

1atm = 760mmHg이므로

$$733mmHg \times \frac{1atm}{760mmHg} = 0.96atm$$

29 0.02M NaOH 용액을 mg/L로 환산하면?

① 0.8mg/L   ② 8mg/L

③ 80mg/L   ④ 800mg/L

NaOH의 분자량은 40g이다.

0.02M = 0.02mol/L × 40g/mol × 1,000mg/g = 800mg/L

※ 몰농도(M, mol/L) : 용액 1L 속에 포함된 용질의 몰수이다.

30 0.01N $CaCO_3$ 용액의 농도를 ppm으로 환산하면?

① 1,000ppm

② 500ppm

③ 3,000ppm

④ 4,000ppm

$CaCO_3$는 2당량이므로

$$0.01N = 0.01mol/L \times 100g/mol \times \frac{1}{2} = 0.5g/L$$

0.5g/L = 500mg/L = 500ppm

제2절 대기오염

01 대기권 가운데 고도의 상승에 따라 기온이 하강하며, 기상현상이 발생하는 구간은?

① 대류권

② 성층권

③ 중간권

④ 열 권

기상현상은 대류권, 성층권에서 발생하나 고도상승에 따라 온도가 하강하는 구간은 대류권이다.

02 다음의 특징을 지닌 대기의 운동상태는?

> • 대기상태는 안정적(역전)이다.
> • 오염의 단면분포가 전형적인 가우시안 모델을 따른다.
> • 대기가 중립조건일 때 잘 발생한다.

① 환상형   ② 원추형

③ 부채형   ④ 지붕형

원추형에 관한 설명이다.

03 대기복사현상에 관한 설명으로 옳지 않은 것은?

① 일정량의 에너지를 흡수한 후, 대기복사를 통해 방출한다.

② 태양복사는 장파, 지구복사는 단파이다.

③ 지구복사는 적외선 영역에서 이루어진다.

④ 태양광선의 입사방향과 수직인 표면에서 단위면적당 받는 총복사에너지를 태양상수라 한다.

태양은 단파복사, 지구는 장파복사이며 장파복사열을 가두어 일정 온도를 유지한다.

04 따뜻한 기류가 차가운 지표나 공기층 위로 유입되어 발생하는 역전현상은?

① 침강역전
② 복사역전
③ 전선역전
④ 이류역전

해설

④ 이류역전은 지표역전의 한 종류이며 계절적 영향이 없으며 주로 밤에 짧은 시간으로 나타난다.

05 지구의 회전에 의한 수평방향의 운동방향 변화로 인해 바람이 관여하는 힘의 이름은?

① 기압경도력
② 마찰력
③ 전향력
④ 원심력

해설

전향력은 자전에 의해 바람에 관여하는 힘으로, 코리올리의 힘이라고도 한다.

06 대기확산 모델의 종류 가운데 평탄지역에 최적화되도록 개발되었으며, 비교적 정확하여 가장 널리 사용되는 모델은?

① 상자모델
② 가우시안 모델
③ 라그랑지 모델
④ 오일러 모델

해설

가우시안 모델은 오염의 분포가 가우스 분포(정규분포)를 이룬다는 통계학적 가정하에 규정한 모델로, 비교적 정확도가 높아 널리 사용된다.

07 헤모글로빈과의 결합력이 가장 강한 물질은 무엇인가?

① NO
② NO_2
③ CO
④ O_2

해설

헤모글로빈과의 결합력 비교 : $NO > NO_2 > CO > O_2$

08 황산화물에 관한 설명으로 옳은 것은?

① 화석연료에 포함된 황의 연소에 기인한다.
② LA형 스모그의 주요 물질이다.
③ 자동차 연료의 연소 시 주로 발생한다.
④ 자외선과 반응하여 광화학 스모그 물질을 생성한다.

해설

황산화물(SOx)은 화석연료에 포함된 황의 연소에 기인하며, 물과 반응하여 황산을 생성하는 런던형 스모그의 주요 원인 물질로 꼽힌다.

09 1956년 미국에서 발견된 대기오염물질로 자외선에 의해 화학적으로 결합된 광화학산화물을 칭하는 말은?

① n-뷰틸렌
② 아이소뷰틸렌
③ PAN(PeroxyAcetyl Nitrate)
④ 오 존

해설

③ PAN(PeroxyAcetyl Nitrate)은 n-뷰틸렌과 질소산화물이 광화학 반응하여 생성되는 물질로 광화학 스모그의 대표적인 물질이다.

10 실내공기질 관리법에서 규정하는 오염물질이 아닌 것은?

① 이산화탄소
② NOx
③ 오 존
④ 석 면

해설

오염물질(실내공기질 관리법 시행규칙 별표 1)
- 미세먼지(PM_{10})
- 폼알데하이드(Formaldehyde)
- 일산화탄소(CO)
- 라돈(Rn)
- 석면(Asbestos)
- 초미세먼지($PM_{2.5}$)
- 벤젠(Benzene)
- 에틸벤젠(Ethylbenzene)
- 스타이렌(Styrene)
- 이산화탄소(CO_2)
- 총부유세균(TAB)
- 이산화질소(NO_2)
- 휘발성 유기화합물(VOCs)
- 오존(O_3)
- 곰팡이(Mold)
- 톨루엔(Toluene)
- 자일렌(Xylene)

4 ④ 5 ③ 6 ② 7 ① 8 ① 9 ③ 10 ② **정답**

11 런던형 스모그에 대한 설명으로 옳지 않은 것은?

① 석탄, 석유 등의 화석연료의 사용으로 인해 발생한다.
② 겨울철에 주로 발생하며 황화합물을 주로 생성한다.
③ 새벽에 주로 발생한다.
④ 전형적인 산화형 반응을 보인다.

해석
런던형 스모그는 후진국형 스모그이며 주로 이른 새벽에 역전층의 형성과 함께 발생하는 전형적인 환원형 반응이다.

12 LA형 스모그에 관한 설명으로 옳지 않은 것은?

① 자동차 연료의 고온, 고압상태의 연소에 기인한다.
② 오존, PAN 등과 같은 광화학옥시던트 형태의 2차 오염물질에 의해 피해가 발생한다.
③ 질소산화물과 자외선의 반응이 강한 11시~2시 사이에 주로 발생한다.
④ 저온(5℃)상태를 유지하는 경우가 많다.

해석
로스엔젤레스형 스모그는 주로 고온(25~32℃)상태를 유지하는 경우가 많다.

13 다음 (   ) 안에 들어갈 말은?

> 빗물의 pH가 약 (   )인 이유는, 대기 중에 존재하는 이산화탄소가 빗물에 녹아 (   )을 형성하여 pH를 조정하기 때문이다.

① 4.5, 아세트산
② 5.6, 탄산
③ 6.5, 질산
④ 8.5, 염산

해석
대기 중의 이산화탄소가 빗물에 녹아 탄산(H_2CO_3)을 형성하며 자연 빗물의 pH를 약산성인 약 5.6으로 유지시킨다.

14 황사현상에 대한 원인 및 특징으로 옳지 않은 것은?

① 봄철 건조해진 중국대륙의 상승기류를 타고 먼지가 이동한다.
② 발원지는 내몽골 고원, 고비사막 등이다.
③ 입경의 분포는 2.5~10,000μm이다.
④ 국가 간의 협력을 통한 발원지 특성 조사 및 대책이 요구된다.

해석
황사의 일반적 입경분포는 10~1,000μm 정도이다.

15 온난화지수가 가장 높은 온실가스는 어느 것인가?

① 메 탄   ② 이산화탄소
③ 수소플루오린탄소   ④ 육플루오린화황

해석
적외선 흡수능력을 이산화탄소와 비교하는 값을 온난화지수라고 하며 육플루오린화황(SF_6)이 가장 높다.

16 오존층 파괴에 대한 설명으로 옳지 않은 것은?

① Dobson이란 단위를 사용한다.
② 염화플루오린화탄소, 할론 등에 의해 파괴된다.
③ 염소원자 하나는 결합력이 약한 분자 약 10만 개를 파괴한다.
④ 중간권의 오존을 산소로 분해한다.

해석
④ 오존층은 성층권에 있으며 중간권에는 존재하지 않는다.

17 오존파괴지수(ODP)의 기준이 되는 물질은?

① $CFCl_3$ ② $CFCl_2$
③ CF_2Cl_2 ④ CH_4

해석
오존파괴지수의 기준이 되는 물질은 CFC-11($CFCl_3$)이다.

18 오존층 파괴물질에 대한 관리를 촉구하는 협약은?

① 런던협약(1972) ② 람사르협약(1975)

③ 런던회의(1990) ④ 바젤협약(1989)

해설

오존층 파괴물질의 관리에 대한 협약은 비엔나협약(1985), 몬트리올 의정서(1987), 런던회의(1990)이다.

19 환경문제에 관련된 국제협약과 그 내용을 옳게 짝지은 것은?

① 바젤협약 : 생물의 유전적 자원활용, 이익의 공유에 관한 의정서

② 기후변화 방지협약 : 오존층 파괴물질에 대한 관리를 촉구

③ 바젤협약 : 유해폐기물의 국제적 이동 및 처리규제

④ 람사르협약 : 폐기물의 투기로 인한 해양오염의 방지

해설

④ 람사르협약(1975) : 습지와 습지보존, 자원의 보호를 위한 국제 협약이다.

①, ③ 바젤협약(1989) : 유해폐기물의 국가 간 이동 및 처리규제에 관한 협약이다.

② 기후변화 방지협약(1992), 교토의정서(1997) : 온실가스 배출량 억제를 위한 협약이다.

환경 관련 협약

• 런던협약(1972) : 폐기물의 투기로 인한 해양오염의 방지를 목적으로 한다.

• 몬트리올 의정서(1987), 비엔나협약(1985), 런던회의(1990) : 오존층 파괴물질에 대한 관리를 위한 것이다.

• 생물다양성 보존협약(1992) : 종의 다양성을 보호하기 위한 협약이다.

• 나고야 의정서(1992) : 생물의 유전적 자원활용의 이익을 공정하게 공유한다는 의정서이다.

20 일산화탄소의 저감을 위한 방법으로 가장 적절한 것은?

① 공연비를 조절한다.

② 연료에 산화칼슘을 혼합하여 발생오염물을 침전시켜 제거한다.

③ 과잉공기를 주입하여 연소조건을 조절한다.

④ 연소실 내의 체류시간을 조절한다.

해설

일산화탄소는 공연비조절(사전), 삼원촉매사용(사후)조치로 나뉜다.

21 질소산화물의 저감방법으로 적절하지 않은 것은?

① 1차 고온연소 이후 2차 저온연소법을 이용한다.

② 연소실의 체류시간을 길게 조절한다.

③ 연소공기를 쪼개어 완전연소를 유도한다.

④ 수산화나트륨, 수산화칼슘 등을 이용해 사후에 흡수한다.

해설

② 연소실의 체류시간을 짧게 하는 것이 중요하다.

22 화학흡착의 특성에 해당되는 것은?(단, 물리흡착과 비교)

① 온도범위가 낮다.

② 흡착열이 낮다.

③ 여러 층의 흡착이 가능하다.

④ 흡착제의 재생이 이루어지지 않는다.

해설

화학적 흡착은 비가역적, 물리적 흡착은 가역적이다.

※ 가역적 흡착 : 흡착과 제거가 쉽게 일어난다.
  비가역적 흡착 : 흡착은 쉽지만 입자의 제거(흡착제의 재생)가 쉽지 않다.

23 물리적 흡착기술에 관한 설명으로 옳지 않은 것은?

① 흡착제의 재생이 용이하다.

② 가역적 반응을 보인다.

③ 분자량이 작을수록 흡착이 용이하다.

④ 온도에 의한 영향이 크며, 온도를 올려 흡착제의 재생을 유도할 수 있다.

해설

③ 물리적 흡착은 분자량이 크면 클수록 흡착효율이 상승한다.

24 흡착제의 조건에 맞지 않는 것은?

① 일정한 강도와 경도를 지닌 물질
② 재생이 용이하며 흡착물질의 회수가 쉬워야 한다.
③ 흡착률이 우수해야 한다.
④ 기체의 흐름에 대한 압력손실이 커야 한다.

해설
④ 압력손실이 클 경우 전력소모량이 증가하여 비효율적이다.

25 폐수를 활성탄을 이용하여 흡착법으로 처리하고자 한다. 폐수 내 오염물질의 농도를 20mg/L에서 5mg/L로 줄이는 데 필요한 활성탄의 양은?(단, $\dfrac{X}{M} = KC^{\frac{1}{n}}$ 사용, K=0.5, n=1)

① 6.0mg/L
② 6.6mg/L
③ 8.0mg/L
④ 9.2mg/L

해설
등온흡착식 $\dfrac{X}{M} = KC^{\frac{1}{n}}$

여기서, X : 농도차(mg/L), M : 활성탄 주입농도(mg/L)
　　　　C : 유출농도(mg/L), K, n : 상수

$\dfrac{(20-5)}{M} = (0.5) \times 5^{\frac{1}{1}}$, $M = \dfrac{15}{2.5} = 6.0$mg/L

26 원통의 탑에 선회상승하는 기류를 생성시켜 탑 중심의 분무공으로 분무하여 세정하는 형식의 흡수장치는?

① 충전탑
② 벤투리스크러버
③ 제트스크러버
④ 사이클론스크러버

해설
④ 사이클론은 선회류를 형성시켜 오염물질을 제거하는 대표적인 액분산형 흡수장치이다.

27 기체를 기포형태의 액과 접촉시켜 가스 속의 유해성분을 흡수하는 장치로 거품발생이 많아 점도가 높은 물질의 처리에는 부적합한 가스분산형 방식을 무엇이라고 하는가?

① 분무탑
② 단 탑
③ 포종탑
④ 기포탑

해설
기포탑에 관한 설명이다.

28 흡수장치의 입구유속이 가장 빠른 것은?

① 충전탑
② 분무탑
③ 벤투리스크러버
④ 제트스크러버

해설
흡수장치 입구유속 비교
③ 벤투리스크러버 : 30~80m/sec
① 충전탑 : 0.3~1m/sec
② 분무탑 : 0.2~1m/sec
④ 제트스크러버 : 20~50m/sec

29 직접연소법의 오염가스(악취) 처리온도는?

① 100~200℃
② 200~400℃
③ 500~600℃
④ 600~800℃

해설
직접연소법은 가연성분의 함유량이 50% 이상일 때 주로 사용하며 적용온도는 약 600~800℃ 정도이다.

30 촉매연소법에 관한 설명으로 옳지 않은 것은?

① 오염가스의 오염도가 낮을 때 주로 사용한다.
② 산화반응의 진행이 더딜 때 사용한다.
③ 탄화수소계 물질의 제거에 효율적이다.
④ 직접연소법보다 연료비가 많이 드는 단점이 있다.

해설
④ 촉매연소법은 직접연소법보다 연료비는 적게 들고, 탈취율은 높다.

31 중력집진장치의 집진율은 어느 정도인가?

① 10~20% ② 20~30%

③ 30~40% ④ 40~60%

중력집진장치는 설치비, 운전비가 적게 들며 구조가 간단하나 집진효율이 낮은(40~60%) 단점이 있다.

32 중력집진장치의 효율을 향상시키는 조건으로 옳지 않은 것은?

① 침강실 내의 배기가스의 기류는 균일해야 한다.
② 높이가 높고, 길이가 짧을수록 집진율이 높아진다.
③ 침강실 내의 처리가스 유속이 작을수록 미립자가 포집된다.
④ 입구폭이 클수록 미세입자가 포집된다.

② 높이가 낮고, 길이가 길수록 집진율이 높아진다.

33 중력집진장치의 침강실에서 입자 오염물질의 최종 침강속도가 0.2m/sec, 높이가 2m일 때 이것을 완전히 제거하기 위해 필요한 이론적 중력침강실의 길이는?(층류를 기준으로 하며 집진장치통과 가스의 속도는 4m/sec이다)

① 40m ② 50m

③ 60m ④ 70m

$$L = \frac{V \times H}{V_g}$$

여기서, L : 침강실의 길이, V : 집진장치 통과 가스속도
H : 침강실의 높이, V_g : 최종 침강속도

$$L = \frac{4 \times 2}{0.2} = 40m$$

34 여과식 집진장치에서 지름이 0.3m, 길이가 3m인 원통형 여과포 18개를 사용하여 유량이 30m³/min인 가스를 처리할 경우에 여과포의 표면 여과속도는 얼마인가?

① 0.39m/min ② 0.59m/min

③ 0.79m/min ④ 0.99m/min

$$u_f = \frac{Q}{\pi D H n}$$

여기서, Q : 배출가스량(m³/min), D : 직경(m), H : 유효높이(m)
u_f : 표면 여과속도(m/sec), n : 여과자루의 수(개)

$$u_f = \frac{30\text{m}^3/\text{min}}{3.14 \times 0.3\text{m} \times 3\text{m} \times 18} = 0.589\text{m/min}$$

35 관성력집진장치에 관한 설명으로 옳지 않은 것은?

① 타 집진장치의 전처리용으로 많이 사용한다.
② 비교적 굵은 입자를 선택 제거하는 데 용이하다.
③ 구조가 복잡하여 취급이 쉽지 않다.
④ 부식성, 점착성 가스처리에 부적합하다.

③ 관성력집진장치는 구조가 간단하여 취급이 쉬운 장점이 있다.

36 원심력집진장치의 효율을 극대화시키기 위해 처리가스의 약 5~10%를 재흡인하여 원심력을 증대시키고 집진된 먼지의 재비산을 막는 것은?

① 블로다운
② 나선효과
③ 축류효과
④ 먼지상자효과

① 블로다운으로 관 내 포집된 분진의 재비산을 막아 장치의 폐쇄현상을 방지하며 집진효율을 향상시킬 수 있다.

37 원심력집진장치의 집진효율을 높이는 방법으로 옳지 않은 것은?

① 배기관경이 클수록 입경이 작은 먼지를 제거할 수 있다.
② 한계 입구유속 내에서는 그 입구유속이 클수록 효율은 높은 반면 압력손실도 높아진다.
③ 고농도일 경우는 병렬연결하여 사용하고, 응집성이 강한 먼지는 직렬연결(단수 3단 이내)하여 사용한다.
④ 침강먼지 및 미세먼지의 재비산을 막기 위해 스키머와 회전깃 등을 설치한다.

해설
① 배기관경이 작을수록 입경이 작은 먼지를 제거할 수 있다.

38 사이클론의 효율향상에 관한 다음 설명 중 옳은 것은?

① 배기관경(내경)이 클수록 입경이 작은 먼지를 제거할 수 있다.
② 입구의 한계유속 내에서는 그 입구유속이 작을수록 효율이 높다.
③ 고농도일 경우 직렬연결하여 사용하고, 응집성이 강한 먼지는 병렬연결하여 사용한다.
④ 미세먼지의 재비산 방지를 위해 스키머와 회전깃 등을 설치한다.

해설
① 배기관경(내경)이 작을수록 입경이 작은 먼지를 제거할 수 있다.
② 입구유속이 빠를수록 효율이 높아진다(한계속도 이내일 때).
③ 고농도일 경우 병렬로 연결하고, 응집성이 강한 먼지는 직렬로 연결하여 사용한다.

39 사이클론으로 50% 집진할 수 있는 최소 입경을 의미하는 것은?

① 한계입경 ② 기하학적 입경
③ 임계입경 ④ 절단입경

해설
④ 절단입경(Cut Size) : 사이클론으로 50% 제거할 수 있는 직경이다.
③ 임계입경(한계입경, 최소제거입경) : 사이클론으로 100% 제거할 수 있는 입경이다.

40 세정집진장치의 입자 포집원리로 가장 거리가 먼 것은?

① 관성충돌 ② 확산작용
③ 응집작용 ④ 여과작용

해설
세정집진장치의 입자 포집원리 : 관성충돌, 직접흡수, 확산작용, 응집작용, 응결작용

41 세정집진장치의 특징으로 옳지 않은 것은?

① 가연성, 폭발성 먼지처리에는 부적합하다.
② 미스트를 쉽게 처리할 수 있다.
③ 고온의 가스를 냉각시킬 수 있다.
④ 백연문제가 발생할 가능성이 있다.

해설
① 세정집진장치의 구조상 물을 뿌려 먼지를 포집하며, 이 과정에서 가연성, 폭발성을 감소시킬 수 있어 해당 물질의 처리에 아주 효과적이다.

42 여과집진장치의 특징으로 거리가 먼 것은?

① 넓은 설치공간이 필요하다.
② 다양한 용량을 처리할 수 있다.
③ 여러 가지 형태의 분진을 포집할 수 있다.
④ 미세입자에 대한 집진효율이 낮다.

해설
④ 여과집진장치의 가장 큰 장점은 미세먼지의 포집이 용이하다는 점이다.

43 백필터(Bag Filter)의 특징으로 틀린 것은?

① 폭발성 및 점착성 먼지 제거가 곤란하다.
② 수분에 대한 적응성이 낮으며, 유지비용이 많이 든다.
③ 여과속도가 클수록 집진효율이 커진다.
④ 가스 온도에 따른 여재의 사용이 제한된다.

해설
③ 여과속도가 클수록 집진효율이 낮아진다.
※ 여과집진장치를 백필터라고도 칭한다.

44 코로나 방전을 이용하여 입자에 전기적 부하를 제공하여 먼지를 제거하는 방식은?

① 전기집진장치　　　　② 백필터
③ 벤투리세정장치　　　④ 중력집진장치

해설
전기집진장치에 관한 설명이다.

45 전기집진장치에 대한 설명으로 거리가 먼 것은?

① 광범위한 온도범위에서 설계가 가능하다.
② 설치비용이 고가이다.
③ 운전조건에 대한 유연성이 낮다.
④ 압력손실이 높아 소량의 가스처리에 적합하다.

해설
④ 전기집진장치는 미세먼지 포집효율이 가장 높고(99% 이상), 압력 손실이 낮아(10~20mmAq) 대량의 가스처리에 적합하다.

46 직렬로 조합된 집진장치의 총집진율은 95%이었다. 2차 집진장치의 집진율이 90%라면 1차 집진장치의 집진율은?

① 40%　　　　② 50%
③ 60%　　　　④ 70%

해설
$\eta_t = 1 - (1 - \eta_1)(1 - \eta_2)$
여기서, η_t : 총집진율(%), η_1 : 1차 집진율, η_2 : 2차 집진율
$0.95 = 1 - (1 - \eta_1)(1 - \eta_2)$
$(1 - \eta_1)(1 - 0.90) = 1 - 0.95$
$(1 - \eta_1) = 0.5$
$\eta_1 = 1 - 0.5 = 0.5 = 50\%$

47 집진장치의 유입가스의 먼지농도가 3.5g/Sm^{3}이고, 출구먼지농도가 0.2g/Sm^{3}일 때, 집진율(%)은 얼마인가?

① 91.5%　　　　② 92.3%
③ 94.3%　　　　④ 96.5%

해설
단일 집진기의 효율 $\eta = \left(1 - \dfrac{C_o}{C_i}\right) \times 100$
여기서, η : 집진율(%), C_o : 출구농도(g/Sm^3), C_i : 입구농도(g/Sm^3)
$\eta = \left(1 - \dfrac{0.2}{3.5}\right) \times 100 = 94.3\%$

48 고체성분이 열분해하여 휘발성인 가연성 가스로 연소하는 것을 무엇이라고 하는가?

① 증발연소　　　　② 분해연소
③ 표면연소　　　　④ 확산연소

해설
② 분해연소는 석탄, 목재, 고분자 가연성 물질이 주로 해당된다.

49 완전연소의 3조건(3T)에 해당하지 않는 것은?

① 시 간　　　　② 온 도
③ 혼 합　　　　④ 발열량

해설
연소의 3조건 : 시간, 온도, 충분한 혼합

50 메탄(CH₄) 8kg을 연소시키는 데 필요한 이론적인 산소량은?

① 18kg　　　　② 22kg
③ 26kg　　　　④ 32kg

해설
$CH_4 + 2O_2 \rightarrow CO_2 + 2H_2O$
16　: 2×32
8　　: x
이론적인 산소량 = $\dfrac{64}{2} = 32$kg

51 중량비가 C : 80%, H : 5%, O : 10%, S : 2%인 석탄을 연소할 경우 필요한 이론산소량은?

① 약 $1.7Sm^3/kg$ ② 약 $1.9Sm^3/kg$

③ 약 $2.0Sm^3/kg$ ④ 약 $2.26Sm^3/kg$

해석

이론산소량 공식

$$1.867C + 5.6\left(H - \frac{O}{8}\right) + 0.7S$$

$$= 1.867 \times 0.8 + 5.6\left(0.05 - \frac{0.10}{8}\right) + 0.7 \times 0.02$$

$$\fallingdotseq 1.7Sm^3/kg$$

52 탄소 24kg을 완전연소시킬 때 필요한 산소량은?

① $11.2Sm^3$ ② $22.4Sm^3$

③ $44.8Sm^3$ ④ $56.0Sm^3$

해석

$$C + O_2 \rightarrow CO_2$$

$12kg : 22.4Sm^3$

$24kg : x$

이론산소량 $x = \frac{24}{12} \times 22.4 = 44.8Sm^3$

53 탄소 24kg을 완전연소시킬 때 필요한 이론공기량은?

① $213.3Sm^3$

② $233.3Sm^3$

③ $253.3Sm^3$

④ $273.3Sm^3$

해석

$$C + O_2 \rightarrow CO_2$$

$12kg : 22.4Sm^3$

$24kg : x$

이론산소량 $x = \frac{24}{12} \times 22.4 = 44.8Sm^3$

이론공기량 $= \frac{44.8}{0.21} = 213.3Sm^3$

54 탄소 24kg을 완전연소시킬 때 부피비로 20%의 과잉공기를 사용하였다. 이때 공급한 공기의 양은?

① $254Sm^3$ ② $256Sm^3$

③ $264Sm^3$ ④ $269Sm^3$

해석

$$C + O_2 \rightarrow CO_2$$

$12kg : 22.4Sm^3$

$24kg : x$

이론산소량 $x = \frac{24}{12} \times 22.4 = 44.8Sm^3$

이론공기량 $= \frac{44.8}{0.21} = 213.3Sm^3$

실제공기량 = 공기비 × 이론공기량 $= 1.2 \times 213.3 = 255.96Sm^3$

55 연료를 연소시킬 때 실제 공급된 공기량을 A, 이론공기량을 A_o라 할 때 과잉공기율을 옳게 나타낸 것은?

① $\frac{A - A_o}{A}$ ② $\frac{A - A_o}{A_o}$

③ $\frac{A}{A_o} + 1$ ④ $\frac{A_o}{A} - 1$

해석

공기비$(m) = \frac{\text{실제공기량}}{\text{이론공기량}}$

실제공기량$(A) = $ 공기비$(m) \times$ 이론공기량(A_o),

공기비$(m) = \frac{A}{A_o}$

과잉공기율$(\%) = (m-1) \times 100 = \left(\frac{A}{A_o} - 1\right) \times 100 = \frac{A - A_o}{A_o}$

56 다음 중 공기비의 정의를 옳게 나타낸 것은?

① 연소 물질량과 이론공기량 간의 비

② 연소에 필요한 절대공기량

③ 공급공기량과 배출가스량 간의 비

④ 실제공기량과 이론공기량 간의 비

해석

④ 연료를 연소시키는 데 따른 실제공기량과 이론공기량과의 비로 공기과잉계수라고도 한다.

57 프로판(C_3H_8) 가스 20kg을 완전연소하는 데 필요한 이론공기량(Sm^3)은?

① $62.2Sm^3$

② $84.2Sm^3$

③ $121.2Sm^3$

④ $242.4Sm^3$

$C_3H_8 + 5O_2 \rightarrow 3CO_2 + 4H_2O$
44kg : $5 \times 22.4Sm^3$
20kg : x
이론산소량 $x = 50.9Sm^3$

이론공기량 $= \dfrac{이론산소량}{0.21} = \dfrac{50.9Sm^3}{0.21} = 242.4Sm^3$

58 메탄(CH_4) $4Sm^3$을 완전히 연소시키는 데 필요한 이론공기량(Sm^3)은?

① 19   ② 23

③ 38   ④ 41

$CH_4 + 2O_2 \rightarrow CO_2 + 2H_2O$
$22.4Sm^3 : 2 \times 22.4Sm^3$
$4Sm^3 : x$
이론산소량 $x = 8Sm^3$

이론공기량 $A_o = \dfrac{8}{0.21} = 38.1Sm^3$

59 소각로를 설계할 때 가장 기본이 되는 폐기물 발열량인 고위발열량(HHV)과 저위발열량(LHV)과의 관계로 옳은 것은?(단, 발열량의 단위는 kcal/kg, W는 수분함량 %이며, 수소함량은 무시한다)

① $LHV = HHV + 6W$

② $LHV = HHV - 6W$

③ $HHV = LHV + 9W$

④ $HHV = LHV - 9W$

저위발열량은 수분에 의한 영향을 무시하므로 고위발열량에서 수분에 의한 영향을 빼주면 된다.
즉, 저위발열량 = 고위발열량 − 6(9H + W)이며 수소함량을 무시하므로 저위발열량 = 고위발열량 − 6W이다.

60 중량비로 수소가 15%, 수분이 1%인 연료의 고위발열량이 9,500kcal/kg일 때 저위발열량은?

① 8,684kcal/kg

② 8,968kcal/kg

③ 9,271kcal/kg

④ 9,554kcal/kg

$H_l = H_h - 600(W + 9H)$
여기서, H_l : 저위발열량(kcal/kg), H_h : 고위발열량(kcal/kg)
　　　　 H : 수소의 함량(%), W : 수분의 함량(%)
$H_l = 9,500 - 600\{0.01 + (9 \times 0.15)\} = 8,684$kcal/kg

수 질

1 물의 특성과 순환

(1) 물의 특성

① 밀도 : 단위 부피당 질량을 말하며, 물은 4℃에서 가장 큰 밀도($1g/cm^3$)를 나타낸다.

② 비열과 기화열 : 물은 수소결합에 의하여 분자 간의 인력이 강하여 활발히 움직이기 위해서는 많은 에너지가 필요하므로 비열과 기화열이 크다.

③ 용해도 : 물은 극성을 지니고 있어 많은 물질을 용해시키는 성질 때문에 오래전부터 다른 물질을 녹이는 용매로 사용되었다.

(2) 물의 순환

분포한 장소 사이를 계속 이동하는 자연적인 물의 이동현상을 말한다.

① 순환속도 : 빙하 > 지하수 > 호소수 > 토양 내 수분 > 식물 내 수분 > 하천 > 수증기

② 순환형태

　㉠ 증발 : 순환량 최대

　㉡ 강우(우수, 빗물)

　㉢ 유출 : 표면유출, 중간유출, 지하수유출

　㉣ 증산 : 순환량 최소

　㉤ 용 출

　㉥ 삼투 : 식물

필 / 수 / 확 / 인 / 문 / 제

물의 특성 중 수소결합으로 인하여 나타나는 성질로 옳지 않은 것은?

① 밀도가 4℃에서 가장 크다.
② 빛을 투과하는 성질이 있다.
③ 다른 물질보다 끓는점이 높다.
④ 비열과 증발열이 비교적 크다.

해설
물이 빛을 투과하는 성질은 수소결합으로 인한 성질이 아니다.
답 ②

지구상에서 순환하는 순환수 중 양이 가장 많은 것은?

① 증 발
② 해 류
③ 하천의 바다 유입
④ 식물의 흡수 및 증산

해설
증발이 가장 많고, 증산이 가장 적다.
답 ①

수자원의 특성에 대한 설명으로 옳은 것은?

① 우수의 주성분은 해수의 주성분과 거의 동일하다.

② 해수는 염분, 온도, pH 등 물리·화학적 성상이 불안 정하다.

③ 지하수는 지표수에 비하여 자연·인위적인 국지조건 에 따른 영향이 적다.

④ 하천수는 주변지질의 영향이 적고, 유기물을 많이 함 유하는 경우가 거의 없다.

 설

해수는 물리·화학적 성상이 안정하고, 하천수는 주변지질의 영향이 많다.

답 ①

우수에 대한 설명 중 틀린 것은?

① 용해성분이 많아 완충작용이 크다.

② 해안에 가까운 우수는 염분함량의 변화가 크다.

③ 산성비가 내리는 것은 대기오염물질 NOx, SOx 등 의 용존성분 때문이다.

④ 우수의 주성분은 육수보다는 해수의 주성분과 거의 동일하다고 할 수 있다.

 설

우수는 다른 수원보다 용해성분이 적다.

답 ①

(3) 우리나라의 수자원

강수량의 감소와 북한 지역의 임남댐 건설에 따른 북한강 수계의 유입량 감 소로 36억m^{3}가 감소하였으나, 생활수준의 향상으로 이용량이 상대적으로 증가하는 추세이다.

① **우리나라 평균강수량** : 1,100~1,850mm/year(세계 평균강수량 750~ 950mm/year)

② **상수원 현황** : 상수원의 91%가 표류수이며, 그 중 하천수는 72%이다.

   ※ 표류수 : 증발 및 증산된 수분이 지하수가 되지 않고 지표면으로 흐르 고 있는 물

③ **특성** : 하상계수가 크고 유하길이가 짧으며, 동고서저 지형으로 대하천 이나 서해로 유입된다.

(4) 수 원

빗물, 지표수(하천수, 호소수, 저수지), 지하수(천층수, 심층수, 복류수, 용 천수), 해수

✛ TIP

수자원 구성

• 해수(바닷물)의 비율은 97%이고, 담수의 비율은 3%이다.

• 담수 중 빙산이나 빙하가 69% 정도 차지한다.

• 담수 중 지하수가 29% 정도 차지한다.

• 담수 중 2% 정도는 호수나 강, 하천, 늪 등의 지표수와 대기층에 존재한다.

• 담수의 분포도 : 빙하 > 지하수 > 지표수 > 토양 함유 수분 > 수증기

① **빗물(Meteoric Water)**

   ㉠ 우수, 강수, 기상수, 천수

   ㉡ 수자원 이용률이 낮다.

   ㉢ 성분 : Cl^-, Na^+, K^+, Ca^{2+}, Mg^{2+}, SO_4^{2-}

② **지표수(Surface Water)**

   ㉠ 하천수

      • 계절수에 따라 수량, 수질 변동이 심하며 수질은 자정작용으로 회 복된다.

      • 자정작용은 길고 느린 흐름 → 침전작용, 얕고 급한 흐름 → 재포기 자정작용

      • 강우에 의한 유출수로 연수가 대부분이다.

   ㉡ 호소수

      • 강우 시 저류되어 양적으로 풍부, 자정작용이 커서 수질은 하천수 보다 양호하다.

      • 오염물 확산이 연안에 한정되나 유역 내 오염물질 유입으로 조류 성장 등이 발생한다.

- 계절별 성층현상과 전도현상이 발생하고, 저부에는 Mn 등 중금속을 함유하고 있다.
③ 지하수(Underground Water)
  ㉠ 육지에 내린 비가 하천, 바다로 유입되는 과정에서 지하로 스며들어 형성된다.
  ㉡ 특 성
    - 수온의 변동이 적고, 탁도가 낮다.
    - 경도나 무기염료의 농도가 높다.
    - 지역적 수질의 차이가 크다.
    - 미생물과 오염물이 적다.
    - 세균에 의한 유기물의 분해(혐기성 환원작용)가 주된 생물작용이다.
    - 유속이 느리고, 자정속도가 느리다.
    - 국지적인 환경영향을 크게 받는다.
④ 해 수
  ㉠ 해수의 성분 : $Cl^- > Na^+ > SO_4^{2-} > Mg^{2+} > Ca^{2+} > K^+ > HCO_3^-$
  ㉡ 특 성
    - pH는 약 8.2로서 약알칼리성이다.
    - 해수의 Mg/Ca비는 3~4 정도로 담수의 0.1~0.3에 비해 크다.
    - 해수의 밀도는 $1.02~1.07g/cm^3$ 범위로 수심이 깊을수록 증가한다.
    - 해수의 염도는 약 35,000ppm 정도이다.
    - 염분은 적도 해역에서 높고, 남북극 해역에서는 다소 낮다.
    - 해수의 주요성분농도비는 항상 일정하다.
    - 해수 내 전체 질소 중 35% 정도는 암모니아성 질소, 유기질소의 형태이다.
    - 해수의 염소이온농도는 약 19,000ppm 정도이다.

② 수질오염물질

(1) 오염원 형태

① 점오염원
  ㉠ 배출원 : 공장, 가정하수, 분뇨처리장, 축산농가 등
  ㉡ 특 징
    - 인위적이고, 특정 지점에서 배출되므로 배출원이 명확하다.
    - 관거를 통해 한 지점(주로 처리장)에서 집중적으로 배출되며, 자연적 요인의 영향을 적게 받아 연중 배출량이 일정하다.
    - 모으기가 용이하고 처리효율이 높다.

다음 중 지하수의 특징에 속하는 것은?
① 대기와 평형을 갖는 가스의 출입이 있다.
② 불용성 현탁물질은 여과에 의해 제거되지 않는다.
③ 유기물 분해는 세균보다 광화학반응에 의해 일어난다.
④ 유속이 작고, 국지적으로 환경조건의 영향을 크게 받는다.

해설
지하수는 유속이 느리고 국지적 환경조건의 영향을 크게 받는다.
답 ④

다음의 물 오염원 중에서 비점오염원이 아닌 것은?
① 생활하수 및 축산폐수
② 폭우로 인한 도시의 유출수
③ 도심지 거리의 청소로 인한 배수
④ 강우로 인해 농경지로부터 비료, 퇴비, 농약 등이 하천에 유입

해설
점오염원 : 생활하수, 축산폐수, 산업폐수 등
답 ①

다음은 비점오염원에 따른 수질오염에 관한 설명이다. 틀린 것은?

① 점오염원에 비해 오염물질의 농도가 높다.

② 초기 세척수가 가장 많은 오염물질을 함유하고 있다.

③ 오염물질의 유입이 일시적이기 때문에 점오염원에 비해 관리가 어렵다.

④ 오염물질을 적절히 처리할 지점이 없기 때문에 점오염원에 비해 관리가 어렵다.

해설

점오염원에 비해 농도가 높기도 하고 낮기도 하다.

답 ①

② 비점오염원

　㉠ 배출원 : 대지, 도로, 논, 밭, 임야, 대기 중의 오염물질 등

　㉡ 특 징

　　• 인위적 · 자연적이고, 불특정 지점에서 배출되므로 배출원이 명확하지 않다.

　　• 희석 및 확산되면서 넓은 지역으로 배출되고, 강우 등 자연적 요인에 따른 배출량의 변화가 심하여 예측이 곤란하다.

　　• 모으기가 어렵고, 처리효율이 일정하지 않다.

(2) 발생원 형태

① 가정하수 : 주택, 상업용 · 공용 또는 유사한 시설에서 하수관거를 통해 배출되는 생활오수이며, 발생원의 종류, 주민의 생활습관, 도시의 성격 등에 따라 달라진다.

② 산업폐수 : 공장 · 산업지대에서 발생하는 폐수이며, 발생량은 가정오수보다 적고, 고농도 유해물질이 많아 유독성이 강하다.

③ 축산폐수 : 소나 돼지 등의 가축사육으로 발생하는 폐수이며, 유기물의 농도가 높고, 질소와 인 등의 영양염류를 많이 함유하여 수질을 악화시킨다.

④ 특수폐수 : 온열폐수, 방사성폐수 등

(3) 수질오염지표

항 목	물리적	화학적	생물학적
지 표	• 탁 도 • 냄 새 • 맛 • 색 도 • 온 도 • 부유물질(SS)	• 수소이온농도(pH) • 용존산소(DO) • 생물학적 산소요구량(BOD) • 화학적 산소요구량(COD) • 경도(Hardness) • 알칼리도(Alkalinity) • 총유기탄소(TOC) • 전기전도도 • 독성물질	• 대장균군/분원성대장균군 • 식물성플랑크톤(조류) • Chlorophyll-a

① 수소이온농도(pH)

　㉠ 순수한 물은 25℃에서 1.0×10^{-7}mol/L의 수소이온과 수산화이온으로 존재한다.

　㉡ 물의 pH는 수소이온농도의 역수에 log를 붙인 값으로 나타내기 때문에 순수한 물의 pH는 7이다.

$$pH = \log \frac{1}{[H^+]} = -\log[H^+]$$

$$= \log \frac{1}{[1.0 \times 10^{-7}]} = 7$$

ⓒ 수소이온의 농도가 클수록 pH값은 작아지고, 수소이온농도가 작을수록 pH값은 커진다.

② 용존산소(DO ; Dissolved Oxygen)

　ⓘ 공기 중의 산소가 물에 녹아 있는 양이다.

　ⓛ 산소의 용해 및 조류나 수중식물의 광합성에 의하여 증가한다.

　ⓒ 어패류의 호흡과 미생물의 유기물을 분해할 때 감소한다.

③ 생화학적 산소요구량(BOD ; Biochemical Oxygen Demand)

　ⓘ 물속에서 생물학적으로 분해 가능한 유기물을 호기성 미생물이 분해할 때 소비되는 산소량을 mg/L로 나타낸 것이다.

　ⓛ 자정작용 : 하천에 유입된 유기물이 시간이 경과하거나 하류로 내려갈수록 점차 희석되거나 분해되어 깨끗해지는 현상이다.

　ⓒ 1단계 BOD : 탄소화합물로 구성된 유기물의 분해 곡선으로 20℃에서 5일간 약 65~70%가 분해, 20일에서는 95~99%가 분해되어 최종값인 BOD_u와 거의 일치한다.

　ⓔ 2단계 BOD : 질소화합물로 구성된 유기물은 7~9일부터 분해된다.

➕ **TIP**

BOD 관련 계산

• BOD 부하량 = BOD농도 × 폐수량

• BOD 제거율(η) $= \dfrac{\text{BOD 제거량}}{\text{유입수 BOD량}} \times 100$

$\qquad = \dfrac{\text{유입수 BOD량} - \text{유출수 BOD량}}{\text{유입수 BOD량}} \times 100$

• 잔존 BOD농도(BOD_t) $= BOD_u \times 10^{-kt}$

　여기서, k : 탈산소계수(d^{-1})

• 탈산소계수(k) $= \dfrac{1}{\Delta \sum t} \times \log \dfrac{L_1}{L_2}$

　여기서, L_1 : 상류측 BOD농도, L_2 : 하류측 BOD농도, $\dfrac{1}{\Delta t}$: 유하시간(d)

④ 화학적 산소요구량(COD ; Chemical Oxygen Demand)

　ⓘ 물속에 녹아 있는 산화 가능한 오염물을 화학적인 방법으로 산화시킬 때 소비되는 산소의 양을 mg/L로 나타낸 값이다.

　ⓛ 산화제 : $KMnO_4$, $K_2Cr_2O_7$

⑤ 부유물질(SS ; Suspended Solids)

　ⓘ 물에 녹지 않는 고형물질이다.

　ⓛ 유리섬유여과지(GF/C)로 여과한 후 항량으로 건조하여 무게를 달아 여과 전후의 유리섬유여과지의 무게차를 산출하여 구한다.

　ⓒ 하・폐수의 특성이나 처리장의 처리 효율을 평가하는 데 이용한다.

다음에서 일반적으로 물속의 용존산소 농도가 증가하게 되는 경우는?

① 수온이 낮고 수압이 낮은 경우
② 수온이 낮고 수압이 높은 경우
③ 수온이 높고 수압이 낮은 경우
④ 수온이 높고 수압이 높은 경우

[해설]

용존산소량은 압력에 정비례하고 온도에 반비례한다. 즉, 압력이 가해지면 용존산소량은 높아지고, 온도가 높아지면 용존산소량은 점점 낮아진다.

[답] ②

최종 BOD(BOD_u)는 무엇을 의미하는가?

① 폐수 중의 유기물 측정 시 20℃에서 5일간 배양했을 때의 산소요구량
② 폐수 중의 유기물 측정 시 20℃에서 20일간 배양했을 때의 산소요구량
③ 폐수 중의 유기물 측정 시 유기탄소, 유기질소분의 산화작용에 소요된 산소요구량의 총합
④ 폐수의 성질에 관계하지 않고, 폐수 중의 유기물질의 완전한 분해를 위해 필요한 산소요구량

[해설]

BOD값은 보통 5일이 지났을 경우 총량의 80%가 측정되고 20일이 지나면 그 이후에는 값의 변화가 없다. 즉, BOD_u(Ultimate)은 20일간 배양했을 때의 산소요구량이 되는 것이다.

[답] ②

다음 상호관계식 중 잘못된 것은?

① BOD = SBOD+IBOD
② SS = BDVSS+NBDFSS
③ COD = BOD_u+NBDCOD
④ NBDVSS/VSS = NBDICOD/ICOD

[해설]

관계식(BD vs NBD)

• BOD = SBOD + IBOD
• COD = BOD_u + NBDCOD
• BDCOD = BOD_u = $K \times BOD_5$
• NBDCOD = COD − BOD_u
• $K = \dfrac{BOD_u}{BOD_5}$
• ICOD = BDICOD + NBDICOD
• NBDICOD = ICOD + $IBOD_u$
• NBDVSS = VSS × $\dfrac{NBDICOD}{ICOD}$

[답] ②

Ca^{2+} 이온이 60mg/L, Mg^{2+} 이온이 36mg/L, Na^+ 이온이 46mg/L이다. 총경도는 몇 mg/L인가?(단, 원자량은 Ca : 40, Mg : 24, Na : 23)

① 100
② 200
③ 300
④ 400

해설

총경도(mg/L)

$$= \frac{Ca^{2+} \times 50(탄산칼슘\ 당량)}{Ca^{2+}당량} + \frac{Mg^{2+} \times 50(탄산칼슘\ 당량)}{Mg^{2+}당량}$$

$$= \frac{60mg/L \times 50(탄산칼슘\ 당량)}{40mg/2meq} + \frac{36mg/L \times 50(탄산칼슘\ 당량)}{24mg/2meq}$$

$$= 150mg/L + 150mg/L$$

$$= 300mg/L$$

답 ③

⑥ 총유기탄소(TOC ; Total Oxygen Carbon)
　㉠ 시료 중 용존탄소를 고온하에서 완전연소시켰을 때 발생되는 CO_2 가스를 적외선분석장치를 이용하여 정량적으로 측정한다.
　㉡ 이론적 산소요구량(ThOC ; Theoretical Oxygen Demand) : 유기물질이 화학양론적으로 산화・분해될 때 이론적으로 요구되는 산소량이다.
　㉢ 총산소요구량(TOD ; Total Oxygen Demand) : 연소실에서 촉매(백금, 코발트)와 접촉시켜 시료를 완전연소시켰을 때 소비된 산소량이다.

⑦ 경도(Hardness)
　㉠ 물에 녹아 있는 용해성 금속이온(Ca^{2+}, Mg^{2+} 등)에 의해 일어나며 이에 상응하는 탄산칼슘($CaCO_3$)의 양으로 표시하고, 음용 시 복통, 설사를 유발한다.
　㉡ 총경도 : 일시경도(끓일 경우 제거되는 경도) + 영구경도(끓여도 제거되지 않는 경도)
　㉢ 연수화 : 높은 경도를 해결하기 위한 방법이다.
　㉣ 경도계산
　　총경도 = 2가 이온 경도의 합
　　　　　 = 칼슘경도 + 마그네슘경도 + 기타 이온경도(영향이 작음)
　　　　　 $$= \frac{M^{2+} \times 50(탄산칼슘\ 당량)}{M^{2+}\ 당량}$$

⑧ 알칼리도(Alkalinity)
　㉠ 산을 중화시키는 능력의 척도이다.
　㉡ 수중의 수산화물(OH), 탄산염(CO_3^{2-}), 탄산수소염(HCO_3^-)의 형태로 함유성분을 이에 대응하는 탄산칼슘($CaCO_3$)의 형태로 환산하여 mg/L 단위로 나타낸다.
　㉢ 알칼리도 기여도 : $OH^- > CO_3^{2-} > HCO_3^-$

⑨ 총대장균군
　㉠ 주로 식품이나 음료수 오염의 지표이다.
　㉡ 측정 목적 : 지표미생물인 대장균의 존재를 통해 병원균의 존재가능성을 알기 위함이다.
　㉢ 원리(막여과법) : 물속에 존재하는 총대장균군을 측정하기 위하여 페트리접시에 배지를 올려놓은 다음 배양 후 금속성 광택을 띠는 적색이나 진한적색 계통의 집락을 계수하는 방법이다.

3 수질오염의 영향

오염물질	발생원	영 향
수은(Hg)	제련, 살충제, 온도계・압력계 제조	미나마타병, 헌터-루셀증후군, 말단동통증
PCB	변압기, 콘덴서 공장	카네미유증
비소(As)	지질(광산), 유리, 염료, 안료, 의약품, 농약 제조에서 배출	• 급성중독 : 구토, 설사, 복통, 탈수증, 위장염, 혈압저하, 혈변, 순환기 장애 등 • 만성중독 : 국소 및 전신마비, 피부염, 발암, 색소침착, 간장비대 등의 순환기장애
카드뮴(Cd)	아연도금 및 제련, 건전지, 플라스틱 안료	이타이이타이병, 골연화증, 골다공증, 신장손상
크로뮴(Cr)	도금, 피혁재료, 염색공업	폐암, 피부염, 피부궤양
납(Pb)	납제련소, 축전지공장, 페인트	다발성 신경염, 관절염, 두통, 기억상실, 경련 등
구리(Cu)	광산폐수, 전기용품, 합금	메스꺼움, 간경변, 윌슨병
시안(CN)	각종 도금공장	전신 질식현상

(1) 유기물

① 주로 생활하수에서 배출되며, 수질의 투명도를 저하하고 용존산소를 결핍시킨다.

② 수질에 분뇨가 혼입되면 병원균에 오염되며, 각종 전염병에 노출될 가능성이 크다.

③ 합성세제, 샴푸, 린스 등은 하천이나 호수에 거품을 발생시키고, 호수의 부영양화로 인한 녹조현상을 일으킨다.

(2) 중금속

① 비중이 4 이상인 금속성분으로 토양이나 물속에 존재하는 미량원소이다.

② 인체에 특히 유해한 중금속 : 납, 크로뮴, 수은, 카드뮴, 구리, 비소 등

③ 잔류성이 강하여 직접 섭취하지 않아도 중간 숙주를 통하여 인체에 축적되며, 각종 질병을 유발한다.

(3) 유해화학물질

① 공장에서 유출되는 시안화합물, 염소화합물, 인화합물, 중금속, PCB 및 농약 등이 있다.

② 사용한 살충제, 살균제, 제초제 및 성장촉진제 등의 농약이 상당량 공공수역으로 유출된다.

다음 중 청색증(Blue Baby Syndrome)의 주요 원인물질은 무엇인가?

① 암모늄(NH_4^+)
② 인산염(PO_4^{3-})
③ 질산염(NO_3^-)
④ 일산화질소(NO)

해설
질산염은 청색증을 일으킨다.

답 ③

수인성 병원균의 지표로서 대장균이 사용되는 이유가 아닌 것은?

① 검출법이 용이하기 때문이다.
② 인체의 배설물 중에 항상 존재한다.
③ 소화기 계통의 전염병균은 언제나 대장균과 함께 존재한다.
④ 대장균이 검출되지 않으면 모든 병원균은 사멸된 것으로 간주한다.

해설
대장균이 검출되지 않는다고 수인성 병원균이 사멸된 것으로 간주할 수 없다. 대부분 함께 존재한다.

답 ④

다음 스크린에 대한 설명 중 옳지 않은 것은?

① 우수용 스크린은 침사지 앞에 설치한다.
② 유속이 완만한 곳은 설치각도를 작게 한다.
③ 스크린의 간격이 좁을수록 손실수두는 커진다.
④ 스크린에 유속한계를 설정하는 이유는 걸러진 조대 유기물 등이 찢겨져 유입되는 것을 방지하기 위함이다.

해설
우수용 스크린을 침사지 앞부분에 설치할 경우 강우가 세지면 유속의 흐름이 강해져 스크린의 인양작업이 어렵다. 그러므로 우수용 스크린은 침사지 뒤에 설치하는 것이 일반적이다.

답 ①

포기식 침전지의 평균 체류시간은 얼마인가?

① 0.5~1분
② 1~2분
③ 3~4분
④ 4~6분

해설
포기식 침전지의 평균 체류시간은 1~2분이며, 중력식 침전지의 체류시간은 30~60초이다.

답 ②

(4) 영양염류

① 질소, 인, 칼슘, 칼륨, 망가니즈 등의 무기물이다.
② 특히, 질소와 인은 호수와 같은 지표수의 부영양화를 일으키는 물질이다.
③ 질소와 인의 배출원 : 생활하수, 동물의 배설물, 화학비료 등
④ 질소는 질산염의 형태로 청색증(Blue Baby Disease)을 일으킨다.

(5) 병원성 미생물

① 질병에 감염된 사람이나 보균자에 의하여 배출될 수 있다.
② 물속에서 자주 검출되는 병원성 미생물 : 바이러스, 박테리아, 원생동물 등
③ 장티푸스, 파라티푸스, 콜레라 및 이질과 같은 위장 계통의 병은 전염성이 높다.

4 수질오염 방지 대책

(1) 물리적 처리

물속에 함유된 오염물질의 크기와 비중 등 물리적 특성을 이용하여 제거하는 방법이다.

① 스크린(Screen)
  ㉠ 원리 : 폐수 속의 비교적 큰 부유물질이나 협잡물을 제거하는 물리적 방법이다.
  ㉡ 분류 : 세스크린(12.5mm 이하), 중스크린(12.5~50mm), 조스크린(50mm 이상)으로 분류한다.
  ㉢ 운영조건
    • 대부분 침사지의 전방에 설치한다.
    • 사석의 퇴적방지를 위해 접근유속은 0.45m/sec 이상으로 유지한다.
    • 일반적인 통과유속은 1m/sec 이하를 유지한다.
    • 협잡물의 제거를 통해 처리부하율 감소 및 장치의 보호를 목적으로 설치한다.

② 침사지(Grit Chamber)
  ㉠ 목적 : 폐수 내의 자갈, 모래, 기타 뼈나 금속 부속품 등의 무거운 입자를 제거하기 위함이다.
  ㉡ 설치위치 : 가능한 한 취수구에 근접하여 설치한다.
  ㉢ 침강속도 : Stokes의 법칙이 적용된다.

$$V_g = \frac{d^2(\rho_p - \rho)g}{18\mu}$$

여기서, V_g : 입자의 중력침강속도(m/sec)

d : 입자의 직경(m)

ρ_p : 입자의 밀도(kg/m³)

ρ : 물의 밀도(kg/m³)

μ : 물의 점도(kg/m · sec, N · sec/m², sec/m²)

g : 중력가속도(m/sec²)

③ 침전 : 물보다 무거운 부유입자를 중력에 의해 물로부터 침강분리한다.

　㉠ 형 태

　　• Ⅰ형 침전 : 독립침전으로 Stokes의 법칙이 적용되는 침전의 형태 (입자간 영향이 없다)이며, 주로 그릿과 모래입자가 제거된다.

　　• Ⅱ형 침전 : 응집, 응결침전, 플록이 형성되면서 침전되는 형태

　　　– 입자가 서로 응결되면서 침전된다.

　　　– 침전속도가 Ⅰ형 침전보다 빠르다.

　　• Ⅲ형 침전 : 지역침전, 방해침전, 간섭침전으로 입자 간에 작용하는 힘에 의해 침전을 방해하는 중간 농도의 부유액이 침전하는 형태이며, 2차 침전지의 고형물을 제거한다.

　　• Ⅳ형 침전 : 입자들의 압축에 의해 생겨나는 고농도의 부유액에서 발생하는 침전으로 구조물에 연속적으로 가해지는 입자들의 무게 때문에 발생하며, 2차 침전지의 하부 고형물을 제거한다.

　㉡ 수리학적 체류시간(HRT) : $t = \dfrac{V}{Q}$

　㉢ 침전지의 월류속도 : $\dfrac{Q}{\pi \dfrac{D^2}{4}}$

　㉣ SS의 제거효율(%) : $\dfrac{\text{유입수 SS} - \text{유출수 SS}}{\text{유입수 SS}} \times 100$

④ 여과지 : 바닥의 입자가 고운 모래를 깔아놓은 저수지 형태를 지닌 구조물이다.

　㉠ 목적 : 상수처리공정에서 물을 여과시키기 위함이다.

　㉡ 급속여과지 : 원수 중의 현탁물질을 약품으로 응집시킨 다음 입상층에서 비교적 빠른 속도로 물을 통과시켜 여재에 부착시키거나 여과층에서 체거름 작용으로 탈질을 제거한다.

　　• 1지의 여과면적은 150m² 이하로 한다.

　　• 형상은 직사각형을 표준으로 한다.

　　• 여과속도는 120~150m/day를 표준으로 한다.

　　• 급속여과지의 손실수두에 영향을 미치는 인자 : 모래입자 크기, 모래층 두께, 여과속도, 점성도, 수온 등

입자 간의 상호 충돌에 의해 응결되면서 침전되는 상태는 어느 형인가?

① Ⅰ형

② Ⅱ형

③ Ⅲ형

④ Ⅳ형

[해설]

플록침전(Ⅱ형)은 입자가 서로 접촉하면서 응집된 플록을 형성하여 침전한다.

[답] ②

급속여과의 특징이 아닌 것은?

① 여과재의 입자경이 작을수록 수두손실이 작다.

② 여과재의 입자경이 클수록 여과층은 폐쇄되기 어렵다.

③ 모래여과는 흡착, 이온교환 등의 전처리로 이용하는 경우가 많다.

④ 여과속도 150m/day란 하루에 여과면적 1m²에서 150m³의 물을 여과하는 것을 말한다.

[해설]

여과재의 입자경이 작을수록 손실수두는 크다.

[답] ①

• 주기적인 역세척(3일에 1회)을 통해 장치의 효율을 유지한다.
• 모래의 균등계수는 1.7 이하이다.

$$균등계수 = \frac{D_{60}}{D_{10}}$$

ⓒ 완속여과지 : 모래층의 내부와 표면에 증식하는 미생물군으로 수중의 부유물질이나 용해성 물질 등 불순물을 포착하여 산화 및 분해하는 방법이다.
• 여과지의 면적이 넓고, 건설비가 많이 든다.
• 여과속도는 4~5m/day 정도이다(8m/day 이하 유지).
• 세균 제거율(98~99.5%)이 탁월하다.
• 약품의 소요가 불필요하며, 유지관리비가 저렴하다.
• 모래의 균등계수는 2.0 이하이다.

ⓓ 여과지 운영상 문제점 : 진흙 덩어리의 축적, 여과지의 수축, 공기의 결합이 있다.

👍 TIP

완속여과 및 급속여과의 특징

완속여과	급속여과
• 비교적 양호한 원수에 효과적 • 침전, 완속사 여과, 살균 등의 공정에 사용 • 수중의 현탁물질, 세균의 제거 가능 • 일정 범위 내 암모니아성 질소, 악취, 철, 망간, 합성세제, 페놀 등 제거 가능	• 여과 후 염소살균으로 완전히 세균 제거 • 고탁도수에 적합하며 색도, 철, 조류의 처리에 적합 • 처리 용량이 면적에 비해 크고 대규모 처리에 적합 • 여과지의 면적이 작아 좁은 장소에서 시공 가능하며 건설비가 적게 듦 • 기계로 청소에 비용이 많이 소요되고 청소시간은 짧아 오염의 정도가 작음

(2) 화학적 처리

👍 TIP

화학적 폐수처리의 특징
• 처리시간이 짧다.
• 처리효과가 비교적 일정하며 안정되어 있다.
• 물리적 처리에 비해 넓은 장소를 필요로 하지 않는다.
• 독성물질의 제거를 위해서는 고도의 조작기술이 필요하다.
• 처리비용이 많이 든다.

① 응집 : 미세한 콜로이드성 부유물질(1μm 이하)을 용해 및 이온형태를 띠는 고형입자의 처리를 위해 응집제를 이용해 서로 응집시켜 침강성을 높여주는 공정이다.

ⓐ 단계 : 응집제 투입 → 처리수와 응집제 간의 접촉을 위한 혼합교반 → 입자들을 더 큰 플록으로 만들기 위한 완속교반 → 침강성의 확보 및 침전

ⓑ 원리 : 콜로이드 입자(−)와 반대되는 응집제(알루미늄, 철염, PAC, +전하 등)를 투여하여 입자 표면의 전기적 성질을 중화시키고, Zeta Potential을 감소시켜 응집이 일어난다.

⭐TIP

제타전위(Zeta Potential)
전해질 용액 중 작은 입자의 외측에 형성된 전기 층간의 전위차를 의미한다.

ⓒ 영향인자 : 수온, pH, 알칼리도, 용존물질의 성분, 교반조건 등

ⓓ 응집제의 종류 : 황산알루미늄, 폴리염화알루미늄(PAC), 철염

ⓔ 장 점
• 처리효율이 매우 높다.
• 유량 및 수질의 변동에 대한 융통성 있는 운전이 가능하다.

ⓕ 단 점
• 처리 비용이 높다.
• 다량의 화학 슬러지가 발생한다.
• 슬러지 처리비용이 상승한다.
• 용존성 BOD, 용존성 COD 등의 용존유기물의 제거에는 거의 효과가 없다.

ⓖ 레이놀즈수

$$Re = \frac{\rho v_s L}{\mu} = \frac{v_s L}{\nu}$$

여기서, ρ : 유체의 밀도　　　v_s : 평균속도(침강속도)
　　　　μ : 점성계수　　　　ν : 동점성계수
　　　　L : 입자의 직경

ⓗ 응집교반실험(Jar Test) : 적당한 응집제 및 응집보조제를 선정하고, 최적주입량을 결정하는 시험이다.

⭐TIP

응집제 특징
• **황산알루미늄($Al_2(SO_4)_3 \cdot 18H_2O$)** : 고형과 액체가 있다.
  − 장점 : 가격이 저렴하고, 거의 모든 현탁성 물질 또는 부유물의 제거에 유효하며, 독성이 없어 대량으로 주입이 가능하다. 결정은 부식성이 없어 취급이 용이하며, 철염과 같이 시설물을 더럽히지 않는다.
  − 단점 : 적정 pH 폭이 좁고, 생성된 플록의 비중이 작아 침강이 어렵다.
• **염화제2철($FeCl_3 \cdot 6H_2O$)** : 일반적으로 액체로 주입한다.
  − 장점 : 폐수처리 및 하수처리 등에 사용되며, 적정 pH 폭이 크고 생성된 플록의 비중이 커서 침강이 잘된다.

다음 응집제에 대한 설명 중 잘못된 것은?

① 폴리염화알루미늄 : 정수장에서 응집제로 사용하며 액상으로 이용된다.

② 염화제2철 : 적정할 수 있는 pH 폭이 넓고, 생성된 플록의 비중이 커 침강이 잘된다.

③ 황산알루미늄 : 거의 모든 현탁성 물질 또는 부유물질 제거에 유효하지만 독성이 있어 취급에 주의하여야 한다.

④ 폴리염화알루미늄 : 일반적으로 황산알루미늄보다 고가이나 고탁도, 저수온 시에는 황산알루미늄보다 경제적이라 할 수 있다.

해설
황산알루미늄은 독성이 없다.

답 ③

– 단점 : 생성된 플록이 시설물에 부착되어 잘 떨어지지 않으며, 산화(부식)성이 강하므로 취급에 주의하여야 한다.

• 황산제1철 및 석회 : 황산제1철은 일반적으로 건조상태의 입자를 사용한다. 황산제1철을 빠르게 반응시키려면 pH가 상승되어야 하므로 $Ca(OH)_2$(석회)를 동시에 투입하여야 한다.

– 장점 : 황산알루미늄에 비해 가격이 저렴하고, 생성된 플록의 침전이 빠르다.

• 폴리염화알루미늄(무기고분자 응집제) : 정수장에서 응집제로 사용하며, 액상으로 사용한다.

– 장점 : 액체 자체가 가수분해로 중합되어 있어 황산알루미늄보다 응집력이 좋으며, 적정주입의 pH 범위가 넓고, 알칼리도의 감소가 작다. 그리고 고탁도, 저수온 시에는 황산알루미늄보다 경제적이다.

– 단점 : 일반적으로 황산알루미늄보다 고가이며, 영하 20℃ 이하에서 결정이 석출하므로 보온장치가 필요하다. 그리고 6개월 이상 저장 시 변질 가능성이 있으며, 황산알루미늄과 혼합사용 시 침전물이 생겨 송액관이 막히므로 혼합사용해서는 안 된다.

② 자외선 소독

㉠ 원리 : 식수로 사용하고자 하는 물을 254nm 파장의 자외선(UV)램프를 사용하여 광화학 반응을 통해 수중의 박테리아, 바이러스, 곰팡이, 사상균, 대장균 등을 사멸시킨다.

㉡ 장 점

• Virus, 원생동물의 소독에 효과적이다.

• 소독부산물의 생성이 없다.

• 안정성이 높고, 요구공간이 작다.

• 비용이 저렴하다.

• 잔류성이 없다.

• pH의 영향을 받지 않으며, 지속적인 소독이 가능하다.

㉢ 단 점

• 탁도 또는 부유물질이 효과를 저해한다.

• 소독효과에 대한 즉시 측정이 어렵다.

③ 염소 소독

㉠ 살균반응 : 염소를 물에 투입하면 화학반응이 일어난다. 이 반응결과 생성된 차아염소산(HOCl)과 차아염소산이온(OCl^-)이 살균작용을 하게 된다. 살균력은 HOCl이 OCl^-보다 80배 이상 강하다. pH가 낮을수록 HOCl의 생성비율이 높다.

㉡ 살균력 : 차아염소산(HOCl) > 차아염소산이온(OCl^-) > 클로라민(NH_2Cl)

㉢ 장 점

• 가격이 저렴하며, 조작이 간단하고 살균력이 강하다.

• 살균 이외에도 산화제로 이용되며, 소독효과가 우수하다.

자외선 이용 살균 시 적합한 설명이 아닌 것은?

① 잔류효과가 없다.

② 소독이 효과적이다.

③ 요구되는 공간이 크다.

④ 소독이 다 되었는지 즉시 측정할 수 없다.

해설

자외선 살균이 요구되는 공간은 작다.

답 ③

염소의 살균능력에 관한 다음 기술 중 옳지 않은 것은?

① 온도가 높을수록 살균력이 크다.

② pH가 낮을수록 살균능력이 크다.

③ 염소농도가 클수록 살균력이 크다.

④ 알칼리도가 증가할수록 살균능력이 크다.

해설

알칼리도가 증가하면 차아염소산이온(OCl^-)이 증가하므로 살균력이 떨어진다.

답 ④

- 수중에서 유리잔류염소와 결합잔류염소 형태로 존재하며, 소독의 잔류효과가 우수하다.
- 대량의 수처리 적용이 용이하며, 지속적 살균이 가능하다.
② 단 점
- 염소살균은 발암물질인 트라이할로메탄(THM)을 생성시킬 가능성이 있다.
- 물속에 페놀류가 있을 시 염소와 페놀이 반응하여 클로로페놀을 형성하게 되며, 강한 악취가 발생한다.
⑩ 염소살균력 향상조건
- pH를 낮춘다(pH 5~6).
- 반응시간을 높인다.
- 염소농도를 높인다(너무 높이면 THM의 생성이 증가한다).

🖐 TIP

염소주입량 계산
- 염소요구량 = 주입염소량 − 잔류염소량
- 염소주입량 = 염소요구량 + 잔류염소량
- 파괴점 : 분기점(Breakpoint)이라고도 하며, 잔류염소량이 최저가 되는 지점이다.

④ 오존 소독
㉠ 특 성
- 선진국에서는 많이 사용하고 있다.
- 난분해성 물질의 처리에도 사용이 가능하다.
- 브로메이트(BrO_3) 등 소독부산물이 생성된다.
- 살균력이 가장 우수하고, 염소보다 소독부산물의 발생이 적다.
- 염소에 비해 잔류성이 없으므로 최종살균에 이용되지는 않는다.
- 전기를 이용해 오존을 생성해야 하므로 시설비, 관리비 등이 많이 소요된다.
㉡ 처리효과
- 세균을 제거하고, 소독작용이 있다.
- 맛·냄새(악취)물질 및 색도를 제거한다.
- 유기화합물을 저감시키고, 고분자 유기화합물을 저분자화한다.
- 철, 망가니즈 등 금속류를 산화시킨다.
㉢ 문제점
- 오존발생장치가 필요하고, 배출오존 처리 설비가 필요하다.
- 전력비용이 많다.
- 유기물질을 함유하는 경우에는 소독조에 잔류오존을 확보하기 위해 다량의 오존주입이 필요한 경우가 많다.

염소 소독에 관한 사항 중 틀린 것은?

① 염소는 잔류성이 있다.
② 염소의 살균력은 HOCl이 가장 높다.
③ 낮은 pH에서 염소의 살균력은 강하다.
④ 염소 소독 시 발생되는 THM은 인체에 무해하다.

해설
트라이할로메탄(THM)은 잔류염소와 유기물의 반응으로 생성되는 발암물질이다.

답 ④

염소요구량이 5.4mg/L이고, 유량이 200,000m³/day이며, 잔류염소농도가 0.5mg/L일 때 염소주입량은 얼마인가?

① 1,080kg/day
② 1,180kg/day
③ 1,280kg/day
④ 1,380kg/day

해설
염소주입량 = 염소요구량 + 잔류염소량
$$= \frac{(5.4 + 0.5)\,\text{mg}}{\text{L}} \times \frac{200{,}000\,\text{m}^3}{\text{day}} \times \frac{\text{kg}}{10^6\,\text{mg}} \times \frac{10^3\,\text{L}}{\text{m}^3}$$
$$= 1{,}180\,\text{kg/day}$$

답 ②

안심Touch

(3) 생물학적 처리

① 미생물 : 육안으로 식별되지 않는 크기가 대략적으로 1.0mm 이하인 생물을 총칭한다.

  ㉠ 원생생물의 분류

    • 원핵미생물(핵막이 없음) : 세균(Bacteria), 남조류

    • 진핵미생물(핵막이 있음) : 균류(Fungi), 녹조류, 원생동물(Protozoa)

  ㉡ 조류(Algae, 식물성 플랑크톤)

    • 광합성을 하는 무기영양계의 원생생물로서 단세포 또는 다세포로 구성된다.

    • 남조류는 섬유상, 군락상의 단세포로 구성되며, 수온이 높은 늦여름에 특히 많이 발생된다.

    • 녹조류는 클로로필 a, b를 가지고 있으며 간혹 c, d를 가지고 있기도 하다.

    • 조류는 광합성과정에서 CO_2를 소비하고 O_2를 생성하므로 주간에는 물의 pH와 알칼리도를 높이고, 용존산소를 과포화시키는 원인이 된다.

    • 과도한 조류의 성장은 수질오염에 영향을 미치며 맛, 색, 냄새유발 등의 문제를 발생시킨다.

    ※ 클로로필 a, b : 식물이 지니고 있는 엽록소의 종류는 여러 가지로 클로로필 a, b, c, d, e, 박테리아 클로로필 a, b 등 다양하다.

  ㉢ 세균(Bacteria)

    • 가장 간단한 원생생물로서 용해된 유기물을 섭취한다.

    • 막대기모양, 공모양, 나선모양 등이 있다.

    • 일반적인 화학조성식은 $C_5H_7O_2N$으로 나타낼 수 있다.

    • 수분 80%, 고형물 20%로 구성되어 있다.

    • 생물학적 수처리의 주체로 사용되며, 미생물의 효율적 증식이 수처리의 효율을 결정한다.

    • 호기성 미생물과 혐기성 미생물로 나뉘어 수중 오염물질을 제거한다.

  ㉣ 균류(Fungi)

    • 다핵의 진핵세포로 구성되어 있다.

    • 용해된 유기물질을 흡수하면서 성장 또는 번식한다.

    • 다세포의 비광합성 종속영양성 원생생물 대부분은 절대 호기성의 사상성 미생물이다.

    • 광합성을 하지 못하며, 토양의 유기물을 섭취한다.

- pH 2~5 범위에서 주로 성장하며, 침전이 어려워 슬러지 팽화를 유발한다.

ㅁ 원생동물(Protozoa)
- 단핵이며 운동성이 있고, 광합성을 하지 않는 진핵미생물이다.
- 통상 호기성 종속영양성이나 혐기성인 것도 많으며, 박테리아나 입자상의 유기물을 소모시킬 수 있다.
- 폐수가 생물학적으로 양호하게 처리되는 경우 다량으로 발견되기 때문에 생물학적 처리의 지표생물로 많이 이용된다.

 TIP

미생물의 증식단계
- 지연기(Log Phase, 지체기, 초기 정상기, 적응기, 유도기)
  - 접종된 미생물이 주변 환경에 적응하기 시작하며, 증식이 불가능하다.
  - 세포분열 이전에도 질량은 증가하기 때문에 무게와 미생물의 수가 일치하지 않는다.
- 증식단계(Growth Phase)
  - 미생물의 수가 증가한다.
  - 영양분이 충분하면 미생물은 급증한다.
- 대수성장단계(Log Growth Phase)
  - 미생물의 수가 급증한다.
  - 증식속도가 최대가 된다.
  - 영양분이 충분하면 미생물은 최대속도로 증식한다.
- 감소성장단계(Declining Growth Phase)
  - 영양소의 공급이 부족하기 시작하여 증식률이 사망률과 같아질 때까지 둔화된다.
  - 생존한 미생물의 중량보다 미생물 원형질의 전체 중량이 크다.
  - 생물수가 최대가 된다.
- 내생성장단계(Endogenous Growth Phase)
  - 생존한 미생물이 부족한 영양소를 두고 경쟁한다.
  - 신진대사율은 큰 폭으로 감소한다.
  - 생존한 미생물은 자신의 원형질을 분해하여 에너지를 얻는다.
  - 원형질의 전체 중량이 감소한다.

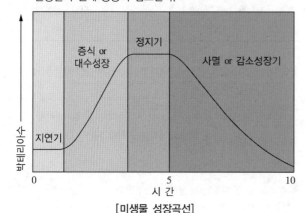

[미생물 성장곡선]

활성슬러지공법에서 SRT를 증가시키는 조건으로 맞는 것은?

① SS 유출량을 증가시킨다.
② 폐슬러지량을 증가시킨다.
③ 반송슬러지 농도를 감소시킨다.
④ 포기 내 MLSS 농도를 감소시킨다.

해설
SRT는 반응조 내의 체류시간(Detention Time)으로 다음과 같은 관계를 가진다.

$$\theta_c = \frac{V \times X}{Q_w \times X_w}$$

여기서, θ_c : 체류시간, SRT(일)
　　　 V : 반응조의 용량(m^3)
　　　 X : 반응조 혼합액의 평균부유물(MLSS)의 농도(mg/L)
　　　 Q_w : 잉여슬러지량(m^3/d)
　　　 X_w : 잉여슬러지의 평균 SS농도(mg/L)

잉여슬러지를 반송시켜 SRT값을 조절하는 데 Q_w의 양을 줄일 경우 다른 인자가 동일할 때 θ_c가 증가하게 되어 상대적인 체류시간을 늘리는 효과를 얻을 수 있다.

답 ③

하수의 2차 처리시설로 가장 많이 이용되는 시설은?

① 산화지법　　　　　② 살수여상법
③ 회전원판법　　　　④ 활성슬러지법

해설
하수의 2차 처리시설로 활성슬러지법이 가장 많이 사용된다.

답 ④

활성슬러지법에 관한 설명 중 틀린 것은?

① SVI가 200 이상이면 양호하다.
② 침전지에서 포기조로 슬러지가 반송된다.
③ 용존산소는 일반적으로 2mg/L 이상 유지해야 한다.
④ 하수처리방법 중 활성슬러지법이 가장 많이 이용된다.

해설
SVI가 200 이상이면 슬러지 벌킹이 발생한다.

답 ①

② 호기성 처리

㉠ 활성슬러지법(Activated Sludge Process)

• 원리 : 일반적으로 하·폐수는 1차 침전지에서 고형물이 제거된 후 반송슬러지와 함께 포기조로 투입되어 혼합되면서 일정 시간 동안 연속적으로 포기가 이루어진다.

• 장 점
　- 슬러지 면적이 작다.
　- 처리수의 수질이 양호하다.
　- 악취나 파리의 발생이 거의 없고, 2차 공해의 우려가 낮다.
　- BOD, SS의 제거율이 높다.

• 단 점
　- 유지관리에 숙련을 요한다.
　- 운전 비용이 많이 소요된다.
　- 수량 또는 수질의 영향을 많이 받는다.
　- 슬러지의 생산량이 많다.
　- 슬러지 팽화가 발생한다.

• 종 류
　- 표준 활성슬러지법

DO(ppm)	2 이상
pH	6~8
BOD : N : P	100 : 5 : 1
적정온도(℃)	25~30
반응조의 수심(m)	4~6
F/M비(kg-BOD/kg-SS)	0.2~0.4
HRT(시간)	6~8
MLSS 농도(mg/L)	1,500~3,000
SRT(일)	3~6

[표준 활성슬러지법의 처리계통]

🌟 TIP

폐수처리 시 공기주입량 결정 주요 3인자
• DO
• pH
• BOD : N : P

- 계단식 포기법(Step Aeration) : 반송슬러지를 포기조의 유입구에 전량 반송하지만 유입수는 포기조의 길이에 걸쳐 골고루 분할하여 유입시키는 방법이다.

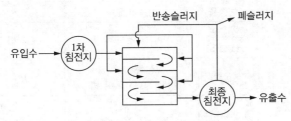

[계단식 포기법의 처리계통]

- 장기포기법 : 포기탱크 내의 활성슬러지를 장시간 포기시켜 영양부족 상태를 유지하며, 미생물의 자기분해에 의해 잉여슬러지 생성을 적게 하는 방법이다.

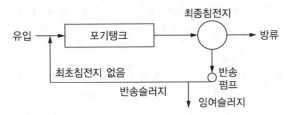

[장기포기법의 처리계통]

- 산화구법(Oxidation Ditch) : 산화구법에서 기계식 포기장치(로터)는 처리에 필요한 산소를 공급하는 것 이외에 산화구 내의 활성슬러지와 유입하수를 혼합 · 교반시키며, 혼합액에 유속을 부여하여 순환시켜 활성슬러지가 침강되지 않도록 한다.

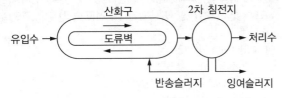

[산화구법의 처리계통]

- 심층포기법 : 수심이 깊은 포기조를 이용하여 용지이용률을 높이고자 고안된 공법이다.
- 회전원판법(RBC) : 생물막을 이용하여 하수를 처리하는 방식으로 원판의 일부가 수면에 잠기도록 원판을 설치하여 이를 18m/min 이하로 천천히 회전시키면서 원판 표면상에 부착성장한 미생물군에 의해 정화가 진행된다.
  ⓐ 산소공급은 원판이 회전하면서 자동적으로 이루어져 포기장치가 필요 없다.

ⓑ 운영변수가 많아 모델링이 복잡한 단점이 있다.

[회전원판(생물막)법과 활성슬러지법]

비교사항	회전원판법(RBC)	활성슬러지법
반송률	반송이 없음	25~50% 반송
생물량 (MLSS)	인위적 조절 곤란	인위적 조절 가능
생물환경	고정식·분리형 (후생동물 등 폭이 넓음)	부유·혼합형
산소공급	원판 회전 (이용률이 높음)	강제포기 (이용률이 낮음, 15% 이하)
부하 대응성	• 저농도 SS처리 • 슬러지 벌킹 문제 없음 • 부하에 대한 안정성이 높음	• 고농도 SS처리 • 슬러지 벌킹 문제 있음 • 부하에 대한 안정성이 낮음

- 연속회분식 : 1개의 회분조에 반응조와 2차 침전지의 기능을 갖게 하여 반응과 혼합액의 침전, 상징수의 배수, 침전슬러지의 배출 공정 등을 반복하여 처리하는 방식이다.

ⓐ 슬러지 반송이 필요 없다.

ⓑ 유입기를 혐기상태로 할 경우 용존산소 농도를 낮출 수 있어 산소전달효율의 극대화가 가능하다.

ⓒ 방류수의 수질이 기준치에 미치지 못할 경우 처리시간의 연장이 가능하다.

ⓓ 처리용량이 너무 클 경우 적용이 어렵다.

 TIP

슬러지 팽화(Bulking)
• 정의 : 최종 침전지에 활성슬러지법을 실시할 경우 사상미생물의 과도한 번식으로 슬러지가 잘 침전되지 않거나 침전된 슬러지가 수면으로 떠오르는 현상이다.
• 팽화(Bulking)의 원인
 - 포기조의 DO가 부족할 때
 - MLSS가 너무 높거나 낮을 때
 - 유해물질이 유입될 때
 - 유입 BOD 농도가 높을 때
 - pH가 낮을 때
 - N : P(질소와 인의 비율)가 불균형할 때

Sludge Bulking(팽윤·팽화현상)의 원인이 아닌 것은?

① 운전 미숙
② 탄수화물이 부족한 경우
③ 영양염류인 N, P가 부족한 경우
④ 용존산소 부족 및 충격부하가 일어나는 경우

해설
팽화(Bulking)의 원인
• 포기조의 DO가 부족할 때
• MLSS가 너무 높거나 낮을 때
• 유해물질이 유입될 때
• 유입 BOD 농도가 높을 때
• pH가 낮을 때
• N : P(질소와 인의 비율)가 불균형할 때

답 ②

🚑 TIP

활성슬러지법의 설계 및 운전인가

- F/M비(Food/Micro-organism)

$$F/M비 = \frac{C \times Q}{V \times MLSS}$$

여기서, C : 포기조 유입 BOD농도(kg-BOD/m³)

　　　　Q : 1일에 포기조에 들어가는 유량(m³/day)

　　　　V : 포기조 용적(m³)

- BOD 용적부하 : 포기조 1m³당 1일에 유입되는 BOD를 kg 수로 나타낸 것이다.

$$BOD \text{ 용적부하} = \frac{C \times Q}{V}$$

- 활성슬러지 농도(MLSS 농도) : 포기조 내의 활성슬러지의 미생물 농도를 나타내는 지표이다.

- 고형물 체류시간(SRT ; Solids Retention Time) : 활성슬러지가 처리장 전체 시스템 내에 체류하는 시간이다.

$$\theta_c = \frac{V \times X}{Q_w \times X_w}$$

여기서, θ_c : SRT(일)

　　　　V : 반응조의 용량(m³)

　　　　X : 반응조 혼합액의 평균부유물(MLSS)의 농도(mg/L)

　　　　Q_w : 잉여슬러지량(m³/d)

　　　　X_w : 잉여슬러지의 평균 SS 농도(mg/L)

- 슬러지 용적지수(SVI) : 슬러지의 침강농축성을 나타내는 지표로 포기조 내 혼합액 1L를 30분간 침전시킨 후 1g의 MLSS가 점유하는 침전슬러지를 부피(mL)로 나타낸 것이다.
  - 50~150 : 침전성이 양호하다.
  - 200 이상 : 팽화현상(슬러지가 침전되지 않고 부풀어 오르는 현상)이 발생한다.

$$SVI = \frac{30\text{분간 침강된 슬러지 부피(mL/L)}}{MLSS \text{ 농도(mg/L)}} \times 1,000$$

$$= \frac{SV_{30}(\%)}{MLSS \text{ 농도(mg/L)}} \times 10,000$$

- 슬러지 밀도지수(SDI) : 침전슬러지량 100mL 중에 포함된 MLSS를 g 수로 나타낸 것이다.

$$SDI = \frac{100}{SVI}$$

- 용존산소(DO) : 적정 DO농도는 2~3mg/L 정도로 유지해야 한다.

- 슬러지반송 : 포기조의 활성슬러지 농도를 일정한 농도로 유지하여 F/M비와 SRT의 적정 범위를 유지하기 위해서는 2차 침전지의 슬러지를 포기조로 반송할 필요가 있다.

포기조의 부피가 4,000m³, MLSS 농도가 2,000mg/L, 반송슬러지 농도 8,000mg/L, SRT가 8day일 때 폐슬러지량(m³/day)은?

① 115m³/day

② 125m³/day

③ 135m³/day

④ 145m³/day

해설

$$Q_w = \frac{X \times V}{X_r \times SRT} = \frac{2,000 \times 4,000}{8,000 \times 8} = 125 m^3/day$$

답 ②

생물학적 처리방법 중 틀린 것은?

① 살수여상은 충격부하에 약하다.
② 회전원판법은 슬러지 발생량이 적다.
③ 회전원판법은 반송슬러지가 필요 없다.
④ 활성슬러지는 포기를 하므로 동력비가 많이 소요된다.

해설
활성슬러지공법보다 살수여상공법이 충격부하에 강하다.

답 ①

살수여상법에서 연못화 현상이 일어나는 경우가 가장 적은 것은?

① 여재가 너무 작을 경우
② 미생물 점막이 과도하게 탈리된 경우
③ 1차 침전지에서 SS가 충분히 제거된 경우
④ 여재에 부착된 미생물이 과도하게 성장된 경우

해설
1차 침전지에서 SS가 제거되지 않을 경우 살수여상법에서 연못화 현상이 일어난다.

답 ③

생물막공법인 접촉산화법의 장점이 아닌 것은?

① 수온의 변동에 강하다.
② 분해속도가 낮은 기질제거에 효과적이다.
③ 슬러지 반송률이 낮아 유지관리가 용이하다.
④ 난분해성 물질 및 유해물질에 대한 내성이 높다.

해설
접촉산화법은 반송슬러지가 필요하지 않으므로 운전관리가 용이하다.

답 ③

ⓒ 살수여상법
- 원리 : 부착생물을 이용한 오염물질의 처리방법으로 자갈, 쇄석, 플라스틱제 등의 매체로 채워진 반응조 위에 살수기 또는 고정상 노즐로 폐수를 균등하게 살수하여 매체층을 거치면서 폐수 내의 오염물질을 제거하는 공정이다. 주정화반응은 호기성 산화이다.
- 장 점
  - 슬러지의 팽화가 발생하지 않는다.
  - 조건의 변동에 따른 내구성이 좋다.
  - 슬러지량과 공기량의 조절이 불필요하다.
  - 슬러지가 적게 생산된다.
  - 운전이 용이하다.
  - 건설 및 유지관리비가 적게 소요된다.
- 단 점
  - 여재의 비표면적이 작다.
  - 처리효율이 활성슬러지법에 비하여 낮다.
  - 처리공정의 손실수두가 크다.
  - 활성슬러지법보다 정화능력이 낮다.
  - 생물막의 공기유동저항이 크므로 산소공급능력에 한계(산소결핍)가 있다.
- 살수여상 운영 시 발생되는 문제점
  - 파리 번식
  - 연못화 현상(Ponding)
  - 냄새(악취) 발생
  - 생물막 탈락
  - 결 빙
- 처리과정 : 유입수 → 스크린 → 1차 침전지 → 살수여상지 → 2차 침전지 → 소독조 → 방류
- 매질의 조건 : 폐수나 공기가 통과하며, 미생물은 부착이 용이해야 한다.

ⓒ 접촉산화법
- 원리 : 생물막을 이용한 처리방식으로 반응조 내의 접촉재 표면에 발생 및 부착된 호기성 미생물의 대사활동에 의해 하수를 처리하는 방식이다. 1차 침전지 유출수 중의 유기물은 호기상태의 반응조 내에서 접촉재 표면에 부착된 생물에 흡착되어 미생물의 산화 및 동화작용에 의해 분해·제거된다.
- 특 징
  - 반송슬러지가 필요하지 않으므로 운전관리가 용이하다.

– 비표면적이 큰 접촉재를 사용하며, 부착생물량을 다량으로 부유할 수 있기 때문에 유입기질의 변동에 유연하게 대응할 수 있다.

– 생물상이 다양하여 처리효과가 안정적이다.

– 슬러지의 자산화가 기대되어 잉여슬러지량이 감소한다.

– 부착생물량을 임의로 조정할 수 있어서 조작조건의 변경에 대응하기 쉽다.

– 접촉재가 조 내에 있기 때문에 부착생물량의 확인이 어렵다.

– 고부하에서 운전하면 생물막이 비대화되어 접촉재가 막히는 경우가 발생한다.

③ 혐기성 처리

㉠ 혐기성 분해원리 : 슬러지는 1차적으로 호기성 미생물에 의해 분해되기 시작하며 슬러지 내 산소가 고갈되면 이후 2차적으로 혐기성 미생물에 의해 분해되어 처리된다. 최종부산물로 메탄(CH_4)이 생성되며, 에너지원으로 회수하여 사용하는 것이 가능하다.

• 가수분해(Hydrolysis) : 탄수화물, 지방, 단백질 등 불용성 유기물이 미생물이 방출하는 외분비 효소에 의해 가용성 유기물로 분해된다.

• 산생성 단계(Acidogenesis) : 유기산균이 유기물질을 분해시켜 유기산과 알코올을 생성한다.

• 초산생성 단계(Acetogenesis) : 초산생성균에 의해 산생성 단계에서 생긴 아세트산을 제외한 물질(Isopropanol, Propionate, Aromatic Compounds)에서 초산으로 분해한다.

• 메탄생성 단계(Methanogenesis) : 초산, 폼산, 수소, 메탄올, 메틸아민 등은 메탄생성균에 의해 CH_4와 CO_2로 최종 전환된다.

TIP

혐기성 소화과정에서 생성되는 물질
• 가수분해 : 아미노산, 글루코산, 글리세린(당류)
• 산생성 단계 : 유기산, 알코올, 알데하이드류
• 메탄생성 단계 : CH_4, CO_2

㉡ 혐기성 소화의 장점

• 고농도의 폐수나 분뇨를 비교적 낮은 에너지로 처리한다.

• 호기성 처리에 비해 슬러지(고형물)의 발생량이 적다(호기성 처리의 1/3 정도).

• 슬러지의 건조나 탈수가 쉽다.

• 병원균과 기생충란이 사멸된다.

• 메탄가스를 태워 열로 이용할 수 있다.

• 동력시설을 필요로 하지 않고, 운전비용이 비교적 저렴하다.

혐기성 소화에 의한 슬러지 안정화의 목적으로 옳지 않은 것은?

① 양질의 퇴비 생산
② 유기물의 무기물화
③ 유용한 가스의 회수
④ 병원균 사멸로 위생적 안전

해설
양질의 퇴비는 슬러지 안정화와 무관하다.

답 ①

혐기성 소화는 크게 2단계로 이루어진다. 1단계 처리에 해당되지 않는 것은?

① 액화과정
② 메탄발효과정
③ 산소소화과정
④ 유기산 생성과정

해설
혐기성 소화 2단계 과정
• 가스화과정
• 메탄발효과정
• 알칼리소화과정

답 ②

혐기성 소화조로 유입된 유기물이 70%, 무기물이 30%이었다. 소화조에서 소화 후 분석결과 유기물이 50%, 무기물이 50%이었다면 소화율은 몇 %인가?

① 40% ② 50%
③ 57% ④ 60%

해설
소화율 = VS제거율
$$E_{VS} = \frac{VS/FS - VS'/FS'}{VS/FS} \times 100$$
$$= \frac{70/30 - 50/50}{70/30} \times 100 = 57.143$$

답 ③

ⓒ 혐기성 소화의 단점
- 반응이 더디고 소화기간이 길다.
- 비교적 낮은 처리효율로 처리수를 다시 호기성 처리 후 방류하여야 한다.
- 혐기성 세균은 온도, pH 및 기타 화합물의 영향에 민감하다.
- 소화가스는 냄새가 나며, 부식성이 높다.

ⓓ 혐기성 소화의 종류
- 재래식 소화법(2단 소화) : 소화와 고액분리가 별도의 소화조에서 진행되며, 소화액은 2차 처리공정으로 고형물은 슬러지 처리계통으로 이송된다.
  - 제1소화조 : 적정한 온도 유지와 교반이 이루어져 유기물의 발효가 이루어진다.
  - 제2소화조 : 고형물의 고액분리가 이루어진다.
- BIMA법
  - 부유성장식 혐기성 소화법의 일종으로 주로 35℃에서 운전된다.
  - 유입폐수는 Center Tube 내에서 4~5시간 체류하면서 산생성균에 의해 가수분해되어 저급지방산을 생성하고, Main Chamber에서는 저급지방산이 메탄생성균에 의해 CH_4, CO_2로 전환된다.
  - 소화단수는 1단 공정이며, 소화일수는 약 15일이다.
  - 소화조 내에는 충전물이 없으며, Center Tube 내의 위치에너지에 의하여 조 내 교반작용이 이루어지고, Main Chamber 내의 유출수는 고액분리된 후 2차 처리공정으로 이송된다.
- HAF법 : 국내에서 개발된 부착성장식 혐기성 소화법으로 원통 또는 사각형의 수직구조물 내에 Media(충전재, 여재)가 충전되어 있다.

🔖 TIP

혐기성 소화의 운전조건
- 온 도
  - 중온소화 : 30~37℃
  - 고온소화 : 50~55℃
- pH
  - 평형상태의 pH : 6.5~7.5
  - 최적 pH : 7.2~7.4
- 체류시간
  - 중온소화 : 1.3~1.8kg · VS/m³ · d
  - 고온소화 : 1.5~6.5kg · VS/m³ · d
- 가스발생량 : COD 1kg당 0.35m³의 CH_4를 생산한다.
- 알칼리도 : 혐기성 소화조의 완충능력, pH변화방지, 평형유지를 위해 알칼리도가 적절한 수질 필요
- 소화가스 발생량의 감소원인
  - 저농도 슬러지 유입   – 소화슬러지 과잉배출
  - 소화조 내 온도저하   – 소화가스 누출
  - 과다한 유기산 생성

ⓜ 임호프탱크(Imhoff Tank)
- 2층 탱크라고도 하며, 침전실, 소화실, 스컴실(Scum Chamber)로 구성된다.
- 하나의 조를 중간에 벽을 만들어서 둘로 나누어 상부는 침전 처리, 하부는 오니 소화처리로 다른 방법에 비해 처리효율이 낮다.
- 소규모 하수처리장 등에 쓰이고 있었지만 지금은 거의 사용하지 않는 방법이다.

(4) 고도 처리

① 목 적
  ㉠ 상수 : 중금속류, 색도, SS를 제거하기 위함이다.
  ㉡ 하수·폐수 : 방류수의 수질기준 달성, 부영양화 방지, 처리수의 재이용을 위함이다.
② 흡착(Adsorption)
  ㉠ 개념 : 응집, 물리·화학적 처리 등에 의해 제거되지 않는 극히 미세하고 생물·화학적으로 안정된 유기물이 낮은 농도로 존재할 때 그리고 냄새, 맛, 잔류농약 등 극미량의 유해 성분을 제거할 때 흡착처리한다.
  ㉡ 원 리
  - 1단계 : 용액에서 유기물질이 고액 경계면까지 이동하는 단계이다.
  - 2단계 : 경계막을 통한 용질의 확산단계이다(경막 확산).
  - 3단계 : 공극을 통한 내부 확산단계이다(공극 확산).
  - 4단계 : 입자의 미세공극의 표면 위에 흡착되는 단계이다.
  ㉢ 흡착형태
  - 물리적 흡착
    - 가역적이며, 재생이 용이하다.
    - 발열반응이다.
    - 다분자 흡착이다.
    - 반데르발스의 힘(Van der Waals Force)이 작용한다.
  - 화학적 흡착
    - 비가역적이며, 재생이 어렵다.
    - 흡열반응이다.
    - 단분자 흡착이다.
    - 흡착제와 용질 간의 화학반응이다.

⭐ TIP

흡착제의 조건
- 단위 무게당 흡착 능력이 우수해야 한다.
- 물에 용해되지 않고 내알칼리, 내산성이어야 한다.
- 재생이 가능해야 한다.
- 다공질이며, 입경(부피)에 대한 비표면적이 커야 한다.
- 자체로부터 수중에 유독성 물질을 발생시키지 않아야 한다.
- 입도 분포가 균일하며, 구입이 용이하고 가격이 저렴해야 한다.

안심Touch

ⓔ 등온흡착선(Adsorption Isotherm) : 흡착된 물질의 양과 흡착되지 않은 기체의 압력 또는 용액에 남아 있는 물질의 농도와의 관계를 나타내는 곡선

- Langmuir형 등온흡착모델
  - $\displaystyle\lim_{C \to 0} S = 0$
  - $\displaystyle\lim_{C \to \infty} S = ab$
- Freundlich형 등온흡착모델
  - 직선방정식

    $$\frac{X}{M} = KC^{\frac{1}{n}} \to \text{양변에 log를 취하면}$$

    $$\log\frac{X}{M} = \frac{1}{n}\log C + \log K$$

- 특 징
  - 수처리 : 활성탄 흡착에 가장 많이 사용된다.
  - 직선의 기울기가 0.5 이내이면 흡착이 용이하다.
  - 기울기가 0.5 이상이면 흡착이 곤란한 물질로 분류된다.

ⓗ 흡착장치

- 분말활성탄(PAC)
  - 주로 맛과 냄새를 제거할 목적으로 많이 사용되며 농도가 희박할 때 적합하다.
  - 입상탄에 비해 흡착속도가 빠르고, 수질변화에 대응성이 좋다.
  - 미생물의 번식 가능성이 없다.
  - 분말로서 비산될 우려가 높으며, 슬러지가 발생된다.
  - 재생이 곤란하고, 운영비가 고가이다.
  - 총유기탄소(TOC)의 제거율이 낮다.
- 입상활성탄(GAC)
  - 주로 유기 독성물질과 유기 염소화합물, 총유기탄소(TOC)를 제거한다.
  - 재생과 취급이 용이하며, 운영비가 적게 소요된다.
  - 탄수분리가 용이하고, 슬러지가 발생하지 않는다.
  - 분말탄에 비해 흡착속도가 느리고, 수질변화에 대응성이 나쁘다.
  - 미생물의 번식가능성이 높으며, 별도의 탈착시설이 요구된다.
  - 초기 투자비용이 많이 소요된다.
- 생물활성탄(BAC)
  - 입상활성탄의 사용시간이 대폭 길어진다.
  - 재생비용과 재생으로 인한 손실을 최소로 할 수 있어 경제적이다.
  - Micropore는 미생물 서식공간은 적으나 생물흡착에는 보다 유리하다.
  - 활성탄이 서로 부착·응집하여 수두손실이 증가한다.
  - 정상상태까지의 기간이 길다.

③ 막분리

㉠ 막분리의 종류와 특징

- 투석(Dialysis) : 선택적 투과막을 이용하여 농도에 따른 확산 계수의 차에 의해 분리된다.
- 전기투석(ED) : 선택성 이온교환막을 사이에 두고 전류를 흐르게 하여 이온전하의 크기에 따라 선택적으로 투과된다.
- 역삼투(RO) : 물은 통과하지만 이온은 통과하지 않는 역삼투막 모듈(비대칭성 다공성막)을 이용하여 이온물질을 제거한다.
- 나노여과(NF) : RO와 UF의 중간에 위치하는 나노여과막 모듈을 이용하여 이온이나 저분자량 물질을 제거한다.
- 한외여과(UF) : 가압된 원수를 $0.001 \sim 0.02 \mu$m의 다공성막을 통과시켜 체거름 원리에 따라 분자의 크기로 분리한다.
- 정밀여과(MF) : 대칭형 다공성막($0.01 \sim 10 \mu$m)을 사용하여 체거름 원리에 의해 입자를 분리한다.

㉡ 막분리 공정의 장점

- 응용범위가 넓다.
- 분리 및 농축에 유리하다.
- 약품의 첨가가 없다.
- 순수물질의 분리가 가능하다.
- 공정설계 및 Scale-up이 단순하다.
- Modular System으로 시설이 간단하다.
- 가동부가 작고 간단하며, 자동화가 쉽다.
- 충격부하(Shock Loading) 시 처리수의 수질에 큰 영향이 없다.

㉢ 막분리 공정의 단점

- 유입수의 온도, pH에 따라 운전이 제한된다.
- 농축수에 대한 최종처리가 필요하다.
- 초기투자비가 기존 처리시설보다 많이 소요된다.

④ 질소 및 인 제거

㉠ 질소(N) 제거

- 물리·화학적 공법
  - 파과점염소주입법(Break Point Chlorination) : 염소를 가하여 수중의 암모니아성 질소를 질소가스로 변환하여 제거하는 방법이다.
  - 공기탈기법(Ammonia Stripping) : pH를 11 이상으로 높인 후 공기를 불어넣어 수중의 암모니아를 NH_3 가스로 탈기하는 방법이다.
  - (선택적)이온교환법(Selective Ion Exchange) : Zeolite 등을 이용하여 암모니아를 이온교환에 의해 제거하는 방법이다.
  - 막분리 : RO, NF막을 이용하여 암모니아를 제거하는 방법이다.

- 생물학적 방법 : 기본적으로 세포합성, 질산화, 탈질의 공정으로 구분된다.
  - 세포합성(질소동화작용) : 공기 중의 유리질소는 토양미생물에 의해 고정되고, 고정된 질소는 식물체에 의하여 흡수되며, 탄수화물에서 유도된 유기물과 결합하여 아미노산, 핵산 및 그 밖의 질소유기물을 합성한다.
  - 질산화 : 암모니아는 나이트로소모나스에 의해 먼저 아질산(NO_2^-)으로 산화된 후 나이트로박터에 의하여 질산염(NO_3^-)으로 산화된다($Org-N \rightarrow NH_3-N \rightarrow NO_2-N \rightarrow NO_3-N$).
  - 탈질 : 종속영양세균이 유기물을 분해할 때 산소 대신 아질산성 질소나 질산성 질소를 최종 전자수용체로 사용하면서 질소가스로 변화되는 반응이다.

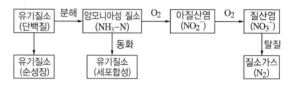

[질소의 생물학적 처리공정]

 TIP

질산화과정의 주요 환경인자
- pH : pH가 8보다 약간 높은 부분에서 반응속도는 최대(적정범위 7.5~8.6)가 된다.
- 온도 : 비례하여 반응속도는 증가한다.
- DO : 1mg/L 이상이 필요하다(그 이하에서는 산소가 제한기질).
- SRT : $SRT \geq \dfrac{1}{\mu N}$

 TIP

탈질화과정의 주요 환경인자
- DO : 산소 자체가 효소의 합성을 억제한다. 세포가 호기에서 무산소 환경으로 전환될 때 효소를 합성하기 위해서는 2~3시간이 필요하다. DO가 2mg/L 이하일 때 탈질산화를 위한 적정 운전조건이다.
- pH : 최적 pH는 7~8이다.
- 알칼리도 : Alk 증가 시 pH는 증가한다.
- 온도 : 반응속도와 비례한다(질산염 제거와 미생물 성장에 영향).
- 기질 농도 : 탈질속도와 비례한다(세포합성을 위한 외부 탄소원을 요함).
- 탄소 공급원 : 유입하수, 세포체(내생대사), 메탄올 등
- 생성된 질소가스 : 혼합액의 침전을 저해시킨다.

ⓛ 인(P) 제거

• 응집침전법

– 응집제를 첨가하여 난용성의 인화합물을 형성하고, 이를 침전시켜 분리한다.

– 가장 보편적으로 이용되는 다가의 금속이온들은 칼슘[Ca(Ⅱ)], 알루미늄[Al(Ⅲ)], 철[Fe(Ⅱ)] 등이 있다.

• A/O 공정

– 혐기·호기 공정으로 하·폐수 내의 유기물을 산화하여 제거하고, 생물학적으로 인을 제거하는 방법이다.

– 혐기성조(인 방출), 호기성조(인 흡수)로 구성된다.

– 장단점

장 점	단 점
• 운전이 비교적 간단하다. • 폐슬러지 내 인의 함량이 3~5% 정도로 높아 비료로서의 가치가 있다. • 수리학적 체류시간이 비교적 짧다.	• 질소제거가 고려되지 않아 높은 효율의 질소, 인 동시 제거가 곤란하다. • 공정의 유연성이 제한적이며, 동절기에는 성능이 불안정하게 된다. • 수리학적 체류시간이 짧아 고효율의 산소전달장치가 요구된다. • 높은 BOD/P비가 요구된다.

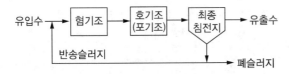

[A/O 공정의 처리계통]

• 포스트립(Phostrip) 공정 : 생물학적 처리와 화학적 처리를 병용함으로써 보다 안정적으로 인을 제거한다.

ⓒ 질소, 인의 동시 제거

• 질소, 인의 제거 공정 분류

– A^2/O

– 수정 Bardenpho

– UCT(University of Cape Town Process)

– VIP(Virginia Initiative Plant)

– 수정 Phostrip

– 연속 회분식 반응조 공정(SBR)

• A^2/O 공정

– A/O 공정을 개량하여 질소의 제거가 가능하도록 무산소조(Anoxic)를 추가한 방법이다.

하수의 고도처리공법인 A/O공법의 공정 중 혐기성조 역할로 가장 알맞은 것은?

① 인 흡수

② 질산화 및 탈질화

③ 질산화 및 유기물 제거

④ 유기물 제거 및 용해성 인 방출

해설

혐기성조, 호기성조 모두 유기물을 제거한다.

답 ④

생물학적 원리를 이용하여 하수 내 질소, 인 모두를 제거하는 공정으로 알맞지 않은 것은?

① A^2/O 공정

② UCT 공정

③ Phostrip 공정

④ Bardenpho 5단계 공정

해설

Phostrip 공정은 생물화학적 처리공정으로 인(P)만 제거한다.

답 ③

안심Touch

연속회분식(SBR)의 운전단계에 관한 설명으로 틀린 것은?

① 반응 : 반응단계는 총 Cycle 시간의 약 35% 정도이다.
② 주입 : 주입단계는 총 Cycle 시간의 약 25% 정도이다.
③ 침전 : 연속흐름식 공정에 비하여 일반적으로 더 효율적이다.
④ 주입 : 주입과정에서 반응조의 수위가 0% 용량에서 85%까지 상승된다.

해설
주입과정에서 반응조의 수위가 75~100%까지 상승된다.
답 ④

농도표시에 관한 설명으로 옳지 않은 것은?

① 천분율을 표시할 때는 g/L, ‰의 기호를 사용한다.
② 용액의 농도를 %로만 표시할 때는 v/v%로 나타낸다.
③ 십억분율을 표시할 때는 μg/L, ppb의 기호를 사용한다.
④ 용액 100g 중 성분용량(mL)을 표시할 때, v/w%의 기호를 사용한다.

해설
용액의 농도를 %로만 표시할 때는 w/v%를 사용한다.
답 ②

- 혐기조(BOD 흡수, 인 방출), 호기조(BOD 소비, 인 흡수, 질산화), 무산소조(탈질)로 구성된다.
- 포기조에서 질산화를 통하여 생성된 질산성 질소를 무산소조로 반송하여 탈질한다.
- 장단점

장 점	단 점
• A/O 공정에 비해 탈질성능이 우수하다. • 폐슬러지 내 인의 함량이 높아 (3~5%) 비료로서의 가치가 있다.	• A/O 공정에 비해 장치가 복잡하다. • 동절기에 제거효율이 저하된다. • 반송슬러지 내 질산염에 의해 인 방출이 억제되어 인 제거효율이 감소할 수 있다.

- 수정 Bardenpho
  - 혐기성조 - 1단계 무산소조 - 1단계 호기조 - 2단계 무산소조 - 2단계 호기조
  - 인과 질소의 동시 처리가 가능하다.
  - 내부 반송률이 높고, 비교적 큰 규모의 반응조 사용이 적합하다.
  - 폐슬러지 내의 인함량이 높아 비료로서 활용가치가 있다.
- 연속 회분식 반응조 공정 : SBR(Sequencing Batch Reactor)은 탄소성 유기물의 산화, 질소 제거 및 인 제거를 달성하기 위한 몇 가지 시스템 공정을 조합한 공정으로 반응, 침전, 방류를 연속적으로 운전할 수 있는 공법이다.

5 수질오염공정시험기준

(1) 총 칙

① 표시방법

ㄱ) 농도표시

- 백분율(part of hundred)
  - 용액 100mL 중의 성분무게(g) 또는 기체 100mL 중의 성분무게(g)를 표시할 때는 w/v%, 용액 100mL 중의 성분용량(mL) 또는 기체 100mL 중의 성분용량(mL)을 표시할 때는 v/v%
  - 용액 100g 중 성분용량(mL)을 표시할 때는 v/w%, 용액 100g 중 성분무게(g)를 표시할 때는 w/w%
  - 용액의 농도를 '%'로만 표시할 때는 w/v%
- 천분율(ppt, parts per thousand)을 표시할 때는 g/L, g/kg의 기호를 쓴다.

- 백만분율(ppm, parts per million)을 표시할 때는 mg/L, mg/kg의 기호를 쓴다.
- 십억분율(ppb, parts per billion)을 표시할 때는 μg/L, μg/kg의 기호를 쓴다.
- 기체 중의 농도는 표준상태 (0℃, 1기압)로 환산 표시한다.

ⓒ 온도 표시

- 온도의 표시는 셀시우스(Celsius)법에 따라 아라비아숫자의 오른쪽에 ℃를 붙인다. 절대온도는 K로 표시하고, 절대온도 0K는 -273℃로 한다.
- 표준온도는 0℃, 상온은 15~25℃, 실온은 1~35℃로 하고, 찬 곳은 따로 규정이 없는 한 0~15℃의 곳을 뜻한다.
- 냉수는 15℃ 이하, 온도는 60~70℃, 열수는 약 100℃를 말한다.
- '수욕상 또는 수욕 중에서 가열한다.'라 함은 따로 규정이 없는 한 수온 100℃에서 가열함을 뜻하고 약 100℃의 증기욕을 쓸 수 있다.
- 각각의 시험은 따로 규정이 없는 한 상온에서 조작하고, 조작 직후에 그 결과를 관찰한다. 단, 온도의 영향이 있는 것의 판정은 표준온도를 기준으로 한다.

② 시약 및 용액

㉠ 시 약

- 시험에 사용하는 시약은 따로 규정이 없는 한 1급 이상 또는 이와 동등한 규격의 시약을 사용하여 각 시험항목별 4.0 시약 및 표준용액에 따라 조제하여야 한다.
- 이 공정시험기준에서 각 항목의 분석에 사용되는 표준물질은 소급성이 인증된 것을 사용한다.

㉡ 용 액

- 용액의 앞에 몇 %라고 한 것(예 20% 수산화나트륨 용액)은 수용액을 말하며, 따로 조제방법을 기재하지 아니하였으며 일반적으로 용액 100mL에 녹아 있는 용질의 g수를 나타낸다.
- 용액 다음의 ( ) 안에 몇 N, 몇 M 또는 %라고 한 것[예 아황산나트륨용액(0.1N), 아질산나트륨용액(0.1M), 구연산이암모늄용액(20%)]은 용액의 조제방법에 따라 조제하여야 한다.
- 용액의 농도를 (1→10), (1→100) 또는 (1→1,000) 등으로 표시하는 것은 고체 성분에 있어서는 1g, 액체 성분에 있어서는 1mL를 용매에 녹여 전체 양을 10mL, 100mL 또는 1,000mL로 하는 비율을 표시한 것이다.
- 액체 시약의 농도에 있어서 예를 들어 염산(1+2)이라고 되어 있을 때에는 염산 1mL와 물 2mL를 혼합하여 조제한 것을 말한다.

③ 관련 용어의 정의

　㉠ 시험조작 중 '즉시'란 30초 이내에 표시된 조작을 하는 것을 뜻한다.

　㉡ '감압 또는 진공'이라 함은 따로 규정이 없는 한 15mmHg 이하를 뜻한다.

　㉢ '이상'과 '초과', '이하', '미만'이라고 기재하였을 때는 '이상'과 '이하'는 기산점 또는 기준점인 숫자를 포함하며, '초과'와 '미만'의 기산점 또는 기준점인 숫자를 포함하지 않는 것을 뜻한다. 또 'a~b'라 표시한 것은 a 이상 b 이하임을 뜻한다.

　㉣ '바탕시험을 하여 보정한다'라 함은 시료에 대한 처리 및 측정을 할 때, 시료를 사용하지 않고 같은 방법으로 조작한 측정치를 빼는 것을 뜻한다.

　㉤ 방울수라 함은 20℃에서 정제수 20방울을 적하할 때, 그 부피가 약 1mL 되는 것을 뜻한다.

　㉥ '항량으로 될 때까지 건조한다'라 함은 같은 조건에서 1시간 더 건조할 때 전후 무게의 차가 g당 0.3mg 이하일 때를 말한다.

　㉦ 용액의 산성, 중성 또는 알칼리성을 검사할 때는 따로 규정이 없는 한 유리 전극법에 의한 pH미터로 측정하고 구체적으로 표시할 때는 pH값을 쓴다.

　㉧ '용기'라 함은 시험용액 또는 시험에 관계된 물질을 보존, 운반 또는 조작하기 위하여 놓어 두는 것으로 시험에 지장에 주지 않도록 깨끗한 것을 뜻한다.

　㉨ '밀폐용기'라 함은 취급 또는 저장하는 동안에 이물질이 들어가거나 또는 내용물이 손실되지 아니하도록 보호하는 용기를 말한다.

　㉩ '기밀용기'라 함은 취급 또는 저장하는 동안에 밖으로부터의 공기 또는 다른 가스가 침입하지 아니하도록 내용물을 보호하는 용기를 말한다.

　㉠ '밀봉용기'라 함은 취급 또는 저장하는 동안에 기체 또는 미생물이 침입하지 아니하도록 내용물을 보호하는 용기를 말한다.

　㉤ '차광용기'라 함은 광선이 투과하지 않는 용기 또는 투과하지 않게 포장을 한 용기이며, 취급 또는 저장하는 동안에 내용물이 광화학적 변화를 일으키지 아니하도록 방지할 수 있는 용기를 말한다.

　㉥ 여과용 기구 및 기기를 기재하지 않고 '여과한다'라고 하는 것은 KSM 7602 거름종이 5종 A 또는 이와 동등한 여과지를 사용하여 여과함을 말한다.

　㉤ '정밀히 단다'라 함은 규정된 양의 시료를 취하여 화학저울 또는 미량저울로 정량함을 말한다.

　㉮ 무게를 '정확히 단다'라 함은 규정된 수치의 무게를 0.1mg까지 다는 것을 말한다.

㉴ '정확히 취하여'라 하는 것은 규정한 양의 액체를 부피피펫으로 눈금까지 취하는 것을 말한다.

㉵ '약'이라 함은 기재된 양에 대하여 ±10% 이상의 차가 있어서는 안된다.

㉶ '냄새가 없다'라고 기재한 것은 냄새가 없거나 또는 거의 없는 것을 표시하는 것이다.

㉷ 시험에 쓰는 물은 따로 규정이 없는 한 증류수 또는 정제수로 한다.

(2) 시료의 채취 및 보존방법

① 시료 채취지점

㉠ 배출시설 등의 폐수

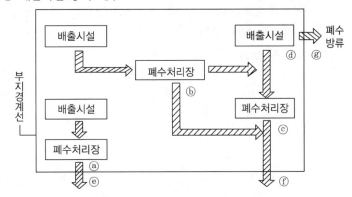

• 당연 채취지점 : ⓐ, ⓑ, ⓒ, ⓓ
• 필요시 채취지점 : ⓔ, ⓕ, ⓖ
※ ⓐ, ⓑ, ⓒ : 방지시설 최초 방류지점
   ⓓ : 배출시설 최초 방류지점(방지시설을 거치지 않을 경우)
   ⓔ, ⓕ, ⓖ : 부지경계선 외부 배출수로

폐수의 성질을 대표할 수 있는 곳에서 채취하며 폐수의 방류수로가 한 지점 이상일 때에는 각 수로별로 채취하여 별개의 시료로 하며 필요에 따라 부지경계선 외부의 배출구 수로에서도 채취할 수 있다. 시료채취 시 우수나 조업목적 이외의 물이 포함되지 말아야 한다.

㉡ 하천수
• 하천수의 오염 및 용수의 목적에 따라 채수지점을 선정하며 하천본류와 하천지류가 합류하는 경우에는 합류 이전의 각 지점과 합류 이후 충분히 혼합된 지점에서 각각 채수한다.

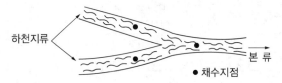

수질오염공정시험기준에서 사용되는 용어 중 '약'의 정의로 옳은 것은?

① 기재된 양에 대하여 ±0.01% 이상의 차가 있어서는 안 된다.
② 기재된 양에 대하여 ±0.1% 이상의 차가 있어서는 안 된다.
③ 기재된 양에 대하여 ±1% 이상의 차가 있어서는 안 된다.
④ 기재된 양에 대하여 ±10% 이상의 차가 있어서는 안 된다.

해설
'약'이라 함은 기재된 양에 대하여 ±10% 이상의 차가 있어서는 안 된다.

답 ④

- 하천의 단면에서 수심이 가장 깊은 수면의 지점과 그 지점을 중심으로 하여 좌우로 수면폭을 2등분한 각각의 지점의 수면으로부터 수심 2m 미만일 때에는 수심 1/3에서, 수심이 2m 이상일 때에는 수심의 1/3 및 2/3에서 각각 채수한다.

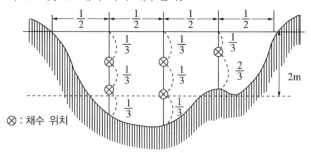

- 이외의 경우에는 시료채취 목적에 따라 필요하다고 판단되는 지점 및 위치에서 채수한다.

② 시료의 보존방법

　㉠ 채취된 시료를 현장에서 실험할 수 없을 때에는 따로 규정이 없는 한 다음 표의 보존방법에 따라 보존하고 어떠한 경우에도 보존기간 이내에 실험을 실시하여야 한다.

항 목		시료 용기	보존방법	최대보존기간 (권장보존기간)
냄 새		G	가능한 한 즉시 분석 또는 냉장 보관	6시간
노말헥산추출 물질		G	4℃ 보관, H_2SO_4로 pH 2 이하	28일
부유물질		P, G	4℃ 보관	7일
색 도		P, G	4℃ 보관	48시간
생물화학적 산소요구량		P, G	4℃ 보관	48시간 (6시간)
수소이온농도		P, G	−	즉시 측정
온 도		P, G	−	즉시 측정
용존 산소	적정법	BOD 병	즉시 용존산소 고정 후 암소 보관	8시간
	전극법	BOD 병	−	즉시 측정
잔류염소		G (갈색)	즉시 분석	−
전기전도도		P, G	4℃ 보관	24시간
총유기탄소 (용존유기탄소)		P, G	즉시 분석 또는 HCl 또는 H_3PO_4 또는 H_2SO_4를 가한 후 (pH < 2) 4℃ 냉암소에서 보관	28일(7일)
클로로필 a		P, G	즉시 여과하여 −20℃ 이하에서 보관	7일(24시간)
탁 도		P, G	4℃ 냉암소에서 보관	48시간(24시간)

항 목	시료 용기	보존방법	최대보존기간 (권장보존기간)
투명도	–	–	–
화학적 산소요구량	P, G	4℃ 보관, H_2SO_4로 pH 2 이하	28일(7일)
플루오린	P	–	28일
브롬이온	P, G	–	28일
시 안	P, G	4℃ 보관, NaOH로 pH 12 이상	14일(24시간)
아질산성 질소	P, G	4℃ 보관	48시간(즉시)
암모니아성 질소	P, G	4℃ 보관, H_2SO_4로 pH 2 이하	28일(7일)
염소이온	P, G	–	28일
음이온 계면활성제	P, G	4℃ 보관	48시간
인산염인	P, G	즉시 여과한 후 4℃ 보관	48시간
질산성 질소	P, G	4℃ 보관	48시간
총인 (용존 총인)	P, G	4℃ 보관, H_2SO_4로 pH 2 이하	28일
총질소 (용존 총질소)	P, G	4℃ 보관, H_2SO_4로 pH 2 이하	28일(7일)
퍼클로레이트	P, G	6℃ 이하 보관, 현장에서 멸균된 여과 지로 여과	28일
페놀류	G	4℃ 보관, H_3PO_4로 pH 4 이하 조정한 후 시료 1L당 $CuSO_4$ 1g 첨가	28일
황산이온	P, G	6℃ 이하 보관	28일(48시간)
금속류(일반)	P, G	시료 1L당 HNO_3 2mL 첨가	6개월
비 소	P, G	1L당 HNO_3 1.5mL로 pH 2 이하	6개월
셀레늄	P, G	1L당 HNO_3 1.5mL로 pH 2 이하	6개월
수은($0.2\mu g/L$ 이하)	P, G	1L당 HCl(12M) 5mL 첨가	28일
6가크롬	P, G	4℃ 보관	24시간
알킬수은	P, G	HNO_3 2mL/L	1개월
다이에틸헥실 프탈레이트	G (갈색)	4℃ 보관	7일(추출 후 40일)
1,4-다이옥산	G (갈색)	HCl(1+1)을 시료 10mL당 1~2방울씩 가하여 pH 2 이하	14일
염화비닐, 아크릴로나이트릴, 브로모폼	G (갈색)	HCl(1+1)을 시료 10mL당 1~2방울씩 가하여 pH 2 이하	14일
석유계 총탄화수소	G (갈색)	4℃ 보관, H_2SO_4 또는 HCl으로 pH 2 이하	7일 이내 추출, 추출 후 40일
유기인	G	4℃ 보관, HCl로 pH 5~9	7일 (추출 후 40일)

항 목		시료 용기	보존방법	최대보존기간 (권장보존기간)
폴리클로리 네이티드비페닐 (PCB)		G	4℃ 보관, HCl로 pH 5~9	7일 (추출 후 40일)
휘발성 유기화합물		G	냉장 보관 또는 HCl을 가해 pH < 2로 조정 후 4℃ 보관 냉암소 보관	7일 (추출 후 14일)
과플루오린화 화합물		PP	냉장 보관 4±2℃ 보관, 2주 이내 분석 어려울 때 냉동(-20℃) 보관	냉동 시 필요에 따라 분석 전까 지 시료의 안정 성 검토(2주)
총 대 장 균 군	환경기준 적용시료	P, G	저온(10℃ 이하)	24시간
	배출허용 기준 및 방류수 기준 적용시료	P, G	저온(10℃ 이하)	6시간
분원성 대장균군		P, G	저온(10℃ 이하)	24시간
대장균		P, G	저온(10℃ 이하)	24시간
물벼룩 급성 독성		P, G	4℃ 보관(암소에 통기되지 않는 용기 에 보관)	72시간
식물성 플랑크톤		P, G	즉시 분석 또는 포르말린용액을 시료 의 3~5% 가하거나 글루타르알데하이 드 또는 루골용액을 시료의 1~2% 가 하여 냉암소 보관	6개월

여기서, P : Polyethylene, G : Glass, PP : Polypropylene

ⓛ 클로로필 a 분석용 시료는 즉시 여과하여 여과한 여과지를 알루미늄 포일로 싸서 -20℃ 이하에서 보관한다. 여과한 여과지는 상온에서 3시간까지 보관할 수 있으며, 냉동 보관 시에는 25일까지 가능하다. 즉시 여과할 수 없다면 시료를 빛이 차단된 암소에서 4℃ 이하로 냉장하여 보관하고 채수 후 24시간 이내에 여과하여야 한다.

ⓒ 시안 분석용 시료에 잔류염소가 공존할 경우 시료 1L당 아스코빈산 1g을 첨가하고, 산화제가 공존할 경우에는 시안을 파괴할 수 있으므로 채수 즉시 이산화비소산나트륨 또는 티오황산나트륨을 시료 1L당 0.6g을 첨가한다.

ⓔ 암모니아성 질소 분석용 시료에 잔류염소가 공존할 경우 증류과정에서 암모니아가 산화되어 제거될 수 있으므로 시료채취 즉시 티오황산나트륨용액(0.09%)을 첨가한다.

※ 티오황산나트륨용액(0.09%) 1mL를 첨가하면 시료 1L 중 2mg 잔류염소를 제거할 수 있다.

ⓜ 페놀류 분석용 시료에 산화제가 공존할 수 경우 채수 즉시 황산암모늄철용액을 첨가한다.

ⓗ 비소와 셀레늄 분석용 시료를 pH 2 이하로 조정할 때에는 질산(1+1)을 사용할 수 있으며, 시료가 알칼리화되어 있거나 완충효과가 있다면 첨가하는 산의 양을 질산(1+1) 5mL까지 늘려야 한다.

ⓢ 저농도 수은(0.0002mg/L 이하) 분석용 시료는 보관기간 동안 수은이 시료 중의 유기성 물질과 결합하거나 벽면에 흡착될 수 있으므로 가능한 빠른 시간 내 분석하여야 하고, 용기 내 흡착을 최대한 억제하기 위하여 산화제인 브롬산/브롬용액(0.1N)을 분석하기 24시간 전에 첨가한다.

ⓞ 다이에틸헥실프탈레이트 분석용 시료에 잔류염소가 공존할 경우 시료 1L당 티오황산나트륨을 80mg 첨가한다.

ⓩ 1,4-다이옥산, 염화비닐, 아크릴로나이트릴 및 브로모폼 분석용 시료에 잔류염소가 공존할 경우 시료 40mL(잔류염소 농도 5mg/L 이하)당 티오황산나트륨 3mg 또는 아스코빈산 25mg을 첨가하거나 시료 1L당 염화암모늄 10mg을 첨가한다.

ⓧ 휘발성 유기화합물 분석용 시료에 잔류염소가 공존할 경우 시료 1L당 아스코빈산 1g을 첨가한다.

ⓚ 식물성 플랑크톤을 즉시 시험하는 것이 어려울 경우 포르말린용액을 시료의 3~5% 가하여 보존한다. 침강성이 좋지 않은 남조류나 파괴되기 쉬운 와편모조류와 황갈조류 등은 글루타르알데하이드나 루골용액을 시료의 1~2% 가하여 보존한다.

(3) 공장폐수 및 하수유량-관 내의 유량측정방법

① 용어 정의

ⓐ 레이놀즈 수

- 유체역학에서 흐름의 관성력과 점성력의 비를 말하며 유체의 밀도, 흐름의 속도, 흐름 속에 둔 물체의 길이에 비례하고 유체의 점성률에 반비례한다.

$$Re = \frac{\rho \cdot V \cdot D}{\mu}$$

여기서, Re : 레이놀즈 수(무차원), ρ : 유체의 밀도(kg/m³), V : 유속(m/s), D : 관경(m), μ : 유체의 점도(kg/m·s)

- 레이놀즈 수와 직경에 따른 적용범위 : 벤투리미터, 유동 노즐, 오리피스의 사용에 있어서 레이놀즈 수와 직경의 범위가 필요하다. 다음 표는 유량계에 따른 각각의 레이놀즈 수와 직경에 따른 적용범위를 나타낸 것이다.

벤투리미터	유동 노즐	오리피스
$2 \times 10^5 \leq Re \leq 2 \times 10^6$	$10^5 \leq Re \leq 10^6$	$10^5 \leq Re \leq 10^7$
$0.3 \leq \dfrac{D_2}{D_1} \leq 0.75$	$0.01 \leq \left(\dfrac{D_2}{D_1}\right)^4 \leq 0.41$	$0.01 \leq \left(\dfrac{D_2}{D_1}\right)^4 \leq 0.41$
$100mm \leq D_1 \leq 800mm$	$50mm \leq D_1 \leq 1,000mm$	$50mm \leq D_1 \leq 1,000mm$

여기서, D_1 : 유입부 직경, D_2 : 목부 직경

② 유량계 종류 및 특성

㉠ 벤투리미터(Venturi Meter) 특성 및 구조

벤투리미터는 긴 관의 일부로서 단면이 작은 목 부분과 점점 축소, 점점 확대되는 단면을 가진 관으로 축소 부분에서 정력학적 수두의 일부는 속도수두로 변하게 되어 관의 목 부분의 정력학적 수두보다 적게 된다. 이러한 수두의 차에 의해 직접적으로 유량을 계산할 수 있다.

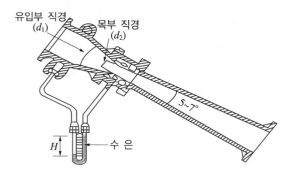

㉡ 유량측정용 노즐(Nozzle) 특성 및 구조

유량측정용 노즐은 수두와 설치비용 이외에도 벤투리미터와 오리피스 간의 특성을 고려하여 만든 유량측정용 기구로서, 측정원리의 기본은 정수압이 유속으로 변화하는 원리를 이용한 것이다. 그러므로 벤투리미터의 유량 공식을 노즐에도 이용할 수 있다.

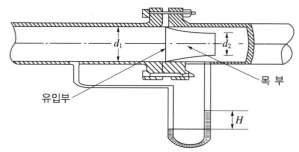

㉢ 오리피스(Orifice) 특성 및 구조

오리피스는 설치에 비용이 적게 들고 비교적 유량측정이 정확하여 얇은 판 오리피스가 널리 이용되고 있으며 흐름의 수로 내에 설치한다. 오리피스를 사용하는 방법은 노즐과 벤투리미터와 같다. 오리피

스의 장점은 단면이 축소되는 목 부분을 조절함으로써 유량이 조절된
다는 점이며, 단점은 오리피스 단면에서 커다란 수두손실이 일어난다
는 점이다.

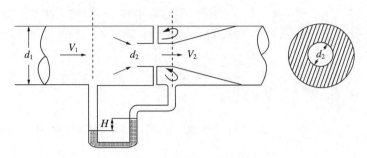

ⓔ 피토관(Pitot) 특성 및 구조

피토관의 유속은 마노미터에 나타나는 수두 차에 의하여 계산한다.
왼쪽의 관은 정수압을 측정하고 오른쪽 관은 유속이 0인 상태인 정체
압력을 측정한다. 피토관으로 측정할 때는 반드시 일직선상의 관에서
이루어져야 하며, 관의 설치 장소는 엘보(Elbow), 티(Tee) 등 관이
변화하는 지점으로부터 최소한 관 지름의 15~50배 정도 떨어진 지점
이어야 한다.

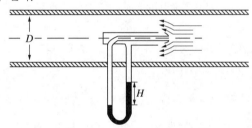

ⓜ 자기식 유량측정기(Magnetic Flow Meter) 특성 및 구조

측정원리는 패러데이(Faraday)의 법칙을 이용하여 자장의 직각에서 전
도체를 이동시킬 때 유발되는 전압은 전도체의 속도에 비례한다는 원리
를 이용한 것으로, 이 경우 전도체는 폐·하수가 되며, 전도체의 속도는
유속이 된다. 이때 발생된 전압은 유량계 전극을 통하여 조절변류기로
전달된다. 이 측정기는 전압이 활성도, 탁도, 점성, 온도의 영향을 받지
않고 다만 유체(폐·하수)의 유속에 의하여 결정되며 수두손실이 적다.

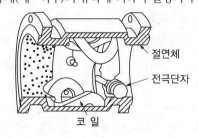

③ 결과보고

㉠ 벤투리미터(Venturi Meter), 유량측정 노즐(Nozzle), 오리피스(Orifice) 측정공식

벤투리미터, 유량측정 노즐, 오리피스는 측정원리가 같으므로 공통된 공식을 적용한다.

$$Q = \frac{C \cdot A}{\sqrt{1 - \left(\frac{d_2}{d_1}\right)^4}} \sqrt{2g \cdot H}$$

여기서, Q : 유량(cm^3/s), C : 유량계수, A : 목 부분의 단면적(cm^2) = $\frac{\pi d_2^2}{4}$,

H : $H_1 - H_2$(수두차 : cm), H_1 : 유입부 관 중심부에서의 수두(cm),

H_2 : 목부의 수두(cm), g : 중력가속도($980cm/s^2$), d_1 : 유입부의 직경(cm),

d_2 : 목부 직경(cm)

㉡ 피토(Pitot)관 측정공식

$$Q = C \cdot A \cdot V$$

여기서, Q : 유량(cm^3/s), C : 유량계수, A : 관의 유수단면적(cm^2) = $\frac{\pi D^2}{4}$,

V : $\sqrt{2g \cdot H}$(cm/s), H : $H_s - H_o$(수두차 : cm), g : 중력가속도($980cm/s^2$),

H_s : 정체압력수두(cm), H_o : 정수압수두(cm), D : 관의 직경(cm)

㉢ 자기식 유량측정기(Magnetic Flowmeter) 측정공식

연속방정식을 이용하여 유량을 측정한다.

$$Q = C \cdot A \cdot V$$

여기서, C : 유량계수, V : 유속 = $\frac{E}{B \cdot D} 10^6$(m/s), A : 관의 유수단면적(m^2),

E : 기전력, B : 자속밀도(Gauss), D : 관경(m)

6 수질관계법규

(1) 먹는물 수질기준(먹는물 수질기준 및 검사 등에 관한 규칙 별표 1)

① 미생물에 관한 기준

㉠ 일반세균 : 1mL 중 100CFU(Colony Forming Unit)를 넘지 아니할 것. 다만, 샘물 및 염지하수의 경우에는 저온일반세균은 20CFU/mL, 중온일반세균은 5CFU/mL를 넘지 아니하여야 하며, 먹는샘물, 먹는염지하수 및 먹는해양심층수의 경우에는 병에 넣은 후 4℃를 유지한 상태에서 12시간 이내에 검사하여 저온일반세균은 100CFU/mL, 중온일반세균은 20CFU/mL를 넘지 아니할 것

㉡ 총대장균군 : 100mL(샘물·먹는샘물, 염지하수·먹는염지하수 및 먹는해양심층수의 경우에는 250mL)에서 검출되지 아니할 것. 다만,

매월 또는 매 분기 실시하는 총대장균군의 수질검사 시료 수가 20개 이상인 정수시설의 경우에는 검출된 시료 수가 5%를 초과하지 아니하여야 한다.

ⓒ 대장균·분원성 대장균군 : 100mL에서 검출되지 아니할 것. 다만, 샘물·먹는샘물, 염지하수·먹는염지하수 및 먹는해양심층수의 경우에는 적용하지 아니한다.

ⓔ 분원성 연쇄상구균·녹농균·살모넬라 및 시겔라 : 250mL에서 검출되지 아니할 것(샘물·먹는샘물, 염지하수·먹는염지하수 및 먹는해양심층수의 경우에만 적용)

ⓜ 아황산환원혐기성 포자형성균 : 50mL에서 검출되지 아니할 것(샘물·먹는샘물, 염지하수·먹는염지하수 및 먹는해양심층수의 경우에만 적용)

ⓗ 여시니아균 : 2L에서 검출되지 아니할 것(먹는물공동시설의 물의 경우에만 적용)

② 건강상 유해영향 무기물질에 관한 기준

ⓐ 납 : 0.01mg/L를 넘지 아니할 것

ⓛ 플루오린 : 1.5mg/L(샘물·먹는샘물 및 염지하수·먹는염지하수의 경우에는 2.0mg/L)를 넘지 아니할 것

ⓒ 비소 : 0.01mg/L(샘물·염지하수의 경우에는 0.05mg/L)를 넘지 아니할 것

ⓔ 셀레늄 : 0.01mg/L(염지하수의 경우에는 0.05mg/L)를 넘지 아니할 것

ⓜ 수은 : 0.001mg/L를 넘지 아니할 것

ⓗ 시안 : 0.01mg/L를 넘지 아니할 것

ⓢ 크롬 : 0.05mg/L를 넘지 아니할 것

ⓞ 암모니아성 질소 : 0.5mg/L를 넘지 아니할 것

ⓩ 질산성 질소 : 10mg/L를 넘지 아니할 것

ⓣ 카드뮴 : 0.005mg/L를 넘지 아니할 것

ⓚ 붕소 : 1.0mg/L를 넘지 아니할 것(염지하수의 경우에는 적용하지 아니함)

ⓔ 브롬산염 : 0.01mg/L를 넘지 아니할 것(수돗물, 먹는샘물, 염지하수·먹는염지하수, 먹는해양심층수 및 오존으로 살균·소독 또는 세척 등을 하여 음용수로 이용하는 지하수만 적용)

ⓟ 스트론튬 : 4mg/L를 넘지 아니할 것(먹는염지하수 및 먹는해양심층수의 경우에만 적용)

ⓗ 우라늄 : 30μg/L를 넘지 않을 것[수돗물(지하수를 원수로 사용하는 수돗물), 샘물, 먹는샘물, 먹는염지하수 및 먹는물공동시설의 물의 경우에만 적용한다]

먹는물 수질기준 중 건강상 유해영향 무기물질에 관한 기준이 아닌 것은?

① 납은 0.1mg/L를 넘지 아니할 것
② 시안은 0.01mg/L를 넘지 아니할 것
③ 수은은 0.001mg/L를 넘지 아니할 것
④ 카드뮴은 0.005mg/L를 넘지 아니할 것

해설
납은 0.01mg/L를 넘지 아니할 것

답 ①

먹는물 수질기준 중 건강상 유해영향 무기물질로 옳지 않은 것은?

① 비소
② 셀레늄
③ 톨루엔
④ 질산성 질소

해설
톨루엔은 건강상 유해영향 유기물질이다.

답 ③

③ 건강상 유해영향 유기물질에 관한 기준
  ㉠ 페놀 : 0.005mg/L를 넘지 아니할 것
  ㉡ 다이아지논 : 0.02mg/L를 넘지 아니할 것
  ㉢ 파라티온 : 0.06mg/L를 넘지 아니할 것
  ㉣ 페니트로티온 : 0.04mg/L를 넘지 아니할 것
  ㉤ 카바릴 : 0.07mg/L를 넘지 아니할 것
  ㉥ 1,1,1-트라이클로로에탄 : 0.1mg/L를 넘지 아니할 것
  ㉦ 테트라클로로에틸렌 : 0.01mg/L를 넘지 아니할 것
  ㉧ 트라이클로로에틸렌 : 0.03mg/L를 넘지 아니할 것
  ㉨ 다이클로로메탄 : 0.02mg/L를 넘지 아니할 것
  ㉩ 벤젠 : 0.01mg/L를 넘지 아니할 것
  ㉪ 톨루엔 : 0.7mg/L를 넘지 아니할 것
  ㉫ 에틸벤젠 : 0.3mg/L를 넘지 아니할 것
  ㉬ 자일렌 : 0.5mg/L를 넘지 아니할 것
  ㉭ 1,1-다이클로로에틸렌 : 0.03mg/L를 넘지 아니할 것
  ㉮ 사염화탄소 : 0.002mg/L를 넘지 아니할 것
  ㉯ 1,2-다이브로모-3-클로로프로판 : 0.003mg/L를 넘지 아니할 것
  ㉰ 1,4-다이옥산 : 0.05mg/L를 넘지 아니할 것

④ 소독제 및 소독부산물질에 관한 기준(샘물・먹는샘물・염지하수・먹는염지하수・먹는해양심층수 및 먹는물공동시설의 물의 경우에는 적용하지 아니함)
  ㉠ 잔류염소(유리잔류염소) : 4.0mg/L를 넘지 아니할 것
  ㉡ 총트라이할로메탄 : 0.1mg/L를 넘지 아니할 것
  ㉢ 클로로폼 : 0.08mg/L를 넘지 아니할 것
  ㉣ 브로모다이클로로메탄 : 0.03mg/L를 넘지 아니할 것
  ㉤ 다이브로모클로로메탄 : 0.1mg/L를 넘지 아니할 것
  ㉥ 클로랄하이드레이트 : 0.03mg/L를 넘지 아니할 것
  ㉦ 다이브로모아세토나이트릴 : 0.1mg/L를 넘지 아니할 것
  ㉧ 다이클로로아세토나이트릴 : 0.09mg/L를 넘지 아니할 것
  ㉨ 트라이클로로아세토나이트릴 : 0.004mg/L를 넘지 아니할 것
  ㉩ 할로아세틱에시드(다이클로로아세틱에시드, 트라이클로로아세틱에시드 및 다이브로모아세틱에시드의 합으로 함) : 0.1mg/L를 넘지 아니할 것
  ㉪ 폼알데하이드 : 0.5mg/L를 넘지 아니할 것

⑤ 심미적 영향물질에 관한 기준
  ㉠ 경도(硬度) : 1,000mg/L(수돗물의 경우 300mg/L, 먹는염지하수 및 먹는해양심층수의 경우 1,200mg/L)를 넘지 아니할 것. 다만, 샘물 및 염지하수의 경우에는 적용하지 아니한다.

ⓛ 과망간산칼륨 소비량 : 10mg/L를 넘지 아니할 것

ⓒ 냄새와 맛 : 소독으로 인한 냄새와 맛 이외의 냄새와 맛이 있어서는 아니될 것. 다만, 맛의 경우는 샘물, 염지하수, 먹는샘물 및 먹는물공동시설의 물에는 적용하지 아니한다.

ⓔ 동 : 1mg/L를 넘지 아니할 것

ⓜ 색도 : 5도를 넘지 아니할 것

ⓑ 세제(음이온 계면활성제) : 0.5mg/L를 넘지 아니할 것. 다만, 샘물·먹는샘물, 염지하수·먹는염지하수 및 먹는해양심층수의 경우에는 검출되지 아니하여야 한다.

ⓢ 수소이온농도 : pH 5.8 이상 pH 8.5 이하이어야 할 것. 다만, 샘물, 먹는샘물 및 먹는물공동시설의 물의 경우에는 pH 4.5 이상 pH 9.5 이하이어야 한다.

ⓞ 아연 : 3mg/L를 넘지 아니할 것

ⓩ 염소이온 : 250mg/L를 넘지 아니할 것(염지하수의 경우에는 적용하지 아니함)

ⓧ 증발잔류물 : 수돗물의 경우에는 500mg/L, 먹는염지하수 및 먹는해양심층수의 경우에는 미네랄 등 무해성분을 제외한 증발잔류물이 500mg/L를 넘지 아니할 것

ⓚ 철 : 0.3mg/L를 넘지 아니할 것. 다만, 샘물 및 염지하수의 경우에는 적용하지 아니한다.

ⓣ 망간 : 0.3mg/L(수돗물의 경우 0.05mg/L)를 넘지 아니할 것. 다만, 샘물 및 염지하수의 경우에는 적용하지 아니한다.

ⓟ 탁도 : 1NTU(Nephelometric Turbidity Unit)를 넘지 아니할 것. 다만, 지하수를 원수로 사용하는 마을상수도, 소규모 급수시설 및 전용상수도를 제외한 수돗물의 경우에는 0.5NTU를 넘지 아니하여야 한다.

ⓗ 황산이온 : 200mg/L를 넘지 아니할 것. 다만, 샘물, 먹는샘물 및 먹는물공동시설의 물은 250mg/L를 넘지 아니하여야 하며, 염지하수의 경우에는 적용하지 아니한다.

ⓖ 알루미늄 : 0.2mg/L를 넘지 아니할 것

⑥ 방사능에 관한 기준(염지하수의 경우에만 적용)

ⓞ 세슘(Cs-137) : 4.0mBq/L를 넘지 아니할 것

ⓛ 스트론튬(Sr-90) : 3.0mBq/L를 넘지 아니할 것

ⓒ 삼중수소 : 6.0Bq/L를 넘지 아니할 것

필 / 수 / 확 / 인 / 문 / 제

수도법에서 용어의 정의로 옳지 않은 것은?

① 일반수도는 광역상수도·지방상수도 및 마을상수도를 말한다.
② 광역상수원은 하나의 지방자치단체에 공급되는 상수원을 말한다.
③ 정수는 원수를 음용·공업용 등의 용도에 맞게 처리한 물을 말한다.
④ 상수원은 음용·공업용 등으로 제공하기 위하여 취수시설을 설치한 지역의 하천·호소·지하수·해수 등을 말한다.

해설
광역상수원은 둘 이상의 지방자치단체에 공급되는 상수원을 말한다.

답 ②

(2) 수도법

① 용어의 정의(제3조)

㉠ 원수 : 음용·공업용 등으로 제공되는 자연 상태의 물을 말한다. 다만, 농어촌정비법에 따른 농어촌용수는 제외하되 가뭄 등의 비상시 대통령령으로 정하는 바에 따라 환경부장관이 농림축산식품부장관 또는 해양수산부장관과 협의하여 원수로 사용하기로 한 경우에는 원수로 본다.

㉡ 상수원 : 음용·공업용 등으로 제공하기 위하여 취수시설을 설치한 지역의 하천·호소·지하수·해수 등을 말한다.

㉢ 광역상수원 : 둘 이상의 지방자치단체에 공급되는 상수원을 말한다.

㉣ 정수 : 원수를 음용·공업용 등의 용도에 맞게 처리한 물을 말한다.

㉤ 수도 : 관로, 그 밖의 공작물을 사용하여 원수나 정수를 공급하는 시설의 전부를 말하며, 일반수도·공업용수도 및 전용수도로 구분한다. 다만, 일시적인 목적으로 설치된 시설과 농어촌정비법에 따른 농업생산기반시설은 제외한다.

㉥ 일반수도 : 광역상수도·지방상수도 및 마을상수도를 말한다.

㉦ 광역상수도 : 국가·지방자치단체·한국수자원공사 또는 환경부장관이 인정하는 자가 둘 이상의 지방자치단체에 원수나 정수를 공급(일반 수요자에게 공급하는 경우 포함)하는 일반수도를 말한다. 이 경우 국가나 지방자치단체가 설치할 수 있는 광역상수도의 범위는 대통령령으로 정한다.

㉧ 지방상수도 : 지방자치단체가 관할 지역주민, 인근 지방자치단체 또는 그 주민에게 원수나 정수를 공급하는 일반수도로서 광역상수도 및 마을상수도 외의 수도를 말한다.

㉨ 마을상수도 : 지방자치단체가 대통령령으로 정하는 수도시설에 따라 100명 이상 2,500명 이내의 급수인구에게 정수를 공급하는 일반수도로서 1일 공급량이 $20m^3$ 이상 $500m^3$ 미만인 수도 또는 이와 비슷한 규모의 수도로서 특별시장·광역시장·특별자치시장·특별자치도지사·시장·군수(광역시의 군수는 제외)가 지정하는 수도를 말한다.

㉩ 공업용수도 : 공업용수도사업자가 원수 또는 정수를 공업용에 맞게 처리하여 공급하는 수도를 말한다.

㉪ 전용수도 : 전용상수도와 전용공업용수도를 말한다.

㉫ 전용상수도 : 100명 이상을 수용하는 기숙사, 임직원용 주택, 요양소 및 그 밖의 시설에서 사용되는 자가용의 수도와 수도사업에 제공되는 수도 외의 수도로서 100명 이상 5,000명 이내의 급수인구(학교·교회 등의 유동인구를 포함)에 대하여 원수나 정수를 공급하는 수도를 말한다. 다만, 다른 수도에서 공급되는 물만을 상수원으로 하는 것

중 일일 급수량과 시설의 규모가 대통령령으로 정하는 기준에 못 미치는 것은 제외한다.

ⓣ 전용공업용수도 : 수도사업에 제공되는 수도 외의 수도로서 원수 또는 정수를 공업용에 맞게 처리하여 사용하는 수도를 말한다. 다만, 다른 수도에서 공급되는 물만을 상수원으로 하는 것 중 일일 급수량과 시설의 규모가 대통령령으로 정하는 기준에 못 미치는 것은 제외한다.

ⓗ 소규모 급수시설 : 주민이 공동으로 설치·관리하는 급수인구 100명 미만 또는 1일 공급량 20m³ 미만인 급수시설 중 특별시장·광역시장· 특별자치시장·특별자치도지사·시장·군수(광역시의 군수는 제외한다)가 지정하는 급수시설을 말한다.

㉠ 수도시설 : 원수나 정수를 공급하기 위한 취수·저수·도수·정수· 송수·배수시설, 급수설비, 그 밖에 수도에 관련된 시설을 말한다.

㉡ 수도사업 : 일반 수요자 또는 다른 수도사업자에게 수도를 이용하여 원수나 정수를 공급하는 사업을 말하며, 일반수도사업과 공업용수도 사업으로 구분한다.

㉢ 일반수도사업 : 일반 수요자 또는 다른 수도사업자에게 일반수도를 사용하여 원수나 정수를 공급하는 사업을 말한다.

㉣ 공업용수도사업 : 일반 수요자 또는 다른 수도사업자에게 공업용수도 를 사용하여 원수나 정수를 공급하는 사업을 말한다.

㉤ 수도사업자 : 일반수도사업자와 공업용수도사업자를 말한다.

㉥ 일반수도사업자 : 일반수도사업의 인가를 받아 경영하는 자를 말한다.

㉦ 공업용수도사업자 : 공업용수도사업의 인가를 받아 경영하는 자를 말한다.

㉧ 급수설비 : 수도사업자가 일반 수요자에게 원수나 정수를 공급하기 위하여 설치한 배수관으로부터 분기하여 설치된 급수관(옥내급수관 포함)·계량기·저수조·수도꼭지, 그 밖에 급수를 위하여 필요한 기구를 말한다.

㉨ 수도공사 : 수도시설을 신설·증설 또는 개조하는 공사를 말한다.

㉩ 수도시설관리권 : 수도시설을 유지·관리하고 그로부터 생산된 원수 또는 정수를 공급받는 자에게서 요금을 징수하는 권리를 말한다.

㉪ 갱생 : 관 내부의 녹과 이물질을 제거한 후 코팅 등의 방법으로 통수 기능을 회복하는 것을 말한다.

㉫ 정수시설운영관리사 : 정수시설의 운영과 관리 업무를 수행하는 사람 으로서 자격을 취득한 사람을 말한다.

㉬ 상수도관망시설운영관리사 : 상수도관망 및 그 부속시설(이하 상수 도관망시설)의 운영과 관리 업무를 수행하는 사람으로서 자격을 취득 한 사람을 말한다(2021.4.1. 시행).

ⓗ 물 사용기기 : 급수설비를 통하여 공급받는 물을 이용하는 기기로서 전기세탁기와 식기세척기를 말한다.

Ⓐ 절수설비 : 물을 적게 사용하도록 환경부령으로 정하는 구조·규격 등의 기준에 맞게 제작된 수도꼭지 및 변기 등 환경부령으로 정하는 설비를 말한다.

Ⓑ 절수기기 : 물을 적게 사용하기 위하여 수도꼭지 및 변기 등 환경부령으로 정하는 설비에 환경부령으로 정하는 기준에 맞게 추가로 장착하는 기기를 말한다.

Ⓒ 해수담수화시설 : 정수를 공급하기 위하여 해수 또는 해수가 침투하여 염분을 포함한 지하수를 취수하여 담수화하는 수도시설을 말한다.

② 수도정비기본계획의 수립(제4조)

㉠ 환경부장관과 특별시장·광역시장·특별자치시장·특별자치도지사·시장·군수(광역시의 군수는 제외)는 일반수도 및 공업용수도를 적정하고 합리적으로 설치·관리하기 위하여 10년마다 다음에 따라 수도의 정비에 관한 종합적인 기본계획(이하 수도정비기본계획)을 수립하여야 한다.

• 환경부장관의 경우에는 국가나 한국수자원공사가 설치·관리하는 광역상수도 및 공업용수도에 관한 수도정비기본계획의 수립

• 특별시장·광역시장·특별자치시장·특별자치도지사·시장·군수(광역시의 군수는 제외)의 경우에는 그 특별시·광역시·특별자치시·특별자치도·시·군이 설치·관리하는 일반수도 및 공업용수도에 관한 수도정비기본계획의 수립

㉡ 환경부장관은 수도정비기본계획을 수립하려면 시·도지사의 의견을 들은 후 관계 중앙행정기관의 장과 협의하여야 한다. 수립된 수도정비기본계획을 변경(대통령령으로 정하는 경미한 사항의 변경은 제외)하려는 경우에도 또한 같다.

㉢ 특별시장·광역시장·특별자치시장·특별자치도지사·시장·군수(광역시의 군수는 제외)는 수도정비기본계획을 수립하려면 미리 환경부장관의 승인을 받아야 한다. 대통령령으로 정하는 중요한 사항을 변경하려는 때에도 각각 승인을 받아야 한다.

㉣ 환경부장관 또는 특별시장·광역시장·특별자치시장·특별자치도지사·시장·군수(광역시의 군수는 제외)가 ㉠부터 ㉢까지의 규정에 따라 수도정비기본계획을 수립하거나 변경하려면 국토의 계획 및 이용에 관한 법률에 따른 도시·군기본계획을 기본으로 하여야 한다.

㉤ 환경부장관 또는 특별시장·광역시장·특별자치시장·특별자치도지사·시장·군수(광역시의 군수는 제외)가 ㉠부터 ㉢까지의 규정에 따라 수도정비기본계획을 수립하거나 변경하면 지체 없이 고시하고, 특

수도법상 수도정비기본계획은 몇 년마다 수립되는가?

① 5년　　　　　② 10년
③ 15년　　　　　④ 20년

 해 설
환경부장관과 특별시장·광역시장·특별자치시장·특별자치도지사·시장·군수(광역시의 군수는 제외)는 일반수도 및 공업용수도를 적정하고 합리적으로 설치·관리하기 위하여 10년마다 수도정비기본계획을 수립하여야 한다.

답 ②

별시장·광역시장·특별자치시장·특별자치도지사·시장·군수(광
역시의 군수는 제외)는 그 내용을 환경부장관에게 통보하여야 한다.
ⓑ 수도가 둘 이상의 특별시·광역시·특별자치시·특별자치도·시·
군(광역시의 군은 제외)의 관할 구역에 걸치거나 그 밖에 특별한 이유
가 있으면 대통령령으로 정하는 도지사 또는 특별시장·광역시장·
특별자치시장·특별자치도지사·시장·군수(광역시의 군수는 제외)
가 수도정비기본계획을 수립한다.
ⓢ 수도정비기본계획에는 다음의 사항이 포함되어야 한다.
• 수도(전용수도는 제외)의 정비에 관한 기본방침
• 수돗물의 중장기 수급에 관한 사항
• 광역상수원 개발에 관한 사항
• 수도공급구역에 관한 사항
• 상수원의 확보 및 상수원보호구역의 지정·관리
• 수도(전용수도는 제외) 시설의 배치·구조 및 공급 능력
• 수도사업의 재원 조달 및 실시 순위
• 수도관의 현황 조사 및 세척·갱생·교체에 관한 사항
• 광역상수도와 지방상수도를 연계하여 운영할 필요가 있는 지역의
통합 급수구역에 관한 사항
• 수돗물의 수질 개선에 관한 사항
• 수도시설의 정보화에 관한 사항
• 기술진단 결과에 따라 수도시설을 개선하기 위한 사항
• 인접 지방자치단체와의 지방상수도 사업의 연계 운영에 관한 사항
• 그 밖에 수도시설의 운용 및 수도사업의 효율화에 관한 사항으로서
대통령령으로 정하는 사항
ⓞ 환경부장관 또는 특별시장·광역시장·특별자치시장·특별자치도
지사·시장·군수(광역시의 군수는 제외)는 ⓜ에 따라 수도정비기본
계획을 고시한 후 5년이 지나면 수도정비기본계획의 타당성을 재검
토하여 이를 반영하여야 한다.
③ 전국수도종합계획의 수립(제5조)
㉠ 환경부장관은 국가 수도정책의 체계적 발전, 용수의 효율적 이용 및
수돗물의 안정적 공급을 위하여 수도정비기본계획을 바탕으로 하는
전국수도종합계획(이하 종합계획)을 10년마다 수립하여야 한다.
㉡ 종합계획에는 다음의 사항이 포함되어야 한다.
• 인구·산업·토지 등 수도 공급의 여건에 관한 사항
• 수돗물의 수요 전망
• 수도 공급 목표 및 정책 방향
• 광역상수도의 수요 전망 및 개발계획

- 지방상수도의 수요 전망 및 개발계획
- 마을상수도의 수요 전망 및 개발계획
- 농어촌생활용수의 수요 전망 및 개발계획
- 공업용수도의 수요 전망 및 개발계획
- 상수원의 확보 및 대체수원의 개발계획
- 기존 수도시설의 개량 · 교체계획
- 수도사업의 경영체계 개선계획
- 수도기술의 개발계획
- 수도인력의 확보 및 교육훈련계획
- 수도사업의 투자 및 재원조달계획
- 수돗물의 수질개선에 관한 사항
- 수도시설의 정보화에 관한 사항
- 수도사업의 연계 운영에 관한 사항
- 수돗물 수질오염 사고 발생 시 대응체계 구축에 관한 사항

ⓒ 환경부장관은 종합계획을 수립하기 위하여 관계 중앙행정기관의 장, 시 · 도지사 및 관계되는 기관 · 단체의 장에게 종합계획의 수립에 필요한 자료의 제출을 요청할 수 있다.

ⓡ 환경부장관은 종합계획을 수립하려면 관계 중앙행정기관의 장 및 시 · 도지사(이하 관계기관의 장)와 미리 협의하여야 하며 수립된 종합계획을 관계기관의 장에게 알려야 한다.

ⓤ 환경부장관은 수도 공급정책의 변경 등으로 종합계획의 중요한 사항이 변경되면 특별시장 · 광역시장 · 특별자치시장 · 특별자치도지사 · 시장 · 군수(광역시의 군수는 제외)에게 수도정비기본계획의 변경을 요청할 수 있다.

ⓥ 환경부장관은 종합계획이 수립된 날부터 5년이 지나면 그 타당성을 재검토하여 이를 변경하여야 한다.

ⓢ 환경부장관은 ㉠에 따라 종합계획을 수립하였거나 ㉥에 따라 종합계획을 변경하였을 때에는 이를 환경부의 인터넷 홈페이지 등을 통하여 지체 없이 공개하여야 한다.

④ 상수원보호구역 지정 등(제7조)

ⓣ 환경부장관은 상수원의 확보와 수질 보전을 위하여 필요하다고 인정되는 지역을 상수원보호를 위한 구역(이하 상수원보호구역)으로 지정하거나 변경할 수 있다.

ⓛ 환경부장관은 ㉠에 따라 상수원보호구역을 지정하거나 변경하면 지체 없이 공고하여야 한다.

ⓒ ㉠과 ㉡에 따라 지정 · 공고된 상수원보호구역에서는 다음의 행위를 할 수 없다.

106 제1편 | 핵심이론

- 물환경보전법에 따른 수질오염물질·특정수질유해물질, 화학물질 관리법에 따른 유해화학물질, 농약관리법에 따른 농약, 폐기물관리법에 따른 폐기물, 하수도법에 따른 오수·분뇨 또는 가축분뇨의 관리 및 이용에 관한 법률에 따른 가축분뇨를 버리는 행위
- 그 밖에 상수원을 오염시킬 명백한 위험이 있는 행위로서 대통령령으로 정하는 금지행위

ⓔ ⓐ과 ⓑ에 따라 지정·공고된 상수원보호구역에서 다음의 어느 하나에 해당하는 행위를 하려는 자는 관할 특별자치시장·특별자치도지사·시장·군수·구청장의 허가를 받아야 한다. 다만, 대통령령으로 정하는 경미한 행위인 경우에는 신고하여야 한다.
- 건축물, 그 밖의 공작물의 신축·증축·개축·재축·이전·용도변경 또는 제거
- 입목 및 대나무의 재배 또는 벌채
- 토지의 굴착·성토, 그 밖에 토지의 형질변경

ⓜ 특별자치시장·특별자치도지사·시장·군수·구청장은 ⓔ 외의 부분 단서에 따른 신고를 받은 경우 그 내용을 검토하여 이 법에 적합하면 신고를 수리하여야 한다.

ⓗ ⓐ부터 ⓔ까지의 규정에 따른 상수원보호구역의 지정절차, 허가의 기준에 필요한 사항은 대통령령으로 정한다.

⑤ 상수원보호구역의 관리(제8조)

ⓐ 상수원보호구역은 해당 구역을 관할하는 특별자치시장·특별자치도지사·시장·군수·구청장이 관리한다.

ⓑ 상수원보호구역이 둘 이상의 시·군·구의 관할 구역에 걸치거나 그 밖에 특별한 이유가 있으면 대통령령으로 정하는 시·도지사 또는 시장·군수·구청장이 관리한다.

ⓒ 환경부장관은 상수원보호구역의 관리상태를 환경부령으로 정하는 바에 따라 평가하고 관계 행정기관의 장에게 그 구역의 적정한 관리를 위하여 필요한 조치를 요청할 수 있다.

⑥ 상수원보호구역의 비용부담(제11조)

ⓐ 수도사업자가 상수원보호구역의 지정·관리로 이익을 얻는 경우에는 그 상수원보호구역의 관리와 대통령령으로 정하는 수질오염 방지시설의 운영 등에 드는 비용을 그 상수원보호구역을 관리하는 관리청과 협의하여 그 이익을 얻는 범위에서 대통령령으로 정하는 비용부담 기준에 따라 부담하여야 한다.

ⓑ ⓐ에 따른 협의가 성립되지 아니하면 다음에 따라 그 비용부담을 결정한다.

ⓐ 관계되는 시·군·구가 각각 같은 시·도의 관할 구역에 속하면 관할 시·도지사가 결정한다.

ⓑ 관계되는 시·군·구가 각각 다른 시·도의 관할 구역에 속하면 관할 시·도지사 간에 협의하여 결정한다.

ⓒ 수도사업자가 지방자치단체가 아닌 경우에는 그 수도사업자와 해당 상수원보호구역을 관할하는 시·도지사가 협의하여 결정한다.

ⓒ 행정안전부장관은 ⓒ의 ⓑ 및 ⓒ에 따른 협의가 성립되지 아니하면 시·도지사의 의견을 들어 관계 중앙행정기관의 장과 협의하여 결정한다.

⑦ 수도사업의 경영 원칙(제12조)

ⓐ 수도사업은 국가·지방자치단체 또는 한국수자원공사가 경영하는 것을 원칙으로 한다. 다만, 지방자치단체 등을 대신하여 민간 사업자에 의하여 수돗물을 공급하는 것이 필요하다고 인정되는 경우에는 그러하지 아니하다.

ⓑ 수도사업자는 수도사업을 경영하는 경우 합리적인 원가산정에 따른 수도요금 체계를 확립하고, 수도시설의 정비·확충 및 수도에 관한 기술 향상을 위하여 노력하여야 한다.

ⓒ 수도사업자는 ⓒ에 따른 수도요금 체계를 확립하는 경우에 수요자의 물 절약을 유도하고 수요자가 물을 공급받는 데에 드는 비용과 사업의 계속성을 유지하기 위하여 필요한 재원을 요금 수입으로 확보하도록 노력하여야 한다.

ⓒ 지방자치단체인 수도사업자는 다른 수도사업자와의 연계운영 등을 통하여 경영 효율성을 높이고, 관할 구역 내 취수원 확보 및 보전을 통하여 물 자급률을 향상하기 위하여 노력하여야 한다.

⑧ 영리행위 금지 등(제13조)

ⓐ 누구든지 수돗물을 용기에 넣거나 기구 등으로 다시 처리하여 판매할 수 없다.

ⓑ 환경부장관 또는 특별시장·광역시장·특별자치시장·시장·군수 (광역시의 군수는 제외)는 ⓐ을 위반한 자에게 기구 등의 철거, 수돗물의 공급 중지 등 필요한 조치를 할 수 있다.

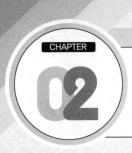

적중예상문제

01 물의 물리 · 화학적 특성 중 틀린 것은?

① 물은 융해열이 크지 않기 때문에 생명체의 결빙을 방지할 수 있다.

② 물은 고체상태인 경우 수소결합에 의해 육각형 결정구조를 가진다.

③ 물(액체) 분자는 H^+와 OH^-의 극성을 형성하므로 다양한 용질에 유용한 용매이다.

④ 물은 광합성의 수소공여체이며, 호흡의 최종산물로서 생체의 중요한 대사물이 된다.

해설

물은 융해열이 크기 때문에 생명체의 결빙을 방지할 수 있다.

02 물의 특성을 설명한 것 중에서 적절치 못한 것은?

① 표면장력은 수온이 증가하면 감소한다.

② 비슷한 분자량을 갖는 다른 화합물보다 비열이 작다.

③ 상온에서 알칼리금속, 알칼리토금속, 철과 반응하여 수소를 발생시킨다.

④ 점도는 수온과 불순물의 농도에 따라 달라지는데 수온이 증가할수록 점도는 낮아진다.

해설

물은 비슷한 분자량을 갖는 다른 화합물보다 비열이 큰 것이 특징이다.

03 우리나라 하천의 특성에 대한 설명 중 틀린 것은?

① 하천의 길이가 길고, 경사가 심하다.

② 하천유량은 강우에 의해 크게 좌우된다.

③ 외국의 하천에 비해 하상계수의 차이가 매우 크다.

④ 하천의 유출량의 2/3가 하절기인 6~8월에 집중된다.

해설

우리나라 하천의 길이는 길지 않다.

하상계수 : 강의 어느 지점에서 수년간의 최대유량과 최소유량과의 비율을 말한다. 하상계수가 클수록 유량의 변동이 크고, 작을수록 유량의 변동이 작아서 안정된다.

04 우리나라에서 물 이용량 중에 가장 많은 수량을 차지하는 것은?

① 댐 　　　　② 중 수

③ 지하수 　　④ 하천수

해설

우리나라에서 지하수가 가장 많은 수량을 차지하지만 하천수가 가장 많은 물 이용량을 차지한다.

05 다음 설명 중 잘못된 것은?

① 우리나라 강수량은 세계평균 강수량보다 많다.

② 우리나라 연평균 강수량은 약 1,274mm 정도이다.

③ 면적당 강수량을 비교해 보면 물 부족 국가에 해당된다.

④ 수자원은 크게 농업용수, 유지용수, 생활용수, 공업용수로 분류할 수 있다.

해설

면적당으로 보면 물 부족 국가에 해당되지 않는다.

정답 1 ① 2 ② 3 ① 4 ④ 5 ③

06 지하수 수질 및 오염에 관한 설명으로 틀린 것은?

① 지하수 중 천층수의 오염 가능성이 높다.
② 지하수의 성분조성은 하천수와 비슷하나 경도가 높다.
③ 지표수에 비하여 자연 · 인위적인 국지조건에 따른 영향이 적다.
④ DO가 낮아 미생물에 의한 생화학적 작용이나 화학적 자정능력이 약하다.

해설
지표수에 비하여 자연 · 인위적인 국지조건에 따른 영향이 크다.

07 자연수의 특징에 관한 설명 중 틀린 것은?

① 산성비는 건물부식 및 수중 생태계도 변화시킬 수 있다.
② 지하수는 지층과 지리적 조건에 의한 수질변화가 심하다.
③ 하천수에서 최소유량과 최대유량 사이의 수질은 비교적 변화가 심하다.
④ 우수는 지표수에 비해 비교적 오염물 함유량이 적다. 이는 자정작용으로 일어난 결과이다.

해설
우수 자체에는 비교적 오염물의 함유량이 적다.
자정작용 : 오염물질의 함유량이 높은 것을 낮게 만들어 주는 작용을 말한다.

08 다음 설명 중 틀린 것은?

① 기타 수질오염원이라 함은 점오염원 및 비점오염원으로 관리되지 아니하는 수질오염물질을 배출하는 시설을 말한다.
② 점오염원이라 함은 축사시설 등으로서 수로를 통하여 일정한 지점으로 수질오염물질을 배출하는 배출원을 말한다.
③ 점오염원이라 함은 폐수배출시설, 하수발생시설 등으로서 관거를 통하여 일정한 지점으로 수질오염물질을 배출하는 배출원을 말한다.

④ 비점오염원이라 함은 도시, 도로, 농지, 산지, 공사장 등으로서 불특정 장소에서 특정하게 수질오염물질을 배출하는 배출시설을 말한다.

해설
비점오염원은 불특정 장소에서 불특정하게 수질오염물질을 배출하는 배출시설을 말한다.

09 다음 중 점오염원과 가장 거리가 먼 것은?

① 가정오수
② 공장폐수
③ 축산폐수
④ 농경지 유출수

해설
농경지 유출수는 비점오염원에 해당한다.

10 수질의 영향인자들에 대한 설명으로 옳지 않은 것은?

① 수온이 높을수록 용존산소량은 감소한다.
② 알칼리도가 높은 물은 철관을 부식시키기 쉽다.
③ 일반적인 자연수는 pH 6.5~7.5의 범위에 있다.
④ 오염되지 않은 물일수록 DO는 높고, BOD는 낮다.

해설
산성이 높은 물은 철관을 부식시키기 쉽다.

11 다음은 DO에 대한 설명이다. 틀린 것은?

① 조류가 번식하면 DO 농도가 높아진다.
② 수온이 낮을 때 재포기가 잘 일어난다.
③ 염농도가 높을 때 재포기가 잘 일어난다.
④ 유속이 빠르고 난류일 때 재포기가 잘 일어난다.

해설
재포기(재폭기)
공기 중 산소가 물속으로 용해되는 것으로 수중의 DO 농도가 낮거나 산소분압이 낮을 때 일어난다.

12 다음 BOD에 대한 설명 중 틀린 것은?

① 2단계 분해는 약 6~8일 정도 지난 시점부터 분해가 시작된다.

② BOD는 20℃에서 5일간 산화시킬 때 소비되는 산소량을 말한다.

③ 1단계 BOD는 최종 20일 정도이나 2단계 BOD는 약 90일 정도이다.

④ BOD는 크게 1단계와 2단계로 나누어진다. 1단계 BOD는 CBOD로 표시하며, 2단계 BOD는 NBOD로 표시한다.

해설

2단계 분해는 약 8~10일 정도 지난 시점부터 분해가 시작된다.

13 BOD₅에 관한 설명이다. 옳은 것은?

① BOD₅는 수질 오탁의 지표로서 수중에 존재하는 유기물의 전량을 나타낸다.

② BOD₅가 0이라 함은 수중에 유기물이 전혀 없는 좋은 수질이라는 것을 의미한다.

③ BOD₅는 수중에 존재한 많은 유기물 중에서도 생물에 의해 분해되기 쉬운 것의 일부를 간접적으로 나타낸 것이다.

④ BOD₅는 혐기성 미생물에 의해 수중에 존재한 유기물을 분해시키는 것이므로 밀폐된 BOD병에서 배양하는 것이다.

해설

① BOD₅는 수질 오탁의 지표로서 수중에 존재하는 유기물을 간접적으로 나타낸다.

② 유기물이 전혀 없는 수질이라 할 수는 없다.

④ BOD는 호기성 미생물에 의해 수중에 존재한 유기물을 분해시키는 것이므로 밀폐된 BOD병에서 배양하는 것이다.

14 지표에 대한 설명으로 틀린 것은?

① COD란 유기물을 산화시킬 때 요구되는 산소량을 말한다.

② SOD란 저질층 표면에 존재하는 유기물질의 분해로 소비되는 산소량을 말한다.

③ CBOD란 NOD를 말하며, 이는 질소화합물에 의해 소비되는 산소량을 말한다.

④ IDOD란 BOD 시험 시 시료 중에 황화합물, 아황산염, 알데하이드 등의 환원성 물질에 의해 소비되는 산소량을 말한다.

해설

CBOD는 NOD가 아니다.

NOD : 하천이나 하수, 공장폐수 등의 오염농도를 나타내는 지표이며, NBOD(Nitrification Biochemical Oxygen Demand)라고도 한다.

15 페놀(C_6H_5OH)의 이론적 COD와 TOC의 비율(COD/TOC)은?

① 1.5   ② 2.3

③ 3.1   ④ 4.2

해설

$C_6H_5OH + 7O_2 \rightarrow 6CO_2 + 3H_2O$

$COD/TOC = \dfrac{7 \times 32}{6 \times 12} = 3.1$

16 Formaldehyde(CH_2O) 870mg/L의 이론적인 BOD는?

① 464mg/L   ② 620mg/L

③ 815mg/L   ④ 928mg/L

해설

$CH_2O + O_2 \rightarrow CO_2 + H_2O$

    30   : 32

870mg/L : x

$x = \dfrac{870mg}{L} \times \dfrac{32}{30} = 928mg/L$

17 박테리아의 경험식은 $C_5H_7O_2N$이다. 0.5kg의 박테리아를 완전히 산화시키려면 몇 kg의 산소가 필요한가?(단, 박테리아는 최종적으로 CO_2, H_2O, NH_3로 분해됨)

① 0.71kg   ② 0.94kg

③ 1.18kg   ④ 1.24kg

$$C_5H_7O_2N + 5O_2 \rightarrow 5CO_2 + 2H_2O + NH_3$$

$$\begin{array}{ll} 113g & : 5 \times 32g \\ 0.5kg & : x \end{array}$$

$$x = \frac{5 \times 32 \times 0.5}{113} = 0.71kg$$

18 다음 중 COD에 관한 설명 중 틀린 것은?

① 독성물질이 있을 때도 측정이 가능하다.
② BOD보다 짧은 시간 내에 측정이 가능하다.
③ 산화제를 사용하여 산화시킬 때 소비되는 산화제의 양으로부터 측정한다.
④ COD는 생물이 분해하지 못하는 유기물을 포함하는 단점이 있다.

생물이 분해하지 못하는 유기물을 포함하는 것은 장점이다.

19 COD 측정을 위하여 산화제로 $KMnO_4$를 사용할 경우, $K_2Cr_2O_7$을 사용할 경우와 비교하여 옳지 않은 것은?

① 분석시간이 적게 소요된다.
② 가열온도가 크로뮴법보다 높다.
③ 두 방법 모두 반응완료 후 잔여분의 산화제로 측정한다.
④ 크로뮴법으로 분해시킨 것보다 약 0.25배 정도 작은 값을 가진다.

가열온도는 크로뮴법, 망가니즈법 모두 100℃이다.

20 Colloid 특성과 거리가 먼 것은?

① 브라운 운동을 한다.
② 비표면적이 매우 크다.
③ 입자의 크기가 $0.001\sim10\mu m$ 정도이다.
④ 토양에서 유래되는 콜로이드는 표면에 주로 $(-)$전하를 띠고 있다.

입자의 크기는 $0.001\sim0.1\mu m$ 정도이다.

21 다음 중 친수성 콜로이드 특성에 해당되지 않는 것은?

① Emulsion 상태이다.
② 틴들효과는 거의 없거나 작다.
③ 점도는 분산매보다 현저히 크다.
④ 표면장력은 분산매와 큰 차이가 없다.

표면장력은 분산매가 크다.

22 다음 중 유해물질, 오염발생원, 인간에 미치는 영향에 대하여 옳지 않게 구성된 것은?

① 플루오린 – 도료공장 – 반상치
② 수은 – 전해소다공장 – 신경장애
③ PCB – 복사지제조공장 – 피부장애
④ 카드뮴 – 아연제련공장 – 파킨슨씨병

카드뮴은 아연도금 및 제련공장에서 발생되며, 이타이이타이병, 골연화증을 유발한다.

23 급성중독인 경우 피부궤양, 폐암을 유발하고 만성중독인 경우는 피부염, 미각장애 등을 일으키는 유해물질은?

① 망가니즈   ② 수 은
③ 시 안   ④ 6가크로뮴

크로뮴(Cr)은 도금, 피혁재료, 염색공장에서 발생되며, 피부염, 피부궤양, 폐암 등의 원인이 된다.

24 수질처리 시 부유물이 중력으로 처리되는 곳은?

① 침사지
② 포기조
③ 1차 침전지
④ 2차 침전지

침사지는 모래, 자갈을 제거하고, 1차 침전지는 SS(50~60%)를 중력에 의해 제거한다.

25 다음 중 1차 침전지에서 처리될 수 있는 물질은?

① 모 래
② 콜로이드
③ 부유무기물
④ 부유유기물

침사지에서 무기물질을 처리하고, 1차 침전지에서 유기물질(SS)을 처리한다.

26 침전조에서 입자를 완전히 제거하려면?

① $\dfrac{Q}{A} > V_s$

② $\dfrac{Q}{A} \geq V_s$

③ $\dfrac{Q}{A} \leq V_s$

④ 상관없다.

침강입자의 완전제거 조건 : $\dfrac{Q}{A} \leq V_s$

27 모래여과지의 수두손실에 영향을 주는 인자로 구성된 것은?

㉠ 공극률	㉡ 점성도
㉢ 여과속도	㉣ 여과층의 깊이
㉤ 여과지의 표면적	

① ㉠, ㉣
② ㉠, ㉡, ㉣
③ ㉡, ㉢, ㉤
④ ㉠, ㉡, ㉢, ㉣

모래여과지의 수두손실과 여과지의 표면적은 서로 영향을 주지 않는다.

28 다음 응집제에 대한 설명 중 잘못된 것은?

① 폴리염화알루미늄 : 정수장에서 응집제로 사용하며 액상으로 이용된다.
② 염화제2철 : 적정할 수 있는 pH 폭이 넓고, 생성된 플록의 비중이 커 잘 침강된다.
③ 황산알루미늄 : 거의 모든 현탁성 물질 또는 부유물질 제거에 유효하지만 독성이 있어 취급에 주의하여야 한다.
④ 폴리염화알루미늄 : 일반적으로 황산알루미늄보다 고가이나 고탁도, 저수온 시에는 황산알루미늄보다 경제적이라 할 수 있다.

황산알루미늄은 독성이 없다.

29 정수처리를 위한 응집제에 관한 설명으로 틀린 것은?

① 폴리염화알루미늄은 액체로서 그 액체 자체가 가수분해되어 중합체로 되어 있다.
② 폴리염화알루미늄을 황산알루미늄과 혼합하여 사용하면 침전물 발생을 억제할 수 있다.
③ 황산알루미늄은 황산반토라고도 하며, 고형과 액체가 있고 최근에는 대부분 액체가 사용된다.
④ 폴리염화알루미늄은 황산알루미늄보다 응집성이 우수하고, 적정 주입 pH의 범위가 넓으며 알칼리도의 저하가 작다.

30 응집제를 폐수에 첨가하여 응집 처리하는 경우 완속교반을 한다. 그 이유로 타당한 것은?

① 완전혼합을 위해
② 미생물의 접촉을 증대시키기 위해
③ 플록과 응집제를 용해시키기 위해
④ 입자의 충돌을 증가시켜 응집을 촉진시키기 위해

해설

완속교반은 플록을 크게 만드는 조건이다.

31 정수장에서 소독할 때 염소 대신 오존을 이용한다고 가정하였을 경우 틀린 설명은 무엇인가?

① 염소보다 소독력이 높다.
② 경제성으로 보면 고가에 해당되므로 좋지 않다.
③ 잔류성이 좋아 2차 오염에 대한 위험으로부터 보호된다.
④ 유기물에 대한 이취미가 제거되므로 이취미가 거의 없다.

해설

오존소독은 잔류성이 없다.
오존소독의 특징
• 산화력이 염소보다 훨씬 강하다.
• 자기분해속도가 빨라 장시간 수중에 잔존이 불가능하다.
• 기체상태의 오존은 엷은 청색이고, 액체와 고체는 각각 흑청색 및 암자색이다.
• 오존은 상당히 불안정하여 대기 중 또는 수중에서 자기분해하며, 온도, 농도, 압력에 따라 그 속도가 다르다.

32 하수처리과정에서 소독방법 중 염소와 자외선소독의 장단점을 비교할 때 염소소독의 장단점으로 틀린 것은?

① 처리수의 총용존고형물질이 감소한다.
② 염소접촉조로부터 휘발성유기물이 생성된다.
③ 암모니아의 첨가에 의해 결합잔류염소가 형성된다.
④ 처리수의 잔류독성이 탈염소과정에 의해 제거되어야 한다.

해설

염소소독을 하면 총용존고형물질이 감소하지 않는다.

33 다음 염소소독의 특징으로 잘못된 것은?

① HOCl > OCl⁻ > 클로라민
② pH가 높을수록 소독력은 높아진다.
③ 온도가 높을수록 소독력은 높아진다.
④ 염소와 암모니아의 반응으로 클로라민이 생성된다.

해설

pH 5~6 정도의 낮은 pH가 소독력이 높으며, OCl⁻(pH 8 이상)보다 HOCl(pH 5~6)의 소독력이 100배 이상 강하다.
염소살균력 향상조건
• 낮은 pH : pH 5~6
• 긴 반응시간 : 소독능 증가
• 염소농도 증가

34 다음 중 소독력이 가장 강한 것은?

① THM
② OCl⁻
③ HOCl
④ 클로라민

해설

소독력이 강한 순서는 HOCl > OCl⁻ > 클로라민 순이다.
트라이할로메탄(THM) : 일련의 유리할로겐화합물로 Methane의 유도체이며, 유리염소가 수중의 전구물질과 결합하여 생성되는 발암물질이다.

35 결합잔류염소가 유리잔류염소보다 좋은 이점으로 맞는 것은?

① 소독력이 높다.
② 휘발성이 강하여 냄새가 거의 없다.
③ 잔류성이 강하여 살균작용이 오래 지속된다.
④ 잔류성이 거의 없이 THM 등이 거의 형성되지 않는다.

해설

결합잔류염소는 유리잔류염소보다 소독력은 약하지만 잔류성이 강하여 살균작용이 오래 지속된다.

36 우리나라 표준활성슬러지법의 일반적 설계 범위로 틀린 것은?

① HRT는 6~8시간을 표준으로 한다.
② MLSS는 1,500~2,500mg/L를 표준으로 한다.
③ 포기조(표준식)의 유효수심은 1~2m를 표준으로 한다.
④ 포기방식은 전면포기식, 선회류식, 미세기포분사식, 수중교반식 등이 있다.

해설

포기조의 유효수심 : 표준식은 4~6m, 심층식은 10m

37 활성슬러지공법의 포기조 내에서 F/M비에 대한 설명 중 옳지 않은 것은?

① 2차 침전지에서의 침전 정도는 F/M비에 많은 영향을 받는다.
② F/M비가 높으면 미생물의 신진대사율이 최대가 되어 하수처리가 잘 이루어진다.
③ F/M비가 너무 낮으면 내생호흡상태가 되고, 궁극적으로 자산화를 초래하게 된다.
④ 활성슬러지공법에서 양호한 처리효율을 위해서는 내생성장단계와 감소성장단계의 중간영역에서 운영하는 것이 바람직하다.

해설

F/M비가 적정일 때 미생물의 신진대사율이 최대가 되어 하수처리가 잘 이루어진다.

38 유량이 1,000m^3/day이고 용적이 1,000m^3, 유입 BOD가 500g/m^{3}일 때, BOD 용적부하량(kg/m^3 · day)은 얼마인가?

① 0.5kg/m^3 · day
② 1.0kg/m^3 · day
③ 1.5kg/m^3 · day
④ 2.5kg/m^3 · day

해설

$$\frac{BOD \times Q}{V} = \frac{1}{1,000m^3} \times \frac{0.5kg}{m^3} \times \frac{1,000m^3}{day} = 0.5kg/m^3 \cdot day$$

39 BOD 400mg/L, 유량 25m^3/h인 폐수를 활성슬러지법으로 처리하고자 한다. BOD 용적부하를 0.3kg-BOD/m^3 · day로 유지하려면 포기조의 수리학적 체류시간은?

① 8시간
② 16시간
③ 24시간
④ 32시간

해설

$$t_d = \frac{V}{Q}, \quad BOD \ 용적부하 = \frac{BOD \times Q}{V}$$

$$V = \frac{400g/m^3 \times 25m^3/h}{0.3kg-BOD/m^3 \cdot day} \times \frac{24h}{day} \times \frac{kg}{10^3 g} = 800m^3$$

$$t_d = \frac{800m^3}{25m^3/h} = 32h$$

40 유량이 4,000m^3/day인 폐수의 BOD와 SS의 농도가 각각 200mg/L이라고 할 때 포기조의 체류시간을 6시간으로 하였다. 포기조 내의 F/M비를 0.4로 하는 경우에 포기조에 MLSS 농도는?

① 1,600mg/L
② 2,000mg/L
③ 1,800mg/L
④ 2,200mg/L

해설

$$F/M비 = \frac{BOD \times Q}{V \times X} \ 여기서, \ \frac{Q}{V} = \frac{1}{t} \ 을 \ 대입하면$$

$$\frac{0.4kg/kg \cdot day}{24h/day} = \frac{200mg/L}{6h \times X}$$

$$X = 2,000mg/L$$

41 유입유량이 125m³/h이며, 월류길이가 30m일 때 월류 부하(m³/m·day)를 구하면?

① 20m³/m·day ② 50m³/m·day
③ 80m³/m·day ④ 100m³/m·day

해설

월류부하 $= \dfrac{Q}{L}$

$= \dfrac{1}{30\text{m}} \times \dfrac{125\text{m}^3}{\text{h}} \times \dfrac{24\text{h}}{\text{day}} = 100\text{m}^3/\text{m}\cdot\text{day}$

42 MLSS 농도가 2,500mg/L인 포기조에서 1L의 시료를 취하여 30분간 침강시킨 후 슬러지 체적이 200mL로 줄었다. 이 시료의 SVI값은?

① 50 ② 80
③ 100 ④ 150

해설

$\text{SVI} = \dfrac{200}{2,500} \times 1,000 = 80$

43 250mL의 포기조 용액을 30분간 침전시킨 결과 고형물이 50mL이었다. 포기조의 부유성 고형물농도(MLSS)가 2,000mg/L일 때 SVI값은?

① 60 ② 80
③ 100 ④ 120

해설

$\text{SVI} = \dfrac{50/0.25}{2,000} \times 1,000 = 100$

44 활성슬러지공법에서 흰거품의 발생원인에 해당되지 않는 것은?

① ABS가 존재하는 경우
② SRT가 너무 짧을 경우
③ 세제류가 존재하는 경우
④ 세포가 과도하게 산화되었을 경우

해설

세포가 과도하게 산화되었을 경우에는 갈색거품이 발생한다.

45 하수의 생물학적 처리법이 아닌 것은?

① 산화지법 ② 살수여상법
③ 응집침전법 ④ 활성오니법

해설

응집침전법은 화학적 처리법에 해당한다.

46 하수처리공정상 팽화현상을 일으키는 것은?

① 살수여상
② 약품침강
③ 오니소화
④ 활성오니

해설

벌킹의 발생원인은 수없이 많다. 활성슬러지에 있어서도 거의 모든 환경조건이 벌킹의 원인으로 작용될 수 있으며 따라서 상반되는 환경조건이 벌킹의 발생원인이 될 수 있다. 부하가 너무 높거나 낮아도, DO 농도가 너무 높거나 낮아도, 수온이 너무 높거나 너무 낮아도, MLSS 농도가 너무 높거나 너무 낮아도 벌킹이 일어날 수 있다.
활성오니 : 오수를 충분히 폭기해 산소를 공급하면 호기성 미생물이 번식해 갈색 호상의 플록을 만든다. 이것을 활성오니라고 하며, 흡착해서 오탁 물질을 침전시킨다. 활성슬러지라고도 한다.

47 회전원판법(RBC)의 단점이 아닌 것은?

① 외기기온에 민감하다.
② 처리수의 투명도가 낮다.
③ 충격부하 및 부하변동에 약하다.
④ 일반적으로 회전체가 구조적으로 취약하다.

해설

충격부하 및 부하변동에 강하다는 장점이 있다.

48 회전원판법에 대한 설명 중 맞는 것은?

① 반응시간이 활성슬러지공법보다 길다.
② 운전이 용이하고, 유지관리비가 저렴하다.
③ 회전원판조에 공기를 주입하는 장치가 필요하다.
④ 슬러지 생산량은 활성슬러지공법보다 많이 생성된다.

해설

① 반응시간이 활성슬러지공법보다 짧다.
③ 회전원판조에 공기를 주입하는 장치가 필요 없다.
④ 슬러지 생산량은 활성슬러지공법보다 적게 생성된다.

49 회전원판법에서 원판은 수심 몇 % 정도가 잠기도록 하는 것이 좋은가?

① 20%   ② 40%
③ 50%   ④ 60%

해설

회전원판의 재질 및 현상
• 직경 : 3.0~4.0m
• 두께 : 폴리에틸렌 및 염화비닐 0.7~2.0mm, 폴리스틸렌 7mm
• 회전원판의 간격 : 15mm 이상
• 회전원판의 하수침적률 : 축이 수몰되지 않도록 35~45%
• 원판의 회전속도는 1~5rpm이며, 원주속도는 0.3m/sec이다.

50 생물막을 이용한 하수처리방식인 접촉산화법의 장단점으로 틀린 것은?

① 분해속도가 낮은 기질 제거에 효과적이다.
② 난분해성 물질 및 유해물질에 대한 내성이 높다.
③ 매체에 생성되는 생물량은 부하조건에 의하여 결정된다.
④ 고부하 시에도 매체의 공극으로 인한 폐쇄위험이 작다.

해설

고부하 시 매체의 공극으로 인하여 폐쇄위험이 크다.

51 생물막공법인 산화접촉법의 장점으로 틀린 것은?

① 수온의 변동에 강하다.
② 분해속도가 낮은 기질 제거에 효과적이다.
③ 슬러지 반송률이 낮아 유지관리가 용이하다.
④ 난분해성 물질 및 유해물질에 대한 내성이 높다.

해설

생물막공법인 산화접촉법은 슬러지 반송률이 없기 때문에 운전관리가 용이하다.

52 하수슬러지를 혐기적으로 소화시킬 때의 장점으로 옳지 않은 것은?

① 슬러지의 양이 감소된다.
② 병원성 세균의 제거율이 높다.
③ 일반적으로 열공급이 필요 없다.
④ 소화과정에서 발생하는 메탄가스를 이용할 수 있다.

해설

열공급이 필요하며, 중온(35℃)소화를 유지하기 위해 가열한다.

53 고온 혐기성 소화법에 관한 설명으로 틀린 것은?

① 고온소화는 중온소화보다 반응속도가 빠르다.
② 용존성 고형물질의 처리로 상징수 수질이 개선된다.
③ 고온소화는 슬러지의 처리능력이 증가되고 슬러지의 탈수성이 개선된다.
④ 고온소화는 고온 박테리아의 적절한 조건인 49~57℃ 정도의 온도 범위에서 일어난다.

해설

혐기성 소화는 용존성 물질이 아닌 슬러지가 가라앉은 것을 제거하는 것이다.

54 혐기성 처리에 대한 반응인자 설명 중 잘못된 것은?

① 온도가 내려가면 메탄균보다 유기산균이 더 영향을 받는다.
② 유해성 물질이 유입되면 메탄균에 의한 반응이 큰 방해를 받는다.
③ 메탄균은 pH에 민감하여 너무 낮거나 높으면 반응속도가 느려진다.
④ 혐기성 반응 시 탄수화물보다는 단백질, 단백질보다는 지방이 많을수록 좋다.

해설
온도가 내려가면 유기산균보다 메탄균이 더 영향을 받는다.

55 Langmuir 등온공식 설명으로 틀린 것은 무엇인가?

$$\frac{X}{M} = \frac{abC}{1+bC}$$

① C는 흡착 초기의 농도이다.
② b는 흡착에너지에 관한 상수이다.
③ a는 활성탄의 단위 용적당 최대흡착량을 말한다.
④ $\frac{X}{M}$는 흡착제의 단위 중량당 흡착된 양을 뜻한다.

해설
• C는 유출수의 농도이다.
• X는 흡착제에 흡착되어지는 피흡착제의 농도(유입수농도-유출수농도)이다.

56 다음 중 활성탄 흡착과 관련이 없는 용어는?

① B.E.T 이론
② 헨리의 법칙
③ 가공의 부피(cm^3/g)
④ 파괴곡선(Breakthrough Curve)

해설
헨리의 법칙($C_s = H \times P$)은 기체에 적용한다.

57 하수고도처리를 위한 5단계 Bardenpho 프로세스에서 최종적으로 인이 제거되는 과정을 가장 알맞게 설명한 것은?

① 무산소조에서 인이 미생물에 과잉섭취되어 제거된다.
② 혐기조에서 미생물의 인 방출 후 방류하여 제거한다.
③ 인농도가 높아진 잉여슬러지를 인발함으로써 제거한다.
④ 인농도가 높은 침전지의 상등수를 응집침전시켜 제거한다.

해설
혐기조에서 인을 방출한다.
• 4단계 Bardenpho : 질소를 제거하기 위해 개발된 공법이다.
• 5단계 Bardenpho : 생물학적으로 질소를 제거하는 시스템 앞에 혐기성조를 추가시켜 인을 제거할 수 있도록 하기 위한 공법이다.

58 생물학적 인 제거 공정에 관한 설명으로 틀린 것은?

① A^2/O공정은 질소와 인 성분을 함께 제거할 수 있다.
② Acinetobacter는 인 제거를 위한 중요한 미생물의 하나이다.
③ Phostrip공정은 인 성분을 Main-stream에서 제거하는 공정이다.
④ 5단계 Bardenpho공정에서 인은 폐슬러지에 포함되어 제거된다.

해설
Phostrip공정은 인 성분을 Side-stream에서 제거하는 공정이다.

59 인 제거를 위한 Side-stream공정에 관한 설명으로 틀린 것은?

① 대표적인 인 제거 공법으로는 Phostrip공정이 있다.
② 비교적 유입수의 유기물 부하에 영향을 받지 않는다.
③ 인을 화학적 처리 없이 과잉흡수된 잉여슬러지의 배출로 제거한다.
④ 석회주입량은 알루미늄이나 금속염과 달리 알칼리도에 의하여 결정된다.

해설
인을 제거하기 위해서는 생물학적 처리와 화학적 처리 두 가지 모두 필요하다.

60 폐수의 고도처리 공정 중 A²/O공정을 표현한 것이다. 순서로 맞는 것은?

① 원폐수 → 혐기 → 무산소 → 호기 → 침전 → 처리수
② 원폐수 → 혐기 → 호기 → 무산소 → 침전 → 처리수
③ 원폐수 → 혐기 → 무산소 → 혐기 → 호기 → 침전 → 처리수
④ 원폐수 → 무산소 → 호기 → 무산소 → 호기 → 침전 → 처리수

해설

A²/O공정 : 질소와 인을 제거하는 공정이다.
주요공정
• 혐기조 : 인을 방출한다.
• 무산소조 : 탈질조로써 호기조에서 질산화된 질산염이 질소가스(N_2)로 탈질되어 제거된다.
• 호기조 : BOD 잔여량을 제거하며, 호기성 미생물의 세포합성을 통한 인 제거와 질산화가 일어난다.
• 내부반송 : 호기성조에서 질산화된 혼합액을 반송하여 N_2를 제거한다.

61 수질오염공정시험기준상 노말헥산추출물질 분석용 시료의 보존방법으로 옳은 것은?

① 보존할 수 없고 즉시 분석한다.
② 4℃, HCl로 pH 5~9에서 보관한다.
③ 4℃, H_2SO_4로 pH 2 이하에서 보관한다.
④ 즉시 여과하여 −20℃ 이하에서 보관한다.

해설

시료의 보존방법에서 채취된 시료를 현장에서 실험할 수 없을 때에는 따로 규정이 없는 한 보존방법에 따라 보존하고 어떠한 경우에도 보존기간 이내에 실험을 실시하여야 한다. 노말헥산추출물질에 경우 4℃ 보관, H_2SO_4로 pH 2 이하에서 보관하며, 최대보존기간은 28일이다.

62 수질오염공정시험기준에 대한 설명으로 옳은 것은?

① 시험조작 중 '즉시'란 3분 이내에 표시된 조작을 하는 것이다.
② '감압' 또는 '진공'이란 따로 규정이 없는 한 15mmHg 이상을 뜻한다.

③ 방울수는 20℃에서 물 10방울을 적하할 때 그 부피가 약 1mL되는 것이다.
④ '항량으로 될 때까지 건조한다'라 함은 같은 조건에서 1시간 더 건조할 때 전후 무게의 차가 g당 0.3mg 이하일 때를 말한다.

해설

① 시험조작 중 '즉시'란 30초 이내에 표시된 조작을 하는 것을 뜻한다.
② '감압 또는 진공'이라 함은 따로 규정이 없는 한 15mmHg 이하를 뜻한다.
③ 방울수라 함은 20℃에서 정제수 20방울을 적하할 때, 그 부피가 약 1mL되는 것을 뜻한다.

63 채취한 시료수의 전처리 방법 중 '질산-황산에 의한 유기물 분해' 방법에 대한 설명으로 가장 옳은 것은?

① 유기물 함량이 낮은 깨끗한 하천수나 호소수 등의 시료에 적절한 방법이다.
② 유기물 함량이 비교적 높지 않고, 금속의 수산화물, 산화물, 인산염 및 황화물을 함유하고 있는 시료에 적용된다.
③ 유기물 등을 많이 함유하고 있는 대부분의 시료에 적용할 수 있으나 칼슘, 바륨, 납 등을 다량 함유한 시료에 대해서는 주의해야 한다.
④ 유기물을 다량 함유하고 있으면서 산분해가 어려운 시료로 칼슘, 바륨, 납 등이 많이 함유된 시료에 적용할 수 있다.

해설

질산-황산에 의한 유기물 분해 방법은 유기물 등을 많이 함유하고 있는 대부분의 시료에 적용된다. 그러나 칼슘, 바륨, 납 등을 다량 함유한 시료는 난용성의 황산염을 생성하여 다른 금속성분을 흡착하므로 주의해야 한다.

64 측정시료채취 시 유리용기만 사용해야 하는 측정 항목은?

① 플루오린
② 시 안
③ 유기인
④ 알킬수은

해설

플루오린은 폴리에틸렌만 사용한다.

65 시료의 보존방법이 다른 항목은?

① 총 인　　　　　　② 시 안
③ 용존 총질소　　　④ 화학적 산소요구량

해설
시안은 4℃, NaOH로 pH 12 이상에서 보관한다.

66 시료의 보존방법 중 4℃, H_2SO_4로 pH 2 이하에서 보관해야 하는 항목과 거리가 먼 것은?

① 총 인　　　　　　② 페놀류
③ 암모니아성 질소　④ 화학적 산소요구량

해설
페놀은 4℃, H_3PO_4로 pH 4 이하 조정한 후 시료 1L당 $CuSO_4$ 1g 첨가한다.

67 시료 보존방법 및 기간에 대한 설명 중 옳은 것은?

① BOD용 시료는 0℃ 보관, 최대 48시간 동안 보존한다.
② 질산성 질소용 시료는 4℃ 보관, 최대 48시간 보존한다.
③ 유기인용 시료는 4℃ 보관, pH 4 이하로 최대 7일간 보존한다.
④ COD용 시료는 황산 또는 질산을 첨가하여 pH 4 이하, 최대 7일간 보존한다.

해설
① BOD용 시료는 4℃ 보관, 최대 48시간 보존한다.
③ 유기인용 시료는 4℃ 보관, HCl로 pH 5~9, 최대 7일 보존한다.
④ COD용 시료는 4℃, H_2SO_4로 pH 2 이하, 최대 28일 보존한다.

68 수질오염공정시험기준상 시료의 보존방법이 다른 항목은?

① 색 도　　　　　　② 부유물질
③ 염소이온　　　　④ 음이온 계면활성제

해설
색도, 부유물질, 음이온 계면활성제는 모두 4℃에서 보관한다.

69 시료의 권장보존기간이 가장 짧은 측정항목은?

① 시 안　　　　　　② 총질소
③ 페놀류　　　　　④ 암모니아성 질소

해설
시안은 최대보존기간이 14일, 권장보존기간은 24시간이다.

70 공장폐수 및 하수유량 측정방법 중 오리피스에 대한 설명으로 옳지 않은 것은?

① 오리피스를 사용하는 방법은 노즐과 벤투리미터와 같다.
② 단면이 축소되는 목 부분을 조절하므로써 유량이 조절된다.
③ 오리피스 수두손실이 비교적 적게 발생되는 장점이 있다.
④ 설치에 비용이 적게 들고 비교적 유량측정이 정확하여 얇은 판오리피스가 널리 이용되고 있다.

해설
오리피스는 단면에서 커다란 수두손실이 일어난다는 단점이 있다.

71 관 내 유량을 측정하는 피토관에 대한 설명 중 옳은 것은?

① 피토관의 오른쪽 관은 정수압을 측정한다.
② 유량측정이 정확하지만 관 부분을 조절하여 유량 조절은 불가능하다.
③ 피토관으로 측정할 때는 반드시 일직선상의 관에서 이루어져야 한다.
④ 관의 설치 장소는 엘보, 티 등 관이 변화하는 지점으로부터 최소한 관 지름의 60~70배 정도 떨어진 지점이어야 한다.

해설
① 피토관의 왼쪽 관은 정수압을 측정한다.
② 유량측정이 비교적 정확하고 관 부분을 조절하여 유량을 조절할 수 있다.
③ 관의 설치 장소는 엘보, 티 등 관이 변화하는 지점으로부터 최소한 관 지름의 15~50배 정도 떨어진 지점이어야 한다.

72 긴 관의 일부로써 단면이 작은 목 부분과 점점 축소, 점점 확대되는 단면을 가진 관으로 축소부분에서 정력학적 수두의 일부는 속도수두로 변하게 되어 관의 목 부분의 정력학적 수두보다 적게 되는 유량계는 무엇인가?

① 오리피스 　　② 피토관
③ 벤투리미터 　④ 유량측정용 노즐

해석

① 오리피스 : 설치에 비용이 적게 들고 비교적 유량측정이 정확하여 얇은 판 오리피스가 널리 이용되고 있으며 흐름의 수로 내에 설치한다.
② 피토관 : 부유물질이 적은 대형관 내에서 효율적인 유량측정기기로서 왼쪽 관은 정수압을, 오른쪽 관은 유속이 0인 상태인 정체압력을 측정하며, 마노미터에 나타나는 수두 차에 의해 유속이 계산된다.
④ 유량측정용 노즐 : 수두와 설치비용 이외에도 벤투리미터와 오리피스 간의 특성을 고려하여 만든 유량측정용 기구이다.

73 유입부의 직경이 100cm, 목부 직경이 50cm인 벤투리미터로 폐수가 유출되고 있다. 이 벤투리미터 유입부 관 중심부에서의 수두는 100cm, 목부의 수두는 10cm일 때 유량(cm^3/sec)은?(단, 유량계수는 1.0)

① 약 652,000 　② 약 752,000
③ 약 852,000 　④ 약 952,000

해석

$$Q = \frac{C \cdot A}{\sqrt{1 - \left(\frac{d_2}{d_1}\right)^4}} \sqrt{2g \cdot H}$$

$$= \frac{1 \times \frac{\pi \times 50^2}{4}}{\sqrt{1 - \left(\frac{50}{100}\right)^4}} \times \sqrt{2 \times 980 \times 90} \fallingdotseq 851,713.5\,cm^3/sec$$

여기서, Q : 유량(cm^3/s)
　　　　C : 유량계수
　　　　A : 목부분의 단면적(cm^2) = $\frac{\pi d^2}{4}$
　　　　H : $H_1 - H_2$(수두차 : cm)
　　　　H_1 : 유입부 관 중심부에서의 수두(cm)
　　　　H_2 : 목부의 수두(cm)
　　　　g : 중력가속도($980cm/s^2$)
　　　　d_1 : 유입부의 직경(cm)
　　　　d_2 : 목부 직경(cm)

74 환경부장관이 비점오염원관리지역을 지정, 고시한 때에 수립하는 비점오염원관리대책에 포함되어야 하는 사항과 가장 거리가 먼 것은?

① 관리목표
② 관리대상 수질오염물질의 종류 및 발생량
③ 관리대상 수질오염물질이 수질오염에 미치는 영향
④ 관리대상 수질오염물질의 발생 예방 및 저감 방안

해석

물환경보전법 제55조(관리대책의 수립)
환경부장관은 관리지역을 지정·고시하였을 때에는 다음의 사항을 포함하는 비점오염원관리대책을 관계 중앙행정기관의 장 및 시·도지사와 협의하여 수립하여야 한다.
• 관리목표
• 관리대상 수질오염물질의 종류 및 발생량
• 관리대상 수질오염물질의 발생 예방 및 저감 방안
• 그 밖에 관리지역을 적정하게 관리하기 위하여 환경부령으로 정하는 사항

75 먹는물의 수질기준 중 심미적 영향물질에 관한 기준으로 옳지 않은 것은?

① 동은 1mg/L를 넘지 아니할 것
② 색도는 5도를 넘지 아니할 것
③ 아연은 0.3mg/L를 넘지 아니할 것
④ 알루미늄은 0.2mg/L를 넘지 아니할 것

해석

아연은 3mg/L를 넘지 아니한다.

76 환경과 관련된 다음 법률 중 환경부 소관과 거리가 가장 먼 것은?

① 지하수법
② 먹는물관리법
③ 해양환경관리법
④ 환경범죄 등의 단속 및 가중처벌에 관한 법률

해석

해양환경관리법은 해양수산부 소관이다.

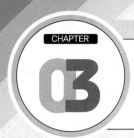

폐기물 및 생태계

CHAPTER 03

필 / 수 / 확 / 인 / 문 / 제

생활폐기물과 지정폐기물의 분류기준은?

① 성 상   ② 발생량
③ 발생원   ④ 유해성

해설
지정폐기물은 유해성이 강하므로 특별한 처리 시설에서만 처리가 가능한 폐기물을 말한다.

답 ④

다음 중 지정폐기물 분류 기준과 가장 거리가 먼 것은?

① 반응성   ② 부식성
③ 부패성   ④ 인화성

해설
부패성은 유해성의 판단 요소가 아니다.

답 ③

다음 중 유해폐기물의 특성으로 적절하지 않은 것은?

① 반응성   ② 부식성
③ 용해성   ④ 인화성

해설
유해성 판단 요소 : 인화성, 부식성, 반응성, 폭발성, 독성, 발암성 등

답 ③

국내에서 발생되는 사업장 폐기물의 특성에 대한 설명으로 옳지 않은 것은?

① 사업장폐기물의 대부분은 일반 사업장폐기물이다.
② 사업장폐기물 중 가장 높은 증가율을 보이는 것은 폐유이다.
③ 지정폐기물 중 그 배출량이 가장 많은 것은 폐유기용제이다.
④ 일반 사업장폐기물 중 무기물류가 가장 많은 비중을 차지하고 있다.

해설
사업장폐기물 중 가장 높은 증가율을 보이는 것은 폐산, 폐알칼리이다.

답 ②

제1절 폐기물

🔔 **TIP**

폐기물 파트는 기본개념을 시작으로 다양한 계산문제를 능숙히 다룰 수 있도록 공부하는 것이 좋으며 자원화, 퇴비화, 폐기물 처리 방법 등과 함수율 관리, MHT 계산, 균등계수, 지하수와 연계한 계산방법 등을 묻는 문제가 출제되었으므로 해당 내용을 필히 숙지하도록 한다.

---

1 폐기물의 종류 및 특성

(1) 폐기물의 분류

① 가연성 : 비닐, 종이처럼 불에 타는 폐기물
② 불연성 : 쇠붙이처럼 불에 타지 않는 폐기물

(2) 폐기물 발생원에 따른 분류

① 생활폐기물 : 가정에서 발생하는 폐기물
  ㉠ 가연성 : 음식물, 종이류, 나무류, 고무류, 피혁류, 플라스틱류
  ㉡ 불연성 : 유리류, 금속류, 토사류
  ㉢ 재활용품 : 종이류, 병류, 고철류, 캔류, 플라스틱류
  ㉣ 남은 음식류 : 남은 음식물류
② 사업장폐기물 : 건설 현장, 공장 등의 사업장에서 배출되는 폐기물
  ㉠ 가연성 : 폐지, 폐목재, 고분자화합물, 유기성 오니류, 동식물성 폐잔재물, 폐식용유, 그 외 가연성 기타류
  ㉡ 불연성 : 광재류, 연소재류, 폐금속류, 무기성 오니류, 폐촉매 폐주물사 모래류, 폐석회 석교류, 폐흡자재, 흡수재, 유리, 도자기편류, 그 외 불연성 기타류

---

(3) 사업장폐기물의 발생 특성에 따른 분류

① **건설폐기물** : 건설산업기본법에 해당하는 건설공사로 인하여 건설현장에서 발생하는 5톤 이상의 폐기물(공사를 시작할 때부터 완료할 때까지 발생하는 것만 해당)로서 대통령령으로 정하는 것을 말한다(건설폐기물의 재활용촉진에 관한 법률 제2조).

② **지정폐기물** : 사업장폐기물 중 폐유, 폐산 등 주변 환경을 오염시킬 수 있거나 의료폐기물 등 인체에 위해를 줄 수 있는 해로운 물질로서 대통령령으로 정하는 폐기물을 말한다(폐기물관리법 제2조).

③ **의료폐기물** : 보건 · 의료기관, 동물병원, 시험 · 검사기관 등에서 배출되는 폐기물 중 인체에 감염 등 위해를 줄 우려가 있는 폐기물과 인체 조직 등 적출물, 실험동물의 사체 등 보건 · 환경보호상 특별한 관리가 필요하다고 인정되는 폐기물로서 대통령령으로 정하는 폐기물을 말한다(폐기물관리법 제2조).

(4) 폐기물의 유해 특성

① 인화성   ② 부식성
③ 반응성   ④ 용출독성
⑤ 유해성   ⑥ 난분해성

2 폐기물의 발생

(1) 폐기물의 발생

폐기물의 종류 중에서 가장 큰 부분을 차지하고 있는 폐기물은 건설폐기물이다(원인 : 신도시 건설 및 재개발 사업 등으로 급격히 증가하는 추세이다).

① **생활폐기물**
  ㉠ 가연성(84.2%) > 불연성(15.8%)
  ㉡ 음식물 · 채소류 구성비가 가장 높다.

② **사업장폐기물**
  가연성(28.3%) < 불연성(71.7%)

(2) 발생량 조사방법

① **적재차량 계수분석법**
  ㉠ 운반차량의 대수 조사방법이다.
  ㉡ 쓰레기 밀도 또는 압축 정도에 큰 오차가 발생한다.

---

② 직접계근법

　㉠ 쓰레기 수거 운반차량이 직접계근한다.

　㉡ 비교적 정확하게 쓰레기 발생량을 파악한다.

③ 물질수지법

　㉠ 시스템으로 유입되는 모든 물질들과 유출되는 모든 폐기물의 양으로 작성한다.

　㉡ 비용이 비싸고, 많은 작업량이 필요하다.

④ 통계조사법

　표본을 선정하여 일정 기간 동안 발생하는 폐기물의 발생량과 조성을 조사한다.

🔩 TIP

폐기물 발생량 예측법

- 경향법(Trend Method) : 최저 5년 이상의 처리실적을 계산모델에 대입하여 예측하는 방법
- 다중회귀모델(Multiple Regression Model) : 전체 인자의 효과를 종합적으로 파악하기 위하여 과거의 경향뿐만 아니라 경제지표 등을 사용하여 총괄적으로 추정하는 방법
- 동적모사모델(Dynamic Simulation Model) : 모든 인자를 시간에 대한 함수로 나타낸 후 시간에 대한 함수로 표현된 각 영향 인자들 간의 상관관계를 수식화하여 예측하는 방법

(3) 폐기물 발생량의 영향인자

① 계절 : 계절에 따라 발생량이 다르다.

② 장소 : 장소에 따라 발생량과 특성이 다르다.

③ 도시규모 : 도시규모가 커질수록 발생량이 증가한다.

④ 생활수준 : 생활수준이 높을수록 발생량이 증가한다.

⑤ 수집빈도 : 수집빈도가 높을수록 발생량이 증가한다.

⑥ 쓰레기통 크기 : 쓰레기통 크기가 클수록 발생량이 증가한다.

3 폐기물의 관리

(1) 폐기물 관리제도

한국의 폐기물관리 주요제도는 매우 다양하고 복잡하게 연결되어 있으나 크게 배출자가 폐기물 처리 비용을 부담하는 제도, 생산자가 폐기물 처리 비용을 부담하는 제도, 폐기물 종류별 관리제도, 폐기물 적법처리 인증제도(Allbaro)로 구분할 수 있다.

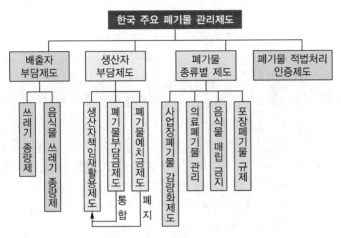

[한국의 주요 폐기물 관리제도]

(2) 배출자 부담제도

① 쓰레기 종량제 : '쓰레기를 버린 만큼 비용을 낸다.'라는 배출자 부담원
칙을 적용하여 쓰레기 발생을 원칙적으로 줄이고 재활용품의 분리배출을
촉진하기 위한 정책이다.

⊙ 특 징

- 1995년 1월부터 시행된 쓰레기 종량제는 생활폐기물과 사업장생활
폐기물 중 생활폐기물과 성상이 유사하여 생활폐기물의 기준 및 방
법으로 수집·운반·보관·처리할 수 있는 폐기물에 대하여 실시
한다.
- 시행 초기에는 생활폐기물만을 대상으로 하였으나, 그 이후 사업장
폐기물 중 생활폐기물과 성상이 유사한 폐기물(1일 300kg 이하 배
출자)에도 적용하고 있다.
- 소비자는 종량제 봉투값을 절약하기 위하여 재활용 가능 폐기물은
별도로 분리 배출함으로써 종량제 봉투에 담아 배출하는 폐기물은
가능한 최소화하는 노력을 유도한다.
- 쓰레기 종량제에 따른 쓰레기 배출 방법은 각 지방자치단체에서 제
작하여 상점(편의점, 마트)에서 판매하는 쓰레기규격봉투에 담아
생활쓰레기를 배출하고, 재활용품 등은 지방자치단체에서 정하는
일시 및 장소에 분리 배출하면 무료로 수거한다.
- 대형폐기물(폐가구·폐가전제품 등)은 스티커를 구입하고 부착하
여 배출하는 등 별도의 수수료 납부 방식을 채택하고, 종량제 봉투
에 담기 불가능한 폐기물은 별도의 전용 포대 또는 마대 등에 담아
배출한다.

     ⓛ 사회적 변화

       • 소비자 측면 : 소비자는 물건을 구매할 때 리필제품 등 쓰레기 발생이 적은 상품을 선호하고, 장바구니를 이용하는 등 녹색소비문화가 확산된다. 중고물품의 교환 및 사용이 활성화되고, 가전·가구의 재활용을 위한 재활용 센터 및 재활용 매장을 이용하는 근검절약 풍토가 조성된다.

       • 기업 측면 : 종이, 캔, 플라스틱 등 재활용이 가능한 폐기물의 수거가 증가하면서 재활용 원료의 공급이 원활해져 재활용 산업체가 증가하고 우수한 기술이 개발되었다. 제조·유통업계 또한 과대포장 억제 및 재활용 가능한 포장 개발 등 쓰레기 감량을 위한 생산 및 판매체제로 전환하는 계기를 마련하였다.

       • 사회적 측면 : 생활폐기물 분리수거로 보관 장소 및 적환장의 위생 상태가 청결하게 개선되어 악취 및 해충 발생이 감소되었고, 주민이 쓰레기차에 직접 싣는 방식에서 문 앞에 쓰레기봉투를 내놓으면 환경미화원이 수거하는 방식으로 전환되어 청소 행정에 관한 주민 서비스가 향상되었다.

     ⓒ 문제점 및 한계

       • 재사용 봉투 문제

       • 지방자치단체마다 다른 대형폐기물 품목 문제

       • 낮은 쓰레기 수수료로 인한 청소예산자립도 문제

  ② **음식물 쓰레기 종량제** : 배출량에 따라 수거·처리비용을 배출자가 부담하는 원인자부담원칙을 기본개념으로 한다. 생활쓰레기 종량제와 더불어 환경분야의 대표적인 경제적 유인제도이며, 음식물쓰레기 발생량을 줄이게 하는 소비형태 및 배출습관을 변환시키고자 하는 데 목적이 있는 정책이다.

     ⓐ 음식물 쓰레기 폐기물 종량제의 방식은 전용봉투, 납부칩(스티커), RFID의 총 3가지로 선정된다.

       • 전용봉투 방식 : 음식물 전용봉투를 배출자가 구입하여 배출한다.

       • 납부칩·스티커 방식 : 배출자가 '납부칩' 등을 구입 후 수거용기에 부착하여 배출한다.

       • RFID 방식 : 전자태그를 통해 정보가 입력된 배출원별 정보를 수집하고 무게를 측정하여 수수료를 부과하는 방법이다.

(3) 생산자 부담제도

  ① **생산자책임재활용제도(EPR ; Extended Producer Responsibility)** : 제품의 생산자들로 하여금 설계, 제조, 유통·소비 및 폐기 전 과정에 걸쳐 환경친화적인 경제활동을 유도함으로써 폐기물의 감량(Reduction),

재이용(Reuse), 재활용(Recycling)을 촉진하고 '자원순환형 경제·사회 체계'를 도모하려는 제도이다.

㉠ 특 징
• 생산자책임재활용제도 대상 품목은 크게 제품과 포장재로 구분된다.

구 분	대상 품목
제 품	비닐 5종(뽁뽁이, 세탁소 비닐, 플라스틱 봉지·봉투, 일회용 비닐 장갑, 식품 포장용 랩 필름), 타이어, 윤활유, 전지(수은전지, 산화은 전지, 니켈카드뮴전지, 리튬1차전지, 망간·알칼리망간전지, 니켈수소전지), 형광등, 수산물 양식용 부자, 김발장, 곤포 사일리지용 필름
포장재	• 음식료품류, 농수축산물, 세제류, 의약품, 화장품류 등의 포장에 사용되는 금속캔·유리병·종이팩·합성수지재질의 포장재 • 안전인증대상 전기용품 및 안전확인대상전기용품 중 전기기기, 오디오·비디오 응용기기 및 정보·사무기기나 개인용 컴퓨터의 포장에 사용되는 합성수지재질의 포장재 • 합성수지재질의 일회용 봉투·쇼핑백

※ 생산자책임재활용제도 대상 품목은 일반적인 폐기물이 아니라 특정한 종류의 폐기물에 대한 종량제로만은 대처가 불가능한 품목이다.
• 생산자책임재활용제도에서의 각 주체별 역할

소비자(주민)	• 제품·포장재의 분리배출 : 재활용의무대상 제품·포장재는 일반쓰레기와 별도로 분리배출
생산자	• 재활용의무 이행(재활용의무 미이행 시 재활용부과금 납부) • 전자제품 판매업자는 신제품 구매자의 폐전자제품 무상회수 • 포장재에 대한 분리배출 표시 부착
지방자치단체 (시·군·구)	• 분리배출된 제품·포장재의 분리수거 • 분리배출에 관한 지역주민 홍보 • 분리수거함 설치 등 분리수거 기반 구축
한국환경공단	• 생산자의 출고량, 재활용의무이행계획 접수·승인 • 재활용부과금 부과징수 등 제도집행에 관한 사항 • 재활용의무 이행실태 점검
정부(환경부)	• 관련 법령 제·개정 • 매년 품목별 재활용의무율 산정·고시 • 재활용사업공제조합 설립인가

㉡ 문제점 및 한계
• EPR 제도의 선진화 필요
• 재활용의무율 부여방식 문제
• 생산자책임 및 참여 확대 필요

② 폐기물부담금제도 : 폐기물의 발생을 억제하고 자원의 낭비를 방지하기 위하여 유해물질을 함유한 재활용이 어려운 제품·재료·용기에 일정액의 부담금을 부과하여 시장에서 제품의 수요와 공급을 하는 제도이다. 원인자부담원칙에 따라 기업이 제조·유통단계에서 스스로 폐기물을 줄이고, 효율적인 회수·처리를 유도하여 환경비용을 절감하는 데 기여하고 있다.

③ 폐기물예치금제도 : 다량으로 발생하는 제품·용기 중 사용한 회수·재활용이 용이한 제품의 제조·수입업자에게 폐기물 회수·처리비용을 예치하게 하고 적정하게 회수·처리한 경우 회수·처리 실적에 따라 예치비용을 반환해 줌으로써 폐기물의 재활용을 촉진하는 제도(Deposit-Refund System)이다. 폐기물을 발생시키는 제품에 폐기물 처리비용 부과 및 회수, 재활용 예치비용을 부과함으로써 폐기물 발생량을 감소 및 재활용 가능한 제품의 생산을 유도, 폐기물 재활용을 통하여 환경오염방지 및 자원절약의 효율적 이용을 도모하는 데 있다.

㉠ 특 징
  • 예치금 대상 품목은 유해하거나 잘 분해되지 않는 재질이 포함되었거나 제품 소비 후 다량의 폐기물이 발생하는 제품 그리고 자원 및 에너지 회수가 용이하거나 경제적 가치가 있는 제품을 대상으로 한다.
  • 같은 종류의 품목은 재활용 가능성, 대체품의 유무, 처리·처분의 곤란도 정도에 따라 예치금 요율을 구분한다.
  • 예치금 대상 품목으로 용기류로는 종이팩·금속캔·유리병·PET병 등이 해당되고, 제품으로는 전지·타이어·윤활유 및 텔레비전·세탁기·에어컨디셔너 등이 해당된다.

(4) 폐기물 종류별 관리제도

① 사업장폐기물 감량화제도 : 제품생산과 공정에서 폐기물 발생을 감축하거나 재활용함으로써 단위 생산량당 폐기물 발생을 줄이기 위한 것이다.

② 의료폐기물 관리
  ㉠ 의료폐기물의 정의(폐기물관리법 제2조) : 보건·의료기관, 동물병원, 시험·검사기관 등에서 배출되는 폐기물 중 인체에 감염 등 위해를 줄 우려가 있는 폐기물과 인체 조직 등 적출물, 실험동물의 사체 등 보건·환경보호상 특별한 관리가 필요하다고 안정되는 폐기물로서 대통령령으로 정하는 폐기물이다.
  ㉡ 의료폐기물의 종류(폐기물관리법 시행령 별표 2)
    • 격리의료폐기물 : 감염병의 예방 및 관리에 관한 법률의 감염병으로부터 타인을 보호하기 위하여 격리된 사람에 대한 의료행위에서 발생한 일체의 폐기물
    • 위해의료폐기물
      – 조직물류폐기물 : 인체 또는 동물의 조직·장기·기관·신체의 일부, 동물의 사체, 혈액·고름 및 혈액생성물(혈청, 혈장, 혈액제제)
      – 병리계폐기물 : 시험·검사 등에 사용된 배양액, 배양용기, 보관균주, 폐시험관, 슬라이드, 커버글라스, 폐배지, 폐장갑

- 손상성폐기물 : 주사바늘, 봉합바늘, 수술용 칼날, 한방침, 치과
  용침, 파손된 유리재질의 시험기구
- 생물·화학폐기물 : 폐백신, 폐항암제, 폐화학치료제
- 혈액오염폐기물 : 폐혈액백, 혈액투석 시 사용된 폐기물, 그 밖에
  혈액이 유출될 정도로 포함되어 있어 특별한 관리가 필요한 폐기물
• 일반의료폐기물 : 혈액·체액·분비물·배설물이 함유되어 있는 탈
  지면, 붕대, 거즈, 일회용 기저귀, 생리대, 일회용 주사기, 수액세트
※ 비 고
  • 의료폐기물이 아닌 폐기물로서 의료폐기물과 혼합되거나 접촉된
    폐기물은 혼합되거나 접촉된 의료폐기물과 같은 폐기물로 본다.
  • 채혈진단에 사용된 혈액이 담긴 검사튜브, 용기 등은 조직물류폐
    기물로 본다.
  • 일회용 기저귀는 다음의 일회용 기저귀로 한정한다.
    - 감염병의 예방 및 관리에 관한 법률의 규정에 따른 감염병환
      자, 감염병의사환자 또는 병원체보유자(이하 감염병환자 등)
      가 사용한 일회용 기저귀. 다만, 일회용 기저귀를 매개로 한
      전염 가능성이 낮다고 판단되는 감염병으로서 환경부장관이
      고시하는 감염병 관련 감염병환자 등이 사용한 일회용 기저귀
      는 제외한다.
    - 혈액이 함유되어 있는 일회용 기저귀
ⓒ 특징(폐기물관리법 시행규칙 별표 5 참조)
  • 의료폐기물 보관·처리 및 수집·운반 기준이 마련됨에 따라 수집·
    운반 시에는 전용용기에 넣어 밀폐포장된 상태로 의료폐기물 전용
    의 운반차량으로 수집·운반하여야 한다. 수집·운반차량은 4℃
    이하의 냉장설비를 갖추어야 하며, 운행 중 가동하여야 한다. 밀폐
    된 적재함을 설치하여야 하고 차량은 흰색으로 색칠해야 하며, 적
    재함은 양쪽 옆면에 의료폐기물의 도형, 업소명 및 전화번호를, 뒷
    면에는 의료폐기물의 도형을 표기하여야 한다.
  • 의료폐기물은 발생했을 때 종류별로 전용용기에 넣어 보관해야 한
    다. 사용한 용기는 내부의 폐기물이 새지 않도록 관리해야 하며,
    사용 완료한 용기는 밀봉한 후 밀폐 포장하여야 하며, 재사용은 금
    지된다. 폐기물의 종류에 따라 전용용기(도형 색상), 보관시설(전용
    보관 온도 등), 보관기간을 명기해야 한다.
  • 의료폐기물의 불법처리를 예방하기 위하여 무선주파수 인식방법에
    의한 폐기물 인수·인계 제도를 도입하여 의료폐기물의 배출, 수집·
    운반, 처리의 각 과정을 실시간으로 감시하고 있다.

- 의료폐기물을 처분하기 위하여 설치한 소각시설이나 멸균분쇄시설에서 처분하고, 멸균분쇄한 후의 잔재물은 소각하여야 하며, 소각한 후의 잔재물은 매립하여야 한다.

③ 음식물 매립 금지 : 음식폐기물을 바로 매립할 경우 해충 및 악취와 침출수가 발생하여 매립지 사용기간을 단축하는 원인으로 여겨 1997년 폐기물관리법 시행규칙을 개정하고, 2005년 1월 1일부터 시·도지역에서는 발생하는 음식폐기물은 바로 매립할 수 없게 시행하였다.

   ㉠ 특 징
   - 음식물쓰레기의 수거·운반·보관기준 설정
   - 음식물쓰레기 수집·운반·재활용 수수료의 부과징수
   - 음식물쓰레기 분리배출을 위한 전용용기 또는 전용봉투 보급

④ 포장폐기물 규제 : 포장폐기물이란 제품의 유통 시 내용물 보호를 위해 포장재로 쓴 후 버려지는 폐기물로서, 생활수준이 향상되면서 사용량 또한 급증하고 있어 폐기물관리에 큰 부담으로 작용한다. 포장재를 친환경 재질을 사용하며 재활용이 불가능한 포장재질은 사용을 규제하는 등 포장폐기물의 양적, 질적인 개선을 위한 제도적 장치를 마련하고 시행하였다.

   ㉠ 포장폐기물 발생억제 정책의 내용
   - 포장재질 규제
   - 포장방법 규제
   - 합성수지재질로 된 포장재의 연차별 줄이기

(5) 폐기물관리법

① 목적(제1조) : 폐기물의 발생을 최대한 억제하고 발생한 폐기물을 친환경적으로 처리함으로써 환경보전과 국민생활의 질적 향상에 이바지하는 것을 목적으로 한다.

② 용어의 정의(제2조)

   ㉠ 폐기물 : 쓰레기, 연소재, 오니, 폐유, 폐산, 폐알칼리 및 동물의 사체 등으로서 사람의 생활이나 사업활동에 필요하지 아니하게 된 물질을 말한다.

   ㉡ 생활폐기물 : 사업장폐기물 외의 폐기물을 말한다.

   ㉢ 사업장폐기물 : 대기환경보전법, 물환경보전법 또는 소음·진동관리법에 따라 배출시설을 설치·운영하는 사업장이나 그 밖에 대통령령으로 정하는 사업장에서 발생하는 폐기물을 말한다.

   ㉣ 지정폐기물 : 사업장폐기물 중 폐유·폐산 등 주변 환경을 오염시킬 수 있거나 의료폐기물 등 인체에 위해를 줄 수 있는 해로운 물질로서 대통령령으로 정하는 폐기물을 말한다.

   ⓜ 의료폐기물 : 보건·의료기관, 동물병원, 시험·검사기관 등에서 배출되는 폐기물 중 인체에 감염 등 위해를 줄 우려가 있는 폐기물과 인체 조직 등 적출물, 실험 동물의 사체 등 보건·환경보호상 특별한 관리가 필요하다고 인정되는 폐기물로서 대통령령으로 정하는 폐기물을 말한다.

   ⓗ 의료폐기물 전용용기 : 의료폐기물로 인한 감염 등의 위해 방지를 위하여 의료폐기물을 넣어 수집·운반 또는 보관에 사용하는 용기를 말한다.

   ⓢ 처리 : 폐기물의 수집, 운반, 보관, 재활용, 처분을 말한다.

   ⓞ 처분 : 폐기물의 소각·중화·파쇄·고형화 등의 중간처분과 매립하거나 해역으로 배출하는 등의 최종처분을 말한다.

   ⓩ 재활용 : 다음의 어느 하나에 해당하는 활동을 말한다.
- 폐기물을 재사용·재생이용하거나 재사용·재생이용할 수 있는 상태로 만드는 활동
- 폐기물로부터 에너지법에 따른 에너지를 회수하거나 회수할 수 있는 상태로 만들거나 폐기물을 연료로 사용하는 활동으로서 환경부령으로 정하는 활동

   ⓒ 폐기물처리시설 : 폐기물의 중간처분시설, 최종처분시설 및 재활용시설로서 대통령령으로 정하는 시설을 말한다.

   ⓚ 폐기물감량화시설 : 생산 공정에서 발생하는 폐기물의 양을 줄이고, 사업장 내 재활용을 통하여 폐기물 배출을 최소화하는 시설로서 대통령령으로 정하는 시설을 말한다.

③ **국가와 지방자치단체의 책무(제4조)**

   ㉠ 특별자치시장, 특별자치도지사, 시장·군수·구청장(자치구의 구청장을 말함)은 관할 구역의 폐기물의 배출 및 처리상황을 파악하여 폐기물이 적정하게 처리될 수 있도록 폐기물처리시설을 설치·운영하여야 하며, 폐기물의 처리방법의 개선 및 관계인의 자질 향상으로 폐기물 처리사업을 능률적으로 수행하는 한편, 주민과 사업자의 청소의식 함양과 폐기물 발생 억제를 위하여 노력하여야 한다.

   ㉡ 특별시장·광역시장·도지사는 시장·군수·구청장이 ㉠에 따른 책무를 충실하게 하도록 기술적·재정적 지원을 하고, 그 관할 구역의 폐기물 처리사업에 대한 조정을 하여야 한다.

   ㉢ 국가는 지정폐기물의 배출 및 처리 상황을 파악하고 지정폐기물이 적정하게 처리되도록 필요한 조치를 마련하여야 한다.

   ㉣ 국가는 폐기물 처리에 대한 기술을 연구·개발·지원하고, 특별시장·광역시장·특별자치시장·도지사·특별자치도지사(이하 시·도지사) 및 시장·군수·구청장이 ㉠과 ㉡에 따른 책무를 충실하게 하도록 필

요한 기술적·재정적 지원을 하며, 특별시·광역시·특별자치시·도·특별자치도(이하 시·도) 간의 폐기물 처리사업에 대한 조정을 하여야 한다.

④ 폐기물의 광역 관리(제5조)
   ㉠ 환경부장관, 시·도지사 또는 시장·군수·구청장은 둘 이상의 시·도 또는 시·군·구에서 발생하는 폐기물을 광역적으로 처리할 필요가 있다고 인정되면 광역 폐기물처리시설(지정폐기물 공공 처리시설을 포함)을 단독 또는 공동으로 설치·운영할 수 있다.
   ㉡ 환경부장관, 시·도지사 또는 시장·군수·구청장은 ㉠에 따른 광역 폐기물처리시설의 설치 또는 운영을 환경부령으로 정하는 자에게 위탁할 수 있다.

⑤ 국민의 책무(제7조)
   ㉠ 모든 국민은 자연환경과 생활환경을 청결히 유지하고, 폐기물의 감량화와 자원화를 위하여 노력하여야 한다.
   ㉡ 토지나 건물의 소유자·점유자 또는 관리자는 그가 소유·점유 또는 관리하고 있는 토지나 건물의 청결을 유지하도록 노력하여야 하며, 특별자치시장, 특별자치도지사, 시장·군수·구청장이 정하는 계획에 따라 대청소를 하여야 한다.

⑥ 폐기물의 투기 금지 등(제8조)
   ㉠ 누구든지 특별자치시장, 특별자치도지사, 시장·군수·구청장이나 공원·도로 등 시설의 관리자가 폐기물의 수집을 위하여 마련한 장소나 설비 외의 장소에 폐기물을 버려서는 아니 된다.
   ㉡ 누구든지 이 법에 따라 허가 또는 승인을 받거나 신고한 폐기물처리시설이 아닌 곳에서 폐기물을 매립하거나 소각하여서는 아니 된다. 다만, 환경부령으로 정하는 바에 따라 특별자치시장, 특별자치도지사, 시장·군수·구청장이 지정하는 지역에서 해당 특별자치시, 특별자치도, 시·군·구의 조례로 정하는 바에 따라 소각하는 경우에는 그러하지 아니하다.
   ㉢ 특별자치시장, 특별자치도지사, 시장·군수·구청장은 토지나 건물의 소유자·점유자 또는 관리자가 ⑤의 ㉡에 따라 청결을 유지하지 아니하면 해당 지방자치단체의 조례에 따라 필요한 조치를 명할 수 있다.

⑦ 폐기물의 처리기준 등(시행령 제7조)
   ㉠ 폐기물의 종류와 성질·상태별로 재활용 가능성 여부, 가연성이나 불연성 여부 등에 따라 구분하여 수집·운반·보관할 것. 다만, 의료폐기물이 아닌 폐기물로서 다음의 어느 하나에 해당하는 경우에는 그러하지 아니하다.

- • 처리기준과 방법이 같은 폐기물로서 같은 폐기물 처분시설 또는 재활용시설이나 장소에서 처리하는 경우
- • 폐기물의 발생 당시 두 종류 이상의 폐기물이 혼합되어 발생된 경우
- • 특별자치시, 특별자치도 또는 시(특별시와 광역시는 제외)·군·구(자치구를 말함)의 분리수집 계획 또는 지역적 여건 등을 고려하여 특별자치시, 특별자치도 또는 시·군·구의 조례에 따라 그 구분을 다르게 정하는 경우

ⓛ 수집·운반·보관의 과정에서 폐기물이 흩날리거나 누출되지 아니하도록 하고, 침출수가 유출되지 아니하도록 하며, 침출수가 생기는 경우에는 환경부령으로 정하는 바에 따라 처리할 것

ⓒ 해당 폐기물을 적정하게 처분, 재활용 또는 보관할 수 있는 장소 외의 장소로 운반하지 아니할 것. 다만, 다음의 어느 하나에 해당하는 자가 적재 능력이 작은 차량으로 폐기물을 수집하여 적재 능력이 큰 차량으로 옮겨 싣기 위하여 환경부령으로 정하는 장소로 운반하는 경우에는 그러하지 아니하다.

- • 폐기물 수집·운반업의 허가를 받은 자
- • 폐기물처리 신고를 한 자 중 환경부령으로 정하는 자

ⓔ 재활용 또는 중간처분 과정에서 발생하는 폐기물과 중간가공 폐기물은 새로 폐기물이 발생한 것으로 보아 신고 또는 확인을 받고, 해당 폐기물의 처리방법에 따라 적정하게 처리할 것

ⓜ 폐기물은 폐기물 처분시설 또는 재활용시설에서 처리할 것. 다만, 생활폐기물 배출자가 처리하는 경우 및 폐기물을 환경부령으로 정하는 바에 따라 생활환경 보전상 지장이 없는 방법으로 적정하게 처리하는 경우에는 그러하지 아니하다.

ⓗ 폐기물을 처분 또는 재활용하는 자가 폐기물을 보관하는 경우에는 그 폐기물 처분시설 또는 재활용시설과 같은 사업장에 있는 보관시설에 보관할 것. 다만, 폐기물 재활용업자가 사업장 폐기물을 재활용하는 경우로서 환경부령으로 정하는 경우에는 그러하지 아니하다.

ⓢ 폐기물처리 신고자와 광역 폐기물처리시설 설치·운영자(설치·운영을 위탁받은 자를 포함한다)는 환경부령으로 정하는 기간 이내에 폐기물을 처리할 것. 다만, 화재, 중대한 사고, 노동쟁의, 방치 폐기물의 반입·보관 등 그 처리기간 이내에 처리하지 못할 부득이한 사유가 있는 경우로서 특별시장·광역시장·특별자치시장·도지사 및 특별자치도지사(이하 시·도지사) 또는 유역환경청장·지방환경청장의 승인을 받은 때에는 그러하지 아니하다.

ⓞ 두 종류 이상의 폐기물이 혼합되어 있어 분리가 어려우면 다음의 방법으로 처리할 것

- 폐산이나 폐알칼리와 다른 폐기물이 혼합된 경우에는 중화처리한 후 적정하게 처리할 것
- 일반소각대상 폐기물과 고온소각대상 폐기물이 혼합된 경우에는 고온소각할 것

ⓩ 폐기물을 매립하는 경우에는 침출수와 가스의 유출로 인한 주변환경의 오염을 방지하기 위하여 차수시설, 집수시설, 침출수 유량조정조, 침출수 처리시설을 갖추고, 가스 소각시설이나 발전·연료화 처리시설을 갖춘 매립시설에서 처분할 것. 다만, 침출수나 가스가 발생하지 아니하거나 침출수나 가스의 발생으로 인한 주변 환경오염의 우려가 없다고 인정되는 경우로서 환경부령으로 정하는 경우에는 위 시설의 전부 또는 일부를 갖추지 아니한 매립시설에서 이를 처분할 수 있다.

ⓩ 분진·소각재·오니류 중 지정폐기물이 아닌 고체상태의 폐기물로서 수소이온농도지수가 12.5 이상이거나 2.0 이하인 것을 매립처분하는 경우에는 관리형 매립시설의 차수시설과 침출수 처리시설의 성능에 지장을 초래하지 아니하도록 중화 등의 방법으로 중간처분한 후 매립할 것

ⓚ 재활용이 가능한 폐기물은 재활용하도록 할 것

ⓣ 폐산·폐알칼리, 금속성 분진 또는 폐유독물질 등으로서 화재, 폭발 또는 유독가스 발생 등의 우려가 있다고 환경부장관이 정하여 고시하는 폐기물은 ㉠ 외의 부분 단서 및 ㉠의 '처리기준과 방법이 같은 폐기물로서 폐기물 처분시설 또는 재활용시설이나 장소에서 처리하는 경우'에도 불구하고 그 처리 과정에서 다른 폐기물과 혼합되거나 수분과 접촉되지 아니하도록 할 것. 다만, 중화 등의 방법으로 중간처분하여 화재, 폭발 또는 유독가스 발생 등의 우려가 없는 경우에는 그러하지 아니하다.

ⓟ 지정폐기물을 연간 100톤 이상 배출하는 사업장폐기물배출자 및 폐기물처리업의 허가를 받은 자(이하 '폐기물처리업자'라 하며, 폐기물처리업자 중 폐기물 수집·운반업의 허가를 받은 자의 경우 ⓣ 외의 부분 단서에 따라 환경부령으로 정하는 장소로 폐기물을 운반하는 자에 한정)는 지정폐기물을 처리하는 과정에서 다음의 기준을 준수할 것

- 지정폐기물을 배출 또는 처리하는 과정에서 폐기물의 유출, 화재, 폭발 또는 유독가스 발생 등의 사고 발생을 예방하는 데 필요한 안전시설·장치 등을 갖출 것
- 폐기물의 유출, 화재, 폭발 또는 유독가스 발생 등의 사고 발생에 대비하여 방제 약품·장비 등과 사고대응 매뉴얼을 비치하고 근무자가 사용방법과 대응 요령을 숙지하도록 조치할 것

⑧ 생활폐기물의 처리 등(제14조)

   ⊙ 특별자치시장, 특별자치도지사, 시장·군수·구청장은 관할 구역에서 배출되는 생활폐기물을 처리하여야 한다. 다만, 환경부령으로 정하는 바에 따라 특별자치시장, 특별자치도지사, 시장·군수·구청장이 지정하는 지역은 제외한다.

   ⓛ 특별자치시장, 특별자치도지사, 시장·군수·구청장은 해당 지방자치단체의 조례로 정하는 바에 따라 대통령령으로 정하는 자에게 ⊙에 따른 처리를 대행하게 할 수 있다.

   ⓒ ⊙ 및 ⓛ에도 불구하고 폐기물처리 신고자는 생활폐기물 중 폐지, 고철, 폐식용유(생활폐기물에 해당하는 폐식용유를 유출 우려가 없는 전용 탱크·용기로 수집·운반하는 경우만 해당) 등 환경부령으로 정하는 폐기물을 수집·운반 또는 재활용할 수 있다.

   ⓔ ⓒ에 따라 생활폐기물을 수집·운반하는 자는 수집한 생활폐기물 중 환경부령으로 정하는 폐기물을 다음의 자에게 운반할 수 있다.

      • 자원의 절약과 재활용촉진에 관한 법률에 따른 제품·포장재의 제조업자 또는 수입업자 중 제조·수입하거나 판매한 제품·포장재로 인하여 발생한 폐기물을 직접 회수하여 재활용하는 자(재활용을 위탁받은 자 중 환경부령으로 정하는 자를 포함)

      • 폐기물 중간재활용업 또는 폐기물 종합재활용업에 해당하는 폐기물 재활용업의 허가를 받은 자

      • 폐기물처리 신고자

      • 그 밖에 환경부령으로 정하는 자

   ⓜ 특별자치시장, 특별자치도지사, 시장·군수·구청장은 ⊙에 따라 생활폐기물을 처리할 때에는 배출되는 생활폐기물의 종류, 양 등에 따라 수수료를 징수할 수 있다. 이 경우 수수료는 해당 지방자치단체의 조례로 정하는 바에 따라 종량제 봉투 등을 판매하는 방법으로 징수하되, 음식물류 폐기물의 경우에는 배출량에 따라 산출한 금액을 부과하는 방법으로 징수할 수 있다.

   ⓗ 특별자치시장, 특별자치도지사, 시장·군수·구청장이 ⓜ에 따라 음식물류 폐기물에 대하여 수수료를 부과·징수하려는 경우에는 전자정보처리프로그램을 이용할 수 있다. 이 경우 수수료 산정에 필요한 내용을 환경부령으로 정하는 바에 따라 전자정보처리프로그램에 입력하여야 한다.

   ⓢ 특별자치시장, 특별자치도지사, 시장·군수·구청장은 조례로 정하는 바에 따라 종량제 봉투 등의 제작·유통·판매를 대행하게 할 수 있다.

◎ 특별자치시장, 특별자치도지사, 시장·군수·구청장은 ⓛ에 따라 생활폐기물 수집·운반을 대행하게 할 경우에는 다음의 사항을 준수하여야 한다.

- 환경부령으로 정하는 기준에 따라 원가를 계산하여야 하며, 최초의 원가계산은 지방자치단체를 당사자로 하는 계약에 관한 법률 시행규칙에서 규정하는 원가계산용역기관에 원가계산을 의뢰하여야 한다.
- 생활폐기물 수집·운반 대행자에 대한 대행실적 평가기준(주민만족도와 환경미화원의 근로 조건을 포함)을 해당 지방자치단체의 조례로 정하고, 평가기준에 따라 매년 1회 이상 평가를 실시하여야 한다. 이 경우 대행실적 평가는 해당 지방자치단체가 민간전문가 등으로 평가단을 구성하여 실시하여야 한다.
- 위에 따라 대행실적을 평가한 경우 그 결과를 해당 지방자치단체 인터넷 홈페이지에 평가일부터 6개월 이상 공개하여야 하며, 평가 결과 해당 지방자치단체의 조례로 정하는 기준에 미달되는 경우에는 환경부령으로 정하는 바에 따라 영업정지, 대행계약 해지 등의 조치를 하여야 한다.
- 생활폐기물 수집·운반 대행계약을 체결한 경우 그 계약내용을 계약일부터 6개월 이상 해당 지방자치단체 인터넷 홈페이지에 공개하여야 한다.
- 위에 따른 대행계약이 만료된 경우에는 계약만료 후 6개월 이내에 대행비용 지출내역을 6개월 이상 해당 지방자치단체 인터넷 홈페이지에 공개하여야 한다.
- 생활폐기물 수집·운반 대행자(법인의 대표자를 포함)가 생활폐기물 수집·운반 대행계약과 관련하여 다음에 해당하는 형을 선고받은 경우에는 지체 없이 대행계약을 해지하여야 한다.
  - 형법 제133조에 해당하는 죄를 저질러 벌금 이상의 형을 선고받은 경우
  - 형법 제347조, 제347조의2, 제356조 또는 제357조(제347조 및 제356조의 경우 특정경제범죄 가중처벌 등에 관한 법률에 따라 가중처벌되는 경우를 포함)에 해당하는 죄를 저질러 벌금 이상의 형을 선고받은 경우(벌금형의 경우에는 300만원 이상에 한정)
- 생활폐기물 수집·운반 대행계약 시 생활폐기물 수집·운반 대행계약과 관련하여 위에 해당하는 형을 선고받은 후 3년이 지나지 아니한 자는 계약대상에서 제외하여야 한다.

ⓧ 환경부장관은 생활폐기물의 처리와 관련하여 필요하다고 인정하는 경우에는 해당 특별자치시장, 특별자치도지사, 시장·군수·구청장에 대하여 필요한 자료 제출을 요구하거나 시정조치를 요구할 수 있

으며, 생활폐기물 처리에 관한 기준의 준수 여부 등을 점검·확인할 수 있다. 이 경우 환경부장관의 자료 제출 및 시정조치 요구를 받은 해당 특별자치시장, 특별자치도지사, 시장·군수·구청장은 특별한 사정이 없으면 이에 따라야 한다.

ⓣ 환경부장관은 특별자치시장, 특별자치도지사, 시장·군수·구청장이 ⓩ에 따른 요구를 이행하지 아니하는 경우에는 재정적 지원의 중단 또는 삭감 등의 조치를 할 수 있다.

⑨ 사업장폐기물의 처리(제18조)

ⓐ 사업장폐기물배출자는 그의 사업장에서 발생하는 폐기물을 스스로 처리하거나 폐기물처리업의 허가를 받은 자, 폐기물처리 신고자, 폐기물처리시설을 설치·운영하는 자, 건설폐기물의 재활용촉진에 관한 법률에 따라 건설폐기물 처리업의 허가를 받은 자 또는 해양폐기물 및 해양오염퇴적물 관리법에 따라 폐기물 해양 배출업의 등록을 한 자에게 위탁하여 처리하여야 한다.

ⓑ 환경부령으로 정하는 사업장폐기물을 배출, 수집·운반, 재활용 또는 처분하는 자는 그 폐기물을 배출, 수집·운반, 재활용 또는 처분할 때마다 폐기물의 인계·인수에 관한 사항과 계량값, 위치정보, 영상정보 등 환경부령으로 정하는 폐기물 처리 현장정보(이하 폐기물처리 현장정보)를 환경부령으로 정하는 바에 따라 전자정보처리프로그램에 입력하여야 한다. 다만, 의료폐기물은 환경부령으로 정하는 바에 따라 무선주파수 인식방법을 이용하여 그 내용을 전자정보처리프로그램에 입력하여야 한다.

ⓒ 환경부장관은 ⓑ에 따라 입력된 폐기물 인계·인수 내용을 해당 폐기물을 배출하는 자, 수집·운반하는 자, 재활용하는 자 또는 처분하는 자가 확인·출력할 수 있도록 하여야 하며, 그 폐기물을 배출하는 자, 수집·운반하는 자, 재활용하는 자 또는 처분하는 자를 관할하는 시장·군수·구청장 또는 시·도지사가 그 폐기물의 배출, 수집·운반, 재활용 및 처분 과정을 검색·확인할 수 있도록 하여야 한다.

ⓓ 환경부령으로 정하는 둘 이상의 사업장폐기물배출자는 각각의 사업장에서 발생하는 폐기물을 환경부령으로 정하는 바에 따라 공동으로 수집, 운반, 재활용 또는 처분할 수 있다. 이 경우 사업장폐기물배출자는 공동 운영기구를 설치하고 그중 1명을 공동 운영기구의 대표자로 선정하여야 하며, 폐기물처리시설을 공동으로 설치·운영할 수 있다.

폐기물관리법에서 사업장폐기물의 처리기준으로 옳지 않은 것은?

① 사업장폐기물배출자는 폐기물처리업의 허가를 받은 자를 말한다.
② 사업장폐기물배출자는 사업장에서 발생하는 폐기물을 스스로 처리한다.
③ 환경부장관은 폐기물 인계·인수 내용을 해당 폐기물을 배출하는 자가 확인·출력할 수 있도록 한다.
④ 환경부령으로 정하는 둘 이상의 사업장폐기물배출자는 각 사업장에서 발생하는 폐기물을 공동으로 처리하지 않는다.

[해설]
사업장폐기물의 처리(폐기물관리법 제18조)
환경부령으로 정하는 둘 이상의 사업장폐기물배출자는 각각의 사업장에서 발생하는 폐기물을 환경부령으로 정하는 바에 따라 공동으로 수집, 운반, 재활용 또는 처분할 수 있다.

[답] ④

쓰레기 수거계획 시 가장 중요한 인자는?

① 수거노선　　　　② 수거빈도
③ 수거인부　　　　④ 수거장비

[해][설]
폐기물 수거에서 수거노선 결정이 가장 중요하다.

답 ①

쓰레기 수거에서 MHT라는 용어에 가장 적절한 표현은?

① 수거인부 1인이 수거하는 쓰레기 톤 수
② 1통의 쓰레기를 수거하는 데 소요되는 인부 수
③ 수거인부 1인이 시간당 수거하는 쓰레기 톤 수
④ 1톤의 쓰레기를 수거하는 데 수거인부 1인이 소요하는 총시간

[해][설]
수거인부 1인이 폐기물 1ton을 수거하는 데 소요되는 시간을 말한다.

답 ④

다음 쓰레기통의 위치나 모양에 따른 수거효율 중 MHT 값이 가장 작은 것은?

① 벽면 부착식　　　② 집밖 이동식
③ 집안 고정식　　　④ 집안 이동식

[해][설]
벽면 부착식은 2.38MHT이고, 집밖 이동식은 1.47MHT이고, 집안 고정식은 2.24MHT이고, 집안 이동식은 1.86MHT이다.

답 ②

생활쓰레기 수거형태 중 효율이 가장 좋은 방식은?

① 노변수거
② 문전수거
③ 타종수거
④ 집안이동수거

[해][설]
MHT가 작을수록 수거효율이 크다.
※ 수거형태에 따른 수거효율이 가장 높은 것은 타종수거 (0.84MHT)이다.

답 ③

쓰레기 수거차량의 노선 결정 시 유의할 사항 중 옳지 않은 것은?

① U자형 회전을 피한다.
② 가급적 출퇴근 시간을 피한다.
③ 가급적 시계방향으로 노선을 정한다.
④ 언덕을 오르면서 쓰레기를 적재한다.

[해][설]
언덕길은 내려가면서 수거한다.

답 ④

4 폐기물의 수집

(1) 폐기물 수거

생활폐기물관리에 소요되는 총비용 중 수거 및 운반단계가 70% 이상을 차지한다(감량화가 필요하다).

(2) MHT(Man · Hour/Ton)

$$MHT = \frac{작업인부 \times 작업시간}{쓰레기\ 수거량}$$

① 1인의 인부가 쓰레기 1ton을 수거하는 데 소요하는 총시간을 말한다.
② MHT가 작을수록 수거효율이 크다.
③ 수거 형태 중 타종수거가 가장 효율적이다.
④ 쓰레기 형태 중 플라스틱 자루와 집밖 이동식이 가장 효율적이다.
⑤ 수거 형태와 MHT
　　㉠ 문전수거 : 2.3MHT
　　㉡ 타종수거 : 0.84MHT
　　㉢ 대형 쓰레기통 수거 : 1.1MHT
⑥ 쓰레기통 형태와 MHT
　　㉠ 집밖 고정식 : 1.47MHT
　　㉡ 집안 고정식 : 2.24MHT
　　㉢ 집밖 이동식 : 1.47MHT
　　㉣ 집안 이동식 : 1.86MHT
　　㉤ 벽면 부착식 : 2.38MHT
　　㉥ 플라스틱 자루 : 1.35MHT

(3) 수거노선 결정 시 유의사항

① 가능한 한 시계방향으로 수거노선을 결정해야 한다.
② 간선도로에서 시작 및 종료해야 한다.
③ 반복운행 또는 U자형 회전은 피하여 수거해야 한다.
④ 많은 양이 발생하는 지점은 하루 중 가장 먼저 수거해야 한다.
⑤ 출발점은 차고와 인접해야 하고, 마지막은 처분지와 인접해야 한다.
⑥ 언덕지역은 꼭대기부터 시작하여 적재하면서 아래로 진행해야 한다.
⑦ 수거인원 및 차량형식이 같은 기존시스템의 조건들을 서로 관련시켜 수거해야 한다.

5 폐기물 운반

(1) 수송(수집)방법

① 모노레일 수송
  ㉠ 쓰레기를 적환장에서 최종처분장까지 수송할 때 적용한다.
  ㉡ 장점 : 무인화가 가능하다.
  ㉢ 단점 : 가설이 곤란하고, 시설설비비가 비싸고, 악취·경관상 문제가 발생한다.

② 컨베이어 수송
  ㉠ 하수도처럼 배치하여 각 지방에서 배출한 쓰레기를 최종처분장까지 운반한다.
  ㉡ 장점 : 악취문제를 해결하고, 경관을 보전한다.
  ㉢ 단점 : 전력비, 유지비, 시설비가 비싸고, 내구성이 약하며, 미생물이 잘 부착된다.

③ 컨테이너 수송
  ㉠ 수집차에 의해 기지역까지 운반하여 매립지까지 수송하는 방법
  ㉡ 장점 : 넓은 지역에 유용하다(철도망 이용).
  ㉢ 단점 : 세정수처리가 필요하고, 기지역 선정이 어렵다.

④ 관거 수송(Pipeline)
  ㉠ 관거를 이용하여 폐기물을 수송하는 방법
  ㉡ 공기 수송 : 진공수송, 가압수송
  ㉢ 슬러지 수송 : 물과 함께 혼합하여 수송하는 방법
  ㉣ 캡슐 수송 : 쓰레기를 충전한 수송관 내에 삽입수송하는 방법

⭐ **TIP**

관거(Pipeline) 수송의 장단점
- 장 점
  – 유지관리, 수송능력 등의 문제를 고려할 때 가장 우수한 방법이다.
  – 자동화, 무공해화, 안전화가 가능하다.
  – 미관, 경관이 좋다.
  – 에너지를 절약하고, 인건비를 절감할 수 있다.
- 단 점
  – 설비비가 비싸고, 장거리 이송이 곤란하다.
  – 잘못 투입된 물건의 회수가 곤란하다.
  – 쓰레기 발생빈도가 높은 지역이어야 현실성이 있다.
  – 투입구를 이용한 범죄, 사고 등의 위험이 있다.
  – 큰 쓰레기는 파쇄, 압축 등의 전처리가 필요하다.

새로운 쓰레기 운송기술에 관한 설명으로 틀린 것은?

① 컨베이어 수송 : 사용 후 세정에 많은 물이 소요된다.
② 모노레일 수송 : 가설이 곤란하고 반송용 노선이 필요하다.
③ 파이프라인 수송 : 쓰레기의 발생밀도가 높은 곳에서 현실성이 있다.
④ 파이프라인 수송 : 장거리 이송이 용이하고 투입구를 이용한 범죄나 사고 위험이 있다.

해설
파이프라인 수송 : 약 2.5km 이내의 거리에서만 이용된다.

답 ④

자동화, 무공해화, 안전화 등의 장점은 있으나 장거리 수송이 곤란하거나 잘못 투입된 물건의 회수가 곤란하다는 점 등 때문에 보다 많은 연구가 필요한 새로운 쓰레기 수집·수송수단으로 가장 적절한 것은?

① Conveyor 수송
② Pipeline 수송
③ Mono-rail 수송
④ Container 철도 수송

해설
관거(Pipeline) 수송의 특징
- 장점 : 유지관리, 수송능력 등의 문제를 고려할 때 가장 우수한 방법이다. 자동화, 무공해화, 안전화가 가능하다.
- 단 점
  – 설비비가 비싸다.
  – 장거리 이송이 곤란하다(약 2.5km 이내에서 사용).
  – 잘못 투입된 물건의 회수가 곤란하다.
  – 투입구를 이용한 범죄, 사고 등의 위험이 있다.

답 ②

다음은 적환장(Transfer Station)에 대한 설명이다. 잘못된 것은?

① 적환장 설계 시에는 주변 환경요건을 고려하여야 한다.
② 변질되기 쉬운 쓰레기 수거에는 이용하지 않는 것이 좋다.
③ 수거해야 할 쓰레기 발생지역의 무게중심에 가까운 곳에 설치한다.
④ 주요 간선도로와 인구밀집지역과는 가능한 한 멀리 떨어진 곳에 둔다.

해설
적환장은 주요 간선도로에 쉽게 접근할 수 있고 쓰레기 발생지역의 무게중심에 가까운 곳에 위치한다.

답 ④

적환장의 필요성과 가장 거리가 먼 것은?

① 불법투기가 발생할 때
② 작은 용량의 수집차량을 사용할 때
③ 작은 규모의 주택들이 밀집되어 있을 때
④ 처분지가 수집 장소로부터 비교적 멀지 않을 때

해설
처리장까지의 거리가 멀 때 적환장이 필요하다.

답 ④

폐기물을 수집하기 위한 적환장의 설치 이유와 가장 거리가 먼 것은?

① 작은 용량의 수집차량을 이용할 때
② 작은 규모의 주택들이 밀집되어 있을 때
③ 상업지역의 수거에 대형용기를 사용할 때
④ 처분지가 수집 장소로부터 비교적 멀리 떨어져 있을 때

해설
폐기물 수집에 소형용기를 사용할 때 적환장을 설치한다.

답 ③

(2) 적환장

① 정의 : 소형수송을 대형수송으로 연결해 주는 장치이며, 이송 전에 분리 및 압축 등 효율적인 수송을 위하여 보조적인 역할을 수행하는 곳이다.

② 특 징
　㉠ 폐기물 대량 운반 : 장거리 운반에 따른 비용 절감
　㉡ 폐기물의 압축, 분쇄, 절단 : 부피 감량, 효율적 수송
　㉢ 선별 : 재활용 효율 증대
　㉣ 한계 : 변질되기 쉬운 쓰레기
　㉤ 필요성 : 수거지점과 폐기물 처분지 거리가 멀 경우

③ 적환장 설치 이유
　㉠ 저밀도 거주지역이 존재할 경우
　㉡ 슬러지 수송이나 공기수송방식을 사용할 경우
　㉢ 작은 용량의 수집차량을 사용할 경우(15m³ 이하)
　㉣ 불법투기와 다량의 어질러진 쓰레기들이 발생할 경우
　㉤ 처분지가 수집 장소로부터 멀리 떨어져 있을 경우
　㉥ 최종 처리장과 수거지역의 거리가 먼 경우(통상 16km 이상)
　㉦ 상업지역에서 폐기물 수집에 소형 용기를 많이 사용하는 경우

④ 적환장 위치
　㉠ 설치 및 작업이 용이하고, 경제적인 곳
　㉡ 쓰레기 발생지역의 무게중심에 가까운 곳
　㉢ 적환작업으로 인한 반대가 적고, 환경피해가 최소인 곳
　㉣ 주요 간선도로에 쉽게 접근할 수 있고, 2차적 보조수송수단에 연결이 쉬운 곳

⑤ 적환방식에 따른 구분 : 소형 수송차량에서 대형 수송차량으로 적재하는 데 사용하는 방법에 따라 구분한다.
　㉠ 직접투하(Direct Discharge) 방식
　　• 소형에서 대형으로 직접 투하하여 싣는 방법이다.
　　• 주택가와 거리가 먼 교외지역에 설치 가능한 적환장이다.
　　• 건설비나 운영비가 적어 소도시에서 적합하다.
　　• 압축이 되지 않는다.
　㉡ 저장투하(Storage Discharge) 방식
　　• 쓰레기를 저장피트에 저장한 후 불도저-압축기로 적환하는 방식이다.
　　• 저장피트는 2~5m의 깊이로 되어 있으며, 계획처리량의 0.5~2일 분의 쓰레기를 저장할 수 있는 저장능력을 갖는다.
　　• 투하지점은 수거차량이 20분 이상 대기하지 않게 충분히 확보하여야 한다.

- 직접투하 방식에 비해 수거차량의 대기시간이 없이 빠른 시간에 적환이 완료되므로 적환장 내외의 교통체증을 막아주는 효과가 있다.
  ⓒ 직접 및 저장(Direct and Storage)투하결합 방식
  - 직접 상차하는 방식과 쓰레기를 저장 후 적환하는 방식 두 가지를 결합한 적환 방식이다.
  - 부패성 쓰레기는 직접 상차하고, 재활용품이 많이 포함된 쓰레기는 계근한 후 저장하는데, 이 중 재활용품은 선별한 후 상차하여 처리한다.

6 폐기물처리

발생된 폐기물의 처리 형태를 보면 재활용(81%)이 가장 높고, 그 다음 매립(11%), 소각(5%) 순이다.

처리공법		처리방법	처리결과
물리적 처리	조성분 분리	인력 또는 기계적 분리	특정성분의 분리
	부피 감소화	압축 등 에너지 투입	폐기물의 부피 감소
	크기 감소화	파쇄, 분쇄 등 에너지 투입	폐기물의 형태 변화 및 크기 감소
	폐기물 연료화	압축, 전조로 일정 크기의 Pellet 제조	취급이 간편한 고체 연료 제조
화학적 처리	연 소	열에 의한 산화	CO_2, SO_2, 산화물, 재, 열에너지 생산
	열분해	무산소조 상태에서 가열	가스, 오일, 타르, Char 생산
	가스화	양론비 이하의 공기상태에서 연소	저열량의 가스가 에너지원으로 생산
생물학적 처리	호기성 퇴비화	호기성 미생물에 의한 퇴비화	퇴비 생산
	혐기성 소화	혐기성 미생물에 의한 액상 분해	CH_4, 소화슬러지 생산
	혐기성 퇴비화	혐기성 미생물에 의한 퇴비화	CH_4, Humus, 퇴비 생산

(1) 폐기물 물리적 처리

① 압 축
  ㉠ 목 적
  - 쓰레기 적재 시 편리함과 수송비용 절감
  - 매립지의 수명 연장
  - 매립지 운영비용 절감

폐기물을 압축하여 압축하기 전 부피의 1/3로 하였다면 압축비는?

① 0.3   ② 0.9
③ 3.0   ④ 9.0

해설

$$CR = \frac{\text{압축 전 부피}(V_i)}{\text{압축 후 부피}(V_f)} = \frac{1}{1/3} = 3$$

답 ③

쓰레기 부피의 감소율이 통상적으로 60% 정도라면 이때 압축비는?

① 1.5   ② 2.5
③ 3.5   ④ 4.5

해설

$$CR = \frac{\text{압축 전 부피}(V_i)}{\text{압축 후 부피}(V_f)} = \frac{100}{40} = 2.5$$

답 ②

쓰레기의 압축 전 밀도가 0.45ton/m³이었던 것을 압축한 결과 0.85ton/m³로 되었다. 부피 감소율은 몇 %인가?

① 35%   ② 37%
③ 45%   ④ 47%

해설

$$VR = \frac{\text{압축 전 부피}(V_i) - \text{압축 후 부피}(V_f)}{\text{압축 전 부피}(V_i)} \times 100$$
$$= \frac{1/0.45 - 1/0.85}{1/0.45} \times 100 = 47\%$$

답 ④

ⓛ 압축비

$$CR = \frac{\text{압축 전 부피}(V_i)}{\text{압축 후 부피}(V_f)}$$

ⓒ 부피 감소율

$$VR = \frac{\text{압축 전 부피}(V_i) - \text{압축 후 부피}(V_f)}{\text{압축 전 부피}(V_i)} \times 100$$

ⓓ 압축기의 종류(형태에 따른 분류)

• 고정기 압축기(Stationary Compactor)
  - 주로 수압에 의해 압축시키고 압축피스톤을 사용한다.
  - 압축방법에 따라 수평식, 수직식 압축기로 구분한다.
• 백 압축기(Bag Compactor)
  - 수동식과 자동식, 수평식과 수직식, 단단식과 다단식, 연속식과 회분식이 있다.
  - 처리능력 : 통상 5~34m³/h(회분식)
  - 낱개 백 압축기 : 백을 하나씩 부착·분리하여야 하는 불편한 점이 있다.
  - 복수 백 압축기 : 연속조업이 가능하다.
• 수직식 또는 소용돌이식 압축기(Vertical or Console Compactor)
  - 기계적 작동이나 유압 또는 공기압에 의해 작동하는 압축피스톤이 설치되어 있다.
  - 수동으로 쓰레기를 충진한다.
  - 압축 후 종이, 플라스틱 또는 종이백에 모아진다.
  - 압축가능 포장지의 부피 : 0.08~0.17m³
• 회전식 압축기(Rotary Compactor)
  - 비교적 적은 폐기물을 넣어 포장하는 압축피스톤의 조합으로 구성되어 있다.
  - 1개의 백(Bag)은 약 0.4m³ 정도의 부피이다.
  - 표준형은 8~10개의 백, 큰 것은 20~30개 충진이 가능하다.

② 파 쇄

ⓛ 목 적

• 비표면적 증가
• 입경분포 균일화
• 특정 성분의 분리 회수율 증대
• 겉보기 비중 증가 : 취급 용이, 운반 및 저장효율 증가, 매립 및 연소용이

ⓒ 파쇄기의 원리 : 압축작용, 전단작용, 충격작용

ⓒ 파쇄기의 종류
- 건식파쇄기 : 압축파쇄기, 전단파쇄기, 충격파쇄기
  - 압축파쇄기 : 콘크리트, 건설폐기물 파쇄
  - 전단파쇄기 : 목재, 플라스틱, 종이류 파쇄
  - 충격파쇄기 : 유리나 목질류 파쇄
- 습식파쇄기 : 냉각파쇄기, 습식펄퍼, 회전드럼형
  - 냉각파쇄기 : 드라이아이스나 액체질소 등을 냉매로 하여 상온에서 깨지지 않는 것을 저온에서 충격파쇄한다.
  - 습식펄퍼 : 종이나 주방쓰레기를 다량의 물과 격회류시켜 파쇄하고 현탁물 상태로 분리하는 파쇄이다.
  - 회전드럼형 : 재료의 강도 차에 의해 파쇄 정도가 다른 특성을 이용하는 파쇄이다.

ⓔ 파쇄의 문제점
- 2차 공해 : 소음, 진동, 분진
- 안전 문제 : 분진폭발, 가연물에 의한 폭발

 TIP

폐기물입경(Particle Size)
- 유효입경(D_{10}) : 전체 중량의 10%를 통과시킨 체의 크기에 상당하는 입자의 직경
- 평균입경(D_{50}) : 전체 중량의 50%를 통과시킨 체의 크기에 상당하는 입자의 직경
- 균등계수(C_u)

$$C_u = \frac{D_{60}}{D_{10}}$$

- 곡률계수(C_z)

$$C_z = \frac{D_{30}^2}{D_{10} \times d_{60}}$$

③ **선 별**

폐기물 → 저장 → 분쇄 → 공기선별 → 사이클론 → 자석선별

ⓐ 손선별(Hand Separation) : 정확도가 높고 위험물질을 분류할 수 있으나 지저분하며 작업량이 떨어진다.

ⓑ 스크린선별(Screening) : 스크린의 크기에 따라 폐기물을 분류하는 것으로, 큰 폐기물 유입 시 장치 고장을 예방하기 위한 전처리 장치이다.

ⓒ 공기선별(Air Separation) : 밀도와 공기저항에 따라 폐기물을 선별한다(중력, 부력, 항력작용).

ⓓ 광학선별(Optical Separation) : 유리 선별 시 색깔별로 분리할 때 사용한다.

ⓔ 자력선별(Magnetic Separation) : 철 성분을 제거 또는 회수할 때 사용한다.

ⓕ 부상선별 : 밀도차에 의해 물에 뜨는 것을 선별하는 방법이다.

Ⓢ 관성선별 : 가벼운 것과 무거운 것을 분리하기 위한 방법이다(중력, 탄성력 작용).

Ⓞ Stoner : 진동경사판에서 진동을 주어 두 물질의 밀도차에 의해 분리되는 방법이다.

Ⓩ Jig : 물속에서 물을 맥동유체로 이용하여 무거운 것을 고르는 방법이다.

ⓒ Secators : 물렁거리는 가벼운 물질로부터 딱딱한 물질을 선별하는 데 사용한다.

ⓚ 정전기선별(Electrostatic Separation) : 전기집진기와 같이 폐기물에 고전압(10~200kV)을 부하시키면 도체와 부도체로 분류된다.

ⓔ 와전류선별(Eddy Current Separation) : 비자성이며, 전기전도도가 좋은 물질(구리, 알루미늄, 아연) 등의 분리에 이용된다.

(2) 폐기물 화학적 처리

① 소각 : 일정한 시설을 이용하여 쓰레기를 재로 만드는 공정을 말하므로 단순히 태우는 연소와는 다른 개념이다.

㉠ 장 점
- 폐기물을 감량화할 수 있다(90% 감량).
- 폐기물을 위생적으로 처리할 수 있다.
- 에너지를 회수하여 이용할 수 있다.
- 병원성 미생물을 제거하는 기능이 있다.

㉡ 단 점
- 처리비용이 비싸다.
- 고도의 기술이 필요하다(고온 유지).
- 각종 2차 환경오염을 유발한다(수질오염, 대기오염).

㉢ 소각로의 종류
- 화격자(스토커) 연소방식
  - 폐기물을 화격자 윗부분에서 공급하고 공기를 화격자 밑에서 송풍하여 연소하는 방식이다.
  - 노 안에 고정화격자 또는 구동화격자를 설치하여 화격자 위에 폐기물을 놓고 연소시키는 방식이다.
  - 생활폐기물 소각 시 가장 대표적인 소각방식이다.
  - 특 징
    ⓐ 연속적인 소각 및 배출이 가능하다.
    ⓑ 체류시간이 길고, 교반력이 낮다.
    ⓒ 고온 중에 구동하므로 금속부의 마모손실이 있다.
    ⓓ 열에 쉽게 용해되는 경우 화격자 막힘 현상이 발생한다.

　　　ⓔ 구조가 비교적 간단하고, 고장이 적어 운전이 용이하다.

• 고정상 연소방식
 – 소각로 안의 상의 윗부분에서 폐기물을 쌓아서 연속시키는 방식
  이다.
 – 화격자에 적재할 수 없는 오니, 입자상 물질과 같은 폐기물이나
  열을 받아 용용되며, 작화 및 연소되는 폐기물의 연소에 적합한
  방식이다.
 – 경고정상식 : 폐기물의 건조와 연소에 기계적인 구동 부분이 없
  어서 건설비는 싸지만 폐기물의 성상이 일정해야 하고 점착성이
  없어야 한다.
 – 수평고정상식 : 소각로 밖에 설치된 공기 송풍기에 의해 연소공
  기를 균등하게 분산시켜 강제주입한 방식이다.
 – 다단로상식
　　ⓐ 윗부분에서 공급된 폐기물이 여러 단으로 칸이 나누어져 있다.
　　ⓑ 교반 갈퀴에 의해 가래로 흙을 일구는 것처럼 이랑을 만들면
　　　서 배기가스와 접촉시켜 균등하게 건조시킬 수 있으며, 부분
　　　적 연소를 피할 수 있는 방식이다.
　　ⓒ 함수율이 높고, 발열량이 낮은 폐기물의 소각에 적합하여 유
　　　기성 슬러지처리에 많이 이용되는 방식이다.

• 로터리킬른 방식
 – 광물류의 건조, 소각에 많이 사용되는 방식이다.
 – 안쪽의 내화물을 부착한 원통형 소각로를 5~8%의 경사를 설치
  하고, 아랫부분에 롤러를 설치하여 구동장치에 따라 천천히 회전
  하면서 소각하는 방식이다.
 – 장 점
　　ⓐ 거의 모든 폐기물을 적용시킬 수 있다.
　　ⓑ 전처리과정을 거치지 않고 소각시킬 수 있다.
　　ⓒ 처리 목적에 따라 소성온도와 체류시간을 적절하게 조절할
　　　수 있다.
　　ⓓ 폐기물의 성상변화에 적응성이 우수하다.
 – 단 점
　　ⓐ 소량의 폐기물에 부적합하다.
　　ⓑ 내화재의 손상이 심하여 미연분이나 비산분진이 많이 배출
　　　될 수 있다.
　　ⓒ 고점착성의 폐기물에 부적합하다.
　　ⓓ 열효율이 35~40% 정도로 비교적 낮다.

유동층 소각로의 유동매체로서 주로 사용되는 것은?

① 모 래
② 점 토
③ 슬래그
④ 소각잔사

[해][설]
불활성이며, 열 충격에 강한 유동매체를 사용한다.

[답] ①

바닥상에서 연소재의 분리가 어렵고, 투입 시에 파쇄가 필요하며, 내부에 매체를 간헐적으로 보충해야 하는 단점을 가진 소각로는?

① 유동층식 소각로
② 화격자식 소각로
③ 다단로상식 소각로
④ 회전원통형 소각로

[해][설]
동력비가 많이 들고 고점착성의 반유동상 슬러지는 처리하기 어려우며, 투입 전 파쇄 등 전처리를 거쳐야하는 단점이 있다.

[답] ①

• 유동상 연소방식
  – 비교적 입자가 고른 유동매체는 아랫부분에서 고속으로 공기를 불어 넣어 주면 부상하게 되고, 유동매체 전체가 비등 상태에 가까운 유동층을 생성하게 된다. 이를 폐기물 소각에 응용한 방식이다.
  – 유동매질(매체)의 조건
    ⓐ 불활성일 것
    ⓑ 비중이 작을 것
    ⓒ 가격이 저렴할 것
    ⓓ 내마모성이 좋을 것
    ⓔ 열 충격에 강하고 융점이 높을 것
  – 장 점
    ⓐ 연소 잔재가 남지 않는 슬러지 등에 적합하다.
    ⓑ 노 내 온도조절이 용이하고, 온도분포를 균일하게 유지할 수 있다.
    ⓒ 노의 구조가 간단하고 고장이 적다.
    ⓓ 공기량이 적다.
  – 단 점
    ⓐ 슬러지의 함수율이 크면 소각효율이 떨어진다.
    ⓑ 유출되는 모래에 의해 후속처리의 기계류가 손상이 발생될 수 있다.
    ⓒ 온도가 낮을 때는 냄새를 유발한다.
② **열분해** : 공기가 부족한 상태에서 가연성 폐기물을 간접 가열 연소시켜 가스, 액체 및 고체 상태의 연료를 생산하는 공정이다.
  ㉠ 특 징
    • 저온 열분해는 약 500~900℃ 정도이고, 고온 열분해는 약 1,100~1,500℃ 정도이다.
    • 온도가 증가할수록 수소(H_2) 함량은 증가되며, 이산화탄소(CO_2) 함량은 감소된다.
    • 열분해로 생성되는 연료의 성질을 결정하는 요소 : 운전온도, 가열속도, 폐기물의 성질 등
  ㉡ 영향인자
    • 가열속도
    • 반응온도
    • 수분함량
    • 압력의 증가
    • 반응물의 크기

(3) 폐기물 생물학적 처리

① 퇴비화

ㄱ 목적

- 폐기물의 부피 감소
- 부산물 생산(토양개량제로 사용)
- 병원성 미생물, 유충, 해충 제거
- 유기물질을 안정한 물질로 변화
- 영양물질(N, P 등)의 최대 함유 유지

ㄴ 영향인자

- 온도 : 45~65℃(40℃ 이하가 되면 퇴비화 종료)
- pH : 중성 또는 약알칼리성의 범위(pH 5.5~8.0)
- 함수율 : 50~60%
- 탄소/질소율(C/N Ratio) : 약 30(초기보다 낮아진다)

(4) 폐기물의 최종처리

① 매립 : 매립을 통한 폐기물처리는 매립지 확보가 어렵다는 이유로 감소하는 추세이다.

ㄱ 단순 매립 : 쓰레기를 환경오염 방지 대책 없이 매립하던 과거에 수행되었던 방식이다.

ㄴ 위생 매립 : 매립으로 인한 환경오염이 발생하지 않도록 오염 방지 시설을 설치한 뒤, 쓰레기를 매립하는 것으로 국내에서는 보편화되고, 현대화된 매립방식이다.

🖐 TIP

- 매립의 세 가지 요건
  - 매립장에서는 발생하는 침출수를 차단하고 처리할 수 있는 차수막 시설을 갖추어야 한다.
  - 반입된 쓰레기는 복토, 즉 날마다 흙을 덮어 쓰레기가 날리지 않도록 해야 한다.
  - 매립지에서 발생하는 메탄(CH_4)과 같은 가스를 수집하고 처리하는 장치가 있어야 한다.
- 매립가스 발생단계

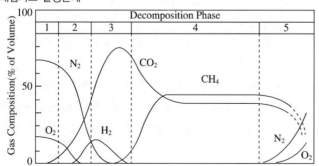

필 / 수 / 확 / 인 / 문 / 제

폐기물의 퇴비화에 대한 설명으로 옳은 것은?

① 퇴비화의 적정온도는 30℃이다.
② 퇴비화가 진행되는 동안 C/N비가 낮아진다.
③ 퇴비화 과정에서는 색깔이 거의 변하지 않는다.
④ 퇴비화란 무기성분이 미생물에 의해서 분해되는 것을 말한다.

해 설

퇴비화가 진행될수록 C/N비는 낮아지며 10 이하가 되면 퇴비화가 중단된다.

답 ②

퇴비화 공정의 운전 척도에 관한 설명으로 알맞지 않은 것은?

① 냄새 : 초기에는 악취가 발생하지만 퇴비가 되면 흙냄새가 난다.
② 산소 : 배출가스 내의 산소농도를 측정하여 퇴비화의 정도를 판단하며 3% 이하의 산소농도가 적당하다.
③ pH : 큰 변동이 없어야 하는데 만약 pH가 떨어지고 냄새가 나면 이는 혐기성 상태에 의한 것이므로 공기를 공급하여야 한다.
④ 온도 : 완성된 퇴비화의 좋은 척도가 되며 퇴비화 과정에서 서서히 온도가 내려와 40~45℃ 정도가 되면 퇴비화가 거의 완성된 상태로 간주한다.

해 설

퇴비화의 최적조건으로 산소는 5~15%가 적당하며, 산소가 부족하면 혐기성으로 전환한다.

답 ②

폐기물의 최종처리방법으로 알맞게 짝지어진 것은?

① 압축-파쇄
② 파쇄-매립
③ 매립-해양투기
④ 선별-해양투기

해 설

폐기물의 최종처리는 매립과 해양투기이다.

답 ③

매립지 내에서 생성되는 가스와 관계가 가장 먼 것은?

① CH_4
② CO_2
③ SO_2
④ H_2S

해설
매립지 발생 가스성분은 메탄가스(CH_4)와 이산화탄소(CO_2)가 대부분이다.

답 ③

분뇨처리 목적과 거리가 먼 것은?

① 감량화
② 안전화
③ 안정화
④ 유기화

해설
분뇨처리의 목적은 생화학적 안정화, 위생적 안전화, 최종 생성물 감량화, 처분 확실성 등이 있다.

답 ④

분뇨처리장 설계 시 1인당 분뇨 배출량은 얼마로 추정하고 있는가?

① 0.1L/인·일
② 1.1L/인·일
③ 2.1L/인·일
④ 3.1L/인·일

해설
1인당 분뇨 배출량은 약 1.1L/인·일이다.

답 ②

- 1단계 : 호기성 단계 → 매립지 내 O_2, N_2가 감소하고 CO_2는 증가한다.
- 2단계 : 혐기성 비메탄 발효단계(산 생성 단계) → H_2가 생성되기 시작한다.
- 3단계 : 혐기성 메탄 축적단계(메탄 생성 단계) → CH_4 발생이 시작되며 초반 CO_2 농도가 최대로 증가하다가 중반기 이후 CO_2 농도비율이 감소한다.
- 4단계 : 혐기성 단계 → CH_4, CO_2가 일정한 비율로 발생한다.

② 재활용 : 국내에서는 주로 재활용을 통한 폐기물처리가 일반적이다.

③ 해양 배출 : '런던 협약 1996 의정서'에 따라 가축 분뇨, 하수슬러지는 2012년부터 해양 배출이 금지되었다.

(5) 분뇨 및 슬러지처리

① 분 뇨

ㄱ 목적 : 감량화, 안정화, 안전화

ㄴ 특 성

- 분뇨의 성상은 섭취하는 음식, 배출지역의 기후, 저장 탱크의 크기 등에 따라 변화한다.
- 분뇨의 구성은 대략 분뇨의 비가 1 : 10이며 고형물의 비는 7 : 1이다.
- 분뇨는 점성의 반고체로 비중은 1.02 정도이고, 점도는 비점도로 1.2~2.2이다.
- 질소성분을 많이 포함하고 있으며, 고액분리가 어려운 반고체이다.

ㄷ 소화처리

- 분뇨 $1m^3$당 발생하는 가스량은 $8{\sim}10m^3$이다($8{\sim}10$배 생성).
- 분뇨처리장은 정상적으로 운영되고 있다면 생성된 가스 중 CH_4가스는 대략 2/3이다.
- 분뇨 BOD 부하량 = 유입분뇨량 × BOD농도
- 처리효율 $= \dfrac{\text{유입농도} - \text{유출농도}}{\text{유입농도}} \times 100$

② 슬러지

투입 → 농축 → 안정화 → 개량 → 탈수 → 연소(소각) → 최종처분

ㄱ 특 성

- 1차 슬러지 : 보통 침전, 부상 또는 약품 응집침전 과정에서 분리된 슬러지이다.
- 2차 슬러지 : 생물학적 처리과정에서 분리된 슬러지로서 주로 유기물의 성분이다.
- 소화슬러지 : 혐기성 혹은 호기성 소화에 의하여 생성된 슬러지이다.
- 잉여 활성슬러지 : 여분의 MLSS(Mixed Suspended Solids) 성분으로, 보통 초기에는 회색 혹은 짙은 갈색을 띠며, 흙 냄새가 난다.

• 스컴(Scum) : 침전지, 슬러지 저류조, 소화조 등의 수면에 부상하
여 떠오른 찌꺼기(유지, 섬유, 고형물 등)로 열량이 가장 높다.

ⓛ 슬러지의 안정화

• 혐기성 소화
- 유기물은 수중에서 산소가 없는 상태가 되면 혐기성균의 활동으
로 인해 혐기적 산화가 일어나며, 이 원리를 이용하여 슬러지의
안정화를 도모한다.
- 일반적 혐기성 소화과정 : 산 생성균 + 유기물 → 유기산 + 메탄균
→ 메탄 + 이산화탄소
- 장 점
ⓐ 유효한 자원인 메탄이 생성된다.
ⓑ 처리 후 슬러지 생성이 적다.
ⓒ 동력비 및 유지관리비가 저렴하다.
- 단 점
ⓐ 높은 온도가 필요하다(35℃ 또는 55℃).
ⓑ 미생물의 성장속도가 느리기 때문에 운전조건의 변화에 따른
적응시간이 오래 걸린다.
ⓒ 암모니아와 H_2S에 의한 악취문제가 발생한다.

• 호기성 소화 : 슬러지 중의 유기물을 호기성 미생물의 작용에 따라
분해하고 안정된 소화슬러지와 탈리액 및 가스로 전환한다.

ⓒ 슬러지 개량

• 슬러지 개량의 목적 : 탈수성 향상
• 슬러지 개량의 방법
- 열처리 : 슬러지액을 밀폐된 상황에서 150~200℃ 정도의 온도로
30분~1시간 정도 처리함으로써 슬러지 내의 콜로이드와 겔구조
를 파괴하여 탈수성을 개량한다.
- 슬러지 세척 : 혐기성 소화된 슬러지를 대상으로 실시하며, 알칼
리도를 낮춘다.

ⓔ 슬러지 탈수

• 슬러지 내 수분의 존재 형태
- 간극수 : 슬러지 입자들에 의해 둘러싸인 공간을 채우고 있는 수
분으로 농축 등의 방법으로 분리한다.
- 모관결합수 : 미세한 슬러지 고형물의 입자 사이의 얇은 틈에 존
재하는 수분으로 원심력 등으로 제거한다.
- 부착수 : 슬러지의 입자표면에 부착되어 있는 수분으로 제거하기
어렵다.

**혐기성 소화에 의한 슬러지 안정화의 목적으로 옳지 않은
것은?**

① 부피 감소
② 양질의 퇴비 생산
③ 유용한 가스의 회수
④ 병원균 사멸로 위생적 안전

해설
양질의 퇴비 생산은 혐기성 상태로 불가능하다.
답 ②

**슬러지의 함유 수분 중 가장 많은 함유도를 유지하고 있
는 것은?**

① 내부수
② 모관결합수
③ 표면결합수
④ 간극모관결합수

해설
슬러지 수분 분포 : 간극수 > 모관결합수 및 표면부착수 >
내부수
답 ④

– 내부수 : 슬러지의 입자를 형성하고 있는 세포의 세포액으로 존재하는 내부수분으로 제거하기 가장 어렵다.
- 탈수가 용이한 순서 : 간극모관결합수(간극수) > 모관결합수 > 쐐기형 모관결합수 > 표면부착수 > 내부수

7 폐기물 감량화와 자원화

(1) 폐기물 감량화
폐기물 발생 자체를 원천적으로 억제하는 데 그 목적이 있다.
① 매립 가스 자원화
  ㉠ 정의 : 매립지 내 형성된 매립 가스를 포집하여 연료화하는 방법이다.
  ㉡ 용도 : 매립 가스는 간이 소각에 이용되거나 발전 시설 또는 보일러를 작동시킬 수 있다.
  ㉢ 장점 : 매립 가스로 인한 악취 문제의 근원적 해소, 메탄과 같은 온실가스 저감에 따른 지구 온난화 예방에 기여하는 효과를 얻을 수 있다.

(2) 폐기물의 자원화

⭐ TIP

신재생에너지 산업
- 자연력 : 태양열, 지열, 바람
- 바이오매스 : 폐기물, 가축 분뇨 등의 폐자원 및 산림, 농업 부산물 등
- 폐기물 에너지 : 고형 연료(RDF), 폐유 정제유, 플라스틱 열분해 연료유, 폐기물 소각열 등

① RDF(Refuse Derived Fuel, 폐기물 고형화 연료)
  ㉠ RDF : 폐기물 중의 가연성 물질만을 선별해 함수율, 불순물, 입경, 소각재 함량 등을 조절하여 연료화시킨 것이다.
  ㉡ RDF의 구비조건
    • 함수율이 낮아야 한다.
    • 조성이 균일해야 한다.
    • 발열량(칼로리)이 높아야 한다.
    • 대기오염 발생이 적어야 한다.
    • 저장 및 이송이 용이해야 한다.
    • 기존 고체연료 사용시설에 사용이 가능해야 한다.
    • 원료 중 비가연성 성분(재성분)이 적어야 한다.

RDF에 대한 설명으로 틀린 것은?

① 성형입자라고도 한다.
② 밀도가 균일하지 않다.
③ 폐기물을 이용하여 연료화한 것이다.
④ RDF는 Refuse Derived Fuel의 약자이다.

해설
RDF는 밀도가 균일하다.

답 ②

다음은 쓰레기 고체연료화 소각로의 문제점에 대하여 설명하고 있다. 잘못된 것은?

① 연료공급의 신뢰성 문제가 있을 수 있다.
② 시설비가 고가이며 숙련된 기술이 필요하다.
③ 유황함량이 상대적으로 많아 SOx의 발생이 문제가 된다.
④ 소각시설의 부식발생으로 인하여 수명이 단축될 수 있다.

해설
RDF는 S성분이 일반 연료보다 적어 SOx의 발생이 적다.

 답 ③

제2절 생태계

1 생태계의 특성

(1) 계(System) : 서로 밀접한 상호관계를 유지하나 독립적인 여러 개의 구성요소가 이루는 하나의 전체를 말한다.

① 생태계의 위계 : 개체 → 개체군 → 군집 → 생태계 → 지구 → 태양계 → 우주

② 생태계의 구성요소

    ㉠ 개체 : 생물 단일종을 말한다.

    ㉡ 개체군 : 생물 단일종의 복수 집합을 말한다.

    ㉢ 군집 : 다양한 개체군들의 집합을 말한다.

    ㉣ 생태계 : 생물 요소(군집)과 비생물 요소가 조화를 이루는 공간이다.

(2) 생태계의 항상성

생태학적인 계가 변화에 저항하여 평형 상태를 유지하는 경향, 즉 생태계가 일시적으로 파괴되어도 시간이 흐른 뒤 다시 복귀되는 현상이다.

(3) 생태계의 안정성

① 저항 안정성 : 하나의 생태계가 변화에 저항하여 그 구조와 기능을 그대로 유지하는 능력이다.

② 탄력 안정성 : 생태계가 주변에 의해 혼란되었을 때 회복할 수 있는 능력이다.

(4) 에너지 및 물질의 유출입

종 류	에너지 유출입	물질 유출입	예
고립계(Isolated System)	무	무	우 주
닫힌계, 폐쇄계(Closed System)	유	무	지 구
열린계, 개방계(Open System)	유	유	개체, 개체군, 군집

다음 중 생태계 원리 중 틀린 것은?

① 에너지의 흐름은 일방적이다.

② 물질은 생태계 내에서 순환한다.

③ 생태계는 먹고 먹히는 관계가 필요하다.

④ 생물종이 다양할수록 생태계는 불안정하다.

해설

생태계가 성숙할수록 복잡해지고 안정되며 항상성 유지 정도는 높아진다.

답 ④

2 생태계의 구조와 기능

(1) 생태계의 구조 : 생태계는 특정 지역에 존재하는 생물적 요소와 비생물적 요소의 결합이다.

생태계에 관한 다음 설명 중 틀린 것은?

① 생물종이 다양할수록 생태계는 안정하다.
② 무기환경, 생산자, 소비자, 분해자로 구성된다.
③ 물질은 순환하고 에너지는 일방적으로 흐른다.
④ 단계가 높아질수록 에너지 효율은 낮아지고 이용되는 에너지의 양도 적어진다.

해설
생체량, 개체수, 이동에너지량, 현존에너지량은 상위단계로 올라갈수록 작아지지만 에너지 효율은 상위단계로 갈수록 높아진다.

답 ④

(2) 구성요소

구성요소	구 성	역 할
무기질	탄소, 질소, 물, 이산화탄소 등	물질순환의 기본고리
유기화합물	단백질, 탄수화물, 부식질, 지방 등	생물과 비생물의 순환고리
기초환경	온도, 습도, 일조량 등	생물의 서식환경 규정
생산자	녹색식물	무기물을 합성해 유기물을 만들어 내는 유일한 독립영양생물
소비자	동물(곤충, 어류, 파충류 등)	생산자가 만들어낸 에너지를 소비하며 생활
분해자	미생물(박테리아, 균류 등)	유기물을 분해하여 무기물로 변환

🔧 TIP

• 독립영양생물 : 에너지원을 독립적으로 합성하는 생물(식물)
• 종속영양생물 : 에너지를 특정 대상물질로부터 받아 사용하는 생물(동물)

(3) 기 능

① 지구화학환경의 생물적 제어
② 지구 전체 에너지 생산과 분해
③ 생태계의 자기제어성 및 안정성 유지

3 생태계 내 에너지의 흐름

(1) 생태계의 근본적인 에너지는 태양복사 에너지이다.

(2) 에너지의 기본 개념에 의해 흐름이 유지된다.

① 열역학 제1법칙(에너지 보존법칙) : 에너지는 한 형태에서 다른 형태로 전환은 가능하나 새로 창조 또는 소멸되지 않는다.
② 열역학 제2법칙(엔트로피 증가법칙) : 에너지 전환의 자발적인 방향은 농축된 형태에서 분산된 형태로, 이때 에너지의 질은 떨어진다. 떨어진 에너지의 질만큼 열에너지가 발산된다.

잉크가 물에 퍼지는 현상, 담배 연기가 공기 중에 퍼지는 현상, 연료가 연소하는 현상 등은 비가역적 반응으로 이것이 증가한다. 자연물질이 변형되어 다시 원래의 상태로 환원될 수 없게 되는 현상을 말하는 것은?

① 엔트로피   ② 엔탈피
③ 헨리의 법칙   ④ 그레이보트

해설
엔트로피(무질서도) 증가법칙으로 열역학 제2법칙에 해당된다.

답 ①

🌟 TIP

• 엔탈피 : 계가 지니고 있는 총에너지의 함량
• 엔트로피 : 물질이 지니고 있는 무질서도

---

4 생물농축

(1) 농축계수

$$\frac{물질의\ 생물체\ 내\ 농도}{물질의\ 환경매체\ 중\ 농도}$$

(2) 농축계수가 1보다 클 때 농축되었다고 한다.

(3) 체내에 축적이 잘되는 화합물

① 지용성이고, 안정하여 생물체로 잘 흡수되어 지방층에 축적되는 화합물 : Dioxin, PCB, DDT 등
② 단백질의 −SH기 등과 결합하는 화합물 : Hg, Cd 등의 중금속
③ 생체 구성원소와 비슷한 화학적 성질 때문에 구성원소화 치환되어 축적되는 화합물 : Pb
④ 난용성이며 화학적으로 안정하여 체내에 흡수되면 물리적으로 축적되는 물질 : 석면 등의 광물성 분진

5 비오톱

특정한 식물과 동물이 하나의 생활공동체, 즉 군집을 이루어 지표상에서 다른 곳과 명확히 구분되는 하나의 서식지이다.

다음 생물 중 DDT, 중금속 등 난분해성 유기 · 무기물질의 체내축적량이 가장 많은 것으로 생각되는 것은?

① 매   ② 뱀
③ 개구리   ④ 메뚜기

해설
먹이사슬 현상에서 나타내는 먹이 피라미드 중 상위 단계로 갈수록 체내축적량이 많다.

답 ①

비오톱의 개념에 대한 설명을 틀린 것은?

① 비오톱은 Biosystem의 공간적인 개념이고 Biocenosis의 생활공간을 의미한다.
② 비오톱이란 어원은 독일 생물학자 Dahl에 의해 1908년에 독일에서 최초로 사용된 생활 공동체의 서식처이다.
③ Schaeffer에 따르면 비오톱이란 '어떤 일정한 생명 집단 및 사회 속에서 입체적으로 다른 것들과 구별할 수 있는 생명 공간'을 말한다.
④ Leser에 따르면 비오톱이란 동식물로 이루어진 어떤 생활 사회 속으로 2차원적이고 지역적으로 특징지을 수 있는 생명 공간을 뜻한다.

해설
2차원이 아니라 3차원적이고, 지역적으로 특징지을 수 있는 생명공간을 뜻한다.

답 ④

6 물질순환

(1) 탄소의 순환

구 분	탄소의 존재 형태	탄소의 순환
기 권	CO_2	• 물에 용해되어 수권으로 이동 • 광합성을 통해 생물권으로 유입
수 권	탄산 이온(CO_3^{2-}), 탄산수소 이온(HCO_3^-)	• 기권으로 방출 • 광합성을 통해 생물권으로 유입 • 다른 물질과 화학반응을 하여 침전물 형태로 지권으로 이동
지 권	석회암, 유기탄소(퇴적암), 탄화수소(화석연료)	• 화석연료의 연소를 통해 CO_2 형태로 기권으로 이동 • 화산 활동을 통해 CO_2 형태로 기권으로 이동 • 용해되어 수권으로 이동
생물권	유기물	• 호흡을 통해 CO_2 형태로 기권과 수권으로 이동 • 사체나 배설물 등에 포함된 유기물이 매장되거나 화석화되어 지권으로 이동

(2) 질소의 순환(170쪽 참조)

⭐ **TIP**

질 소
- 단백질, 핵산, 클로로필, 조효소 등의 중요한 구성요소이다.
- 건조한 대기 가스의 약 78%가 질소 분자로 구성되어 있다(가장 큰 질소 저장소).
- 질소고정 박테리아를 제외한 모든 생물은 대기 속의 질소를 직접 이용할 수 없다.
  ※ 식물과 거의 모든 생산자는 질산염 이온(NO_3^-) 형태로 질소를 흡수한다.

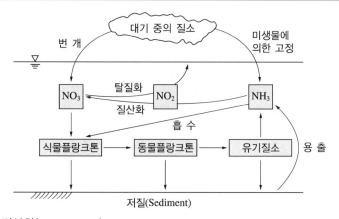

① 질산화(Nitrification)
  ㉠ 암모니아성 질소가 호기성 조건에서 질산화 미생물에 의해 아질산성 질소를 거쳐 질산성 질소로 변화하는 과정이다.
  ㉡ 독립영양생물에 의해 일어나며 성장속도가 느려 긴 시간이 요구된다.
    • 종류 : Nitrosomonas(나이트로소모나스), Nitrobacter(나이트로박터)
  ㉢ 알칼리도가 소비된다.

ⓔ 반응식

  • 아질산화(나이트로소모나스)

$$2NH_3 + 3O_2 \rightarrow 2NO_2^- + \underline{2H^+} + 2H_2O \quad (Nitrosomonas)$$
$$\qquad\qquad\qquad\qquad\text{(알칼리도 소비)}$$

  • 질산화(나이트로박터)

$$2NO_2^- + O_2 \rightarrow 2NO_3^- \qquad\qquad (Nitrobacter)$$

※ 질산화 반응 정리 : $NH_3 \rightarrow NO_2^- \rightarrow NO_3^-$

② 탈질화(Denitrification)

  ㉠ 혐기성 상태에서 미생물이 호흡을 하기 위해 질산성 질소를 환원시키는 과정이다(질산화의 반대).

  ㉡ 종속영양생물에 의해 일어난다.

  • 종류 : Pseudomonas(슈도모나스), Bacillus(바실리우스), Micro-coccus(마이크로코커스), Achromobacter(아크로모박터)

  ㉢ 알칼리도가 생성된다.

$$2NO_3^- + 5H_2 \rightarrow N_2 + \underline{2OH^-} + 4H_2O$$
$$\qquad\qquad\qquad\text{(알칼리도 생성)}$$

③ 질소순환 메커니즘

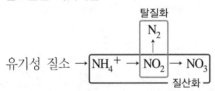

(3) 인의 순환, 칼슘의 순환(Phosphorus & Calcium Cycle)

물 및 토양과 관련되어 발생한다.

① 인

  ㉠ 수용성 인산염 이온(HPO_4^{2-})으로 식물 뿌리를 통해 흡수된다.

  ㉡ 인산염은 ADP, ATP, 인지질, 핵산, 광합성과 호흡의 조효소 등 중요 대사물질을 만드는 데 필요하다.

  ㉢ 분해자의 활동에 의해 인산염 풀 안으로 방출된다.

  ㉣ 탄소와 질소와 다르게 상온(15℃) 상태와 일반 기압하에서 가스상태로 존재를 못하므로 대기순환은 없고 물 및 토양층에서만 순환된다.

② 칼 슘

  ㉠ 세포막과 많은 효소 반응의 적절한 기능을 위해 중요하다.

  ㉡ 식물 세포의 경우 칼슘 부족은 수송과정을 파괴해 식물체를 죽게 한다.

  ㉢ 흔히 뼈와 패각에 결합되어 있기 때문에 느리게 순환한다.

(4) 물의 순환

① 물의 형태는 온도에 따라 얼음, 물, 수증기의 형태를 지닌다.

② 물은 기본적으로 열용량이 높아 지구의 평균온도를 유지시켜 주는 물질이다.

③ 기본적으로 물의 순환은 지구환경생태계의 생명활동의 지원과 열의 재분배라는 중요한 역할을 한다.

(5) 산소의 순환

① 자연계에서 산소가 여러 형태로 순환되는 것을 말하며, 동식물의 호흡과정과 식물의 광합성 과정을 통해 순환된다.

② 물은 주요 산소 발생원으로, 물속의 조류(Algae)는 사용한 모든 산소의 약 90%를 다시 만들어낸다.

[산소 순환의 저장 및 흐름]

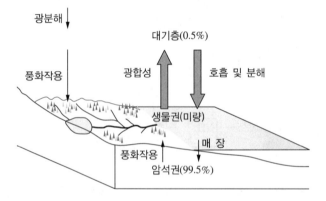

(6) 황의 순환

① 기체형과 퇴적물형 순환으로 이동한다.

② 대기로 유입되는 황 중 많은 양이 화석연료를 태우는 과정에서 황화수소(H_2S)로 생성된다.

③ 황화수소는 대기 중에서 빗물과 반응하여 황산(H_2SO_4)으로 지표면에 도달한다.

④ 지표면에 도달한 황산은 이온화되어(SO_4^{2-}) 식물에 흡수되며 순환이 시작된다.

적중예상문제

제1절 폐기물

01 다음의 지정폐기물 중 연중 발생량이 가장 많은 것은?

① 분 진
② 슬러지
③ 폐유기용제
④ 폐합성고분자화합물

해설

지정폐기물 발생량은 폐유기용제 > 폐유 > 폐산 순서이다.

02 다음 중 지정폐기물의 종류가 아닌 것은?

① 분 뇨
② 폐 산
③ PCB
④ 폐석면

해설

지정폐기물 분류체계
• 유해 가능성
• 난분해성(폐합성수지, 폐페인트 등)
• 용출 특성(분진, 폐주물사, 소각잔해물 등)
• 독성(PCB 함유 폐기물, 폐농약, 폐석면)
• EP독성, 반응성, 발화성(폐유, 폐유기용제)
• 부식성(폐산, 폐알칼리)

03 쓰레기발생량에 영향을 주는 요소가 아닌 것은?

① 쓰레기통이 클수록 쓰레기 발생량이 증가한다.
② 도시규모가 커질수록 쓰레기 발생량이 증가한다.
③ 생활수준이 증가되면 쓰레기 발생량이 증가한다.
④ 수집빈도가 낮을수록 쓰레기 발생량이 증가한다.

해설

폐기물 발생량 증가에 대한 영향인자
• 도시규모가 클수록 증가한다.
• 수거빈도가 잦을수록 증가한다.
• 쓰레기통의 크기가 클수록 증가한다.
• 생활수준이 높은 지역일수록 증가한다.

04 폐기물 발생량의 조사방법 중 물질수지법 설명으로 알맞지 않은 것은?

① 주로 산업폐기물 발생량을 추산할 때 이용하는 방법이다.
② 조사하고자 하는 계(System)의 경계를 명확하게 설정하여야 한다.
③ 비용이 비교적 적게 들고 작업량이 적어 일반적으로 널리 사용된다.
④ 계(System)로 유입되는 모든 물질들과 유출되는 물질들 간의 물질수지를 세움으로써 폐기물 발생량을 추정한다.

해설

물질수지법
• 상세한 데이터가 있는 경우에만 가능하다.
• 비용이 많이 들고 작업량이 많아 사용하기가 까다롭다.
• 데이터 확보가 되면 가장 신속하고 정확한 방법이다.

05 폐기물 발생량 산정법 중 직접계근법의 단점으로 옳은 것은?

① 작업량이 많다.
② 밀도를 고려해야 한다.
③ 정확한 값을 알기 어렵다.
④ 폐기물의 성분을 알아야 한다.

해설
① 직접계근법은 계근 장비로 차량의 무게를 직접 측정하는 방법으로 작업량이 많고 번거롭다는 단점이 있다.

06 폐기물 발생량의 추정조사방법 중 전수조사방법에 관한 설명으로 적절치 못한 것은?

① 조사기간이 길다.
② 표본오차가 크다.
③ 보정이 가능하다.
④ 행정시책의 이용도가 높다.

해설
② 전수조사방법은 표본오차가 크지 않다.

07 다음 중 쓰레기의 발생량 예측에 사용되는 방법과 가장 거리가 먼 것은?

① 경향법(Trend Method)
② 물질수지법(Material Balance Method)
③ 다중회귀모델(Multiple Regression Model)
④ 동적모사모델(Dynamic Simulation Model)

해설
② 물질수지법은 쓰레기 발생량 조사방법이다.

08 폐기물 발생량을 예측하는 방법 중 단지 시간과 그에 따른 쓰레기 발생량(또는 성상)과의 상관관계만을 고려하는 것은?

① 경향법   ② 상관변수법
③ 다중회귀모델   ④ 동적모사모델

해설
① 경향법은 시간과 그에 따른 쓰레기 발생량의 상관관계만을 고려하는 방법이다.

09 다음 중 쓰레기 종량제에 관한 설명으로 잘못된 것은?

① 폐기물의 비용은 원인자 비용부담원칙을 실행시킨 제도이다.
② 정부의 폐기물 감량화 정책을 지지하는 제도적 장치로서 역할을 한 제도이다.
③ 쓰레기 발생률을 원천적으로 감량화시키고 재활용을 증가시키기 위한 제도이다.
④ 정부가 공공서비스로 폐기물을 수거하는 재산 정도에 기준한 고정률 사용자 부담금제도이다.

해설
우리나라 쓰레기 종량제는 폐기물 감량화를 위해 1995년에 시행된 제도이다.

10 쓰레기 관리체계에서 비용이 가장 많이 드는 것은?

① 수 거   ② 저 장
③ 처 리   ④ 퇴비화

해설
쓰레기 관리체계에서 수거 및 운반이 가장 많은 비용을 차지한다.

11 쓰레기 수거차량의 노선 결정 시 유의할 사항 중 옳지 않은 것은?

① U자형 회전을 피한다.
② 가급적 출퇴근 시간을 피한다.
③ 가급적 시계방향으로 노선을 정한다.
④ 언덕을 오르면서 쓰레기를 적재한다.

해설
쓰레기를 수거할 때 언덕길은 내려가면서 수거한다.

12 폐기물 수거효율과 관련된 용어는 무엇인가?

① HCS ② MHT
③ 모노레일 수송 ④ Transfer Station

② MHT(Man·Hour/Ton)는 1인의 인부가 쓰레기 1ton을 수거하는 데 소요하는 총시간을 말한다.

13 MHT에 대한 설명으로 옳지 않은 것은?

① Man·Hour/Ton을 뜻한다.
② 폐기물의 수거효율 단위이다.
③ MHT가 클수록 수거효율이 좋다.
④ 수거작업 간의 노동력을 비교하기 위한 것이다.

③ MHT가 작을수록 수거효율이 크다.

14 다음 쓰레기통의 위치나 모양에 따른 수거효율 중 MHT 값이 가장 작은 것은?

① 벽면 부착식 ② 집안 이동식
③ 집밖 이동식 ④ 집안 고정식

집밖 이동식 쓰레기통 형태는 1.47MHT로 가장 작다.

15 다음의 쓰레기통 형태 중 수거효율이 가장 좋은 것은?

① 벽면 부착식 ② 집안 이동식
③ 집밖 이동식 ④ 집안 고정식

MHT가 작을수록 수거효율이 크다.
• 벽면 부착식 : 2.38MHT
• 집안 이동식 : 1.86MHT
• 집밖 이동식 : 1.47MHT
• 집안 고정식 : 2.24MHT

16 연간 폐기물 발생량이 5,000,000ton인 지역에서 1일 평균 수거인부가 4,000명이 소요되었으며, 1일 작업시간이 평균 8시간일 경우 MHT는?

① 1.04 ② 1.56
③ 1.82 ④ 2.34

$$MHT = \frac{작업인부 \times 작업시간}{쓰레기\ 수거량}$$
$$= \frac{4,000 \times 8 \times 365}{5,000,000} = 2.336 \fallingdotseq 2.34MHT$$

17 30만 인구의 도시쓰레기량이 연간 40만ton이고 수거인부가 하루 500명이 동원되었다면 MHT는?(단, 1일 작업시간은 8시간, 연간 300일을 근무한다)

① 3MHT ② 4MHT
③ 6MHT ④ 7MHT

$$MHT = \frac{작업인부 \times 작업시간}{쓰레기\ 수거량}$$
$$= \frac{500 \times 8 \times 300}{400,000} = 3MHT$$

18 관거(Pipeline)에 관한 설명으로 틀린 것은?

① 자동화, 무공해화가 가능하다.
② 잘못 투입된 물건의 회수가 용이하다.
③ 가설 후에 경로 변경이 곤란하고 설치비가 높다.
④ 큰 쓰레기는 파쇄, 압축 등의 전처리를 해야 한다.

② 관거수거는 투입된 물건의 회수가 곤란하다.

19 쓰레기 수집방법 중 Pipeline방식에 관한 설명으로 알맞지 않은 것은?

① 투입구를 이용한 범죄와 사고의 위험이 있다.
② 쓰레기 발생빈도가 높은 지역이라야 현실성이 있다.
③ 높은 설비비가 소요되지만 장거리 이송에 효율적이다.
④ 유지관리, 수송능력 등의 문제를 고려할 때 가장 우수한 방법이다.

해설
③ 약 2.5km 이내에서 사용되며 장거리 이송은 곤란하다.

20 적환 및 적환장에 대한 내용으로 알맞지 않은 것은?

① 적환을 시행하는 주된 이유는 폐기물 운반거리가 연장되었기 때문이다.
② 수송차량 종류에 따라 직접적환, 간접적환, 저장적환으로 구분할 수 있다.
③ 적환장 설계 시 사용하고자 하는 적환작업의 종류, 용량소요량, 환경요건 등을 고려하여야 한다.
④ 적환장 설치장소는 수거하고자 하는 개별적 고형물 발생지역의 하중중심에 되도록 가까운 곳에 설치한다.

해설
② 적환방식은 직접적환, 저장적환, 병용적환으로 나뉜다.

21 다음 내용은 어떠한 적환시스템을 설명하는 것인가?

> 수거차의 대기시간이 없이 빠른 시간 내에 적하를 마치므로 적환 내외의 교통체증 현상을 없애주는 효과가 있다.

① 간접투하방식
② 압축투하방식
③ 저장투하방식
④ 직접투하방식

해설
저장투하방식
• 대도시 대용량 쓰레기에 적합하다.
• 직접투하방식에 비하여 짧은 시간에 적하할 수 있다.
• 쓰레기를 저장 피트나 플랫폼에 저장한 후 압축기로 적환할 수 있다.
• 저장 피트는 깊이가 2~2.5m이고, 계획 처리량의 1/2~2일분의 쓰레기를 저장할 수 있다.

22 폐기물 압축기를 형태에 따라 구별한 것이라 볼 수 없는 것은?

① 수직식 압축기
② 왕복식 압축기
③ 회전식 압축기
④ 백(Bag)압축기

해설
압축기의 분류
• 강도에 따른 분류 : 저압압축기, 고압압축기
• 형태에 따른 분류 : 고정압축기, 자루압축기, 수직식 압축기, 회전식 압축기, 백압축기

23 부피가 $100m^3$인 알루미늄 캔을 압축하여 $10m^3$으로 처리하였다. 압축비는?

① 0.1
② 0.5
③ 5
④ 10

해설
$$압축비(CR) = \frac{압축\ 전\ 부피}{압축\ 후\ 부피} = \frac{100}{10} = 10$$

24 밀도가 $680kg/m^3$인 쓰레기 200kg이 압축되어 밀도가 $960kg/m^3$으로 되었다. 압축비는?

① 약 1.2
② 약 1.4
③ 약 1.6
④ 약 1.8

해설
$$압축비(CR) = \frac{압축\ 전\ 부피}{압축\ 후\ 부피} = \frac{\frac{1}{680}}{\frac{1}{960}} ≒ 1.41$$

25 쓰레기 운반의 편의성을 도모하기 위하여 압축을 한다. 일반적으로 고압압축기의 경제적 압축밀도(kg/cm^3)는?

① 500
② 1,000
③ 2,000
④ 4,000

해설
고압압축기
$7.03kg/cm^2$ 이상으로 대규모 적환장에서 사용하며, 경제적인 압축밀도는 $1,000kg/cm^3$이다.

26 다음 중 폐기물을 분쇄하거나 파쇄하는 목적에 적합하지 않은 사항은?

① 유가물의 분리 ② 비표면적의 감소
③ 입경분포의 균일화 ④ 겉보기 비중의 증가

해설

파쇄의 목적
• 겉보기 비중 증가(취급 용이, 운반 및 저장효율 증가, 매립 및 연소 용이)
• 입경분포의 균일화
• 비표면적의 증가
• 유가물(특정 성분)의 분리 회수

27 폐기물 파쇄에 대한 설명으로 틀린 것은?

① 부피 증가로 운반비용이 증가한다.
② 부피가 감소하여 저장과 취급 유통이 용이해진다.
③ 성분이 균일화되기 때문에 매립의 효율이 증가한다.
④ 폐기물이 미생물과 접촉할 수 있는 비표면적이 커진다.

해설

폐기물을 파쇄하면 용적이 감소된다.

28 폐기물 파쇄기의 사용 시 발생하는 2차 오염과 가장 거리가 먼 것은?

① 분진의 발생
② 폭발의 잠재적인 위험
③ 소음의 발생
④ 진동의 발생

해설

파쇄에 따른 2차 공해는 소음, 진동, 분진 등이 있다.

29 폐기물의 파쇄처리 시 발생되는 문제점이 아닌 것은?

① 먼 지 ② 소 음
③ 진 동 ④ 혼 합

해설

폐기물 파쇄 시 소음, 진동, 분진 등의 2차 공해가 발생하고 분진폭발, 가연물에 의한 폭발 등의 안전상의 문제가 발생한다.

30 전단식 파쇄기에 관한 설명 중 옳지 않은 것은?

① 목재류, 플라스틱류를 파쇄하는 데 효과적이다.
② 이물질의 혼입에 강하며 폐기물의 입도가 고르다.
③ 충격파쇄기에 비해 대체적으로 파쇄속도가 느리다.
④ 소음과 분진발생이 비교적 적고 폭발의 위험성이 거의 없다.

해설

② 이물질의 혼입에 대해 약하나, 파쇄폐기물의 입도를 고르게 할 수 있다.

31 파쇄기에 관한 설명으로 틀린 것은?

① 충격파쇄기는 대개 왕복식이다.
② 전단파쇄기는 충격파쇄기에 비해 파쇄속도가 느리다.
③ 충격파쇄기는 유리, 목재류 등을 파쇄하는 데 이용된다.
④ 전단파쇄기는 충격파쇄기에 비해 이물질의 혼입에 약하다.

해설

충격식 파쇄기는 유리나 목재류 등을 파쇄하는 데 이용되며, 대개 직렬식이다. 왕복식은 주로 전단식 파쇄기에 이용된다.

32 쓰레기 선별 중 밀도차 선별방법과 가장 거리가 먼 것은?

① 관성선별 ② 풍력선별
③ 스크린선별 ④ 스토너(Stoner)

해설

밀도차 선별방법은 공기선별, 스토너, 관성선별 등이 있다.

33 분별기술 중 각 물질의 전도율, 대전효과 및 대전작용을 이용하여 분리 및 선별하는 방법이며 플라스틱, 고무와 종이, 섬유, 합성피혁 선별에 가장 유력한 것은?

① 자력분리 ② 자성분리
③ 와전류분리 ④ 정전기분리

해설

정전기 선별은 종이와 플라스틱분리에 이용된다.

34 폐기물 중 금속과 비금속을 구분하여 비철금속(Al, Ni, Zn) 등을 선별회수하는 방법으로 적당한 것은?

① 자력선별　　　　② 정전선별
③ 와전류선별　　　④ 광학적선별

③ 와전류선별 : 연속적으로 변화하는 자장 속에 비자성이며, 전기전도성이 좋은 물질을 넣으면 금속 내에 소용돌이 전류가 발생하여 반발력이 생기며, 이 반발력차를 이용하여 분리한다. 구리, 알루미늄, 아연 등의 분리에 유용하다.

35 설정된 기준 색과 다른 색의 혼합물을 낙하시켜 물질의 색의 차를 이용하여 혼합물을 분리시키는 방법은?

① 광학분리　　　　② 자력선별
③ 정전분리　　　　④ 중력분리

광학선별법은 물질이 가진 광학적 특성의 차를 이용하여 분리한다.

36 약간 경사진 판(Table)에 진동을 줄 때 무거운 것이 빨리 판의 경사면 위로 올라가는 원리를 이용한 선별법은?

① Stoners
② Secators
③ Floatation
④ Inertial Separation

① Stoners : 쌀이나 밀과 같은 곡물로부터 돌을 고르는 장비에서 기원, 퇴비로부터 유리조각 분리, 선별된 유기물에서 잔모래를 선별하는 데 사용된다.

37 다음 중 선별방법에 대한 설명으로 잘못된 것은?

① 지그는 건식 선별법이다.
② 알루미늄은 와전류 분리법으로 선별한다.
③ 스크린선별은 속도가 클수록 선별효율이 저하된다.
④ 풍력식 선별은 직선형보다 지그재그 방식이 효율적이다.

① 지그 : 물에 잠겨진 스크린 위에 분류하려는 폐기물을 넣고 수위를 변화시키면 무거운 물질과 가벼운 물질이 분류된다.

38 슬러지 중에 포함되어 있는 물의 형태에 대한 설명으로 틀린 것은?

① 표면부착수 : 슬러지의 입자 표면에 부착되어 있는 수분을 지칭한다.
② 간극수 : 슬러지의 입자 자체가 함유하고 있는 소량의 수분으로 탈수가 어렵다.
③ 내부수 : 슬러지의 입자를 형성하는 세포의 세포액으로 존재하는 수분을 말한다.
④ 모관결합수 : 슬러지 입자의 갈라진 틈을 채우고 있는 수분의 형태로 모세관 현상에 의하여 부착되어 있다.

② 간극수 : 크고 작은 고형물질에 둘러싸여 있는 수분으로, 고형물과 직접 결합해 있지 않으므로 쉽게 분리할 수 있다.

39 슬러지의 수분 중 가장 용이하게 분리할 수 있는 수분의 형태로 알맞은 것은?

① 내부수　　　　　② 외부수
③ 모관결합수　　　④ 표면부착수

탈수의 정도
간극수 > 모관결합수 > 쐐기상의 모관결합수 > 표면부착수 > 내부수

40 맹독성 물질을 함유하고 있는 폐PCB, 폐농약, PCDD 등을 주로 소각시키기 위하여 개발된 소각로는?

① 촉매식 소각로　　② 고온용융 소각로
③ 플라스마 소각로　④ 다단유동층 소각로

플라스마 기술은 원자력폐기물이나 산업폐기물을 안전한 슬러지 형태로 축소하는 데 응용할 수 있다.

41 소각 시 다이옥신(Dioxin)의 발생 억제방법에 관한 설명으로 알맞지 않은 것은?

① 유기 염소계 화학물(PVC 제품류) 반입을 제한한다.
② 페인트가 칠해져 있거나 페인트로 처리된 목재, 가구류 반입을 억제, 제한한다.
③ 노 내의 온도를 300℃ 전후로 예비 가열하여 다이옥신 성분을 최대한 미리 제거한다.
④ 배기가스 Conditioning 시 칼슘 및 활성탄분말 투입시설을 설치하여 다이옥신과 반응 후 집진함으로써 줄일 수 있다.

해설
다이옥신의 최대 생성온도는 250~300℃이다.

42 노의 하부로부터 가스를 주입하여 모래를 띄운 후 이를 가열시켜 상부에서 폐기물을 투입하여 소각하는 방법은?

① 다단로   ② 회전로
③ 고정상 소각로   ④ 유동상 소각로

해설
④ 유동층식 소각로 : 모래 내열성 분립체를 유동매체로 충진하여 바닥에 설치된 가열 분사파를 통하여 주입하고, 고온가스를 불어넣는다. 그 후 물이 끓는 것과 같이 유동층상을 형성시켜 유동매체의 온도를 700~800℃로 유지하면서 유동층에 피소각물을 균일하게 연속적으로 투입하여 순간적으로 건조, 연소시키는 방식이다.

43 유동층 소각로의 장점이라고 할 수 없는 것은?

① 기계적 구동부분이 적어 고장률이 낮다.
② 폐기물 투입 시 파쇄 등 전처리가 필요 없다.
③ 가스의 온도가 낮으므로 과잉공기량이 적다.
④ 노 내의 온도의 자동제어와 열 회수가 용이하다.

해설
② 유동층 소각로는 조대 폐기물 투입 전 전처리(파쇄) 과정을 거쳐야 한다.

44 소각로형식 중 회전로가 가지는 장점이라고 볼 수 없는 것은?

① 비교적 열효율이 높다.
② 공급장치의 설계에 있어 유연성이 있다.
③ 예열, 혼합, 파쇄 등 전처리 없이 주입 가능하다.
④ 액상, 고상 폐기물을 따로 수용하거나 섞어서 수용할 수 있다.

해설
① 회전로(Rotary Kiln)식 소각로의 단점은 열효율이 낮다.

45 유기성 폐기물 퇴비화의 단점이라고 할 수 없는 것은?

① 낮은 비료가치
② 악취발생 가능성
③ 부지선정의 어려움
④ 퇴비화 과정 중 외부 기온

해설
퇴비화의 단점
• 낮은 비료가치
• 악취발생 가능성
• 부지선정의 어려움
• 시장확보의 어려움

46 퇴비화 과정에서 공급되는 공기의 기능과 가장 거리가 먼 것은?

① 온도를 조절한다.
② 악취를 희석시킨다.
③ 수분과 가스 등을 제거한다.
④ 미생물이 호기적 대사를 할 수 있게 한다.

해설
② 악취발생 가능성이 큰 것이 퇴비화의 단점이다.
퇴비화 조건에서 공기는 호기적 산화 분해로 산소의 존재가 필수적이다. 산소함량은 5~15%, 공기주입률은 50~200L/min · m³이다.

47 폐기물의 퇴비화에 대한 설명이다. 잘못된 것은?

① 퇴비화한 후에는 C/N비가 높아진다.
② 미생물에 의해 유기물이 분해된다.
③ 반응속도는 혐기성 방법보다 호기성 방법이 빠르다.
④ 퇴비화를 촉진시키기 위해 어느 정도 분해시키는 것이 좋다.

해설
① 퇴비화가 진행될수록 C/N비는 낮아지며, 10 이하가 되면 퇴비화가 중단된다.

48 다음 중 도시 폐기물에 분뇨를 혼합해 퇴비화할 때 유의사항이 아닌 것은?

① pH   ② 온 도
③ 통기성   ④ C/N비

해설
분뇨의 pH는 7 정도의 중성 혹은 약알칼리성이다. 이는 퇴비화의 적정 pH에 해당하기 때문에 pH는 고려하지 않는다.

49 다음 중 정상적으로 운영되는 도시쓰레기 매립장에서 가장 많이 발생하는 가스성분은?

① 메 탄   ② 부 탄
③ 이산화질소   ④ 일산화탄소

해설
폐기물의 매립가스 중 가장 많이 발생하는 것은 메탄이다.

50 쓰레기 매립지 선정 시 고려해야 할 사항이 아닌 것은?

① 운반거리   ② 폐기물 종류
③ 필요한 면적   ④ 지질학적 조건

해설
매립지 선정 시 고려사항
• 지형(충분한 부지 확보 가능 여부, 복토의 확보 등)
• 수리학적, 지질학적 조건
• 위 치
• 토지이용

51 다음 중 폐기물의 재생 및 재이용과 거리가 먼 것은?

① RDF   ② Land Fill
③ Pyrolysis   ④ Composting

해설
② Land Fill은 폐기물의 최종처리와 관련이 있다.

52 슬러지 처분을 위한 고형화의 목적이라고 볼 수 없는 것은?

① 슬러지의 취급이 용이
② 슬러지 내의 각종 유해물질의 용출방지
③ 슬러지 부피의 감소로 운반비용 절감효과
④ 고형화에 의하여 토목 및 건축재료로 자원화 가능

해설
슬러지 고형화 처리의 장점
• 하수 및 정수슬러지 성상변화 적용성이 우수하다.
• 폐기물의 물리적 성질을 변화시켜 취급하기 용이한 물질을 만든다.
• 화학적으로 결합시켜 환경으로 이동(용해) 저지가 가능하다(폐기물 내 오염물질의 용존성 및 용해도 감소).
• 오염물질의 손실과 전달이 발생할 수 있는 표면적을 감소시킨다.
• 건설자재, 매립지 복토재 등 재이용 가능성이 높다.
• 전반적인 환경영향이 적다.
• 건설비가 저렴하다.

53 분뇨처리방식 중 혐기성 소화방식을 호기성 산화방식에 비교하여 설명한 것이다. 옳지 않은 것은?

① 냄새가 많다.
② 비료가치가 적다.
③ 대규모 시설에 부적합하다.
④ 메탄과 같은 유용한 가스가 발생한다.

해설
혐기성 소화는 대규모 처리시설로, 동력시설이 필요하다.

54 음식물쓰레기 폐기물 종량제 방식이 아닌 것은?

① EPR   ② RFID
③ 스티커   ④ 전용봉투

해설
EPR은 생산자책임재활용제도를 말한다.

55 폐기물 종류별 관리제도에서 의료폐기물에 대한 설명으로 옳지 않은 것은?

① 폐백신, 폐항암제 등은 의료폐기물이다.
② 일회용 기저귀는 일반의료폐기물이라 할 수 있다.
③ 혈액오염폐기물 중 폐혈액백도 특별한 관리가 필요하다.
④ 의료폐기물과 혼합된 다른 폐기물은 의료폐기물로 볼 수 없다.

해설
의료폐기물이 아닌 폐기물로서 의료폐기물과 혼합되거나 접촉된 폐기물은 혼합되거나 접촉된 의료폐기물과 같은 폐기물로 본다(폐기물관리법 시행령 별표 2).

56 폐기물관리법에서 폐기물의 처리기준이 아닌 것은?

① 폐기물은 폐기물 처분시설 또는 재활용시설에서 처리한다.
② 침출수가 생기는 경우에는 환경부령으로 정하는 바에 따라 처리한다.
③ 수집·운반·보관의 과정에서 폐기물이 흩날리거나 누출되지 아니하도록 한다.
④ 폐기물의 종류와 성질의 여부는 수집과 운반 과정에서는 고려하지 않도록 한다.

해설
폐기물의 처리기준 등(폐기물관리법 시행령 제7조)
폐기물의 종류와 성질·상태별로 재활용 가능성 여부, 가연성이나 불연성 여부 등에 따라 구분하여 수집·운반·보관할 것. 다만, 의료폐기물이 아닌 폐기물로서 다음의 어느 하나에 해당하는 경우에는 그러하지 아니하다.
• 처리기준과 방법이 같은 폐기물로서 같은 폐기물 처분시설 또는 재활용시설이나 장소에서 처리하는 경우

• 폐기물의 발생 당시 두 종류 이상의 폐기물이 혼합되어 발생된 경우
• 특별자치시, 특별자치도 또는 시(특별시와 광역시는 제외)·군·구(자치구를 말함)의 분리수집 계획 또는 지역적 여건 등을 고려하여 특별자치시, 특별자치도 또는 시·군·구의 조례에 따라 그 구분을 다르게 정하는 경우

57 폐기물관리법에 대한 설명으로 옳지 않은 것은?

① 처리란 폐기물의 수집, 운반, 보관, 재활용, 처분을 말한다.
② 폐기물을 재사용·재생이용할 수 있는 상태로 만드는 활동은 재활용이다.
③ 폐기물감량화시설은 폐기물 배출을 최소화하는 시설로서 환경부령으로 정한다.
④ 지정폐기물은 인체에 위해를 줄 수 있는 해로운 물질로서 대통령령으로 정하는 폐기물이다.

해설
폐기물감량화시설이란 생산 공정에서 발생하는 폐기물의 양을 줄이고, 사업장 내 재활용을 통하여 폐기물 배출을 최소화하는 시설로서 대통령령으로 정하는 시설을 말한다(폐기물관리법 제2조).

58 폐기물관리법에서 사용하는 용어의 정의로 틀린 것은?

① 생활폐기물이란 사업장폐기물 외의 폐기물을 말한다.
② 폐기물처리시설이란 폐기물의 최초 및 중간처리시설과 최종처리시설로서 환경부령으로 정하는 시설을 말한다.
③ 폐기물이란 쓰레기, 연소재, 오니, 폐유, 폐산, 폐알칼리 및 동물의 사체 등으로서 사람의 생활이나 사업활동에 필요하지 아니하게 된 물질을 말한다.
④ 지정폐기물이란 사업장폐기물 중 폐유·폐산 등 주변 환경을 오염시킬 수 있거나 의료폐기물 등 인체에 위해를 줄 수 있는 해로운 물질로서 대통령령으로 정하는 폐기물을 말한다.

해설
폐기물처리시설이란 폐기물의 중간처분시설, 최종처분시설 및 재활용시설로서 대통령령으로 정하는 시설을 말한다(폐기물관리법 제2조).

59 폐기물관리법상 의료폐기물의 종류가 아닌 것은?

① 격리의료폐기물
② 유사의료폐기물
③ 일반의료폐기물
④ 위해의료폐기물

해석

의료폐기물은 보건 · 의료기관, 동물병원, 시험 · 검사기관 등에서 배출되는 폐기물 중 인체에 감염 등 위해를 줄 수 우려가 있는 폐기물과 인체 조직 등 적출물, 실험 동물의 사체 등 보건 · 환경보호상 특별한 관리가 필요하다고 인정되는 폐기물로서 대통령령으로 정하는 폐기물을 의미한다. 구체적으로 격리의료폐기물, 위해의료폐기물, 일반의료폐기물로 구분된다(폐기물관리법 제2조, 시행령 별표 2).

60 폐기물관리법의 적용 범위에 해당하는 물질은?

① 하수도법에 의한 하수
② 용기에 들어 있지 아니한 기체상태의 물질
③ 원자력안전법에 따른 방사성 물질과 이로 인하여 오염된 물질
④ 대기환경보전법에 의한 대기오염방지시설에 유입되어 포집된 물질

해석

적용 범위(폐기물관리법 제3조)
이 법은 다음의 어느 하나에 해당하는 물질에 대하여는 적용하지 아니한다.
• 원자력안전법에 따른 방사성 물질과 이로 인하여 오염된 물질
• 용기에 들어 있지 아니한 기체상태의 물질
• 물환경보전법에 따른 수질오염방지시설에 유입되거나 공공 수역(水域)으로 배출되는 폐수
• 가축분뇨의 관리 및 이용에 관한 법률에 따른 가축분뇨
• 하수도법에 따른 하수 · 분뇨
• 가축전염병예방법이 적용되는 가축의 사체, 오염 물건, 수입 금지 물건 및 검역 불합격품
• 수산생물질병 관리법이 적용되는 수산동물의 사체, 오염된 시설 또는 물건, 수입금지물건 및 검역 불합격품
• 군수품관리법에 따라 폐기되는 탄약
• 동물보호법에 따른 동물장묘업의 등록을 한 자가 설치 · 운영하는 동물장묘시설에서 처리되는 동물의 사체

제2절 생태계

01 생태 · 경관보전지역에 대한 설명으로 틀린 것은?

① 이 지역에서의 토석채취는 제한된다.
② 다양한 생태계를 대표할 수 있는 지역 또는 생태계의 표본지역이다.
③ 생태 · 경관핵심보전구역이라 함은 핵심구역의 보호를 위하여 필요한 지역이다.
④ 구역별 범위 및 면적을 표시한 축척 5천분의 1 이상의 지형도를 첨부하여야 한다.

해석

생태 · 경관핵심보전구역은 자연경관이 수려하거나 생태계의 구조와 기능의 훼손방지를 위하여 특별히 보호하고자 하는 지역이다.

02 다음 중 생태계 내에서 일정하게 순환하지 않는 것은?

① 물
② 산 소
③ 질 소
④ 에너지

해석

에너지
• 생태계 에너지의 기원 : 태양에너지
• 열역학 제1법칙 : 에너지는 차례로 모양을 바꾸지만 결코 발생하거나 소멸하지 않는다.

03 먹이사슬 현상과 생물군집 대사의 상호관계를 나타내는 먹이 피라미드의 설명 중 옳은 것은?

① 영양단계가 올라갈수록 개체수는 점점 증가한다.
② 영양단계가 올라갈수록 총생산량은 점점 감소한다.
③ 영양단계가 올라갈수록 개체수 및 총생산량은 점점 같아진다.
④ 영양단계가 올라갈수록 한 개체의 몸의 크기가 점점 작아진다.

해석

먹이 피라미드의 영양단계가 상위 단계로 올라갈수록 총생산량은 감소한다.

04 에너지 피라미드의 경사가 완만하여 질수록 의미하는 것은?

① 1차 생산량이 증가한다.
② 생산자의 개체수가 작아진다.
③ 에너지 전달효율이 낮아진다.
④ 에너지의 통과속도가 높아진다.

해설

에너지 피라미드는 먹이 사슬이나 먹이 그물에서 영양단계가 많을수록 에너지가 다양한 영양단계를 통해 흐르면서 가용에너지가 소실되는 양은 늘어난다.

05 도시 지역에서 비오톱의 기능이 아닌 것은?

① 환경교육을 위한 실험지역으로서의 기능을 한다.
② 도시 생태계 연구를 위한 공간으로서의 기능을 한다.
③ 도시의 환경변화 및 처리 대상으로서의 기능을 한다.
④ 도시 생물종의 은신처, 분산(확산), 이동통로로서의 기능을 한다.

해설

도시 지역에서 비오톱의 기능
• 도시 생물종의 은신처, 분산(확산), 이동통로로서의 기능
• 환경교육을 위한 실험지역으로서의 기능
• 도시 생태계 연구를 위한 공간으로서의 기능
• 도시의 환경변화 및 오염의 지표로서의 기능
• 도시가 얼마나 친근감을 느낄 수 있는 공간인가 판별하는 근거로서의 기능
• 도시민의 휴식 및 레크레이션을 위한 공간으로서의 기능
• 어린이를 위한 비공식적 놀이공간으로서의 기능
• 도시 환경보호 및 환경건전성(수질, 기후, 대기질, 소음 등)의 유지를 위한 기능

06 도시환경적 측면에서의 비오톱의 가치가 아닌 것은?

① 도시 내의 식물은 지구적 차원에서 지구온난화를 억제하는 데 기여한다.
② 도시 내의 녹지공간은 매력적인 도시경관을 제공하는 데 중요한 역할을 한다.
③ 도시 내의 비오톱과 같은 녹지공간은 오염과 먼지 등의 감소 효과를 가져오기 때문에 지역환경을 개선할 수 있다.
④ 도시의 녹지공간은 콘크리트나 아스팔트 포장과 같은 불투수성 포장으로 인한 우수의 빠른 유출을 촉진하는 데 기여한다.

해설

④ 비오톱은 우수의 빠른 유출을 억제하는 데에 기여한다.

07 미생물의 기질(Substrate) 분해속도는 Monod 식으로 나타낸다. 이 식에서 S는 기질 농도(mg/L)이며 X는 미생물 농도(mg/L)이다. 이 식에 사용된 상수값들에 대한 설명으로 올바른 것은?

(단, Monod 식 : $\dfrac{d_s}{d_t} = -\dfrac{\mu_m SX}{Y(K_s + S)}$)

① μ_m은 최대 비증식속도를 나타내며 농도 단위(mg/L)로 표시한다.
② 기질 분해속도가 커지기 위해서는 μ_m와 K_s는 모두 커야 한다.
③ Monod 식의 기질 분해식이 음수로 표시되어 있어 μ_m이 상대적으로 작은 경우 미생물의 기질 분해속도가 빠르다.
④ Y는 최대 미생물 생산계수로 단위 기질 소비량에 대한 단위 미생물 생산량을 의미하며, 0~1 사이의 값을 갖는다.

해설

Monod 식은 기질, 영양소 부족으로 성장이 제한되는 것을 표현한 식이다.

$$\mu = \mu_{max} \times \dfrac{S}{K_s + S}$$

여기서, μ : 세포의 비증식속도(T^{-1})
μ_{max} : 최대 비증식속도(T^{-1})
K_s : 반포화 농도(mg/L)
S : 기질 농도(mg/L)
μ_m은 최대 비증식속도(μ_{max})를 나타내며 단위는(T^{-1})이다.

08 세포증식에 관한 식인 Monod 식에 대한 설명 중 옳지 않은 것은?(단, Monod 식 : $\mu = \mu_{max} \times \dfrac{S}{K_s + S}$)

① μ는 세포의 비증식속도이며 단위는 /h이다.
② K_s는 $\mu = \mu_{max}$ 일 때의 기질 농도를 말한다.
③ S는 제한기질 농도이며 단위는 mg/L이다.
④ μ_{max}는 세포의 최대 비증식속도이며 단위는 /h이다.

해설

② K_s는 반포화 기질 농도이며, $\mu = \dfrac{1}{2}\mu_{max}$ 일 때의 기질 농도이다.

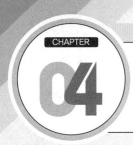
04 토 양

토양의 무기 구성성분 가운데 가장 많은 비중을 차지하는 것은?

① 산 소
② 규 소
③ 알루미늄
④ 철

해 설
무기원소 중 산소의 비율은 약 45%로 가장 높다.

답 ①

제1절 토양오염

🌟 TIP

토양오염 파트는 시험에 많은 문제는 아니지만 꾸준하게 출제되고 있으며, 주요 개념을 중심으로 공부하면 좋은 결과를 얻을 수 있을 것이다. 특히 토양, 지하수의 복원과 유출계수 관련 문제가 자주 출제되므로 관련 내용을 반드시 숙지하도록 한다.

1 토양의 구성

(1) 토양의 구성성분

① 무기물

가장 높은 비율(약 45%)을 차지하며 기후에 따라 다른 토양의 구성을 지니고 있다(산소 > 규소 > 알루미늄 > 철 > 칼슘 > 나트륨 > 마그네슘).

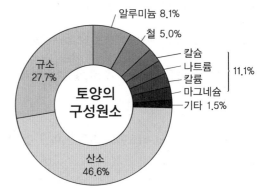

② 유기물

탄소를 함유한 생물체들로부터 기인한 모든 물질을 의미한다(생물체 사체, 배설물 등). 주로 토양의 상층부에 존재하게 되며 무기질과의 혼합작용을 통해 토양의 질을 향상시킨다. 이렇게 무기질과 혼합된 형태의 물질을 부식질(부식토)이라고 하며 다음과 같은 기능을 한다.

ⓐ 토질, 공극률 개선

ⓑ 양분 손실 감소

ⓒ 완충작용, 양이온 교환능력 증가 → 식물성장 촉진

ⓓ 토양 침식 내성 증가

ⓔ 토양 내 영양물질 공급

ⓕ 독성물질에 의한 피해 감소

③ 물과 수분

토양은 기본적인 물의 저장 탱크로 이동과 저장의 역할을 동시에 수행한다. 즉, 물 저장능력, 이동능력, 배수능력에 따라 서식하는 생물상이 결정된다고 볼 수 있다. 토양층 내부에 물이 저장되는 물리적 공간을 공극이라 하며, 미세한 공극을 지닌 토양일수록 장기간 물을 함유할 수 있는 능력이 있어 식물생산에 중요한 역할을 한다.

2 토양의 종류 및 기능

[입자 크기에 따른 토양의 분류]

구 분	입자의 직경(mm)
점 토	0.002 이하
미 사	0.002~0.02
모 래	0.02~2
자 갈	2.0 이상

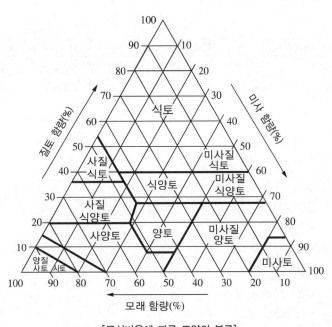

[구성비율에 따른 토양의 분류]

토양 부식토의 역할에 해당하지 않는 것은?

① 토질, 공극률 개선

② 토양 내 적절한 수분 유지

③ 토양 침식 내성 감소

④ 독성물질에 의한 피해 감소

해설

부식질(부식토)는 토양의 침식 내성을 증가시켜 외부의 영향에 견딜 수 있게 해 준다.

답 ③

토양의 기능과 설명으로 옳지 않은 것은?

① 물, 공기의 저장공간으로 중요하다.

② 다양한 생물(동식물)의 서식공간으로의 활용도가 높다.

③ 물이 이동하는 공간으로의 역할이 있다.

④ 공극의 크기가 클수록 물을 함유할 수 있는 능력이 커진다.

해설

공극의 크기가 미세할수록 장기간 물을 함유할 수 있는 능력이 커진다.

답 ④

토양의 입자 크기에 따른 분류 가운데 입자의 직경이 2.0mm 이상인 것을 무엇이라 하는가?

① 점 토

② 미 사

③ 모 래

④ 자 갈

해설

입자의 직경이 2.0mm 이상인 것을 자갈이라 부른다.

답 ④

토양의 주요기능에 해당하지 않는 것은?

① 홍수조절기능
② 식물성장 촉진기능
③ 유해물질 정화기능
④ 생물서식지 파괴기능

해설
토양은 주요 생물들의 서식지 역할을 한다.

답 ④

대기 중의 유리질소를 식물의 뿌리에 서식하는 박테리아의 작용으로 생물이 실제 사용할 수 있는 질소화합물의 형태로 변환시켜 주는 것을 무엇이라 하는가?

① 질산화작용 　　② 탈질화작용
③ 질소 이화 　　④ 질소 고정

해설
일반적인 생물적 질소 고정에 관한 설명이다.

답 ④

혐기성 상태에서 미생물이 호흡을 하기 위해 질산성 질소를 환원시키는 과정을 칭하는 것은?

① 질산화작용 　　② 탈질화작용
③ 질소 이화 　　④ 질소 고정

해설
• 질산화 : 암모니아성 질소가 호기성 조건에서 질산화 미생물에 의해 질산성 질소로 되는 과정
• 탈질화 : 혐기성 상태에서 질산성 질소(NO_3-N)가 질소기체(N_2)로 환원되는 과정
※ 질산화와 탈질화는 질소의 순환프로세스에서 매우 중요하다.

답 ②

(1) 토양의 기능

① 생물서식지기능
② 저수와 투수기능(홍수조절)
③ 오염물질 정화기능
④ 식물성장 촉진기능

(2) 토양 미생물의 기능(154쪽 참조)

① 질산화작용

암모니아성 질소(NH_3-N)가 호기성 조건에서 질산화 미생물에 의해 질산성 질소(NO_3-N)로 되는 과정

$2NH_3 + 3O_2 \rightarrow 2NO_2^- + 2H^+ + 2H_2O$ (Nitrosomonas, H^+가 생성되므로 알칼리가 소모됨)

초기반응에서 NADH가 전자공여체로 작용해 암모니아성 질소를 아질산성 질소로 변환시킨다.

$2NO_2^- + O_2 \rightarrow 2NO_3^-$ (Nitrobacter)

※ 요약 : $NH_3 \rightarrow NO_2^- \rightarrow NO_3^-$

② 탈질화작용

혐기성 상태에서 질산성 질소(NO_3-N)가 질소기체(N_2)로 환원되는 과정

$2NO_3^- + 5H_2 \rightarrow N_2 + 2OH^- + 4H_2O$ (OH^-가 생성되므로 알칼리가 생성됨)

※ 요약 : $NO_3^- \rightarrow NO_2^- \rightarrow N_2$

[탈질 메커니즘]

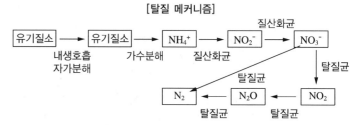

③ 유기물 분해작용
④ 무기 양분의 동화
⑤ 질소 고정
※ 필수암기 물질
　• 암모늄염 : NH_4^+
　• 아질산염 : NO_2^-
　• 질산염 : NO_3^-
　• 암모니아성 질소 : NH_3-N
　• 아질산성 질소 : NO_2-N
　• 질산성 질소 : NO_3-N

3 토양의 특성

(1) 물리적 특성

① 토양의 구성

㉠ 고상(50%), 액상(30%), 기상(20%)으로 구성된다.

㉡ 거칠기에 따라 사토, 사양토, 양토, 식양토, 식토로 나뉘며 뒤로 갈수록 점토의 양이 증가한다.

㉢ 사양토, 양토 등이 수목의 서식에 적합하다.

㉣ 유기물의 부식이 진행될수록 흑색을 띤다.

㉤ 토양수는 강수의 약 15%를 지하수로 보낸 나머지를 의미하며, 각종 칼슘, 마그네슘, 양이온, 음이온, 유기산들을 함유하고 있어 토양 내 물리·화학·생물학적 반응을 촉진시킨다.

㉥ 토양의 공기는 식물, 미생물의 생육에 반드시 필요하며 토양의 공극이 물과 공기로 구성되어 강우, 온도에 따라 공기량이 변화하고, 토성·토양구조·지하수위 등이 함께 변동한다.

➕ TIP

부식토
토양유기물이 미생물과의 반응으로 부식되어 생성된 안정한 형태를 이루는 고분자량의 물질로 작물생산에 필요한 필수 원소를 공급할 수 있는 주공급원이며, 분자 내부에 무수한 공극을 지니고 있어 토양구조를 건강하게 유지하는 역할을 한다.

② 입도분석

체분석, 비중계분석 등을 통해 흙의 입경과 분포를 결정하는 것을 말한다.

③ 균등계수(C_u), 곡률계수(C_z)

㉠ 균등계수 : 모래, 흙 등이 얼마나 균등한지를 나타내는 수치로 주로 60% 통과율을 나타내는 모래입자의 크기의 비로 표시한다.

$$균등계수 = \frac{D_{60}}{D_{10}}$$

㉡ 곡률계수 : 통일 흙 분류법에서 사질토(모래가 많이 포함된 흙)의 입도분포가 좋고 나쁨을 나타내는 계수이다.

$$곡률계수 = \frac{D_{30}^2}{D_{10} \times D_{60}}$$

※ D_{10}, D_{30}, D_{60}은 각 입도분포곡선에서 통과백분율 10, 30, 60%에 해당하는 직경이다.

토양의 물리적 특성으로 올바른 것은?

① 점토가 많은 식양토, 식토 등이 수목의 서식에 적합하다.

② 유기물의 부식이 진행될수록 흑색을 띤다.

③ 토양수는 강수의 약 30%를 지하수로 보낸 나머지를 의미한다.

④ 토양의 공기는 식물, 미생물의 생육에 반드시 필요하지는 않다.

해설
토양미생물에 의해 부식이 진행될수록 흑색을 띠게 되며 이를 부식토라 한다.

답 ②

퇴비화 과정이 안정적으로 진행된 부식토(Humus)의 특징으로 옳지 않은 것은?

① 악취가 없는 안정한 물질이다.

② 병원균이 존재하므로 반드시 살균 후 사용한다.

③ 수분 보유력과 양이온 교환능력이 좋다.

④ C/N 비율이 낮다.

해설
퇴비화 과정을 통해 형성된 부식토는 병원균이 있어서는 안 된다.

답 ②

토양오염이 식물에 미치는 영향에 대한 설명으로 옳지 않은 것은?

① 염분농도가 높은 토양의 경우 삼투압에 의해서 식물의 성장이 저해되는데, 기온이 높거나 토양층의 온도가 낮거나 비가 적게 오는 경우 그 영향이 감소된다.

② 인분뇨를 농업에 사용하면 인분 중 Na^+이 토양 내 Ca^{2+} 및 Mg^{2+}과 치환되며, 또한 Na^+은 산성비에 포함된 H^+에 의해서 다시 치환되어 토양이 산성화되므로 식물의 생육을 저해한다.

③ Cu^{2+}나 Zn^{2+} 등이 토양에 지나치게 많으면 식물세포의 물질대사를 저해하여 식물세포가 죽게 된다.

④ 농업용수 내 Na^+의 양이 Ca^{2+}과 Mg^{2+}의 양과 비교하여 과다할 때에는 Na^+이 토양 중의 Ca^{2+} 및 Mg^{2+}과 치환되어 배수가 불량한 토양이 되므로 식물의 성장이 방해받는다.

해설
강우의 양이 적을 경우 수분이 감소하여 염분의 농도가 높아져 그 영향이 증가한다.

답 ①

체분석 결과를 입도분포곡선으로 나타내었더니 D_{10} = 0.05, D_{30} = 0.10, D_{60} = 0.65(mm)를 나타내었다. 다음 중 균등계수는?

① 10   ② 13
③ 15   ④ 17

해설

곡률계수 = $\dfrac{D_{60}}{D_{10}} = \dfrac{0.65}{0.05} = 13$

답 ②

토양 자연상태의 습윤용적밀도가 $1.5g/cm^3$이고, 함수율이 50%일 때 토양의 공극률은?(단, 입자밀도는 $2.0g/cm^3$이고 물의 비중은 1로 가정한다)

① 40   ② 50
③ 60   ④ 70

해설

$\dfrac{\text{습윤용적밀도}}{(1+\text{함수율})} = \dfrac{1.5g/cm^3}{(1+0.5)} = 1g/cm^3$(겉보기밀도)

공극률 $= \left(1-\dfrac{\text{겉보기밀도}}{\text{입자밀도}}\right) = \left(1-\dfrac{1.0g/cm^3}{2.0g/cm^3}\right) = 0.5$
       $= 50\%$

답 ②

토양의 화학적 특징으로 옳은 것은?

① 자연상태의 토양은 약알칼리성이다.
② 농경지의 경우 pH 5~6.5, 삼림은 그보다 높은 7~8 범위이다.
③ 토양양분의 탄소, 수소, 산소는 물과 탄산가스에서 대부분 취득한다.
④ pH가 증가할수록 토양 내 중금속의 이동이 증가한다.

해설

탄소, 수소, 산소는 물과 탄산가스에서 취득하며, 질소, 인, 칼륨은 토양에서 취득한다.

답 ③

④ 공극비, 공극률, 함수율
   ㉠ 공(간)극비(e) : 토양 공극의 부피와 고체입자의 부피의 비율

$$\text{공극비} = \frac{\text{공극의 부피}}{\text{흙입자만의 부피(토양 중 고체부피)}} = \frac{\text{공극률}}{1-\text{공극률}}$$

   ㉡ 공(간)극률(Porosity, n) : 토양 전체 부피에 대한 공극부피(물 + 공기)의 비율

$$\text{공극률} = \frac{\text{공극부피}}{\text{토양 전체 부피}} = 1 - \frac{\text{겉보기밀도}}{\text{입자밀도}}$$

   ㉢ 함수율 : 토양이 포함하고 있는 수분의 양을 백분율로 나타낸 것

$$\text{함수율} = \frac{\text{물부피}}{\text{토양부피}} \times 100$$

   ㉣ 겉보기밀도 : 전체 토양의 부피 중 건조토양 질량의 비율

$$\text{겉보기밀도} = \frac{\text{건조토양 질량}}{\text{토양부피}} = \frac{\text{습윤용적밀도}}{1+\text{함수율}}$$

   ㉤ 습윤용적밀도 : 토양의 부피와 무게의 비

$$\text{습윤용적밀도} = \frac{\text{토양의 무게}}{\text{토양의 부피}}$$

※ 공극(간극) : 토양 중 비어있는 틈

(2) 화학적 특성

① 화학적 구성
   ㉠ 토양양분의 탄소, 수소, 산소는 물과 탄산가스에서 취득하며, 질소, 인, 칼륨 등은 토양에서 취득한다.
   ㉡ 자연상태의 토양은 약산성이며, 대부분의 식물이 약산성에 적응성을 지니고 있다.
   ㉢ 농경지의 경우 pH 5~6.5이며, 삼림은 pH 4.5~6.5의 범위이다.
   ㉣ pH가 감소할 경우 암석 내 중금속이 용출되어 토양 내 중금속 이동이 증가한다.

② 양이온 교환용량(보비력, 염기치환용량, CEC)
   일반적으로 음이온을 띠고 있는 토양으로 인해 칼슘, 마그네슘, 칼륨, 나트륨의 양이온을 끌어들이게 되며, 이를 보유하는 총량으로 meq/100g(cmols/kg)의 단위를 사용한다.
   ㉠ 특 징
     • 부식과 점토의 함량이 많을수록 CEC가 높다.

- CEC가 클수록 pH에 저항하는 완충능력이 크며, 보비력(양분보유능력)이 큰 비옥한 토양이다.
- pH의 범위에 따라 다른 값을 가지게 되며, pH가 증가할수록 CEC도 함께 증가한다.
- 점토광물의 일종인 카올리나이트와 깁사이트의 함량이 높으면 CEC는 낮아진다.
- 이온교환효율 : $Al^{3+} > Ca^{2+} > Mg^{2+} > K^+ > Na^+ > Li^+$

※ 제올라이트 함량이 많으면 CEC는 높아진다.

③ 토양산성도와 토양오염의 관계

㉠ 산성도의 정도에 따른 4단계 구분

단 계	중화작용	토양의 산성화	원 인
1단계	탄산염, 탄산수소염에 의한 중화	–	토지에 살포한 석회질 비료에 기인함
2단계	• 약산성 교환성 염기 • 강산성 교환성 염기	• 교환성 H^+ 증가 • 교환성 Al^{3+} 증가	교환성 염기에 의함
3단계	• 2차 광물에 의한 중화 • 산의 흡착 • 알루미늄 수화산화물의 용해	• 교환성 OH^-의 방출 • Al^{3+}의 용출	강한 산성비에 의함 (황산, 질산)
4단계	규산염 광물의 풍화	–	• OH^-의 방출 • 반응속도가 매우 느림

㉡ 산성화의 피해

토양이 산성화되면 산성비에 포함된 수소이온(H^+)이 토양입자 표면의 교환성 염기와의 이온교환을 통해 중화된다. 토양은 교환성 염기들이 용탈되어 산성화가 가속화되고 미생물, 식물의 성장에 필요한 Ca^{2+}, Mg^{2+} 등이 용탈된다. 여기에 산성비가 추가적으로 토양 내 수소이온의 양을 증가시키면, 토양 산성화가 지속되어 3단계를 거쳐 4단계 산성도가 진행되며 식물, 미생물의 성장이 더욱 어렵게 되는 것이다.

※ 용탈 : 토양의 구성요소나 성분이 물에 용해되어 이동 또는 외부로 제거되는 과정을 말한다.

④ 염기포화도

건조토양 100g의 양이온 교환용량(CEC) 가운데 교환성 염기(칼슘, 나트륨, 마그네슘, 칼륨)가 차지하는 비율을 말한다.

$$염기포화도 = \frac{교환성\ 염기의\ meq}{교환성\ 양이온의\ meq} \times 100$$

※ 보통 교환성 염기(치환성 양이온)는 수소와 알루미늄이온을 제외한 양이온의 양이다.

토양의 양이온교환능력(CEC)에 대한 설명으로 옳지 않은 것은?

① 토양 내 점토광물 함량이 높아지면 CEC값은 낮아진다.
② CEC 표기단위는 meq/100g Soil이다.
③ $Ca^{2+} > K^+ > Na^+$ 순으로 염기성 양이온의 교환이 일어난다.
④ 산성비가 내리면, 토양 내 Ca^{2+} 등 양이온의 용탈이 일어난다.

해설
토양 안에 진흙이나 유기체 등은 음의 부호를 띠고 있어 양이온을 끌어들이는 힘이 있다. 이 힘에 의해 칼슘, 마그네슘, 칼륨, 나트륨, 암모늄 등을 끌어들여 보유하게 된다. 일반적으로 CEC가 크면 클수록 양분을 유지하는 힘이 크다고 보고 비옥한 토양이라고 판단한다.

답 ①

토양의 산성화에 대한 내용 중 옳지 않은 것은?

① 산성화 1단계에서는 강산성 교환기에 붙어 있는 염기에 의한 중화가 일어난다.
② 토양의 pH는 흡착되어 있는 교환성 양이온에 따라 결정된다.
③ 교환성 양이온 중 H^+, Al^{3+}을 제외한 양이온을 교환성 염기라 한다.
④ 토양이 산성화되면서 Al^{3+}가 용출되어 식물의 성장을 저해한다.

해설
탄산염과 탄산수소염에 의한 중화작용이 발생한다.

답 ①

교환성 양이온의 농도가 다음과 같을 때 염기포화도는?

- Ca^{2+} = 20meq/100g
- Mg^{2+} = 6meq/100g
- K^+ = 0.5meq/100g
- Na^+ = 0.1meq/100g
- H^+ = 2meq/100g

① 90%
② 93%
③ 96%
④ 98%

해설
$$염기포화도 = \frac{교환성\ 염기의\ meq}{교환성\ 양이온의\ meq} \times 100$$
$$= \frac{20+6+0.5+0.1}{20+6+0.5+0.1+2} \times 100 = 93\%$$

답 ②

양이온 치환용량이 50, 실제 흡수된 치환성 염기량이 20일 때 염기포화도는?

① 10%   ② 20%
③ 30%   ④ 40%

해설

$$염기포화도 = \frac{교환성\ 염기의\ meq}{교환성\ 양이온의\ meq} \times 100$$
$$= \frac{20}{50} \times 100 = 40\%$$

답 ④

토양과 평형을 이루는 용액의 Ca^{2+}, Mg^{2+}, Na^+의 값이 6mmol/L, 10mmol/L, 36mmol/L이다. 나트륨 흡착비는 얼마인가?

① $9\sqrt{2}$
② $12\sqrt{2}$
③ $18\sqrt{2}$
④ $27\sqrt{2}$

해설

$$SAR = \frac{Na^+}{\sqrt{\frac{1}{2}(Mg^{2+} + Ca^{2+})}}$$
$$= \frac{36}{\sqrt{\frac{1}{2}(10 + 6)}} = 9\sqrt{2}$$

답 ①

점토광물의 특징에 해당하지 않는 것은?

① 광물입자가 거칠게 구성된다.
② 2차적인 반응에 의해 주로 생성된다.
③ 표면적이 크고 반응성이 풍부하다.
④ Si^{2+}, Al^{3+}에 의해 또는 Al^{3+}, Mg^{2+} 등에 의해 치환되어 음전하를 지닌다.

해설

점토광물은 대부분 입자가 미세하여 큰 표면적과 풍부한 반응성을 지닌다.

답 ①

※ pH가 동일할 경우 CEC가 클수록 염기포화도가 크다.

⑤ 토양 염류화

 ㉠ 염류화 원인 : 지하수 수위 상승, 배수량 감소, 지하수 모관상승 증가, 관개수에 의한 염류 증가 등

 ㉡ 나트륨 흡착비(SAR)

  • 토양과 평형을 이루는 용액 중 Ca^{2+}와 Mg^{2+}에 대한 Na^+의 농도비이다.

  • SAR값이 높을수록 통풍성, 삼투성이 낮아 농작물 성장에 부정적이다.

  • 관개용수에 대한 나트륨의 영향을 평가하기 위해 측정한다.

$$SAR = \frac{Na^+}{\sqrt{\frac{1}{2}(Mg^{2+} + Ca^{2+})}} \text{(단위는 meq/L)}$$

여기서, $meq/L = \dfrac{mg/L}{당량}$

(3) 점토광물(Caly Minerals)

① 특 성

 ㉠ 점토를 구성하는 기본 광물로 주로 2차적 요인으로 생성된다.

 ㉡ 미세한 광물입자로 구성되어 있다.

 ㉢ 주로 암석이 토양이나 풍화작용을 받아 생성된다.

 ㉣ 미세하여 표면적이 크고 반응성이 풍부하다.

 ㉤ Si^{2+}, Al^{3+}에 의해 또는 Al^{3+}, Mg^{2+} 등에 의해 치환되어 음전하를 띤다.

 ㉥ 규산판(Silica), 알루미나판(Alumina)의 판상 결정구조로 구성되어 있다.

  규산판 [4면체] 알루미나판 [8면체]

② 1:1형 점토광물(Silica 1 + Alumina 1)

 4면체판(규소층)과 8면체판(알루미늄층)이 1 : 1의 비율로 결합되어 이루는 광물이다.

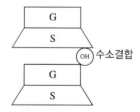

㉠ 카올리나이트(Kaolinite)

- 가장 대표적인 1 : 1형 비팽창성 광물로, 화학식은 $Al_2SiO_5(OH)_4$이다.
- 견고한 수소결합이 형성되어 점토광물에 비해 잘 부서지지 않는다.
- 수축성, 팽창성, 이온교환능력이 낮다.
- 통수성, 통기성이 좋다.

㉡ 할로이사이트(Halloysite)

- 주로 고령토의 구성성분이다.
- 카올리나이트와 결정구조 및 화학성분이 유사하나, 층간에 물분자가 하나씩 끼어 있다.

③ 2 : 1형 점토광물(Silica 2 + Alumina 1)

두 개의 4면체 판(규소층)이 한 층의 8면체판(알루미늄)을 둘러싸고 있는 형태의 광물로 1 : 1 광물보다 높은 양이온교환용량을 지닌다.

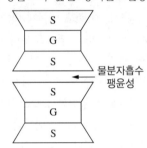

물분자흡수
팽윤성

㉠ 스멕타이트(Smectite)

- 2 : 1 점토광물군 중 대표적인 팽창성을 지닌 광물이다.
- CEC가 약 60~120cmols/kg으로 높은 편이다.

㉡ 몬모릴로나이트(Montmorillonite)

- 물을 흡수하여 쉽게 팽윤한다.
- 가소성과 응집성이 크나 쉽게 분산된다.
- Mg이 풍부한 환경에서 주로 형성된다.

※ 팽윤 : 물질이 용매를 흡수하여 부푸는 현상

㉢ 일라이트(Illite)

- 2 : 1 비팽창성이다.
- 규소판 원자의 약 15%가 알루미늄으로 치환되어 있다.
- 카올리나이트와 몬모릴로나이트의 중간 크기이다.
- 양이온흡착, 팽윤, 수축, 가소성, 분산성 등은 몬모릴로나이트보다 약하다.

④ 혼합형 광물

㉠ 2 : 1 격자형 광물과 1 : 1 격자형 광물이 혼합된 형태의 점토광물이다.

㉡ 녹니석이라고 하며, 주로 녹색을 띠고 있다.

㉢ 정전기적 결합력이 강하다.

㉣ 클로라이트가 대표적이다.

1 : 1형 점토광물 가운데 견고한 수소결합으로 인해 잘 부서지지 않으며 통수, 통기성이 좋은 특징을 지닌 것은?

① 스멕타이트
② 몬모릴로나이트
③ 일라이트
④ 카올리나이트

해설
카올리나이트에 대한 설명이다.

답 ④

혼합형 광물에 해당하는 것은?

① 일라이트
② 몬모릴로타이트
③ 스멕타이트
④ 클로라이트

해설
클로라이트는 2 : 1 격자형 광물과 1 : 1 격자형 광물의 두 종류를 합쳐서 만든 광물이다.

답 ④

토양오염의 특징으로 옳지 않은 것은?

① 원상복구의 용이성
② 발생과 영향의 시차성
③ 오염경로의 다양성
④ 오염의 비인지성

 설

토양오염의 특징은 간접적, 만성적, 복원의 어려움 등이 있다.

답 ①

토양오염의 특징을 설명한 다음 내용 중 옳지 않은 것은?

① 토양은 일단 오염되면 원상복구가 어렵다.
② 토양오염은 물, 공기 등 오염경로가 다양하다.
③ 토양오염은 매체의 특성상 대부분 잔류성이 적은 편이다.
④ 토양오염은 대부분 눈에 보이지 않아 인지가 쉽지 않다.

 설

토양은 원상복구가 어렵고, 다양한 오염경로가 있으며 땅속에 스며들어 인지하기 어려우나 일반적으로 잔류성이 커 처리가 상당히 어려운 문제가 있다.

답 ③

4 토양오염

(1) 원 인

산업시설로 인한 배출이나 각종 농업기반 오염물질, 일상생활에서 배출되는 다양한 폐기물로 인해 발생하며 다양한 경로로 오염되기 때문에 원인분석, 복구가 까다롭고 잔류성이 강해 처리가 어렵다.

(2) 정의(토양환경보전법 제2조)

① 토양오염 : 사업활동이나 그 밖의 사람의 활동에 의하여 토양이 오염되는 것으로서 사람의 건강·재산이나 환경에 피해를 주는 상태를 말한다.

② 토양오염물질 : 토양오염의 원인이 되는 물질로서 환경부령으로 정하는 것을 말한다.

③ 토양오염관리대상시설 : 토양오염물질의 생산·운반·저장·취급·가공 또는 처리 등으로 토양을 오염시킬 우려가 있는 시설·장치·건물·구축물 및 그 밖에 환경부령으로 정하는 것을 말한다.

④ 특정토양오염관리대상시설 : 토양을 현저하게 오염시킬 우려가 있는 토양오염관리대상시설로서 환경부령으로 정하는 것을 말한다.

⑤ 토양정화 : 생물학적 또는 물리적·화학적 처리 등의 방법으로 토양 중의 오염물질을 감소·제거하거나 토양 중의 오염물질에 의한 위해를 완화하는 것을 말한다.

⑥ 토양정밀조사 : 우려기준을 넘거나 넘을 가능성이 크다고 판단되는 지역에 대하여 오염물질의 종류, 오염의 정도 및 범위 등을 환경부령으로 정하는 바에 따라 조사하는 것을 말한다.

⑦ 토양정화업 : 토양정화를 수행하는 업을 말한다.

(3) 오염물질의 종류

① 중금속류
  ㉠ 카드뮴 및 화합물
  ㉡ 납 및 그 화합물
  ㉢ 수은 및 그 화합물
  ㉣ 구리 및 그 화합물
  ㉤ 비소 및 그 화합물
  ㉥ 크로뮴 및 그 화합물
  ㉦ 아연 및 그 화합물
  ㉧ 니켈 및 그 화합물

② 유류 관련 오염물질[BTEX(Benzene, Toluene, Ethylbenzene, Xylene)]

  ㉠ 벤젠(C_6H_6)

  ㉡ 톨루엔($C_6H_5CH_3$)

  ㉢ 에틸벤젠(C_8H_{10})

  ㉣ 자일렌(C_8H_{10})

③ 석유계 총탄화수소(TPH ; Total Petroleum Hydrocarbon) : 유류로 오염된 물질 중 벤젠, 톨루엔, 자일렌 등으로 인한 오염 여부를 말한다.

④ 난분해성 유기오염물질 : 트라이클로로에틸렌(TCE), 테트라클로로에틸렌(PCE)

👍 TIP

Love Canal 사건
- 1970년대 미국에서 발생한 유해물질의 불법투기 사건
- 공사가 중단된 이후 Canal에 유독성 물질 약 20,000톤을 불법투기함
- 피해현상 : 높은 유산율(4배 이상), 호흡기 질환, 원인불명의 선천성 기형 출산 급증
- 결론 : 1980년대 유사사건의 예방을 위한 약 16억 달러의 펀드를 조성하여 보상함

그 외 사건들
- 시베소 사건 : 이탈리아 시베소에서 발생한 다이옥신류에 의한 대표적인 대기오염 사건
- 가네미유 사건 : 일본 가네미사가 제조한 식용유로 만든 음식을 먹은 사람들이 다양한 피부병, 간질환, 신경장애 등이 나타난 환경사건
- 포자리카 사건 : 멕시코 포자리카에서 안전불감증으로 인해 발생한 황화수소 누출사건

(4) 오염토양 복원기술

① 원위치 정화기술(In-situ)

  ㉠ 오염토양의 이동없이 해당 지점에서 중화물질을 투입하여 정화하는 방법

  ㉡ 장 점
    - 처리비용이 저렴함
    - 낮은 오염물질 방출

  ㉢ 단 점
    - 처리속도가 느리다.
    - 처리 시 관리가 필요하다.
    - 지하수로 유출될 가능성이 있어 별도의 차폐처리가 필요하다.

  ㉣ 처리법
    - 물리화학적 처리(토양증기추출법, 토양수세법, 고형화/안정화법, 공기분사법 등)

토양오염과 관련되어 발생한 사건은 무엇인가?

① 러브커넬 사건

② 시베소 사건

③ 가네미유 사건

④ 포자리카 사건

[해설]
① 러브커넬 사건 : 대표적인 토양오염(유해물질 불법투기)에 관한 사건이다.
② 시베소 사건 : 이탈리아 시베소에서 발생한 다이옥신류에 의한 대표적인 대기오염사건
③ 가네미유 사건 : 일본 가네미사가 제조한 식용류로 만든 음식을 먹은 사람들이 다양한 피부병, 간질환, 신경장애 등이 나타난 환경사건
④ 포자리카 사건 : 멕시코 포자리카에서 안전불감증으로 인해 발생한 황화수소 누출사건

[답] ①

주요 비원위치(Ex-situ) 토양정화기술이 아닌 것은?

① 경작법   ② 토양세척법

③ 열탈착법   ④ 토양증기추출법

해설

토양증기추출법은 대표적인 원위치 정화기술이다.

답 ④

주요 비원위치(Ex-situ) 토양정화기술의 장점에 해당하지 않는 것은?

① 처리비용이 저렴하다.

② 처리시간이 짧다.

③ 처리효율이 높다.

④ 고농도의 정화처리에 적합하다.

해설

비원위치 정화는 토양을 오염 Site에서 굴착하여 이동 후 처리하는 방법으로 효율이 높고 처리시간이 짧아 고농도 오염에 적합하지만 처리비용이 비싸며, 굴착 후 이동 시 제2의 오염물질 유출사고가 발생할 수 있는 우려가 있다.

답 ①

오염토양 복원기술 중 물리화학적 복원기술이 아닌 것은?

① 퇴비화법   ② 토양증기추출법

③ 토양세척법   ④ 고형화 및 안정화법

해설

퇴비화법은 대표적인 생물학적 복원기술이다.

답 ①

토양오염 복원기술에 대한 설명으로 옳지 않은 것은?

① Bioventing : 불포화 토양층 내 유류 탄화수소화합물의 생물학적 분해에 효과적이다.

② Thermal Desorption : 휘발성 및 준휘발성 유기물 처리에 효과적이며 처리시간이 짧다.

③ Phytoremediation : 식물을 이용하여 오염토양 중의 탄화수소 화합물과 중금속을 제거하는 데 효과적이다.

④ Soil Vapor Extraction : 포화대수층 내의 VOC 제거에 효과적이다.

해설

토양증기추출법(SVE)는 불포화 대수층 내 존재하는 휘발성 유기화합물을 제거하는 가장 효과적이고 경제적인 방법이다.

답 ④

• 생물학적 처리(생물학적 분해법, 바이오벤팅, 식물정화법, 자연저감법 등)

② 비원위치 정화기술(Ex-situ)

  ㉠ 토양을 오염지역으로부터 파내어 이동시켜 처리하는 방법

  ㉡ 장점

    • 높은 처리효율

    • 짧은 처리시간

    • 고농도 오염지역에 활용

  ㉢ 단점

    • 높은 처리비용

    • 이동 시 오염물질의 노출 가능성

  ㉣ 처리법

    • 물리화학적 처리(토양세척법, 용매추출법, 고형화/안정화법 등)

    • 생물학적 처리(토양경작법)

    • 열적처리(소각법, 열분해법, 열탈착법 등)

③ 정화기술

구분	기술명	처리위치	공정개요
생물학적 처리	생물학적 분해법 (Biodegradation)	In-situ	Water-based Solution을 오염토양 내로 순환시킴으로서 토착미생물을 활성화시켜 유기물 분해기능을 증대시키는 방법
	생물주입배출법 (Bioventing)	In-situ	오염된 토양에 공기를 강제적으로 주입하여 산소 농도를 증대시켜 미생물의 생분해 기능을 활성화시키는 방법
	토양경작법 (Land Farming)	Ex-situ	오염토양을 굴착하여 지표면에 깔아두고 정기적으로 뒤집어 주며 공기를 공급해 주는 호기성 생분해 공정
	식물재배정화법 (Phytoremediation)	In-situ	식물의 성장에 따라 토양 내의 오염물질을 분해, 흡착, 침전하여 오염토양을 정화하는 방법
	퇴비화법 (Composting)	In-situ	오염토양을 굴착하여 팽화제(Bulking Agent)로 나뭇조각, 동식물 폐기물과 같은 유기성 물질을 혼합하여 공극과 유기물 함량을 증대시킨 후 공기를 주입하여 오염물질을 분해시키는 방법
	자연분해법 (Natural Attenuation)	In-situ	토양 또는 지중에서 자연적으로 일어나는 희석, 휘발, 생분해, 흡착 그리고 지중 물질과의 화학반응 등에 의해 오염물질 농도가 허용 가능한 수준으로 저감되도록 유도하는 방법

구 분	기술명	처리위치	공정개요
물리·화학적 처리	토양수세법 (토양세정법, Soil Flushing)	In-situ	오염물 용해도를 증대시키기 위한 첨가제를 함유한 물 또는 순수한 물을 토양 및 지하수에 주입하여 침출하여 처리
	토양증기추출법 (Soil Vapor Extraction)	In-situ	오염된 불포화층에 공기를 공급하여 오염물질의 휘발 및 생분해를 증진시키는 방법
	토양세척법 (Soil Washing)	Ex-situ	오염토양을 굴착하여 토양입자 표면에 부착된 유·무기성 오염물질을 세척액으로 분리시켜 이를 토양 내에서 농축처분하거나 재래식 폐수처리방법으로 처리
	용제추출법 (Solvent Extraction)	Ex-situ	오염토양을 추출기 내에서 Solvent와 혼합시켜 용해시킨 후 분리기에서 분리하여 처리하는 방법
	고형화/안정화법 (Solidification /Stabilization)	In-situ Ex-situ	오염토양에 첨가제(시멘트, 석회, 슬래그 등)를 혼합하여 오염성분의 이동성을 물리적으로 저하시킨 후 화학적 용해도를 낮추거나 무해한 형태로 변환시키는 방법
	동전기공법 (Electrokinetic Separation)	In-situ	투수계수가 낮은 포화토양에서 이온상태의 오염물(양·음이온, 중금속)을 양극과 음극의 전기장에 의해 이동속도를 촉진시켜 포화오염토양을 처리하는 방법
열적 처리	열탈착법 (Thermal Desorption)	Ex-situ	폐기물 내의 수분 및 유기오염물질을 휘발시키기 위해 300~500℃로 가열하며 가스처리 시스템으로 이송하여 처리하는 방법
	소각법 (Incineration)	Ex-situ	산소가 존재하는 상태에서 약 850~1,200℃의 고온으로 유해성 폐기물 내의 유기오염물질을 소각 분해하는 방법
	유리화법 (Vitrification)	Ex-situ	굴착된 오염토양 및 슬러지를 전기적으로 용융시킴으로써 용출 특성이 매우 적은 결정구조로 만드는 방법
	열분해법 (Pyrolysis)	Ex-situ	산소가 부족한 혐기성 상태에서 열을 가해 오염토양층의 유기물을 분해하여 무해화시키는 방법

5 지하수

(1) 정의 : 토양의 간극을 채우거나 흐르는 물을 통칭한다.

(2) 종류

① **천층수** : 지하로 침투한 물이 제1불투수층 위에 고여 있는, 즉 자유면 지하수를 의미하며 지표의 하수가 침투할 가능성이 높아 위생적인 관리가 필요하다.

오염토양 및 지하수 정화기술에 대한 설명으로 옳지 않은 것은?

① 토양세정법(Soil Flushing)은 토양 내에 세척제를 주입해 줌으로써 중금속으로 오염된 토양 처리에 효과적이다.
② 공기주입법(Air Sparging)은 오염된 불포화층에 공기를 공급함으로써 오염물질의 휘발 및 생분해를 증진시키는 방법이다.
③ 원위치 생물학적 공법(In-situ Bioremediation)은 미생물의 오염물질 분해능력을 촉진시켜 오염 토양이나 지하수를 처리하는 기술이다.
④ 토양경작법(Land Farming)은 오염 토양의 생물학적 처리 공법으로 유류오염 토양의 정화에 효과적이다.

해설
오염된 불포화층에 공기를 공급함으로써 오염물질의 휘발 및 생분해를 증진시키는 방법은 토양증기추출법(SVE)이다.

답 ②

다음은 토양과 지하수의 정화 및 복원기술과 관련된 설명이다. 옳지 않은 것은?

① 지하수 복원기술로서 양수처리기법은 정화된 물을 지하로 투입하여 지중 내의 오염지하수를 희석시킴으로써 오염물질의 농도를 규제치 이하로 떨어뜨리는 기법을 의미하며 가장 간단하고 보편적으로 활용되는 기법이다.
② 오염토양의 처리기법은 위치에 따라 In-situ와 Ex-situ 처리법으로 나뉘며 In-situ 처리법으로는 토양증기추출법, 고형화·안정화법, 생물학적 분해법 등이 있고 Ex-situ 처리법으로는 열탈착법, 토양세척법, 산화·환원법, 토양경작법 등이 있다.
③ 물리·화학적 방법을 통해 독성물질 및 오염물질의 유동성을 떨어뜨리거나 고체구조 내에 가두는 방식의 처리기법을 고형화·안정화법이라고 하며, 중금속이나 방사능물질을 포함하는 무기물질에 효과적인 것으로 알려져 있다.
④ 토양경작법은 오염토양을 굴착하여 지표상에 위치시킨 후 정기적인 뒤집기에 의한 공기공급을 통해 호기성 생분해를 촉진하여 유기오염물질을 제어하는 방법이다.

해설
양수처리기법은 양수기를 이용해 물을 펌핑하여 처리한 후 다시 투입하여 처리하는 가장 간단하고 보편적인 처리기법이다.

답 ①

지하로 침투한 물이 제1불투수층 위에 고여 있어 지표의 하수가 침투할 가능성이 높아 위생적 관리가 필수인 것을 무엇이라 하는가?

① 천층수　　　　② 심층수
③ 용천수　　　　④ 복류수

해설

천층수는 하수의 침투우려가 있어 위생관리가 반드시 필요하다.

답 ①

지하수의 일반적인 특징과 거리가 먼 것은?

① 유속이 매우 느리고 수질특성이 일정하다.
② 자정작용이 느리고 유량변화가 적다.
③ 오염원의 확인이 쉬워 처리가 용이하다.
④ 수질이 비교적 깨끗하다.

해설

지하수 처리는 접근이 힘들며, 오염원의 확인과 처리가 어렵다는 단점이 있다.

답 ③

② 심층수 : 지하로 침투한 물이 제1불투수층과 제2불투수층 사이에 위치한 피압수로 수온이 일정하며 성분변화가 거의 없다.

③ 용천수 : 자연적으로 지표를 뚫고 솟아오른 물을 말하며 천연적으로 여과되어 수질상태가 양호하나 수량이 적어 상수원으로 사용이 쉽지 않다.

④ 복류수 : 하천, 호소의 바닥이나 측부의 모래층에 함유된 지하수로 모래에 의해 여과된 상태라 대부분 수질이 양호하며, 침전지 없이 처리 가능한 경우가 많다.

(3) 특 징

① 수질이 비교적 깨끗하다.
② 유속이 매우 느리고 수질의 특성(오염도, pH, 수온변화)이 일정하다.
③ 자정작용이 느리고 유량변화가 적다.
④ 오염원의 확인이 어렵고 처리가 쉽지 않다.
⑤ 오염되었을 경우 원상복구가 매우 힘들다(자정작용이 거의 없음).
⑥ 양이 많지 않아 한번에 많은 양을 사용할 경우 고갈될 우려가 있다.

※ 지하수는 전체적으로 토양과 미생물에 의해 여과, 오염물질분해 등의 과정을 거쳐 깨끗한 수질을 유지하고 있으나 오염되었을 경우 처리가 쉽지 않고, 사용에 시간적·경제적인 부담이 큰 문제점이 있다.

(4) 오염원

① 점오염원 : 오염원의 위치를 지도상에서 명확히 확인할 수 있는 것으로, 오염원과 규모의 파악이 쉽고 대처가 용이하다(산업폐수, 축산폐수, 정화조, 매립장, 지하저장시설물 등).

② 비점오염원 : 광범위한 범위에서 오염물질이 유출되며, 유출경로와 오염원의 규모파악이 어려워 처리가 힘들다(농지에서 광범위하게 유출되는 농약, 산성비에 의한 오염 등).

(5) 지하수 복원기법

① 원위치방법 : 양수처리기법, 공기살포기법, Dual Phase Extraction, 진공증기추출법

② Pumping 후 처리법 : Ex-situ방법

(6) 지하수의 용어 및 주요내용 정리

① 대수층 : 토양 내부에 물을 함유하고 있으며, 대량의 물을 공급할 수 있을 정도로 투수성, 저류성이 크고, 지하수 배출이 가능한 지층이다.

⊙ 자유면대수층 : 대수층의 지하수면의 압력과 대기압이 동일한 대수층을 말하며 지하수면이 상부경계가 되고 하부는 불투수층이 경계를 이룬다.

ⓛ 피압대수층 : 지하수가 비교적 불투수성인 두 암석층 사이에 존재하여 대기압보다 큰 압력을 받고 있는 대수층이다.

② 저류계수(S) : 단위 수두변화에 의해 단위 면적당 대수층으로부터 배출되거나 흡수되는 물의 양이다.

$$S = \frac{\text{물의 부피}}{\text{단위 면적} \times \text{단위 수두변화}} = \frac{\text{m}^3}{(\text{m}^2) \times (\text{m})}$$

③ 동수경사(동수구배) : 두 지점의 지하수위의 차이를 두 지점 간의 거리로 나눈 비로 지하수가 이동하는 힘의 근원이다.

$$\text{동수경사} = \frac{dh}{dI}$$

여기서, dh : 지하수위의 차이, dI : 두 지점 간의 거리

④ 투수량계수(T) : 물과 같은 유체가 토양, 암석 등의 다공성 매체를 통과하는 정도로 물을 통과시키는 능력을 의미하며, 투수계수가 높을수록 물이 잘 빠져나가 침출현상이 가속화된다.

$$T = Kb$$

여기서, K : 투수계수(수리전도도, 침투계수), b : 대수층의 두께

※ 수리전도도 : 토양과 같은 다공성 매질의 투수성

⑤ Darcy 법칙

지하수 흐름에 관한 기본 법칙으로 모래로 가득찬 통에 물을 이동시킬 때 압력과 이동거리에 따른 투수의 정도를 보여 주는 법칙이다. 매질이 다공질이며 층류인 경우에만 적용된다.

$$Q = av = KIa$$

여기서, Q : 양수량, v : 지하수 침투속도, I : 지하수의 동수구배$\left(I = \frac{dh}{dI}\right)$

a : 지하수 침투 단면적, K : 투수계수(수리전도도, 침투계수)

🔖 TIP

지하수는 토양층이 다공질이며 층류이동을 하여 Darcy의 법칙이 적용됨
Darcy 속도(Darcian Velocity = 평균선형유속)

🔖 TIP

K는 초창기 침투계수(투수계수)라는 말로 사용되었으나 1968년 미국 지질조사서에서 수리전도도란 용어를 제안하였으며, 현재 널리 사용되고 있다. 즉, 침투계수 = 투수계수 = 수리전도도이다.

10m 간격으로 떨어져 있는 실험공의 수위차가 20cm일 때, 실질 평균선형유속(m/day)은?(단, 투수계수는 0.4m/day이고 공극률은 0.5이다)

① 0.008　　　　② 0.18
③ 0.004　　　　④ 0.016

해설

실질유속은 공극 사이로 흐르는 물의 속도를 고려해야 하므로

실질유속(V_a) = $\frac{\text{속도}}{\text{공극}}$ 이므로

$V_a = \frac{V}{0.5}$ 이며 $V = KI$을 넣어서 계산한다.

여기서, V_a : 실질 평균선형유속

V : 유속

K : 투수계수

I : 동수구배$\left(\frac{dh}{dl}\right)$

$V_a = \frac{0.4\text{m/d} \times (0.2\text{m}/10\text{m})}{0.5} = 0.016\text{m/d}$

답 ④

지하수 대수층의 부피가 2,500m³, 공극률이 0.4, 공극수 내 비반응성 물질 A의 농도가 50mg/L일 때, 공극수 내 물질 A의 질량(kg)은?

① 25　　　　② 40
③ 50　　　　④ 100

해설

대수층 2,500m³ × 공극률 0.4 = 대수층 내 공극 속에 포함된 지하수의 양 = 1,000m³
1,000m³ × 50g/m³ × 0.001kg/g = 50kg

답 ③

오염된 지하수의 Darcy 속도가 0.6m/day이고, 공극률이 0.2일 때 오염원으로부터 300m 떨어진 지점까지 도달하는 데 걸리는 시간은?

① 약 0.27년
② 약 0.65년
③ 약 0.82년
④ 약 2.40년

해설

$\frac{(300\text{m} \times 0.2)}{0.6\text{m/day}} = 100\text{day} \times \frac{1\text{year}}{365\text{day}} = 0.27\text{year}$

답 ①

⑥ 우수유출량(합리식) : 우수관거 설계 시 사용되는 대표적인 방법으로 홍수 시 최대 홍수량을 산정하는 공식이다.

$$Q = \frac{1}{360} CIA$$

여기서, C : 유출계수, I : 강우강도(mm/h), A : 배수면적(ha)

⑦ 유출계수 : 어느 지역의 총강우량에 대한 유출량의 비를 말한다.

$$\text{유출계수} = \frac{\text{최대강수유출량}}{\text{총강우량(강우강도} \times \text{배수면적)}}$$

⑧ 강우지속시간(유달시간) : 실제로 비가 내려 유역의 끝 지점까지 이동하는 시간을 말하며, 일반적으로 비가 내리기 시작하여 그칠 때까지의 시간이다.

$$\text{유달시간} = t + \frac{L}{V}$$

여기서, t : 유입시간(min), V : 관거 내의 평균유속(m/min), L : 관거의 길이(m)

※ 유하시간 : 하천이나 우수관거에 유량이 유입되어 하류 유역의 출구지점까지 이동하는 시간

(7) 지하수 복원기술

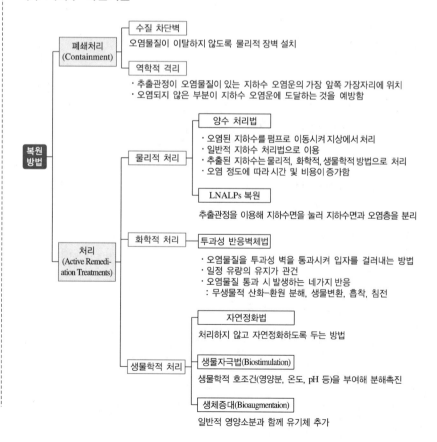

제2절 해양오염

1 해수의 특징

(1) 해수의 구성성분

　① 염 류

　　㉠ 바닷물의 염류는 염화나트륨 > 염화마그네슘 > 황산마그네슘 순으
　　　로 많이 녹아 있다.

　　㉡ 단위는 ‰(퍼밀), 또는 psu(practical salinity unit)를 사용한다.

　　㉢ 바다평균 염분은 약 35‰이다.

　② 해 류

　　㉠ 일정한 방향, 폭, 수온을 지니며, 흐르는 바닷물의 움직임이다.

　　㉡ 취송류, 경사류, 밀도류, 보류의 4가지로 구분된다.

　③ 조 류

　　㉠ 달의 인력에 의해 발생하는 조석현상으로 나타나는 바닷물의 흐름이다.

　　㉡ 한류(차가운 물)와 난류(따뜻한 물)로 나뉘어진다.

　④ 용승류

　　해류의 수직적 순환에 의해 해저 깊은 곳에서 해수면 부근까지 상승하는
　　(Upwelling) 해류이다.

(2) 해수의 특성

　① 밀도, 전기전도도, 삼투압 등이 담수에 비해 크다.

　② 일정한 화학성분비를 지니고 있다(염분, 붕소, 질소, 황, 마그네슘 등).

　③ 대략 35‰의 염분을 포함하고 있다(35,000ppm).

　④ 산소, 질소, 이산화탄소, 아르곤 등을 기체상태로 포함하고 있다(물질순
　　환 역할).

　⑤ pH는 약 8.2 정도이다.

　⑥ 일반적으로 해수의 밀도는 수심이 깊을수록 높아진다.

　⑦ 해수 이온 양 비교

　　염소이온(Cl^-) > 나트륨이온(Na^+) > 황산이온(SO_4^{2-}) > 마그네슘이온
　　(Mg^{2+}) > 칼슘이온(Ca^{2+}) > 칼륨이온(K^+) > 중탄산이온(HCO_3^-)

(3) 해양유류오염의 방지 및 대책

오염발생 → 기계적 방법 → 물리·화학적 방법 → 연소(대양), 침전법 활용

① 기계적 처리

　㉠ Oil Fence, Boom 설치 : 기름의 확산을 방지

　㉡ 진공펌프관을 이용한 회수

　㉢ 트랜스퍼

② 물리·화학적 처리

　㉠ 유처리제를 이용한 분산

　㉡ 유류흡착제를 이용한 흡착

　㉢ Gel화, 방유화

　㉣ 응집, 분리, 침전 등 활용

(4) 적조현상

바닷속 영양물질(인, 질소)의 과도한 공급으로 특정성분의 식물성플랑크톤이 대량으로 번식하여 바다색깔이 붉은색으로 변하는 현상이다. 주로 장마이후 육지의 오염물질이 공급되는 시기에 발생하며 연안생태계에 치명적인 영향을 끼친다.

① 원 인

　㉠ 유입하천수의 오염도 증가

　㉡ 수온상승

　㉢ 연안개발로 인한 갯벌의 감소

　㉣ 낮은 염분 농도

② 대 책

　㉠ 황토살포(플랑크톤, 영양염과 황토흡착으로 적조 소멸→단기적 효과)

　㉡ 고도처리시설의 개선으로 유입하천수의 질소, 인을 제거

　㉢ 자연정화법

(5) 미세플라스틱

크기가 대략 0.001~5mm 내외의 합성수지를 말하며, 합성단계에서 생성된 것을 1차 미세플라스틱, 플라스틱 제품 사용 중 쓰레기가 되어 풍화작용에 의해 생성된 것을 2차 미세플라스틱이라 한다.

① 원인 및 현상

　㉠ 원인으로는 치약, 세정제, 스크럽, 스티로폼 등 다양하다.

　㉡ 먹이사슬을 통해 인간의 몸으로 흡수된다.

　㉢ 환경호르몬 문제, 발암물질 유발 등의 피해가 발생한다.

② 대 책

　　㉠ 미세플라스틱 사용 물질의 생산 금지

　　㉡ 국가별 비닐봉지 사용금지, 플라스틱 빨대 사용금지 등의 대책 수립

　　㉢ 생분해 플라스틱 사용의 활성화 방안 모색

　　㉣ 재사용, 재활용을 위한 국가별, 국가 간 규제 필요

적중예상문제

CHAPTER 04

제1절 토양오염

01 토양의 구성성분 가운데 가장 많은 비중을 차지하는 원소 두 가지는?

① 산소, 규소
② 규소, 알루미늄
③ 규소, 철
④ 칼슘, 산소

해설
무기물 구성비율 : 산소 > 규소 > 알루미늄 > 철 > 칼슘 > 나트륨 > 마그네슘

02 토양의 부식토의 역할에 포함되지 않는 것은?

① 토질, 공극률 개선
② 양분 손실 감소
③ 오염물질의 완충작용
④ 음이온 교환능력 증가

해설
양이온의 교환능력을 증가시켜 식물의 성장을 촉진한다.

03 토양의 기능과 특징으로 옳지 않은 것은?

① 물, 공기의 저장공간의 역할을 수행한다.
② 물, 공기의 이동공간의 역할을 수행한다.
③ 다양한 미생물이 성장하는 서식지를 제공한다.
④ 공극의 크기와 수분보유능력은 비례한다.

해설
④ 공극의 크기가 작을수록 수분보유능력이 늘어난다.

04 입자의 직경이 0.02~2.0mm 정도인 토양을 무엇이라 하는가?

① 점 토
② 미 사
③ 모 래
④ 자 갈

해설
모래 입자의 직경 : 0.05~2.0mm

05 토양의 주요 기능에 해당하지 않는 것은?

① 생물서식지기능
② 저수와 투수기능(홍수조절)
③ 오염물질 정화기능
④ 식물성장 저해기능

해설
④ 식물의 성장을 촉진한다.

06 질산화작용의 최종산물은?

① 암모니아성 질소(NH_3-N)
② 아질산성 질소(NO_2-N)
③ 질산성 질소(NO_3-N)
④ 암모늄염(NH_4^+)

해설
질산화작용은 암모니아성 질소가 아질산성 질소를 거쳐 최종적으로 질산성 질소로 변하는 과정을 말한다.

07 탈질화작용의 최종산물은?

① 암모니아성 질소(NH_3-N)
② 아질산성 질소(NO_2-N)
③ 질산성 질소(NO_3-N)
④ 질소기체(N_2)

탈질화는 질산성 질소가 질소기체로 환원되는 과정이다.

08 물속에서 암모늄염(NH_4^+)을 형성할 수 있는 질소로 분변오염의 지표로 사용되며 오염의 초기에 주로 발견되는 성분은?

① 질소(N_2)
② 질산성 질소(NO_3-N)
③ 아질산성 질소(NO_2-N)
④ 암모니아성 질소(NH_3-N)

암모니아성 질소에 관한 설명이다.

09 질산화반응에 관한 설명으로 옳지 않은 것은?

① 암모니아성 질소가 발견될 경우 수인성 감염병균의 오염 가능성이 있다.
② 화학적으로 독립영양박테리아에 의해 발생한다.
③ 최종 부산물은 질소가스(N_2)이다.
④ 질산성 질소는 유아청색증을 유발할 수 있다.

③ 질산화반응의 최종산물은 질산성 질소(NO_3-N)이며, 탈질화의 최종산물이 질소가스(N_2)이다.

10 탈질화작용에 관한 설명으로 옳지 않은 것은?

① 에너지원은 유기물이다.
② 통성혐기성균에 의해 이루어진다.
③ NOx로 환원하는 데 알칼리도가 소모된다.
④ 탈질 시 DO의 농도는 0ppm에 가깝다.

③ 질산화반응에서는 알칼리도가 소비되고, 탈질화작용에서는 알칼리도가 생성된다.

11 토양미생물의 기능에 해당하지 않는 것은?

① 질소고정작용
② 유기물 분해작용
③ 유기물 생산작용
④ 무기양분의 동화작용

③ 유기물의 생산은 생산자(식물, 식물성 플랑크톤)의 역할이다.

12 부식토의 역할로 옳지 않은 것은?

① 양분의 보유
② 토양공기의 통기 유발
③ 물리적 성질개선
④ 토양의 수분 배출

부식토는 동식물의 유체나 그것이 부패하여 발생한 부식질의 함유가 20% 이상인 흙으로 토양생태계를 건강하게 하는 역할을 하며 토양을 촉촉하게 유지시키는 중요한 역할을 수행한다.

13 체분석 결과를 입도분포곡선으로 나타내었더니 $D_{10} = 0.025mm$, $D_{30} = 0.05mm$, $D_{60} = 0.40mm$를 나타내었다. 다음 중 균등계수는?

① 10
② 13
③ 16
④ 19

$$균등계수 = \frac{D_{60}}{D_{10}} = \frac{0.40}{0.025} = 16$$

14 체분석 결과를 입도분포곡선으로 나타내었더니 $D_{10}=$ 0.025mm, $D_{30}=0.05$mm, $D_{60}=0.40$mm를 나타내었다. 다음 중 곡률계수는?

① 0.17   ② 0.25

③ 0.52   ④ 0.83

해석

$$곡률계수 = \frac{D_{30}^2}{D_{10} \times D_{60}} = \frac{0.05^2}{0.025 \times 0.40} = 0.25$$

15 어느 지역의 토양의 공극률 측정을 위해 50m³을 채취하여 고형입자의 부피와 수분입자의 부피를 측정하니 각 35m³과 10m³이었다. 공극률은?

① 20%   ② 30%

③ 40%   ④ 50%

해석

토양 = 고상 + 액상 + 기상이므로 고상과 액상을 더해 전체 부피에서 빼면 된다. 토양 전체 부피 = 50m³, 고상 = 35m³, 액상 = 10m³이므로 기상은 다음과 같다.

$50 = 35 + 10 + x, \ x = 5m^3$

$$공극률 = \frac{물 + 공기의 \ 부피}{토양 \ 전체의 \ 부피} \times 100$$
$$= \frac{10m^3 + 5m^3}{50m^3} \times 100 = 30\%$$

16 토양 자연상태의 습윤용적밀도가 2g/cm³이고, 함수율이 70%일 때 토양의 공극률은?(단, 입자밀도는 3.0g/cm³이고 물의 비중은 1로 가정한다)

① 42   ② 53

③ 61   ④ 75

해석

$$\frac{습윤용적밀도}{1 + 함수율} = \frac{2g/cm^3}{1 + 0.7} = 1.17g/cm^3 (겉보기밀도)$$

$$공극률 = 1 - \frac{겉보기밀도}{입자밀도} = 1 - \frac{1.17g/cm^3}{3.0g/cm^3} = 0.61 = 61\%$$

17 공극률이 0.4인 흙의 공극비를 구하면?

① 45.5%   ② 66.7%

③ 82.3%   ④ 100%

해석

$$공극비 = \frac{공극률}{1 - 공극률}$$
$$= \frac{0.4}{1 - 0.4} = 66.7\%$$

18 토양의 화학적 구성에 관한 설명 중 옳지 않은 것은?

① 토양양분의 대부분은 물, 탄산가스, 토양에서 취득한다.

② 자연상태의 토양은 약알칼리성이다.

③ 농경지의 경우 pH 5~6.5, 삼림은 pH 4.5~6.5의 범위이다.

④ pH가 감소할 경우 암석 내 중금속이 용출되어 토양 내 중금속 이동이 증가한다.

해석

② 자연상태의 토양은 약산성이며, 대부분의 식물이 약산성에 적응성을 지니고 있다.

19 점토함량이 10%, 모래와 미사함량이 85% 그리고 유기물함량이 5%인 토양의 순수유기물에 의한 양이온교환용량은?(단, 점토와 유기물의 평균 양이온교환용량은 각각 100cmol/kg과 300cmol/kg이다)

① 10cmol/kg

② 15cmol/kg

③ 20cmol/kg

④ 25cmol/kg

해석

유기물함량 5%, 유기물의 평균 양이온교환용량 300cmol/kg이므로
0.05×300cmol/kg = 15cmol/kg
순수한 유기물에 의한 양이온교환용량이므로 점토와 모래, 미사의 영향은 배제한다.

20 토양의 양이온교환용량이 12meq/100g이다. Ca²⁺으로 포화시킨다면 몇 mg이 양이온으로 치환되겠는가?(단, Ca의 원자량 : 40)

① 120mg ② 240mg

③ 360mg ④ 480mg

12meq/100g를 포화시키려면 양이온이 12meq만큼 필요하며 Ca²⁺는 양이온이 2개이므로 총 6mol의 칼슘원소가 필요하므로
Ca 분자량×6 = 40mg×6 = 240mg

21 양이온교환용량이 20cmol/kg인 토양입자 표면에 흡착되어 있는 H⁺, Ca²⁺, Al³⁺, Mg²⁺, K⁺, Na⁺가 각각 4, 3, 5, 2, 4, 2cmol/kg이라면 염기포화도는 얼마인가?

① 55% ② 65%

③ 75% ④ 85%

$$\text{염기포화도} = \frac{\text{수소, 알루미늄을 제외한 양이온의 합}}{\text{양이온교환용량}}$$

$$= \frac{3+2+4+2}{20} = 0.55 = 55\%$$

22 양이온교환용량(CEC)에 대한 설명으로 옳지 않은 것은?

① CEC를 점하고 있는 것은 점토와 미생물이 유기물을 분해해서 만든 부식이다.

② 단립이 발달한 토양이 CEC가 높다.

③ 제올라이트, 퇴비 등을 사용하면 CEC를 높일 수 있다.

④ CEC를 높이기 위해선 단기간에 집중적인 처리가 중요하다.

④ 전체적인 양이온교환용량을 높이기 위해서는 장기간의 처리가 필요하며, 매년 지속적으로 집적시키는 것이 중요하다.

23 토양산성도와 오염의 관계의 설명으로 적절하지 않은 것은?

① 산성도의 정도에 따라 4단계로 구분한다.

② 1단계의 원인은 토지에 살포한 석회질 비료에 기인한다.

③ 2단계에선 규산염광물의 풍화에 의해 중화작용이 발생한다.

④ 3단계는 강한 산성비(황산, 질산)에 의해 발생한다.

③ 2단계의 중화작용은 약산성 교환성 염기, 강산성 교환성 염기, 이 두 가지에 의해 중화작용이 발생한다.

24 토양산성도와 오염의 관계의 설명으로 적절하지 않은 것은?

① 1단계는 탄산염, 탄산수소염에 의한 중화작용이 발생한다.

② 2단계는 교환성 염기에 의해 발생한다.

③ 3단계에선 2차 광물에 의한 중화, 산의 흡착 등에 의해 중화작용이 발생한다.

④ 4단계의 특징은 반응속도가 매우 빠르다는 점이다.

④ 4단계는 토양 내 OH⁻의 방출에 의해 발생되며 반응속도가 매우 느린 특징을 지니고 있다.

25 교환성 염기에 제외되는 두가지 이온은?

① 수소, 알루미늄

② 수소, 칼슘

③ 수소, 나트륨

④ 알루미늄, 마그네슘

① 교환성 염기란 수소와 알루미늄을 제외한 양이온의 합이다.

26 양이온 치환능력이 가장 큰 토양은?

① 양 토 　　　　② 사 토
③ 식양토 　　　　④ 식 토

해설
식토 > 식양토 > 양토 > 사양토 > 사토

27 동일한 양을 토양에 처리할 경우 염기포화도를 가장 많이 증가시키는 물질은?(단, Ca, Mg, K, Na, Cl의 원자량은 각각 40, 24, 39, 23, 35g이다)

① $MgCl_2$ 　　　　② $CaCl_2$
③ KCl 　　　　④ NaCl

해설
각 양이온을 비교하면 Mg^{2+}, Ca^{2+}, K^+, Na^+이므로 1가를 제외하면 Mg^{2+}, Ca^{2+}인데 동일한 양을 처리한다고 가정했을 때, 분자량이 가벼운 것이 동일 무게에서 염기포화도를 더 많이 증가시키므로 분자량이 가벼운 것이 정답이다.

28 토양의 양이온교환용량이 30meq/100g이며, 치환성 양이온량(단위 : meq/100g)이 각각 Ca^{2+} : 15, Mg^{2+} : 6, K^+ : 0.5, Na^+ : 0.1, H^+ : 10일 때 염기포화도값은?

① 53% 　　　　② 65%
③ 72% 　　　　④ 84%

해설
$$염기포화도 = \frac{교환성\ 염기의\ meq}{교환성\ 양이온의\ meq} \times 100$$
$$= \frac{15+6+0.5+0.1}{30} \times 100 = 72\%$$

29 나트륨 흡착비(SAR)에 관한 설명으로 옳지 않은 것은?

① SAR값이 높을수록 통풍성이 커진다.
② SAR값이 높을수록 삼투성이 낮아진다.
③ 관개용수에 대한 나트륨의 영향을 평가하기 위해 측정한다.
④ 토양과 평형을 이루는 용액 중에 Ca^{2+}와 Mg^{2+}에 대한 Na^+의 농도비를 말한다.

해설
① SAR값이 높을수록 통풍성, 삼투성이 낮아 농작물 성장에 부정적이다.

30 토양과 평형을 이루는 용액의 Ca^{2+}, Mg^{2+}, Na^+의 값이 8mmol/L, 10mmol/L, 20mmol/L이다. 나트륨 흡착비는 얼마인가?

① 3.5 　　　　② 4.2
③ 5.8 　　　　④ 6.7

해설
$$SAR = \frac{Na^+}{\sqrt{\frac{1}{2}(Mg^{2+} + Ca^{2+})}}$$
$$= \frac{20}{\sqrt{\frac{1}{2}(10+8)}} = 6.7$$

31 점토광물의 특징으로 옳지 않은 것은?

① 주로 2차적인 요인에 의해 생성된다.
② 미세한 광물입자로 구성되어 있다.
③ 주로 암석, 토양이 풍화작용을 받아 생성되었다.
④ Si^{2+}, Al^{3+}에 의해 또는 Al^{3+}, Mg^{2+} 등에 의해 치환되어 양전하를 띤다.

해설
④ Si^{2+}, Al^{3+}에 의해 또는 Al^{3+}, Mg^{2+} 등에 의해 치환되어 음전하를 띤다.

32 가장 대표적인 1 : 1형 광물로 견고한 수소결합을 지니고 있으며, 수축-팽창성이 좋고, 이온교환능력이 낮은 점토광물은?

① 할로이사이트 　　　　② 카올리나이트
③ 스멕타이트 　　　　④ 몬모릴로나이트

해설
② 카올리나이트는 대표적인 1 : 1형 광물로 $Al_2SiO_5(OH)_4$의 화학식을 가진다.

33 카올리나이트와 유사하나 층간에 물분자가 하나씩 끼어 있는 1:1형 점토광물은?

① 할로이사이트　　　② 일라이트
③ 스멕타이트　　　　④ 몬모릴로나이트

해석
① 할로이사이트는 고령토의 주요 구성성분으로 카올리나이트와 유사한 화학적 결정구조를 지니고 있다.

34 몬모릴로나이트의 특징으로 옳지 않은 것은?

① 물을 쉽게 흡수한다.
② 가소성과 응집성이 크다.
③ 쉽게 분산되지 않는 특징이 있다.
④ Mg이 풍부한 환경에서 주로 생성된다.

해석
Mg이 풍부한 환경에서 주로 생성되며, 가소성과 응집성은 크나 쉽게 분산된다.

35 혼합형 광물을 대표하는 것은?

① 할로이사이트　　　② 클로라이트
③ 스멕타이트　　　　④ 몬모릴로나이트

해석
2:1 격자형 광물과 1:1 격자형 광물이 혼합된 형태를 이루며 클로라이트가 대표적이다.

36 토양오염의 특징으로 옳지 않은 것은?

① 원상복구가 쉽다.
② 발생과 영향의 시간 차이가 존재한다.
③ 오염경로가 다양하며 파악이 쉽지 않다.
④ 한번 오염되었을 경우 만성적인 오염이 될 가능성이 크다.

해석
토양오염의 특징 : 간접적, 만성적, 복원의 난해함

37 토양오염물질 가운데 중금속류에 해당하지 않는 것은?

① 수 은　　　　　　② 구 리
③ 톨루엔　　　　　④ 아 연

해석
③ 톨루엔은 유류 관련 오염물질(BTEX)에 해당한다.

38 토양오염물질 가운데 유류 관련 오염물질(BTEX)에 해당하지 않는 것은?

① 벤 젠　　　　　　② 톨루엔
③ 자일렌　　　　　④ 테트라클로로에틸렌

해석
④ 테트라클로로에틸렌(PCE)은 난분해성 유기오염물질에 해당된다.

39 오염토양 복원기술 중 원위치 정화기술의 설명으로 옳지 않은 것은?

① 오염토양을 이동 없이 원위치에서 중화물질의 투입을 통해 정화한다.
② 토양의 이동이 없어 처리비용이 저렴하다.
③ 처리속도가 매우 빠르다.
④ 별도의 차폐시설이 필요하다.

해석
③ 원위치 정화기술(In-situ)은 처리속도가 느리고, 지속적인 사후관리가 필요한 단점이 있다.

40 비원위치 정화기술의 장점에 해당하지 않는 것은?

① 처리속도가 빠르다.
② 효율이 매우 높다.
③ 고농도의 오염지역에 활용할 수 있다.
④ 처리비용이 저렴하다.

해석
비원위치 정화기술(Ex-situ)은 토양을 오염지역에서 파내어 이동시켜 처리하는 방법으로 처리효율이 매우 높으나, 처리비용이 고가인 단점이 있다.

41 주요 원위치 토양정화기술이 아닌 것은?

① 식물정화법
② 공기분사법
③ 바이오벤팅
④ 토양경작법

해설
④ 토양경작법은 대표적인 비원위치 토양정화기술이다.

42 오염토양복원기술 중 생물학적 복원기술에 해당하지 않는 것은?

① 자연저감법
② 바이오벤팅
③ 고형화법
④ 토양경작법

해설
③ 고형화법은 물리화학적 처리의 범위에 포함된다.

43 방사성 물질, 무기물질, 휘발성 유기화합물의 처리에 적합하며, 오염토양을 굴착한 후 씻어서 처리한다. 투수성이 높은 토양에 효과적인 처리법은?

① 고형화/안정화법
② 공기분사법
③ 토양세정법
④ 토양증기추출법

해설
③ 토양세정법(토양수세법, Soil Flushing)은 대표적인 물리화학적 원위치 처리방법이다.

44 인위적인 공기를 투입하여 휘발성이 강한 물질을 처리하는 방법으로 유류 관련 오염물질의 처리에 적합한 토양세정법은?

① 공기분사법　② 바이오벤팅
③ 열적처리　④ 토양경작법

해설
② BTEX의 처리엔 주로 바이오벤팅이 사용된다.

45 비원위치 처리법 중 하나인 소각법에 관한 설명으로 옳지 않은 것은?

① 900~1,200℃의 고온처리가 이루어진다.
② 유기오염물질의 처리에 효율적이다.
③ 고온의 유지가 어려운 단점이 있다.
④ 2차 오염의 위험성이 작아 안정적이다.

해설
소각법의 경우 유독성 가스, 재 등이 발생되는 단점이 있다.

46 지하로 침투한 물이 제1불투수층과 제2불투수층 사이에 위치하고 있는 피압수를 말하는 용어로 수온이 일정하여 1년 내내 성분변화가 거의 없는 지하수를 칭하는 말은?

① 천층수　② 심층수
③ 용천수　④ 복류수

해설
심층수에 관한 설명이다.

47 지하수의 특징을 설명한 것으로 옳지 않은 것은?

① 수질이 비교적 깨끗하다.
② 유속이 매우 느리고, 수량의 큰 변화가 없다.
③ 오염원의 확인이 용이하여 오염 시 처리가 빠르다.
④ 양이 많지 않아 고갈의 우려가 높다.

해설
지하수는 양이 많지 않고 오염의 확인이 어려워 처리가 곤란하다.

41 ④　42 ③　43 ③　44 ②　45 ④　46 ②　47 ③ **정답**

48 20m 간격으로 떨어져 있는 실험공의 수위차가 30cm일 때, 실질 평균선형유속(m/day)은?(단, 투수계수는 0.5m/day이고 공극률은 0.5이다)

① 0.005 　　　　　　② 0.009
③ 0.011 　　　　　　④ 0.015

해설

실질유속은 공극 사이로 흐르는 물의 속도를 고려해야 하므로

$$\text{실질유속}(V_a) = \frac{\text{속도}}{\text{공극}}$$

$V_a = \dfrac{V}{0.5}$ 이며 $V = KI$를 넣어서 계산한다.

여기서, V_a : 실질 평균선형유속, V : 유속, K : 투수계수,

$\quad\quad I$: 동수구배$\left(\dfrac{dh}{dl}\right)$

$$V_a = \frac{0.5\text{m/day} \times (0.3\text{m}/20\text{m})}{0.5} = 0.015\text{m/day}$$

49 단시간에 내린 정강우량에 대해 하수관거에 유입되는 우수 유출량의 비를 뜻하는 용어는?

① 유출계수
② 유달시간
③ 강우지속시간
④ 유하시간

해설

유출계수를 말하며 계산은 $\text{유출계수} = \dfrac{\text{최대강수유출량}}{\text{강우강도} \times \text{배수면적}}$ 을 적용하여 계산한다.

50 관거의 길이가 1,200m, 유입시간이 5분, 관거 내 평균 유속이 1.0m/s, 유출계수가 0.5, 강우강도가 $I = \dfrac{5,000}{t+25}$, 배수면적이 2km²일 때 우수 유출량은 얼마인가?(단, 합리식 적용기준)

① 2.78m³/s
② 3.78m³/s
③ 27.8m³/s
④ 37.8m³/s

해설

$$\text{유출량}(Q) = \frac{1}{360}CIA$$

여기서, C : 유출계수, I : 강우강도(mm/h), A : 배수면적(ha)

합리식을 이용해 유출량을 계산하기 위해 먼저 강우강도를 구해보면

$I = \dfrac{5,000}{t+25}$ [여기서, t : 유달시간(유입시간 + 유하시간)]

$t = 5\text{min} + \dfrac{1,200\text{m}}{1.0\text{m/s}} = 25\text{min}$

$\therefore I = \dfrac{5,000}{25+25} = 100\text{mm/h}$

$A = 2\text{km}^2 \times \dfrac{100\text{ha}}{1\text{km}^2} = 200\text{ha}$

$\therefore Q = \dfrac{1}{360} \times 0.5 \times 100 \times 200 = 27.8\text{m}^3/\text{s}$

51 점토로 구성된 피압층에서 수리전도도는 10^{-4}m/day, 수리경사는 1m/10m, 공극률은 0.5일 때 지하수의 이동속도는?

① 1.0×10^{-5}m/day 　　② 2.0×10^{-5}m/day
③ 3.0×10^{-5}m/day 　　④ 4.0×10^{-5}m/day

해설

$v = K\dfrac{dh}{ndl}$

$\quad = 10^{-4}\text{m/d} \times \dfrac{1\text{m}}{0.5 \times 10\text{m}} = 0.00002\text{m/day} = 2.0 \times 10^{-5}\text{m/day}$

여기서, v : 이동속도, K : 수리전도도, n : 공극률, $\dfrac{dh}{dl}$: 수리경사

52 어느 지역의 우수량을 산출하기 위해 조사한 지역분포와 유출계수의 결과가 다음과 같을 때 지역 전체의 평균유출계수는 얼마인가?

지 역	분 포	유출계수
상업지역	20%	0.6
주거지역	30%	0.4
공원지역	10%	0.2
공업지역	40%	0.2

① 0.46 　　　　　　② 0.41
③ 0.36 　　　　　　④ 0.30

해설

총괄유출계수 $C = \dfrac{\sum C_i A_i}{\sum A_i}$ (여기서, A_i : 분포, C_i : 유출계수)

$\therefore \dfrac{(20 \times 0.6) + (30 \times 0.4) + (10 \times 0.2) + (40 \times 0.5)}{20 + 30 + 10 + 40} = 0.46$

53 오염된 지하수의 Darcy 속도가 0.5m/day이고, 공극률이 0.1일 때 오염원으로부터 500m 떨어진 지점까지 도달하는데 걸리는 시간은?

① 약 0.27년   ② 약 0.65년

③ 약 0.82년   ④ 약 2.40년

해설

$\dfrac{(500\text{m} \times 0.1)}{0.5\text{m/day}} = 100\text{day} \times \dfrac{1\text{year}}{365\text{day}} = 0.27\text{year}$

54 공극률이 0.4이고 침투속도가 0.3m/h일 때 1km 떨어진 지점까지 도달하는 데 걸리는 시간(day)은 얼마인가?(Darcy의 법칙 이용)

① 307   ② 347

③ 407   ④ 447

해설

$V_s = \dfrac{v}{n}$

여기서, V_s : 침윤속도(침투속도), v : Darcy 속도, n : 공극률
침투속도를 Darcy 속도로 변환하면
$v = 0.4 \times 0.3\text{m/h} = 0.12\text{m/h}$

소요시간 $= \dfrac{1,000\text{m}}{0.12\text{m/h} \times 24\text{h/day}} = 347.22\text{day}$

55 오염된 지하수의 Darcy 속도가 0.4m/day이고, 공극률이 0.1일 때 오염원으로부터 1km 떨어진 지점까지 도달하는 데 걸리는 시간은?

① 약 0.54년   ② 약 0.69년

③ 약 0.75년   ④ 약 0.93년

해설

$\dfrac{(1,000\text{m} \times 0.1)}{0.4\text{m/day}} = 250\text{day} \times \dfrac{1\text{year}}{365\text{day}} = 0.69\text{year}$

56 지하수 복원기술 가운데 생물학적 호조건(영양분, 온도, pH 등)을 부여하여 스스로 분해가 촉진되도록 처리하는 방법은?

① 양수처리법
② 투과성 반응벽체법
③ 자연정화법
④ 생물자극법(Biostimulation)

해설

생물자극법은 생물학적 조건의 활성화로 스스로 분해를 촉진하여 처리하는 생물학적 처리법 중 하나이다.

57 투과성 반응벽체법에서 오염물질이 통과할 때 발생하는 4가지 반응이 아닌 것은?

① 침 전
② 흡 착
③ 생물변환
④ 생물적 산화-환원 분해

해설

투과성 반응벽체법은 오염물질을 투과성 벽을 통과시켜 입자를 걸러내는 화학적 지하수 처리복원방법 중 하나로 무생물적 산화-환원 분해, 생물변환, 흡착, 침전의 총 4가지 반응이 일어난다.

제2절 해양오염

01 해수의 특징을 설명한 것으로 옳지 않은 것은?

① 단위는 ‰(퍼밀)을 사용한다.
② 평균 염분의 농도는 약 20‰ 정도이다.
③ 조류는 한류와 난류로 나뉘어진다.
④ 염화나트륨의 함유량이 가장 높다.

해설
② 해수의 평균 염분 농도는 약 35‰ 정도이다.

02 해수의 특성으로 옳지 않은 것은?

① pH는 약 8.2 정도이다.
② 일정한 화학성분비를 지니고 있다.
③ 담수에 비해 삼투압이 작다.
④ 해수의 밀도는 보통 수심에 따라 높아진다.

해설
③ 담수에 비해 밀도, 전기전도도, 삼투압 값이 높다.

03 해양 유류유출 발생 시 적절한 대책이 아닌 것은?

① Oil Fence를 설치하여 기름의 확산을 방지한다.
② 유처리제를 이용해 기름을 처리한다.
③ 유류흡착제를 이용하여 흡착한다.
④ 연안의 경우 연소시켜 처리하면 보다 효과적이다.

해설
④ 연소처리는 오염유출지역이 연안에서 먼 대양일 경우 가능하다.

04 적조현상의 원인으로 볼 수 없는 것은?

① 유입하천수의 오염도 증가
② 수온의 상승
③ 높은 염분농도
④ 연안개발로 인한 갯벌의 감소

해설
③ 염분의 농도가 낮을 경우 적조현상이 주로 발생된다.

05 미세플라스틱의 원인 및 현상에 대한 설명으로 옳지 않은 것은?

① 치약, 세정제, 스티로폼 등 다양한 원인에 의해 발생한다.
② 먹이사슬을 통해 최종 소비자인 인간의 몸에 농축된다.
③ 최근 개발되고 있는 생분해 플라스틱 사용의 권장으로 해양의 농축량이 점차 줄어들고 있다.
④ 크기는 대략 0.001~5mm 내외이다.

해설
생분해 플라스틱은 아직 사용에 대한 결과가 공식적으로 도출되지 않았으며, 보다 많은 연구가 필요한 소재이다.

CHAPTER 05 소음 및 진동

필 / 수 / 확 / 인 / 문 / 제

인간이 귀로 들을 수 있는 가청주파수의 범위는?

① 20Hz

② 20~20,000Hz

③ 20~20,000kHz

④ 20,000kHz 이상

[해][설]
가청주파수의 범위는 20~20,000Hz이다.

답 ②

선음원의 거리감쇠에서 거리가 2배로 되면 음압레벨의 감쇠치는?

① 1dB   ② 2dB

③ 3dB   ④ 4dB

[해][설]
거리감쇠
• 점음원 : 거리가 2배 멀어질 때 6dB 감쇠
• 선음원 : 거리가 2배 멀어질 때 3dB 감쇠

답 ③

🔷 TIP

소음 및 진동파트는 시험에 많이 출제되는 부분이며, 특히 기본용어의 정의를 묻는 문제와 음압레벨을 비롯한 다양한 계산문제가 주로 출제되고 있다. 기본 정의에 대해 반드시 숙지하도록 하며 여러 가지 계산문제를 익숙하게 다룰 수 있도록 준비하자.

1 소리의 발생과 소음, 진동

(1) 기본 정의

① 소리 : 물체가 진동하거나 공기의 흐름이 장애물을 지나갈 때 소용돌이가 일어나 발생하는 떨림으로 공기분자를 움직이는 파동을 말한다.

② 소음 : 소리의 일종으로 일정 이상 노출되었을 경우 인체에 피해를 주거나 청각에 장애를 유발할 수 있는 소리를 의미하며, 환경과 조건에 따라 다르게 느껴질 수 있다.

※ 가청주파수의 범위 : 20~20,000Hz

③ 음원의 종류

㉠ 점음원 : 작은 점형태로 발생되어 공간에 방사되는 형태의 음원
  예 불꽃놀이 폭발음

㉡ 선음원 : 무수히 많은 점음원이 모여 선의 형태를 이루는 음원
  예 지나가는 자동차소리

㉢ 면음원 : 점음원이 무수히 많이 모인 형태
  예 벽면의 반사음

구 분	거 리	감 쇠
점음원	2배 증가	6dB 감쇠
선음원	2배 증가	3dB 감쇠
면음원	거리감쇠 없음	

※ 거리감쇠 : 음원으로부터 거리가 증대될수록 소리의 크기(음압레벨)가 감소하는 것

④ 진동 : 특정 물체가 외부의 힘에 의해 평형상태에서 벗어난 후 다시 평형 상태로 복원되려는 힘에 반응하는 작용이다.

　※ 인간이 반응하는 최소 진동치 : 55±5dB(0.01~10Gal)

⑤ 소음의 특징

　㉠ 일반적으로 계절적인 영향이 있으며 주로 여름에 많이 발생한다.

　㉡ 축적성이 없는 감각공해이며, 국소적, 다발적인 특징이 있다.

　㉢ 주위의 진정과 분쟁이 많이 발생한다.

　㉣ 소음은 시간에 따라 신체적 피해가 수반된다.

2 음, 진동의 용어

① **정현파** : 파형이 사인곡선으로 되어 있어 음파를 표시하기에 적합한 파동이다.

② **진폭**(m) : 진동하고 있는 물체의 정지 또는 평형 위치에서 진동의 좌우 최대 변위까지의 거리이다.

③ **파장**(λ) : 음의 파동에서 마루와 마루 또는 골과 골 사이의 거리이다.

$$\lambda = \frac{c}{f}$$

④ **주파수**(f) : 음파가 1초 동안 진동한 횟수이다.

$$f = \frac{c}{\lambda} = \frac{1}{T}$$

⑤ **주기**(T) : 1회 진동에 걸리는 시간(초)이다.

$$T = \frac{1}{f}$$

⑥ **음색** : 소리가 지니는 고유의 파동의 모양으로 각각 다른 모양을 지니고 있어 다르게 들린다.

⑦ **파동** : 매질 자체의 이동이 아니라 매질의 변형운동으로 이루어진 에너지 전달이다.

⑧ **공명** : 특정 진동수에서 외부의 힘에 의해 물체의 고유진동수와 주기가 일치하여 특정 진동수에서 큰 폭으로 진동하는 현상이다.

⑨ **회절** : 파동이 좁은 틈을 통과한 후, 그 뒤편까지 파가 전달되는 현상이다.

⑩ **마루** : 파동의 높이가 가장 높은 곳이다.

⑪ **골** : 파동의 높이가 가장 낮은 곳이다.

일반적인 소음의 특징에 해당하지 않는 것은?

① 계절적인 영향이 있으며 주로 겨울에 발생한다.

② 축적성이 없는 감각공해이다.

③ 국소적, 다발적인 특징을 띠고 있다.

④ 시간에 따라 신체적인 피해가 수반된다.

해설

소음공해는 주로 여름철에 발생하는데, 그 이유는 창문을 열어두는 시간이 많아 실내외의 밀폐가 확보되지 않아서이다.

답 ①

파동의 특성을 설명하는 용어로 옳지 않은 것은?

① 파동의 가장 높은 곳을 마루라 한다.

② 매질의 진동방향과 파동의 진행방향이 직각인 파동을 횡파라고 한다.

③ 마루와 마루 또는 골과 골 사이의 거리를 주기라 한다.

④ 진동의 중앙에서 마루 또는 골까지의 거리를 진폭이라 한다.

해설

마루와 마루 또는 골과 골 사이의 거리를 파장이라 한다.

※ 주기 : 하나의 파장이 전파되는 데 걸리는 시간

답 ③

주철 중에서 음파의 이동속도는 1,200m/sec이다. 기차가 20cycle/sec로 소리를 내며 달리고 있을 때 철로에 한 귀를 대고 듣는다고 가정하자. 이때, 기차소리의 파장은 얼마인가?

① 30m　　　　② 40m

③ 50m　　　　④ 60m

해설

파동의 파장(λ) = $\dfrac{v}{f}$ = $\dfrac{1,200\text{m/sec}}{20\text{/sec}}$ = 60m

여기서, v : 속도(m/sec), f : 진동수(Hz)

답 ④

특정 진동수에서 외부의 힘에 의해 물체의 고유진동수와 주기가 일치해 특정 진동수에서 큰 폭으로 진동하는 현상을 말하는 것은?

① 진 동　　　　② 공 명

③ 마 루　　　　④ 회 절

답 ②

다음 중 종파에 해당되는 것은?

① 광 파 ② 음 파
③ 수면파 ④ 지진파의 S파

• 종파 : 매질의 진동방향이 파동의 진행방향과 평행할 경우
  예 음파(소리), 지진파의 P파
• 횡파 : 매질의 진동방향이 파동의 진행방향과 수직인 경우
  예 물결파, 빛(전자기)파, 수면파, 지진파의 S파

답 ②

다음 중 소음 용어에 대해 바르게 짝지어진 것은?

① SIL – 항공기소음평가
② TNI – 도로교통소음지수
③ NNI – 회화방해레벨
④ NC – 명료지수

① SIL(Speech Interference Level) : 대화방해레벨
③ NNI(Noise and Number Index) : 항공기소음지수
④ NC(Noise Criteria) : 실내 암소음 평가방법의 기준

답 ②

⑫ 파동의 종류

ㄱ 횡파 : 파동 전파방향과 매질의 진동방향이 수직이다(매질이 필요함. 단, 빛(전자기)파는 제외).
  • 종류 : 물결파, 빛(전자기)파, 수면파, 지진파의 S파
ㄴ 종파 : 파동 전파방향과 매질의 진동방향이 수평이다(매질이 필요 없음).
  • 종류 : 음파, 지진파의 P파

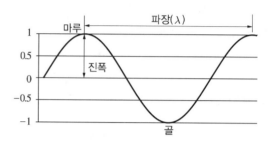

[정현파(음파)]

⑬ 소음 관련 용어

ㄱ 데시벨 : 소음의 세기 및 음압 등의 양을 비교하는 단위이다.
ㄴ SIL(Speech Interference Level) : 회화방해레벨을 말하며, 소음에 의해 회화가 방해되는 정도를 표시하기 위해 사용된다. 보통 500~5,000Hz에서 회화방해가 크고, 500, 1,000, 2,000, 4,000Hz를 중심주파수로 하는 4가지 옥타브 밴드레벨의 평균값이다(500Hz 이상의 소음성분이 주로 음성 방해).
ㄷ PSIL(Preferred Speech Interference Level) : 우선회화방해레벨을 의미한다. 소음을 1/1 옥타브 밴드로 분석한 주심주파수 500, 1,000, 2,000Hz의 음압레벨의 산술평균값이며, 말하는 사람 간의 거리에 지배된다.
ㄹ TNI(Traffic Noise Index) : 도로교통소음에 대한 지수이다.
ㅁ NNI(Noise and Number Index) : 항공기소음지수이다.
ㅂ NC(Noise Criteria) : 사무실, 회의실 등 실내에서의 통화를 평가하는 기준이다.

NC곡선	소음의 상태	적용의 예
NC 20~30	아주 조용하며 전화통화에 지장이 없을 때	중역실, 침실, 회의실, 호텔 등
NC 30~35	• 조용하며 약 5m 테이블에서 회의가 가능한 상태 • 약 3~10m 떨어져서 일반 목소리로 회의 가능	사무실, 응접실, 작은 회의실 등
NC 35~40	• 약 2~4m 테이블에서 회의 및 전화사용 가능 • 약 2~4m 떨어져서 일반 목소리로 회의 가능	중사무실, 공장 사무실 등

NC곡선	소음의 상태	적용의 예
NC 40~50	• 약 1.5~2m 테이블에서 회의가 가능하며 전화통화는 곤란 • 일반 목소리로 1~2m, 조금 큰 목소리로 2~4m 떨어져서 회의 가능	큰 사무실, 제도실 등
NC 50~55	• 약 2~3명 이상의 회의가 불가능하며, 전화통화도 곤란 • 약간 큰 목소리로 1~2m 떨어져서 회의 가능	타이프실, 계산기실, 작업실 등
NC 55 이상	• 대단히 시끄러우며, 사무실로 부적합 • 전화통화 불가	적용사례 없음

ⓢ PNC(Preferred Noise Criteria) : NC곡선 중의 저주파부를 더 낮은 부로 수정한 것으로 NC곡선을 개량한 것이며, 음질에 의한 불쾌감의 평가를 도입하고 있다.

ⓞ 감각소음레벨(PNL ; Perceived Noise Level) : 소음의 불쾌도를 나타내는 단위로 주로 항공기 소음의 시끄러움을 표시하는 데 사용되며, PNdB를 단위로 사용한다.

ⓩ 등가소음레벨(Leq ; Energy Equivalent Sound Level) : 변동소음의 표시방법 중 하나이다.

ⓩ 소음평가지수(NRN ; Noise Rating Number) : 소음 허용값을 평가하는 수치로 NR수에 따라 일상회화가 가능한 거리와 전화회화의 가능성을 표시하는 국제표준단위(ISO)이다.

ⓚ 고체음(전파음) : 물체의 진동에 의한 기계적인 소음이다.

ⓣ 기류음 : 직접적인 공기의 압력변화에 의한 소음이다.

ⓟ 유체음(난류음) : 유체 흐름의 동적인 거동에 의해 발생(선풍기, 송풍기 등)한다.

ⓗ 주야평균소음레벨 : 하루의 매시간당 등가소음도를 측정(24개 Data)한 후, 야간(22 : 00 ~ 07 : 00)의 매시간 측정치에 10dB의 벌칙 레벨을 합산하여 파워평균(dB합)한 레벨이다.

3 소음과 진동의 정의(소음·진동관리법 제2조)

① 소음 : 기계·기구·시설, 그 밖의 물체의 사용 또는 공동주택(주택법에 따른 공동주택을 말한다) 등 환경부령으로 정하는 장소에서 사람의 활동으로 인하여 발생하는 강한 소리를 말한다.

② 진동 : 기계·기구·시설, 그 밖의 물체의 사용으로 인하여 발생하는 강한 흔들림을 말한다.

③ 소음·진동배출시설 : 소음·진동을 발생시키는 공장의 기계·기구·시설, 그 밖의 물체로서 환경부령으로 정하는 것을 말한다.

물체의 진동에 의한 기계적 소음을 부르는 말은?

① 고체음 ② 기류음
③ 유체음 ④ 난류음

해설
고체음은 전파음이라고도 하며 물체의 진동에 의한 기계적 소음을 의미한다.

답 ①

소음 허용값을 평가하는 수치로 NR수에 따라 일상회화 가능거리와 전화회화의 가능성을 표시하는 국제표준단위(ISO)를 무엇이라 하는가?

① 감각소음레벨 ② 소음평가지수
③ 대화방해레벨 ④ 항공기소음지수

해설
② 소음평가지수(Noise Rating Number) : 소음 허용값을 평가하는 수치로 NR수에 따라 일상회화 가능거리와 전화회화의 가능성을 표시하는 국제표준단위(ISO)이다.

답 ②

하루의 매시간당 등가소음도를 측정(24개 Data)한 후, 야간(22:00~07:00)의 매시간 측정치에 10dB의 벌칙레벨을 합산하여 파워평균(dB합)한 레벨을 무엇이라고 하는가?

① 회화방해레벨(SIL)
② 교통소음지수(TNI)
③ 주야평균소음레벨(Ldn)
④ 소음공해레벨(Lnp)

해설
③ 주야 평균소음레벨(DNL)은 소음에 대한 주관적 반응과 대응이 좋고, 하루를 낮과 밤으로 시간을 구분하여 기준을 정할 필요 없이 하루 단위로 기준을 정할 수 있는 장점이 있다.
① 회화 방해레벨 : 회화 방해 수준, 회화 방해도 등으로 불린다. 소음의 강약이 회화를 방해하는 정도를 나타내는 평가방법으로 소음을 3개의 옥타브 밴드로 분석한 음압레벨을 산술평균한 값이다. 3개의 옥타브 밴드는 600~1,200, 1,200~2,400, 2,400~4,800Hz이다. 즉, 이 옥타브 밴드에서 소음의 강도(dB)를 측정해 평균을 낸 것이다.
② 교통소음지수 : 24시간 중 임의의 시간에 간헐적으로 측정한 결과치이다. 실외 소음상태를 측정할 때 가장 많이 사용한다.
④ 소음공해레벨 : 변동소음의 에너지와 소란스러움을 동시에 평가하는 방법이다.

답 ③

④ 소음・진동방지시설 : 소음・진동배출시설로부터 배출되는 소음・진동을 없애거나 줄이는 시설로서 환경부령으로 정하는 것을 말한다.

⑤ 방음시설 : 소음・진동배출시설이 아닌 물체로부터 발생하는 소음을 없애거나 줄이는 시설로서 환경부령으로 정하는 것을 말한다.

⑥ 방진시설 : 소음・진동배출시설이 아닌 물체로부터 발생하는 진동을 없애거나 줄이는 시설로서 환경부령으로 정하는 것을 말한다.

⑦ 공장 : 산업집적활성화 및 공장설립에 관한 법률의 공장을 말한다. 다만, 도시계획법에 따라 결정된 공항시설 안의 항공기 정비공장은 제외한다.

⑧ 교통기관 : 기차・자동차・전차・도로 및 철도 등을 말한다. 다만, 항공기와 선박은 제외한다.

⑨ 자동차 : 자동차관리법에 따른 자동차와 건설기계관리법에 따른 건설기계 중 환경부령으로 정하는 것을 말한다.

⑩ 소음발생건설기계 : 건설공사에 사용하는 기계 중 소음이 발생하는 기계로서 환경부령으로 정하는 것을 말한다.

⑪ 휴대용 음향기기 : 휴대가 쉬운 소형 음향재생기기(음악재생기능이 있는 이동전화를 포함한다)로서 환경부령으로 정하는 것을 말한다.

귀의 내부구조 중 외이와 중이의 기압을 조정하는 기관에 해당하는 것은?

① 고 막
② 유스타키오관
③ 난원창
④ 이소골

[해설]
① 고막 : 음파를 진동시키는 기관
③ 난원창 : 고막의 진동을 증폭해서 외림프에 전달하는 기관
④ 이소골 : 고막의 진동을 증폭시켜 내이로 전달해 주는 기관

[답] ②

4 귀의 구조

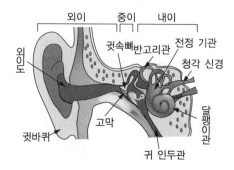

구 분	매 질	역 할
외 이	공기(기체)	외이도 - 음의 증폭, 고막 - 진동판
중 이	뼈(고체)	증폭 임피던스 변환기
내 이	림프액(액체)	난원창 - 진동판, 유스타키오관 - 기압조절

① 기능상 외이, 중이, 내이로 구분된다.

② 외이 : 귓바퀴와 외이도로 구성되며 공기로 음을 전달한다.

③ 귓바퀴 : 외부의 소리를 모아주고 귓바퀴에 소리를 증폭시켜 주는 역할이다.

④ 외이도 : 음파의 이동 통로이다.

⑤ 중이 : 측두골 내부에 있으며, 공기로 채워지며 뼈로 음을 전달한다.

⑥ 고막 : 외이에서 소리를 받아 진동으로 이소골에 전달해 주는 역할이다.

⑦ 이소골 : 세 개의 작은 뼈(추골, 침골, 등골)로 이루어진 고리로서 진동을 내이로 전달한다.

⑧ 이관 : 고막이 잘 진동될 수 있도록 압력을 조절하는 역할이다.

⑨ 내이 : 형태와 내부구조가 복잡하여 미로(迷路)라고도 하며 청각을 담당하는 와우와 몸의 평형을 담당하는 전정과 세반고리관의 세 부분으로 구성된다.

⑩ 반고리관 : 몸의 회전(회전감각)을 감지하는 기관이다.

⑪ 달팽이관 : 내부에는 림프액과 청각 세포가 있다.

※ 난원창 : 고막의 진동을 증폭하여 외림프에 전달하는 기관

5 음과 진동의 물리적 특성

(1) 음 속

매질을 통해 소리가 전달되므로 매질의 탄성과 밀도에 의해 소리의 속도가 결정되며, 탄성이 크고 밀도가 작을수록 빨라진다.

(2) 음압(Sound Pressure, P)

① 음파가 매질 속을 지나갈 때 매질에 발생하는 미세한 압력의 변화이다.

② 단위로는 파스칼(Pa)을 사용한다.

③ 1기압 = 1,013.25hPa = 101,325Pa

$$P = \frac{P_m}{\sqrt{2}} \, (\text{N/m}^2)$$

※ 1Pa는 1N의 힘이 1m^2에 가해진 상태

(3) 음압레벨(SPL ; Sound Pressure Level)

음은 음을 전달하는 물질(매질)의 압력변화를 수반하는 데 압력의 변화부분을 음압이라 하고, 이것으로 음의 세기를 나타내는 것을 음압레벨이라 한다.

$$\text{SPL} = 20\log\left(\frac{P}{P_0}\right)(\text{dB})$$

여기서, P : 대상음의 음압실효치(음의 압력), P_0 : 최소음압실효치($2 \times 10^{-5}\text{N/m}^2$)

어떤 지점에서 기계에 의한 음압레벨이 80dB, 자동차에 의한 음압레벨이 70dB, 바람에 의한 음압레벨이 50dB인 경우 총음압레벨(dB)은?(단, log1.1 = 0.04, log2.2 = 0.34, log3.1 = 0.49이다)

① 66.7   ② 74.9

③ 80.4   ④ 93.4

해설

• 첫 번째 소음레벨 $10\log(10^8 + 10^7) = 10\log 10^8 (1 + 0.1)$
$$= 80 + 10\log(1.1)$$
$$= 80 + 0.4$$
$$= 80.4$$

• 두 번째 소음레벨 = 50

∴ 두 소음 간의 차이가 20dB 이상일 경우 상위 레벨을 따라간다.

답 ③

점음원에서 10m 떨어진 곳에서의 음압레벨이 100dB일 때, 이 음원으로부터 20m 떨어진 곳의 음압레벨은?

① 92dB   ② 94dB

③ 102dB   ④ 104dB

해설

점음원으로부터 거리 r_1, r_2 지점의 음압레벨을 SPL_1과 SPL_2라 할 때

$$\text{SPL}_1 - \text{SPL}_2 = 20\log\left(\frac{r_2}{r_1}\right)$$

$$\text{SPL}_2 = \text{SPL}_1 - 20\log\left(\frac{r_2}{r_1}\right)$$

$$= 100\text{dB} - 20\log\left(\frac{20}{10}\right)$$

$$= 100\text{dB} - 6.02\text{dB} = 93.98\text{dB}$$

답 ②

안심Touch

지표 위의 특정 음원에서 반구면상으로 균일하게 음이 나오고 있다. 음원중심에서 10m 떨어진 음의 세기를 10^{-4} 이라고 할 때 이 음원의 음의 세기레벨(SIL)은 얼마인가?

① 60 　　　　　　② 70
③ 80 　　　　　　④ 90

해설

$SIL = 10\log\left(\dfrac{10^{-4}}{10^{-12}}\right) = 80\,dB$

답 ③

실내 소음의 평가 척도에 대한 설명으로 옳지 않은 것은?

① L_A는 수시로 변동하는 소음레벨을 평가하는 기본 척도이다.
② SIL은 장시간 생활하는 주거지역 환경소음의 영향을 평가하는 척도이다.
③ NC는 공조기 소음 등에 의한 광대역 정상 실내소음을 평가할 수 있다.
④ PNC는 NC에 비해 저음역 및 고음역에서 엄격하게 평가되고 있다.

해설

장시간 생활하는 주거지역 환경소음의 영향을 평가하는 척도는 주야 등가소음레벨(L_{dn})이다.
※ SIL(음의 세기레벨) : 음의 세기로 그 정도를 나타낸 값이다. 단위는 데시벨(dB)이다.

답 ②

다음 〈보기〉는 소음의 표현이다. (　　) 안에 알맞은 것은?

> 〈보 기〉
> 1(　　)은 1,000Hz 순음의 음세기레벨 40dB의 음 크기를 말한다.

① SIL 　　　　　② PNL
③ sone 　　　　　④ NNI

해설

1,000Hz 40dB, 즉 40phon을 1sone이라 정의한다.

답 ③

음향파워가 0.1W일 때 PWL은?

① 1dB 　　　　　② 10dB
③ 100dB 　　　　④ 110dB

해설

$PWL = 10\log\left(\dfrac{W}{W_0}\right)$

여기서, PWL : 음향파워레벨(dB), W : 임의의 음향파워(Watt), W_0 : 기준 음향파워(10^{-12}Watt)

$PWL = 10\log\left(\dfrac{0.1}{10^{-12}}\right) = 10\log(10^{11}) = 110\,dB$

답 ④

---

(4) 고유음향임피던스

주어진 매질 속에서 입자속도(V)에 대한 음압(P)의 비를 말한다.

$$Z = \frac{P}{V}$$

여기서, P : 음의 압력(N/m²), V : 입자의 속도(m/sec)

(5) 음의 세기(I)

음파의 진행방향에 수직인 단위면적을 단위시간에 통과한 에너지를 말한다.

$$I = \frac{P^2}{\rho v}\,(W/m^2) = PV$$

여기서, P : 음의 압력(N/m²), ρ : 공기밀도, v : 음의 전파속도, V : 입자속도

(6) 음의 세기레벨(SIL ; Sound Intensive Level)

어떤 음의 세기로 그 정도를 나타낸 값이다.

$$SIL = 10\log\left(\frac{I}{I_0}\right)(dB)$$

여기서, I : 특정 음의 세기, I_0 : 기준음의 세기(정상인의 최소가청세기, 보통 10^{-12}W/m²)

(7) 음향출력

단위시간당 음원에서 출력되는 음의 전체 에너지의 합이다.

(8) 음의 크기(Sound Loudness)

음의 감각적인 크기를 의미하며, 음의 크기와 물리적인 세기는 반드시 일치하지는 않는다.

(9) 폰(phon)

1,000Hz의 기준음과 같은 크기로 들리는 다른 주파수의 음의 크기이다.
예 20폰은 1kHz에서 20dB을 말한다.

(10) 손(sone)

소리의 강도를 나타내는 또 하나의 주관적인 단위로 40폰(phon)의 소리를 1손으로 정한다.

(11) 음향파워레벨(Sound Power Level, PWL)

음원의 강도를 나타내는 물리량으로 로그규모로 표시하는 것을 말한다.

$$PWL = 10\log\left(\frac{W}{W_0}\right)$$

여기서, W : 음향파워, W_0 : 기준 음향파워(10^{-12}Watt)

(12) 지향계수(Directivity Factor, Q, 무단위)

소음원은 그 위치에 따라 음원의 특성이 다르게 나타나며 방향에 따라 변하는 상태를 지향성이라 한다. 지향성을 수치로 표시하기 위해 무지향성 점음원으로부터 치환된 때의 세기를 기준으로 각 방향의 세기를 비로 표시한 것을 말한다.

※ 무지향성 : 소리의 이동이 한쪽방향으로만 하는 것이 아니라 동서남북 모든 방향으로 동시에 진행하는 성격을 말한다.

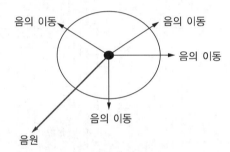

[무지향성 음원의 예]

(13) 지향지수(DI ; Directive Index)

지향계수를 dB의 단위로 나타낸 것으로, 지향성이 큰 경우 특정방향 음압레벨과 평균음압레벨과의 차이로 정의한다.

[소음원의 위치에 따른 지향계수, 지향지수]

소음원 위치	접한 변의 수(n)	지향계수(Q)	지향지수(DI)
자유공간	0	1	0
반자유공간(지면 위)	1	2	3
2변이 접한 공간	2	4	6
3변이 접한 공간	3	8	9

※ 상관관계 : $DI = 10\log Q$

무지향성 점음원이 세 면이 접하는 공간에 있을 때 지향계수는?

① 0 ② 4
③ 6 ④ 8

해설
세 면이 접하는 공간에 있을 때의 지향계수는 8이다.

답 ④

무지향성 점음원이 반자유공간에 있을 때 지향지수는?

① 0 ② +3dB
③ +6dB ④ +9dB

해설
반자유공간에 있을 경우 지향지수는 3dB이다.

답 ②

무지향성 점음원을 두 면이 접하는 구석에 위치시켰을 때의 지향지수는?

① 0 ② +3dB
③ +6dB ④ +9dB

해설
무지향성 점음원의 음원이 놓인 위치에 따른 지향지수
• 두 면이 접하는 구석 : +6dB
• 세 면이 접하는 구석 : +9dB

답 ③

(14) 소음레벨(SL)

소음계를 이용해 측정한 음압의 레벨을 의미하며 국제적 단위는 dB을 사용하며, 일반적으로는 phon(폰)을 이용한다. A, B, C 세 특성에 따라 dB(A), dB(B), dB(C)로 표시한다.

① A특성 : 청감곡선의 40폰 특성에 맞춘 것이다.

② B특성 : 청감곡선의 70폰 특성에 맞춘 것이다.

③ C특성 : 주파수가 평탄한 특성을 지닌다.

(15) 라우드니스 곡선

① 등청감 곡선이라고 하며 개인마다 느끼는 음압의 정도에 대한 소리의 세기를 곡선으로 나타낸 것이다.

② 1kHz 순음의 음압레벨을 기준으로 이 음압레벨과 같은 크기로 들리는 다른 주파수 순음의 음압레벨을 곡선으로 표시한 것이다.

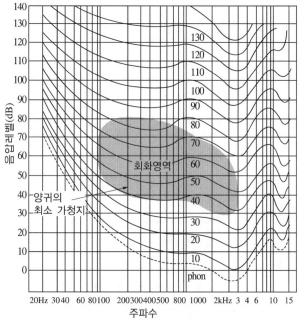

※ 주파수의 크기에 따라 다른 음압레벨을 지닌 소리도 같은 크기로 인식한다.

(16) 청감보정회로

소음계의 지시를 사람의 귀 감각기능과 유사하게 만들기 위해 계기 내에 설치한 것으로 A, B, C, D 4가지의 보정회로가 있으며 각각 소리의 크기에 대한 청각특성을 근사시킨 것이다.

① A특성(저음압레벨에 대한 청감응답) : 40phon으로 인간의 귀의 감각량과 유사하며 주로 소음규제법에서 사용한다. 단위는 dB(A)를 사용한다.

② B특성(중음압레벨에 대한 청감응답) : 70phon으로 중간소리에 해당한다.

③ C특성(고음압레벨에 대한 청감응답) : 85phon으로 자동차 소음규제 평가항목 중 경적소음 측정에 이용하며 단위는 dB(C)를 사용한다.

④ D특성 : 충격음 측정에 사용되며 주로 항공기의 소음 측정에 이용된다.

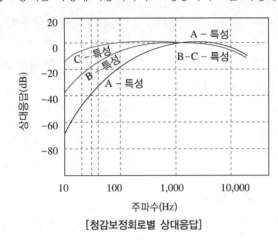

[청감보정회로별 상대응답]

6 음, 진동의 효과

(1) 굴 절

① 파동(음)이 매질과 매질을 이동할 때 속도가 변하므로, 입사된 파동의 방향이 바뀌는 현상이다.

② 낮에는 상공쪽으로(저음), 밤에는 지표쪽으로(고음) 굴절한다.

③ 온도가 낮은쪽으로 굴절한다.

(2) 흡 수

벽재, 매질 등에 소리가 부딪쳤을 때 소리를 자신(벽, 매질)이 진동하며 흡수하는 현상이다.

(3) 반 사

음이 매끄러운 표면을 지닌 벽체와 부딪쳐 방향을 바꾸어 되돌아오는 현상이다.

다음 중 소음의 물리적 성질에 대한 설명으로 옳지 않은 것은?

① 음파는 공기 등의 매질을 전파하는 소밀파로서 순음의 경우 그 음압이 정현파적으로 변화하며 그것에 대응하는 공기분자들은 진자처럼 자신의 평형위치에서 반복적으로 미소하게 변위한다.

② 음의 굴절은 장애물 뒤쪽으로 음이 전파되는 현상으로 굴절 정도는 파장과 장애물의 크기에 따라 달라진다.

③ 음의 간섭은 서로 다른 파동 사이의 상호작용을 나타내는 현상으로 중첩의 원리, 보강간섭, 소멸간섭, 맥놀이 등으로 설명할 수 있다.

④ Huyghens원리는 하나의 파면상의 모든 점이 파원이 되어 각각 2차적인 구면파를 사출하여 그 파면들을 둘러싸는 면이 새로운 파면을 만드는 현상을 말한다.

해설

음의 굴절은 음파가 한 매질에서 타 매질로 통과할 때 구부러지는 현상이다. 대기의 온도차에 의한 굴절은 온도가 낮은 쪽으로 굴절한다.

답 ②

소리와 관련된 현상들의 특징으로 옳지 않은 것은?

① 음의 세기는 음압실효치의 제곱에 비례한다.
② 음의 세기는 단위시간당 단위면적을 통과하는 음에너지의 양을 말한다.
③ 도플러효과에서 음원방향으로 이동하면 진동수가 높아진다.
④ 고음은 저음을 잘 마스킹(음폐)한다.

해설
저음이 고음을 잘 마스킹(음폐)한다.

답 ④

다음은 소리의 마스킹효과(Masking Effect, 음폐효과)의 정의 및 특징에 대한 설명이다. 옳지 않은 것은?

① 고음(높은 주파수)이 저음(낮은 주파수)을 잘 마스킹한다.
② 두 음의 주파수가 비슷할 때 마스킹효과는 커진다.
③ 마스킹효과란 어떤 소리가 다른 소리를 들을 수 있는 능력을 감소시키는 현상을 말한다.
④ 두 음의 주파수가 같을 때는 맥동현상에 의해 마스킹효과가 감소한다.

해설
마스킹 효과 : 여러 가지 소음이 발생하였을 때 특정음으로 인해 다른 음들이 잘 들리는 않는 현상으로 저음이 고음을 잘 마스킹한다.

답 ①

청각기관의 경우 음의 감각상의 세기는 물리적인 세기에 비례하지 않고 음의 세기의 대수(Logarithm)에 비례하는 현상을 무슨 법칙이라고 하는가?

① 도플러(Doppler)의 법칙
② 옴(Ohm)의 법칙
③ 베버-페히너(Weber-Fechner)의 법칙
④ 파서발(Parseval)의 법칙

해설
① 도플러의 법칙 : 어떤 파동의 파동원과 관찰자의 상대 속도에 따라 진동수와 파장이 바뀌는 현상이다.
② 옴의 법칙 : 도체의 두 지점 사이에 나타나는 전위차에 의해 흐르는 전류가 일정한 법칙에 따르는 것을 말한다.
④ 파서발의 법칙 : '시간영역에서의 총파워와 주파수 영역에서의 총파워는 같다'는 원리이다.

답 ③

(4) 음폐(Masking Effect)

큰 소리와 작은 소리가 동시에 들릴 때, 작은 소리가 들리지 않는 현상으로 음의 간섭효과라고 한다.
※ 큰 소리가 작은 소리를 잘 마스킹한다(저음이 고음을 잘 마스킹한다).

(5) 도플러효과

① 파원과 관측자 사이의 상대적 운동상태에 따라 관측자가 관측하는 진동수가 달라지는 현상이다.
② 진행방향쪽에서는 발생음보다 고음으로, 진행방향 반대쪽에서는 저음으로 들리는 현상이다.

(6) 회 절

음이 장애물의 뒤쪽으로도 어느 정도 전달되는 현상이다.

(7) 베버-페히너의 법칙

청각기관의 경우 음의 감각상의 세기는 물리적인 세기에 비례하지 않고 음의 세기의 대수(Logarithm)에 비례하는 현상이다.

(8) 호이겐스의 법칙

파면 위의 모든 점들이 새로운 점파원을 구성하고, 이 점으로 구성된 파원에서 만들어진 파면에 공통 접선이 새로운 파면이 된다는 법칙이다.

7 소음방지대책

(1) 소음의 영향

① 일시적 난청
② 영구적 난청(4,000Hz 부근)
③ 노인성 난청(6,000Hz 부근)
④ 불쾌감
⑤ 생리적 영향
⑥ 작업능률 저하 등

(2) 방음대책

방음대책은 음원대책, 소음이 발생하는 경로를 차단하는 전파경로대책과 수음측대책으로 나뉜다.

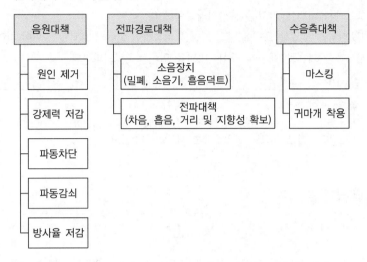

① **음원대책** : 근본적인 대책이나 실행이 어려운 경우가 많다.
  ㉠ 발생원의 저소음화 : 발생하는 소음원을 줄이는 가장 일반적이고 효율적인 방법
  ㉡ 발생원 제거 : 저소음 기계 선정, 소음원 교체 및 전반적인 공정 개선
  ㉢ 방음커버 설치
② **전파경로대책** : 일반적인 대책으로 소음원의 위치와 공간에 따라 다양한 방법을 사용한다.
  ㉠ 거리감쇠 : 음원으로부터의 거리를 늘려 음압레벨을 감소시키는 것으로 선음원일 경우 거리가 2배 늘어나면 3dB이 감소한다.
    ※ 면음원일 경우 거리감쇠는 없다.
  ㉡ 차폐효과 : 소리가 이동하는 경로에 칸막이 같은 물체를 설치하여 소음을 감소시키는 것을 말한다.
  ㉢ 차음 : 물체를 이용해 음을 차단하는 것을 말한다.
  ㉣ 흡음 : 소리를 흡음체(소음방지벽)에 부딪혀 다른 에너지(운동 → 열)로 변환시켜 흡수, 감소시키는 것을 말한다.
  ㉤ 지향성 변화 : 지향성이 강한 고주파 소음(10dB)에 유효하다.
③ **수음측대책** : 소음을 받아들이는 입장에서 감소시키는 방법으로 귀마개, 헤드폰 등으로 소음의 영향을 감소시킨다.

방음대책을 음원대책과 전파경로대책으로 분류할 때, 다음 중 주로 전파경로대책에 해당하는 것은?

① 방음벽 설치 　　② 소음기 설치
③ 발생원의 유속저감 ④ 발생원의 공명방지

해설
• 방음벽 설치는 전파경로대책에 속하며 음원과 수음점 사이에 설치된다.
• 소음기 설치, 발생원의 유속저감, 발생원의 공명방지는 음원대책이다.

답 ①

소음방지 대책 중 소음원 대책이 아닌 것은?

① 밀 폐 　　② 파동감쇠
③ 차음벽 　　④ 흡음덕트

해설
방음대책은 음원대책과 전파경로대책으로 나뉘며 차음벽 설치는 대표적인 전파경로대책이다.

답 ③

소음저감기술에 대한 설명으로 옳은 것을 모두 고른 것은?

〈보 기〉
ㄱ. 흡음률은 흡음재의 소재 종류에 의존하지만 음파의 주파수와는 무관하다.
ㄴ. 흡음재는 기공이 많고 가벼운 소재가 주로 사용된다.
ㄷ. 차음재는 기밀(Air-Tight)하고 무거운 소재가 선호된다.
ㄹ. 특정 소재에 대한 음파의 투과손실값이 작을수록 우수한 차음성능을 나타낸다.
ㅁ. 도로변에 설치된 방음벽은 좌우길이가 길수록 보다 우수한 방음효과를 나타낸다.

① ㄱ, ㄴ, ㄷ ② ㄱ, ㄹ, ㅁ
③ ㄴ, ㄷ, ㄹ ④ ㄴ, ㄷ, ㅁ

해설
흡음률은 음파의 입사각도에 영향을 받으며, 투과손실이 클수록 우수한 차음성능을 나타낸다.

답 ④

음파가 난입사하고 질량법칙이 적용되는 경우, 교실의 단일벽 면밀도가 330kg/m²이면 0.15kHz에서의 투과손실은?(단, TL(dB)=18log($m \cdot f$)-44 적용)

① 26.6dB ② 36.6dB
③ 40.5dB ④ 56.6dB

해설
$TL(dB) = 18\log(m \cdot f) - 44$
여기서, $TL(dB)$: 투과손실(dB), m : 면밀도(kg/m²),
　　　　f : 주파수(Hz)
= 18log(330kg/m²×150Hz) - 44
= 84.5 - 44
= 40.5dB

답 ③

진동의 영향에 관한 설명으로 거리가 먼 것은?
① 공해진동의 주파수는 1~90Hz 정도이다.
② 공해진동레벨은 60~80dB이다.
③ 수직진동은 4~8Hz에서 영향이 크다.
④ 수평진동은 8~10Hz에서 가장 민감하다.

해설
수직진동은 4~8Hz에서 영향이 크며, 수평진동은 1~2Hz에서 가장 민감하다.

답 ④

(3) 방음재료

① 다공질 흡음재료(유리솜, 암면, 광물면, 식물섬유류, 발포수지재료 등)를 사용한다.
② 전체 내벽에 골고루 분산시켜 부착한다.
③ 다공질 재료는 표면에 얇은 직물을 피복하여 산란의 효과를 줄여야 한다.
④ 다공질 재료 표면에 종이, 비닐을 입히는 것을 피한다.

🔷 TIP

흡음재료의 종류
• 다공질 : 암면, 유리섬유, 발포수지재료, 유리솜, 폴리우레탄폼
• 판구조 : 합판, 하드보드, 알루미늄, 석고보드, 철판 등

(4) 평균흡음률

$$\alpha = \frac{\sum S_i \alpha_i}{\sum S_i}$$

여기서, S_i : 면의 넓이, α_i : 각 재료의 흡음률

(5) 투과손실(Transmission Loss)

차음재료의 차음성능을 나타내는 지표(벽이 얼마나 음의 투과를 방지하는가를 나타내는 정도)이다.

$$TL = 10\log_{10}\left(\frac{1}{\tau}\right)(dB)$$

8 진동방지대책

(1) 진동의 영향

① 생물에 미치는 영향, 건물에 미치는 영향으로 나뉜다.
② 개인차가 존재하지만 보통 불안감 초래, 정신상의 장애, 자율신경계와 내분비계에 영향을 준다.
③ 공해진동
　사람의 건강, 재산상에 피해를 주는 진동을 말하며 다음과 같은 특징이 있다.
　㉠ 공해진동 주파수는 1~90Hz이다.
　㉡ 공해진동레벨은 60~80dB이다.
　㉢ 수직진동은 4~8Hz에서 영향이 크다.
　㉣ 수평진동은 1~2Hz에서 가장 민감하다.

(2) 진동대책

특성 종류	정 의	특 징
발생원대책	진동방지의 첫 번째 대책으로 진동을 일으키는 기계에서 진동의 발생을 없애는 것	일반기계(펌프, 압축기, 파쇄기, 유압프레스 등), 수송기계(자동차, 지하철, 기차 등)의 진동 최소화
전파경로대책	진동전파경로에서 진동을 차단하는 것	진동원에서 수진점까지의 거리를 늘리는 방법
수진점대책	진동을 받는 입장에서 진동 크기를 줄이는 것	건물 자체의 진동 흡수율 증가

① 방진 : 기계가 진동하여 발생하는 떨림을 탄성체를 사용해 흡수하는 방법이다.

② 제진 : 진동체 표면에 다른 재료를 부착하여 진동을 흡수하는 방법이다.

(3) 진동레벨(VAL ; Vibration Level)

1~90Hz 범위의 주파수 대역별 진동가속도레벨에 주파수 대역별 인체의 진동감각특성(수직 또는 수평감각)을 보정한 후의 값들을 dB 합산한 것으로 단위는 dB(V)를 쓴다.

$$VAL = 20\log\left(\frac{a}{a_0}\right)(dB)$$

여기서, a : 측정대상 진동의 가속도 실효치(m/s^2)

a_0 : 진동가속도 레벨의 기준치($10^{-5}m/s^2$)

(4) 방진재료의 사용

① 공기스프링 : 대표적인 진동제어장치로 밀폐된 고무, 섬유 속에 공기를 넣어 진동을 흡수하는 것이다.

장 점	• 지지 하중의 변화에 따라 능동적 대처가 가능하다. • 하중의 변화에 따라 고유진동수를 일정하게 유지할 수 있다. • 부하능력이 넓다. • 자동제어가 가능하다. • 고주파 방진에 효과적이다.
단 점	• 구조가 복잡하다. • 시설비가 비싸다. • 공기누설의 위험이 많다.

다음 중 진동의 물리량을 나타내는 진동가속레벨(VAL)의 식으로 옳은 것은?(단, a : 측정대상 진동의 가속도 실효치(m/s^2), a_0 : 기준 진동의 가속도 실효치(m/s^2))

① $VAL = 10\log_{10}\dfrac{a}{a_0}(dB)$

② $VAL = 10\log_{10}\dfrac{a_0}{a}(dB)$

③ $VAL = 20\log_{10}\dfrac{a}{a_0}(dB)$

④ $VAL = 20\log_{10}\dfrac{a_0}{a}(dB)$

해설

진동가속레벨(VAL)$= 20\log_{10}\dfrac{a}{a_0}(dB)$

답 ③

하중의 변화에도 기계의 높이 및 고유진동수를 일정하게 유지시킬 수 있으며, 부하능력이 광범위하나 사용진폭이 작은 것이 많으므로 별도의 댐퍼가 필요한 경우가 많은 방진재는?

① 방진고무   ② 탄성블록

③ 금속스프링   ④ 공기스프링

해설

공기스프링의 특징

• 공기의 압축 탄성을 이용한 것
• 하중의 변화에도 기계의 높이 및 고유진동수를 일정하게 유지
• 부하능력이 광범위하나 사용진폭이 작아 별도의 댐퍼가 필요함
• 자동제어 가능
• 시설비가 비싸고 구조가 복잡함

답 ④

안심Touch

다음 중 방진재료로 사용되는 금속스프링의 특징으로 옳지 않은 것은?

① 온도나 부식 등의 환경적 요소에 대한 저항성이 크다.
② 감쇠가 거의 없으며 공진 시 전달률이 크다.
③ 고주파 진동의 차진이 우수하다.
④ 최대변위가 허용된다.

해설

방진재료로서 금속스프링은 저주파 진동의 차진이 우수하다.

답 ③

② 금속스프링 : 주로 4Hz 이하의 진동에 사용한다.

장 점	• 환경의 변화에 유연하게 대처할 수 있다. • 저주파 차진에 효과적이다. • 금속패널의 종류가 다양하다. • 뒤틀리거나 오므라들지 않는다. • 정적 및 동적으로 유연한 스프링을 용이하게 설계할 수 있다.
단 점	• 감쇠가 거의 없으며, 공진 시에 전달률이 매우 크다. • 고주파 진동 시에 단락된다. • 로킹(Locking, 마모)현상이 발생한다.

③ 방진고무 : 고무를 압축, 변형시켜 고탄력을 스프링작용으로 이용해 진동을 흡수하는 장치(4Hz 이상의 고주파 영역에서 사용)이다.

장 점	• 형상의 선택이 비교적 자유롭고 압축, 전단, 나선 등의 사용방법에 따라 1개로 3축 방향 및 회전 방향의 스프링 정수를 광범위하게 선택할 수 있다. • 고무 자체의 내부 마찰에 의해 저항을 얻을 수 있어 고주파 진동의 차진에 좋다. • 내부감쇠가 크므로 댐퍼(Damper)가 필요 없다. • 진동수비가 1 이상인 영역에서도 진동전달률이 거의 증대하지 않는다. • 설계 및 부착이 비교적 간결하다. • 고주파 영역에서는 고체음 절연성능이 있다. • 서징(Surging)이 발생하지 않고, 발생하더라도 극히 작다.
단 점	• 내부마찰에 의한 발열 때문에 열화되고, 내유 및 내열성이 약하다. • 공기 중의 오존에 의해 산화된다. • 스프링정수를 극히 작게 설계하기 곤란하므로 고유진동수의 하한은 4~5Hz이며, 그 이하에서 사용할 필요가 있을 경우에는 금속스프링이나 공진스프링을 사용해야 한다. • 대용량 사용 시 비용이 많이 들게 되므로 소하중인 곳에서 사용해야 한다. • 내고온, 내저온성이 떨어진다.

🔧 TIP

사용상의 주의
• 정하중에 따른 수축량은 10~15% 이내로 하는 것이 바람직하다.
• 변화는 될 수 있는 한 균일하게 하고 압력의 집중을 피한다.
• 사용온도는 50℃ 이하로 한다.
• 신장응력의 작용을 피한다.
• 고유진동수가 강제진동수의 1/3 이하인 것을 택하고, 적어도 70% 이하로 해야 한다.

9 소음, 진동의 측정

(1) 용어정리

① **암진동** : 어느 장소에서 특정 진동을 측정대상으로 할 경우 대상이 없을 때 그 장소에서의 진동이다.

② **배경진동** : 한 장소에 있어 특정한 진동을 대상으로 할 경우 대상진동이 없을 때 그 장소의 진동을 '대상진동에 대한 배경진동'이라 한다.

③ **정상진동** : 시간적인 흐름에 큰 변화가 없는 진동을 말한다.

④ **충격진동** : 극히 짧은 시간에 발생하는 크기가 큰 진동을 의미한다.

(2) 진동픽업

① 진동신호를 전기신호로 바꾸어 주는 장치를 말한다.

② 설치장소

    ㉠ 경사, 요철이 없는 곳

    ㉡ 완충물이 없고 충분히 다져져 있는 곳

    ㉢ 복잡한 반사, 회절현상이 없는 지점

    ㉣ 온도, 전자기 등의 외부 영향을 받지 않는 곳

(3) 소음계의 구성요소

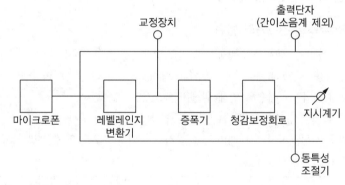

① **마이크로폰** : 아날로그 음향에너지를 전기에너지로 변환

② **레벨레인지 변환기** : 측정하고자 하는 소음도를 지시계기 범위로 감쇠하는 장치

③ **증폭기** : 변환된 전기에너지를 증폭

④ **교정장치** : 소음측정기의 감도를 점검, 교정

⑤ **청감보정회로** : 인체 청감각을 주파수 보정특성에 따라 나타내는 것(A 특성)

⑥ **동특성 조절기** : 지시계기의 반응속도를 빠름, 느림으로 조절하는 장치

⑦ **출력단자** : 소음신호를 기록기 등에 전송하는 교류단자를 갖춘 것

⑧ **지시계기** : 소음도를 나타내는 계기로 지침형 또는 디지털형

한 장소에 있어 특정한 진동을 대상으로 할 경우 대상진동이 없을 때 그 장소의 진동을 무엇이라 하는가?

① 정상진동   ② 충격진동
③ 배경진동   ④ 암진동

해 설
배경진동에 관한 설명이다.

답 ③

측정된 진동레벨이 배경진동레벨보다 몇 dB 이상 높으면 (크면) 배경진동의 영향을 무시할 수 있는가?

① 5dB   ② 10dB
③ 15dB   ④ 20dB

해 설
측정된 진동레벨이 배경진동레벨보다 10dB 이상 높으면(크면) 배경진동의 영향을 무시할 수 있다.

답 ②

진동측정 시 진동픽업을 설치하기 위한 장소로 옳지 않은 것은?

① 경사 또는 요철이 없는 장소
② 완충물이 있고 충분히 다져서 단단히 굳은 장소
③ 복잡한 반사, 회절현상이 없는 지점
④ 온도, 전자기 등의 외부 영향을 받지 않는 곳

해 설
완충물이 없고 충분히 다져서 단단히 굳은 장소로 한다.

답 ②

안심Touch

(4) 측정조건

① 소음계의 마이크로폰은 측정위치에 받침장치를 설치해 측정한다.

② 손으로 소음계를 잡고 측정 시 측정자의 몸에서 0.5m 떨어져야 한다.

③ 소음계의 마이크로폰은 주소음원 방향으로 한다.

④ 풍속이 2m/s 이상일 때는 마이크로폰에 방풍망을 부착하고, 5m/s 이상의 바람일 때는 측정하지 않는다.

⑤ 진동이 많은 장소, 전자장 등의 영향이 있는 곳은 방진, 차폐 등의 방지책을 강구한다.

⑥ 일반 지역의 경우 가능한 측정점 반경 3.5m 이내, 장애물이 없는 지점의 지면 위 1.2~1.5m로 한다.

(5) 진동의 측정방법(ISO 표준 2631)

① 발생되는 진동을 정량적으로 평가하는 인체진동 측정과정으로 전신진동과 수완계 진동으로 나뉜다.

② 주기, 랜덤, 과도진동에 노출된 인체에 대해 건강, 안락감, 지각, 멀미의 4가지 관점을 평가하기 위한 측정, 평가방법을 규정한다.

10 공동주택 층간소음의 범위와 기준

(1) 공동주택 층간소음의 범위

입주자 또는 사용자의 활동으로 인해 발생하는 소음으로서 다른 입주자 또는 사용자에게 피해를 주는 다음의 소음으로 한다. 단, 욕실, 화장실, 다용도실에서 급수・배수로 인해 발생하는 소음은 제외한다.

① **직접충격 소음** : 뛰거나 걷는 동작으로 인해 발생하는 소음

② **공기전달 소음** : 텔레비전, 음향기기 등의 사용으로 인해 발생하는 소음

③ 층간소음의 기준

층간소음의 구분		층간소음의 기준[단위 : dB(A)]	
		주간 (06:00~22:00)	야간 (22:00~06:00)
직접충격 소음	1분간 등가소음도(L_{eq})	43	38
	최고 소음도(L_{max})	57	52
공기전달 소음	5분간 등가소음도(L_{eq})	45	40

공동주택의 층간소음에 관한 설명으로 옳지 않은 것은?

① 직접충격 소음과 공기전달 소음에 의한 피해를 규정하고 있다.

② 직접충격 소음은 뛰거나 걷는 행동으로 인해 발생하는 소음이다.

③ 야간과 주간에 적용되는 소음의 정도가 동일하다.

④ 욕실, 화장실, 다용도실에서 급수 및 배수로 발생하는 소음은 제외한다.

 해 설

층간소음은 직접충격 소음, 공기전달 소음 두가지로 규정하고 있으며, 주간과 야간에 적용되는 소음의 기준은 상이하다.

답 ③

CHAPTER 05 적중예상문제

제1편 핵심이론

01 인간이 느끼는 가청주파수의 범위는?

① 10~1,000Hz
② 10~10,000Hz
③ 20~10,000Hz
④ 20~20,000Hz

해설
가청주파수의 범위는 20~20,000Hz이다.

02 음원의 종류에 해당하지 않는 것은?

① 선음원
② 점음원
③ 면음원
④ 공간음원

해설
음원은 점음원, 선음원, 면음원으로 나뉜다.

03 음원에 관한 설명으로 옳지 않은 것은?

① 점음원은 거리가 2배로 증가할 경우, 6dB의 감쇠가 발생한다.
② 선음원은 거리가 2배로 증가할 경우, 2dB의 감쇠가 발생한다.
③ 면음원의 경우 거리감쇠가 없다.
④ 벽면의 반사음은 대표적인 면음원이다.

해설
② 선음원은 거리의 2배 증가에 따라 3dB의 거리감쇠가 발생한다.
※ 거리감쇠 : 음원으로부터 거리가 늘어날수록 소리의 크기가 감소하는 것이다.

04 인간이 반응하는 최소 진동치는 얼마인가?

① 45±5dB
② 55±5dB
③ 65±5dB
④ 75±5dB

해설
인간이 반응하는 최소 진동치 : 55±5dB

05 소음의 일반적인 특징에 해당하는 것은?

① 신체적 피해보다는 정신적 피해가 발생한다.
② 계절적 영향은 작으며, 지역적 영향이 크다.
③ 축적성이 있어 오래 노출되었을 때 심각한 피해를 입을 수 있다.
④ 주위의 진정, 분쟁을 유발한다.

해설
소음으로 인해 많은 법적 분쟁이 발생한다.

06 다음은 정현파(음파)의 그림이다. (   ) 안에 알맞은 말은?

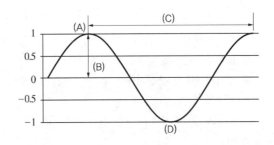

① (A) : 음색
② (B) : 진폭
③ (C) : 골
④ (D) : 파장

정답 1 ④ 2 ④ 3 ② 4 ② 5 ④ 6 ②

제5장 | 적중예상문제 **213**

해설
① (A) : 마루   ② (B) : 진폭
③ (C) : 파장   ④ (D) : 골

07 진동수가 100Hz이고, 속도가 50m/s인 파동의 파장은?

① 25cm   ② 50cm
③ 75cm   ④ 100cm

해설

파동의 파장$(\lambda) = \dfrac{V(속도)}{f(진동수)} = \dfrac{50\text{m/sec}}{100\text{Hz}} = 0.5\text{m} = 50\text{cm}$

08 두 개의 진동체의 고유진동수가 같을 때 한 쪽을 울리면 다른 쪽도 울리는 현상을 무엇이라 하는가?

① 공 명   ② 진 폭
③ 회 절   ④ 굴 절

해설
① 공명 : 물체의 고유진동수와 같은 진동수의 외력이 주기적으로 전달되어 진폭이 크게 증가하는 현상을 말한다.
② 진폭 : 주기적인 진동에서 진동의 중심으로부터 최대로 움직인 거리를 말한다.
③ 회절 : 파동이 좁은 틈을 통과할 때 그 뒤편까지 파가 전달되는 현상이다.
④ 굴절 : 파동이 서로 다른 매질(媒質)의 경계면을 지나면서 진행방향이 바뀌는 현상이다.

09 파동의 특성을 설명하는 용어로 옳지 않은 것은?

① 마루와 마루 또는 골과 골 사이의 거리를 주기라 한다.
② 파동의 가장 높은 곳을 마루라 한다.
③ 매질의 진동방향과 파동의 진행방향이 직각인 파동을 횡파라 한다.
④ 진동의 중앙에서 마루 또는 골까지의 거리를 진폭이라 한다.

해설
① 파장에 관한 설명이다.

10 파동이 좁은 틈을 통과할 경우 그 뒤편까지 파가 전달되는 현상은?

① 회 절   ② 마 루
③ 공 명   ④ 주 기

해설
소리가 좁은 틈을 통과할 경우 그 뒤편까지 들리는 현상을 음의 회절이라 한다.

11 파동의 종류 중 종파에 해당하는 것은?

① 물결파   ② 지진파의 P파
③ 지진파의 S파   ④ 수면파

해설
종파는 파동의 전파방향과 매질의 진동방향이 수평인 것을 말하며 종류에는 음파와 지진파의 P파가 있다.

12 우선회화방해레벨을 의미하는 것은?

① TNI   ② PSIL
③ SIL   ④ NC

해설
② PSIL : 우선회화방해레벨
① TNI : 도로교통소음지수
③ SIL : 대화방해레벨
④ NC : 실내통화평가기준

13 소음의 불쾌도를 나타내는 단위로, 주로 항공기 소음의 시끄러움을 표시하는 것은?

① NNI   ② PNC
③ 등가소음레벨   ④ 감각소음레벨

해설
④ 감각소음레벨은 소음의 불쾌도를 나타내는 단위로, 주로 항공기 소음의 시끄러움을 표시하는 데 사용되며, PNdB의 단위를 사용한다.

14 귀의 구조 가운데 몸의 회전을 감지하는 기관은?

① 중 이   ② 반고리관

③ 달팽이관   ④ 난원창

해설

② 회전감각을 감지하는 곳은 반고리관이다.

15 귀의 구조 가운데 음의 증폭을 담당하는 기관은?

① 고 막   ② 난원창

③ 외이도   ④ 유스타키오관

해설

③ 외이도는 외이로 구분되고, 공기를 매질로 하며, 음의 증폭을 담당한다.

16 음압이 10배가 되면 음압레벨은 몇 dB 증가하는가?

① 10   ② 20

③ 30   ④ 40

해설

$$\text{SPL} = 20\log\left(\frac{P}{P_0}\right)$$

여기서, SPL : 음압레벨(dB), P : 기준 음압,

P_0 : 최소실효치 음압($2 \times 10^{-5}\text{N/m}^2$)

$$\text{SPL}_2/\text{SPL}_1 = 20\log\left(\frac{10P}{P_0}\right)/20\log\left(\frac{P}{P_0}\right) = 20\log 10 = 20\text{dB}$$

17 한 대 통과 시 소음도가 80dB(A)인 자동차가 동시에 세 대가 지나가면 소음도[dB(A)]는?(단 log3=0.4771)

① 84.8   ② 85.8

③ 87.8   ④ 88.8

해설

합성음압레벨공식

$$L = 10\log(10^{L_1/10} + 10^{L_2/10} + \cdots\cdots + 10^{L_m/10})$$

여기서, L : 합성음압레벨, L_1, L_2, L_m : 각 소음 발생원의 음압레벨

소음원이 3개이므로

$$L = 10\log(10^{80/10} + 10^{80/10} + 10^{80/10}) = 10\log(3 \times 10^8)$$
$$= 10\log 3 + 80 = 84.8\text{dB}$$

18 음압레벨 70dB인 기계 1대가 가동 중이다. 여기에 음압레벨 90dB인 기계 2대를 추가로 가동시킬 때 합성음압레벨은?

① 61dB   ② 72dB

③ 85dB   ④ 93dB

해설

합성음압레벨공식

$$L = 10\log(10^{L_1/10} + 10^{L_2/10} + \cdots\cdots + 10^{L_m/10})$$

여기서, L : 합성음압레벨, L_1, L_2, L_m : 각 소음 발생원의 음압레벨

소음원이 3개이므로

$$L = 10\log(10^{70/10} + 10^{90/10} + 10^{90/10})$$
$$= 10\log(10^7 + 10^9 + 10^9)$$
$$= 93\text{dB}$$

19 측정음압 1Pa일 때 음압레벨은 몇 dB인가?

① 50dB   ② 77dB

③ 84dB   ④ 94dB

해설

$$\text{SPL} = 20\log\left(\frac{P}{P_0}\right)$$

여기서, SPL : 음압레벨(dB), P : 기준 음압,

P_0 : 최소실효치 음압($2 \times 10^{-5}\text{N/m}^2$)

최소실효치 음압 $P_0 = 2 \times 10^{-5}\text{N/m}^2$ 이므로

$$\text{SPL} = 20\log\left(\frac{1\text{Pa}}{2 \times 10^{-5}\text{N/m}^2}\right) = 20\log\left(\frac{1}{2 \times 10^{-5}}\right) = 93.98\text{dB}$$

20 점음원에서 10m 떨어진 곳에서의 음압레벨이 100dB일 때, 이 음원으로부터 20m 떨어진 곳의 음압레벨은?

① 92dB   ② 94dB

③ 102dB   ④ 104dB

해설

점음원으로부터 거리 r_1, r_2 지점의 음압레벨을 SPL_1과 SPL_2라 할 때

$$\text{SPL}_1 - \text{SPL}_2 = 20\log\left(\frac{r_2}{r_1}\right)$$

$$\text{SPL}_2 = \text{SPL}_1 - 20\log\left(\frac{r_2}{r_1}\right)$$

$$\text{SPL}_2 = 100\text{dB} - 20\log\left(\frac{20}{10}\right) = 100\text{dB} - 6.02\text{dB} = 93.98\text{dB}$$

21 음압에 관한 설명으로 옳지 않은 것은?

① 음파가 매질 속을 이동할 때 발생한 미세한 압력의 변화를 말한다.

② 단위로는 Pa을 사용한다.

③ 물리적인 크기로 나타낼 수 있다.

④ 1Pa은 1N의 힘이 1cm^{2}에 가해진 상태를 말한다.

해설

1Pa은 1N의 힘이 1m^{2}에 가해진 상태를 말한다.

22 음향출력 100W인 점음원이 반자유공간에 있을 때 10m 떨어진 지점의 음의 세기(W/m^2)는?

① 0.08

② 0.16

③ 1.59

④ 3.18

해설

음의 세기$(I) = \dfrac{W}{2\pi r^2}$

여기서, W : 음향출력(W), r : 거리(m)

$\dfrac{100}{2 \times 3.14 \times 10^2} = 0.159\text{W/m}^2$

23 어떤 음의 세기가 10^{-8}W/m^{2}일 때 음의 세기레벨은?

① 10dB

② 15dB

③ 30dB

④ 40dB

해설

$\text{SIL} = 10\log\left(\dfrac{I}{I_0}\right) = 10\log\left(\dfrac{10^{-8}\text{W/m}^2}{10^{-12}\text{W/m}^2}\right) = 10\log 10^4 = 40\text{dB}$

24 지표면 위에 있는 작은 음원에서 반구면상으로 균일하게 음이 나오고 있다. 음원 중심에서 5m 떨어진 점에서의 음의 세기는 10^{-3}W/m^{2}이다. 이 음원의 음의 세기레벨은 얼마인가?

① 80dB

② 90dB

③ 100dB

④ 120dB

해설

$\text{SIL} = 10\log\left(\dfrac{I}{I_0}\right) = 10\log\left(\dfrac{10^{-3}\text{W/m}^2}{10^{-12}\text{W/m}^2}\right) = 10\log 10^9 = 90\text{dB}$

25 다음은 음의 크기에 관한 설명이다. ( ) 안에 알맞은 것은?

> ( ) 순음의 음세기레벨 40dB의 음 크기를 1sone이라 한다.

① 10Hz

② 100Hz

③ 1,000Hz

④ 10,000Hz

해설

1,000Hz 순음의 음세기레벨 40dB의 음 크기를 1sone, 즉 1,000Hz 순음 40phon을 1sone으로 정의하며 그 표시기호는 S, 단위는 sone이다.

26 80phon의 소리는 50phon의 소리에 비해 몇 배 크게 들리는가?

① 2배

② 4배

③ 8배

④ 16배

해설

$\text{sone} = 2^{\left(\frac{L-40}{10}\right)}$

$\text{sone}_{50} = 2^{\left(\frac{50-40}{10}\right)} = 2^1 = 2$

$\text{sone}_{80} = 2^{\left(\frac{80-40}{10}\right)} = 2^4 = 16$

50phon은 2sone이고, 80phon은 16sone이므로 80phon이 8배 더 크게 들린다.

27 음향파워레벨이 125dB인 기계의 음향파워는 약 얼마인가?

① 125W

② 12.5W

③ 32W

④ 3.2W

해석

음향파워레벨(Sound Power Level, PWL)

$$PWL = 10\log\left(\frac{W}{W_0}\right)dB$$

여기서, W : 대상음원의 음향파워(W), W_0 : 기준음향파워(10^{-12}W)

$$10\log\left(\frac{W}{W_0}\right) = 125dB, \quad 10\log(W \times 10^{12}) = 125dB$$

$$10\log W + 10\log 10^{12} = 125, \quad 10\log W = 125 - 120$$

$$10\log W = 5, \quad \log W = 0.5$$

$$W = 3.2W$$

28 각각 음향파워레벨이 89dB, 91dB, 95dB인 음의 평균 파워레벨은?

① 92.4dB   ② 95.5dB

③ 97.2dB   ④ 101.7dB

해석

평균파워레벨 $= 10\log\left\{\frac{1}{n} \times (10^{L_1/10} + 10^{L_2/10} \cdots + 10^{L_n/10})\right\}$

여기서, L_1, L_2 : 각각의 음향파워레벨, n : 음향파워레벨 개수

$10\log\left\{\frac{1}{3} \times (10^{89/10} + 10^{91/10} + 10^{95/10})\right\}$

$= 10\log\left\{\frac{1}{3} \times (10^{8.9} + 10^{9.1} + 10^{9.5})\right\} = 92.4dB$

29 음향파워가 0.01Watt일 때 음향파워레벨은(PWL)?

① 1dB

② 10dB

③ 100dB

④ 1,000dB

해석

$$PWL = 10\log\left(\frac{W}{W_0}\right)$$

여기서, PWL : 음향파워레벨(dB), W : 임의의 음향파워(Watt), W_0 : 기준음의 파워(10^{-12}Watt)

$$PWL = 10\log\left(\frac{0.01}{10^{-12}}\right) = 10\log(10^{10}) = 100dB$$

30 음원으로부터 10m 지점의 평균음압도는 100dB, 동거리에서 특정지향음압도는 105dB이다. 지향계수를 구하면?

① 3.16

② 3.45

③ 4.65

④ 4.98

해석

$$DI = SPL_\theta - SPL_m$$

여기서, DI : 지향지수, SPL_θ : 특정방향음압(N/m²)

$\qquad\qquad SPL_m$: 평균음압(N/m²)

$$DI = 105 - 100 = 5dB$$

$DI = 10\log Q$이므로 $5 = 10\log Q$, 지향계수(Q) $= 10^{0.5} = 3.16$

31 무지향성 점음원을 세 면이 접하는 구석에 위치시켰을 때의 지향지수는?

① 0

② +3dB

③ +6dB

④ +9dB

해석

무지향성 점음원의 음원이 놓인 위치에 따른 지향지수
세면이 접하는 구석 : +9dB

32 소음레벨에 관한 설명으로 옳지 않은 것은?

① 소음계를 이용해 측정한 음압의 레벨을 말한다.

② 국제적으로 단위를 sone(손)을 사용한다.

③ 일반적인 단위는 phon(폰)을 사용한다.

④ A, B, C 세 특성에 따라 dB(A), dB(B), dB(C)로 표시한다.

해석

② 국제적인 단위는 dB을 사용한다.

33 라우드니스 곡선에 관한 설명으로 옳지 않은 것은?

① 등청감 곡선이라고도 불린다.
② 절대적인 음압의 정도에 대한 소리의 세기를 곡선으로 나타낸 것이다.
③ 1kHz의 순음 음압레벨을 기준으로 한다.
④ 주파수의 크기에 따라 음압이 다르더라도 같은 소리의 크기로 인식할 수 있다.

해설
② 개인마다 느끼는 음압의 정도에 대한 소리의 세기를 곡선으로 나타낸 것이다.

34 소음계의 지시를 사람의 귀 감각기능에 유사하게 만들기 위해 설치한 장치는?

① 청감보정회로
② 라우드니스회로
③ 호이겐스회로
④ 진동픽업회로

해설
① 청감보정회로에 관한 설명이다.

35 청감보정회로 가운데 주로 항공기의 소음측정에 이용되는 특성은?

① A특성
② B특성
③ C특성
④ D특성

해설
④ D특성은 충격음 측정에 사용되며, 주로 항공기의 소음측정에 이용된다.

36 음, 진동의 효과에 대한 설명으로 옳지 않은 것은?

① 파동이 매질과 매질 사이를 이동할 때 방향이 바뀌는 것을 굴절이라 한다.
② 음은 온도가 높은 곳으로 굴절한다.
③ 음폐현상으로 인해 큰소리와 작은 소리가 동시에 나면, 작은 소리는 들리지 않게 된다.
④ 회절현상으로 음의 이동이 장애물의 영향을 덜 받게 된다.

해설
음은 온도가 낮은 곳으로 굴절하여 낮에는 상공으로, 밤에는 지표쪽으로 굴절한다. 따라서 밤이 낮보다 거리감쇠가 작아져 동일한 소리도 크게 들린다.

37 청각기관의 경우 음의 감각상의 세기는 물리적 세기에 비례하지 않고 음의 세기의 대수에 비례하는 현상을 뜻하는 것은?

① 도플러효과
② 베버-페히너의 법칙
③ 호이겐스의 법칙
④ 음폐현상

해설
② 베버-페히너의 법칙에 관한 설명이다.

38 소리에 관련된 설명으로 옳지 않은 것은?

① 도플러 효과로 음의 진행방향의 반대쪽에선 저음으로 들린다.
② 음은 온도가 낮은 쪽으로 주로 굴절한다.
③ 밤에 거리감쇠가 작아 동일한 소리도 낮보다 크게 들린다.
④ 고음이 저음을 잘 마스킹한다.

해설
④ 저음이 고음을 잘 음폐(마스킹)한다.

39 음에 관한 설명으로 옳지 않은 것은?

① 폰(phon)은 소리의 강도를 나타내는 주관적인 세기의 단위다.
② 손(sone)은 소리의 강도를 나타내는 주관적인 세기의 단위다.
③ 40phon의 소리를 1sone으로 정한다.
④ 폰과 데시벨은 서로 다른 단위를 사용한다.

해설
④ 폰과 데시벨은 같은 단위를 사용한다.

33 ② 34 ① 35 ④ 36 ② 37 ② 38 ④ 39 ④ **정답**

40 소음으로 인해 노인성 난청이 유발되는 진동수는?

① 2,000Hz 부근　　② 4,000Hz 부근
③ 6,000Hz 부근　　④ 8,000Hz 부근

영구적 난청은 4,000Hz, 노인성 난청은 6,000Hz 부근에서 발생한다.

41 방음대책 가운데 전파경로대책에 해당하는 것은?

① 흡 음　　　　　② 방음커버 설치
③ 이어폰 착용　　　④ 발생원 제거

전파경로대책이란 소음이 발생하여 이동하는 것을 방해하여 소리의 크기를 줄여 주는 방법으로 흡음은 대표적인 전파경로대책에 해당한다.

42 전파경로대책에 관한 설명으로 옳지 않은 것은?

① 면음원인 경우 거리감쇠는 없다.
② 흡음의 원리는 소리의 에너지를 타 에너지로(열, 운동) 변환하여 흡수, 감소시키는 데 있다.
③ 지향성이 강한 저주파소음에 유효하다.
④ 일반적인 소음관련 대책으로 활용된다.

③ 지향성이 강한 고주파의 소음(10dB)에 유효하다.

43 방음재료의 사용에 관한 설명으로 옳지 않은 것은?

① 다공질의 흡음재료를 이용한다.
② 전체 내벽에 골고루 분산시켜 부착한다.
③ 얇은 직물을 다공질재료 표면에 피복하여 산란효과를 줄여야 한다.
④ 종이, 비닐을 입혀 흡음률을 높일 수 있다.

④ 다공질재료의 표면에 종이, 비닐을 입히는 것을 지양한다.

44 다공질의 흡음재에 해당하지 않는 것은?

① 유리솜　　　　　② 암 면
③ 식물섬유류　　　　④ 한 지

종이는 다공질 흡음재가 아니다.

45 길이 10m, 폭 10m, 높이 10m인 실내의 바닥, 천장, 벽면의 흡음률이 모두 0.0161일 때 Sabine의 식을 이용하여 잔향시간(sec)을 구하면?

① 0.17　　　　　② 1.7
③ 16.7　　　　　④ 167

Sabine의 식 $T = 0.161 \dfrac{V}{S\alpha}$ sec

여기서, V : 실용적(m³), S : 실내 표면적(m²), α : 실내의 평균흡음률

$$T = 0.161 \times \frac{10 \times 10 \times 10}{(10 \times 10) \times 6 \times 0.0161} = 16.7 \text{sec}$$

46 선음원의 거리감쇠에서 거리가 2배로 증가하면 음압레벨의 변화는?

① 1dB 증가　　　　② 1dB 감쇠
③ 3dB 증가　　　　④ 3dB 감쇠

선음원에서 거리가 2배 멀어질 경우 3dB이 감쇠한다.
※ 면음원의 경우 거리감쇠는 없다.

47 A벽체 입사음의 세기가 10^{-3}W/m²이고, 투과음의 세기가 10^{-6}W/m²일 때 투과손실은?

① 10dB
② 20dB
③ 30dB
④ 40dB

해설

$$투과손실(TL) = 10\log\left(\frac{1}{\tau}\right)$$

$$투과율(\tau) = \frac{투과음의\ 세기}{입사음의\ 세기} = \frac{10^{-6}\,W/m^2}{10^{-3}\,W/m^2} = 10^{-3}$$

$$TL = 10\log\left(\frac{1}{\tau}\right) = 10\log\left(\frac{1}{10^{-3}}\right) = 10\log10^3 = 30dB$$

48 투과손실이 32dB인 벽체의 투과율은?

① 3.2×10^{-3} ② 3.2×10^{-4}

③ 6.3×10^{-3} ④ 6.3×10^{-4}

해설

$$투과손실(TL) = 10\log\left(\frac{1}{\tau}\right)$$

$$32 = 10\log(1/\tau),\ 3.2 = \log(1/\tau)$$

$$3.2 = \log1 - \log\tau$$

$$-3.2 = \log\tau$$

$$\tau = 10^{-3.2} = 10^{0.8}\times10^{-4} = 6.3\times10^{-4}$$

49 아파트 벽의 음향투과율이 0.1%라면 투과손실은?

① 10dB   ② 20dB

③ 30dB   ④ 50dB

해설

$$투과손실 = 10\log\left(\frac{1}{\tau}\right)$$

여기서, τ : 투과율

$$10\log\left(\frac{1}{0.001}\right) = 10\log10^3 = 30dB$$

50 진동의 영향에 대한 설명으로 옳지 않은 것은?

① 불안감 초래, 정신적 장애, 내분비계에 영향을 준다.
② 공해진동의 주파수는 1~200Hz이다.
③ 수직진동은 4~8Hz에서 영향이 가장 크다.
④ 수평진동은 1~2Hz에서 가장 민감하다.

해설

② 공해진동의 주파수는 1~90Hz이고, 공해진동레벨은 60~80dB
이다.

51 진동체 표면에 다른 재료를 부착하여 진동을 흡수하는 방법을 무엇이라 하는가?

① 흡 음   ② 방 해
③ 방 진   ④ 제 진

해설

진동대책은 방진과 제진으로 나뉘며, 재료부착으로 진동을 흡수하는
것은 제진법이다.

52 다음은 진동과 관련한 용어 설명이다. (　　) 안에 알맞은 것은?

> (　　)은(는) 1~90Hz 범위의 주파수 대역별 진동가속
> 도레벨에 주파수 대역별 인체의 진동감각특성(수직 또
> 는 수평감각)을 보정한 후의 값들을 dB 합산한 것이다.

① 진동레벨
② 등감각곡선
③ 변위진폭
④ 진동수

해설

진동레벨
진동레벨의 감각보정회로(수직)를 통하여 측정한 진동가속도레벨의
지시치를 말하며, 단위는 dB(V)로 표시한다.

53 가속도 진폭의 최댓값이 0.01m/s²인 정현진동의 진동가속도레벨은?(단, 기준 10^{-5} m/s²)

① 28dB
② 30dB
③ 57dB
④ 60dB

해석

$$VAL = 20\log\left(\frac{a}{a_0}\right)dB$$

여기서, VAL : 진동가속도레벨(Vibration Acceleration Level)

a : 측정대상 진동의 가속도 실효치(가속도 진폭 / $\sqrt{2}$)

a_0 : 진동가속도레벨의 기준치(10^{-5}m/s^2)

$$a = \frac{0.01\text{m/s}^2}{\sqrt{2}} = 0.00707\text{m/s}^2$$

$$VAL = 20\log\left(\frac{0.00707}{10^{-5}}\right) = 57\text{dB}$$

54 진동의 물리적 양을 데시벨(dB)로 나타낸 것은?

① 진동레벨
② 진동가속도레벨
③ 배경소음레벨
④ 공해진동레벨

해석

진동가속도레벨에 관한 설명이다.

55 방진재료로 공기스프링의 장점에 해당하는 것은?

① 환경변화에 대처가 유연하다.
② 저주파 차진에 효과적이다.
③ 다양한 종류의 공기스프링 제작이 가능하다.
④ 부하능력이 넓다.

해석

공기스프링은 부하능력이 넓어 하중의 변화에 능동적으로 대처할 수 있으나, 구조가 복잡하고 시설비가 비싼 단점이 있다.

56 금속스프링의 특징에 대한 설명으로 옳지 않은 것은?

① 환경의 변화에 유연하게 대처할 수 있다.
② 고주파의 차진에 효과적이다.
③ 뒤틀리거나 오므라들지 않는다.
④ 로킹(마모)현상이 발생하는 문제가 있다.

해석

② 금속스프링은 주로 4Hz 이하의 저주파 차진에 사용된다.

57 방진고무에 관한 설명으로 옳지 않은 것은?

① 4Hz 이상의 고주파 영역에서 사용한다.
② 형상의 선택이 타 방진재료에 비해 자유롭다.
③ 설계 및 부착이 간결하다.
④ 내유 및 내열성이 강해 다양한 용도로 사용이 가능하다.

해석

④ 내유 및 내열성이 약해 사용이 제한적인 단점이 있다.

58 어느 장소에서 특정 진동을 측정대상으로 할 경우, 그 대상이 없을 때, 해당 장소에서의 진동을 부르는 말은?

① 암진동
② 배경진동
③ 정상진동
④ 충격진동

해석

암진동에 관한 설명으로 대상의 진동이 있을 때와 없을 때의 진동레벨의 지시치의 차는 10dB 이상 있는 경우가 바람직하다.

59 극히 짧은 시간에 발생하는 크기가 큰 진동을 부르는 말은?

① 암진동
② 배경진동
③ 정상진동
④ 충격진동

해석

④ 프레스해머와 같은 단조용 절삭기구나 폭약의 발파 등이 충격진동에 해당된다.

60 진동픽업을 설치하기 위한 장소로 적절하지 않은 것은?

① 경사 또는 요철이 없는 곳
② 완충물이 없고 충분히 다져져 있는 곳
③ 회절 발생이 있어 전기신호의 측정이 용이한 곳
④ 온도에 의한 외부 영향이 없는 곳

해석

③ 회절이 발생하는 지역의 경우, 측정값의 오차가 발생할 수 있어 적절하지 않다.

MEMO

제 **2** 편

9급 국가직 · 지방직 · 고졸채용을 위한 합격 완벽 대비서

기출문제

기술직

TECH BIBLE

환경공학개론

9급 국가직 · 지방직 · 고졸채용을 위한 합격 완벽 대비서

(주)시대고시기획
(주)시대교육

www. **sidaegosi**.com

시험정보 · 자료실 · 이벤트
합격을 위한 최고의 선택

시대에듀

www. **sdedu**.co.kr

자격증 · 공무원 · 취업까지
BEST 온라인 강의 제공

CHAPTER
01

2009년 기출문제

지방직 9급

01 하수처리장 방류수 중 질산성 질소(NO₃-N)를 제거하는 방법으로 처리효율이 가장 낮은 것은?

① 탈질산화

② 이온교환

③ 활성탄 흡착

④ 역삼투법(RO)

3차 처리(고도처리) : 화학응집, 활성탄 흡착, 역삼투, 이온교환 등이 있다. 부영영화를 유발하는 인, 질소 등을 제거한다.

활성탄 흡착처리

• 저분자 유기물은 쉽게 흡착하나 단백질 등의 고분자 물질에 대한 흡착능력이 떨어진다.

• 활성탄의 입경이 작을수록, pH가 낮을수록 수중에 용해된 유기물의 제거능력(흡착능력)이 우수하다.

• 산소의 흡착능력이 있으므로 밀폐된 용기 내에서는 산소의 고갈이 가능하다.

• 처리수에 반응생성물을 남기지 않는다.

02 활성슬러지 혼합용액(MLSS ; Mixed Liquor Suspended Solids)의 침강성은 SVI(Sludge Volume Index)로 나타낸다. MLSS가 2,500mg/L인 활성슬러지 포기조 용액 1L를 30분 침강시킨 부피가 100mL이면 SVI는 얼마인가?

① 40

② 80

③ 100

④ 120

$$SVI = \frac{SV}{MLSS} \times 10^3$$

여기서, SVI : 슬러지 용적지수(mL/g), SV : 침강슬러지(mL/L), MLSS : 포기조의 미생물(mg/L)

$$SVI = \frac{100}{2,500} \times 10^3 = 40mL/g$$

03 하수처리장에서 평균유출수량이 28,400m³/day이며, 방류 전 8mg/L의 농도로 염소소독을 실시하고 있다. 염소는 10%의 NaOCl(차아염소산나트륨) 용액으로 주입한다고 할 때, 이 하수처리장에서 하루에 필요한 염소의 양(kg/day) 및 NaOCl의 양(m³/day)은 각각 얼마인가?(단, NaOCl 분자량=74.4g이다)

	염소의 양(kg/day)	NaOCl의 양(m³/day)
①	22.7	0.23
②	227.2	2.27
③	30.5	0.35
④	305.3	3.53

$$염소(kg/day) = \frac{8 \times 10^{-3}kg}{m^3} \times \frac{28,400m^3}{day} = 227.2kg/day$$

$$NaOCl = \frac{227.2kg}{day} \times \frac{100}{10} \times \frac{1m^3}{10^3kg} = 2.27m^3/day$$

04 독립입자의 침강(제1형 침전)에서 입자의 침강속도에 영향을 주는 인자가 아닌 것은?

① 입자의 밀도　　　　　　　　　　　② 입자의 직경
③ 입자의 농도　　　　　　　　　　　④ 입자 주위 유체의 흐름 특성

제1형 침전(독립침전) : 낮은 농도의 입자들이 독립적으로 침전하는 형태
스토크스(Stokes)의 법칙

$$V_g(m/sec) = \frac{d^2 \cdot (\rho_p - \rho) \cdot g}{18\mu}$$

여기서, d^2 : 입자의 직경의 제곱(비례), $\rho_p - \rho$: 밀도 차이(비례), g : 중력가속도(비례), μ : 점도(반비례)

05 수중 Al₂(SO₄)₃의 해리반응에서 용해도적상수(K_{sp})와 용해도와의 상관관계식을 도출했을 때 (　　) 안에 들어갈 값은?

$$용해도 = \sqrt[5]{\frac{K_{sp}}{(\quad)}}$$

① 1　　　　　　　　　　　　　　　② 5
③ 27　　　　　　　　　　　　　　④ 108

$$Al_2(SO_4)_3 \rightarrow 2Al^{3+} + 3SO_4^{2-}$$

$$K_{sp} = [2Al^{3+}]^2 + [3SO_4^{2-}]^3 = [2\alpha]^2[3\alpha]^3 = 4\alpha^2 \times 27\alpha^3 = 108\alpha^5$$

$$\therefore \quad 용해도 = \sqrt[5]{\frac{K_{sp}}{(108)}}$$

06 한때 가솔린 자동차의 연료첨가제로 사용되어 대기, 토양, 수질오염을 유발했던 물질은?

① 수 은 ② 비 소
③ 카드뮴 ④ 납

해설

납은 가솔린 자동차의 연료첨가제로 사용되다가 현재는 사용되지 않는다.

07 다음 조건에서 Monod식을 사용한 세포의 비증식속도(Specific Growth Rate)는?(단, 제한기질농도 $S = 300\text{mg/L}$, 1/2 포화농도 $K_s = 60\text{mg/L}$, 세포의 비증식속도 최대치 $\mu_{\max} = 0.3\text{h}^{-1}$이다)

① 0.20h^{-1} ② 0.25h^{-1}
③ 0.30h^{-1} ④ 0.35h^{-1}

해설

Monod식

$$\mu = \mu_{\max} \times \frac{S}{K_s + S} = 0.3 \times \frac{300}{60 + 300} = 0.25\text{h}^{-1}$$

08 다음 대기오염물질 중 카르보닐기($-C=O$)를 포함하지 않는 물질은?

① 노말헥산 ② 포르말린
③ 유기산 ④ PAN

해설

• 노말헥산 : C_6H_{10} • 포르말린 : HCHO
• 품산 : CH_2O_2 • PAN : $CH_3COOONO_2$

09 다음 오존층 파괴물질에 공통으로 함유되어 있는 화학성분은?

프레온-11, 프레온-12, 할론-1211, 할론-1301

① 염 소 ② 플루오린
③ 브 롬 ④ 질 소

해설

• 프레온-11(CCl_3F) : 삼염화플루오린화탄소 또는 트라이클로로플루오로메테인이라고 하며, 염화플루오린화탄소의 일종이다.
• 프레온-12(CCl_2F_2) : 프레온 냉매 중에 가장 먼저 시판된 냉매이다.
• 할론-1211(CF_3ClBr) : 할로겐화합물의 일종으로 소화기 및 소화기용 소화약제로 쓰인다.
• 할론-1301(CF_2Br) : 독성이 거의 없으며 인체에 무해하나, 고온에서 불꽃연소에 특히 강한 소화력을 나타낸다.
※ 프레온 가스 : Cl, F, C

10 폐기물 고체연료(RDF) 소각로에 대한 설명으로 옳지 않은 것은?

① 소각시설의 부식 발생으로 수명이 단축될 수 있다.
② 폐기물의 조성으로 가연성 물질의 함량이 높아야 한다.
③ 염소함량을 늘리기 위하여 폐기물 중의 PVC 함량이 높을수록 좋다.
④ 시설비용이 많이 들며 숙련된 기술이 필요하다.

해설
RDF는 PVC(합성차수막)에 포함된 염소성분이 문제가 된다.

11 유기성 폐기물의 퇴비화에 의한 최종부산물인 부식질의 특징으로 옳지 않은 것은?

① 악취가 없는 안정한 유기물이다.
② 병원균이 사멸되어 거의 없다.
③ 물보유력과 양이온 교환능력이 좋다.
④ C/N비가 높다.

해설
퇴비화를 하면 C/N비가 낮아져 토양개량제로 사용된다.

12 폐기물 열분해에 대한 설명 중 옳은 것은?

① 공기가 부족한 상태에서 폐기물을 연소시켜 가스, 액체 및 고체 상태의 연료를 생산하는 공정이다.
② 열분해장치는 고정상, 분포상, 압축상 등의 장치로 구분된다.
③ 고온열분해 방법으로는 액체 상태의 연료가 많이 생산된다.
④ 고온열분해 방법의 최적 온도 범위는 500~900℃이다.

해설
② 열분해장치로는 고정상, 유동상, 부유 상태 등의 장치로 구분된다.
③ 고온열분해 방법으로는 가스상의 연료가 많이 생산된다.
④ 고온열분해 방법의 최적 온도 범위는 1,100~1,500℃이다.

13 소밀파인 음파와 관련하여 반사가 없는 평면파의 경우 음압이 4배가 되고 매질의 밀도가 2배가 되면 매질의 진동속도(입자의 속도)는 몇 배가 되는가?

① 1/8배   ② 1/2배
③ 2배   ④ 8배

해설
$V = \dfrac{P}{\rho c}$ 이므로 $V \propto \dfrac{P}{\rho} = \dfrac{4}{2} = 2$

14 소리와 관련된 현상들의 특징으로 옳지 않은 것은?

① 음의 세기는 음압실효치의 제곱에 비례한다.
② 음의 세기는 단위시간당 단위면적을 통과하는 음에너지의 양을 말한다.
③ 도플러효과에서 음원 방향으로 이동하면 진동수가 높아진다.
④ 고음은 저음을 잘 마스킹(음폐)한다.

해설

저음은 고음을 잘 마스킹(음폐)한다.

15 토양오염 복원기술에 대한 설명으로 옳지 않은 것은?

① Bioventing : 불포화 토양층 내 유류 탄화수소화합물의 생물학적 분해에 효과적이다.
② Thermal Desorption : 휘발성 및 준휘발성 유기물처리에 효과적이며 처리시간이 짧다.
③ Phytoremediation : 식물을 이용하여 오염토양 중의 탄화수소화합물과 중금속을 제거하는 데 효과적이다.
④ Soil Vapor Extraction : 포화대수층 내의 VOC 제거에 효과적이다.

해설

토양증기추출법(SVE)는 불포화대수층 내 존재하는 휘발성 유기화합물을 제거하는 가장 효과적이고 경제적인 방법이다.

16 대수층에서 단위면적당 단위수두의 변화로부터 산출할 수 있는 물의 양을 나타내는 용어는?

① 저류계수   ② 비수율
③ 동수경사   ④ 투수계수

해설

③ 동수경사 : 두 지점의 지하수위의 차이를 두 지점 간의 거리로 나눈 비를 말한다.
④ 투수계수 : 유체가 토양이나 암석 등의 다공성 매체를 통과하는 데 있어서 그 용이도를 나타내는 척도이다.

17 다음 수질인자 중 연관성이 가장 적은 것은?

① 총용존고형물질(TDS)
② 탁 도
③ 이온강도
④ 전기전도도

해설

탁도는 수질오염의 지표 중 물리적 항목이다.

18 소음의 물리적 성질에 대한 설명으로 옳지 않은 것은?

① 음파는 공기 등의 매질을 전파하는 소밀파로서 순음의 경우 그 음압이 정현파적으로 변화하며 그것에 대응하는 공기분자들은 진자처럼 자신의 평형위치에서 반복적으로 미소하게 변위한다.

② 음의 굴절은 장애물 뒤쪽으로 음이 전파되는 현상으로 굴절 정도는 파장과 장애물의 크기에 따라 달라진다.

③ 음의 간섭은 서로 다른 파동 사이의 상호작용을 나타내는 현상으로 중첩의 원리, 보강간섭, 소멸간섭, 맥놀이 등으로 설명할 수 있다.

④ Huyghens 원리는 하나의 파면 상의 모든 점이 파원이 되어 각각 2차적인 구면파를 사출하여 그 파면들을 둘러싸는 면이 새로운 파면을 만드는 현상을 말한다.

해설

음의 굴절은 음파가 한 매질에서 타 매질로 통과할 때 구부러지는 현상이다. 대기의 온도차에 의한 굴절은 온도가 낮은 쪽으로 굴절한다.

19 우리나라 연안에서 발생하는 적조의 발생원인과 대책에 대한 설명으로 옳지 않은 것은?

① 적조(Harmful Algal Blooms, Red Tide)란 해양에 서식하는 동식물성 플랑크톤, 원생동물 및 박테리아와 같은 미생물이 일시에 다량으로 증식되어 바닷물의 색깔이 변하는 현상이다.

② 적조는 지형적으로 외양과의 해수 교환이 적은 폐쇄성 내만해역에 적조생물의 성장과 번식에 필요한 영양염류와 성장을 촉진시키는 미량원소가 육지로부터 유입되거나 해저퇴적물로부터 용출에 의하여 많은 양이 공급되는 경우 발생 가능성이 높다.

③ 광합성 활동에 필요한 일조량이 충분하고 해수온도가 15~25℃인 봄철에서 가을철까지 적조가 발생할 수 있으며, 안정된 수층이 형성되어야 하는 것도 적조발생의 조건이 될 수 있다.

④ 적조발생해역에서는 어민들의 피해를 최소화하기 위하여 황토살포 등을 통한 적조구제작업을 실시하여 왔으나, 현재는 부작용 논란으로 황토살포법이 금지되고, 약품살포, 초음파처리법, 오존처리법 등에 의한 적조구제가 이루어지고 있다.

해설

적조현상이란 식물 플랑크톤의 대량 번식으로 바닷물의 색깔이 적색, 황색, 적갈색 등으로 변색되는 자연현상을 말하는 것이었으나 최근에는 적조로 인한 직·간접적 피해가 다발하고 있어 적조를 유해조류의 대번식의 의미로 사용한다. 적조발생해역에서는 관공선, 어장관리선 등을 동원해 적조생물 분산을 위한 수류방제를 실시하고 정화선을 투입해 황토 살포 등 효율적인 방제활동을 전개하고 있다.

20 대기 중 구형입자의 종말하강속도에 대한 설명으로 옳은 것은?

① 밀도가 동일할 때 입경의 제곱에 정비례한다.

② 질량이 동일할 때 입경의 제곱에 반비례한다.

③ 질량이 동일할 때 입경에 정비례한다.

④ 공기역학적 형상계수에 정비례한다.

해설

$V_s = \dfrac{\rho_p \times d^2 \times g}{18\mu}$, 여기서 종말하강속도는 입경($d$)의 제곱에 비례한다.

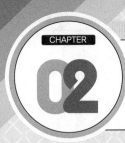

CHAPTER 02 2010년 기출문제

2010 지방직 9급

01 과망가니즈산칼륨 폐수의 망가니즈를 환원처리 후 제거하는 방법으로 사용할 수 없는 환원제는?

① 다이크로뮴산칼륨
② 구 리
③ 아황산가스
④ 티오황산나트륨

다이크로뮴산칼륨은 산화제이다.

02 지구온난화지수(GWP)가 가장 낮은 물질은?

① SF_6
② 메 탄
③ 아산화질소
④ 이산화탄소

온실가스별 지구온난화지수(GWP)

온실가스	이산화탄소	메 탄	아산화질소	수소플루오린화탄소	과플루오린화탄소	6플루오린화황
지구온난화지수(GWP)	1	21	310	150~11,700	6,500~9,200	23,900

03 함수율이 90%인 슬러지를 농축하여 함수율 80%인 농축슬러지를 얻었다. 이때 농축에 의한 슬러지의 부피감량률(%)은?

① 40
② 50
③ 60
④ 70

$100(100-90) = V_2(100-80)$

$V_2 = \dfrac{100(100-90)}{(100-80)} = 50$

따라서, 100에서 50으로 감소하였으므로 부피감량률은 50%이다.

04 부영양화를 제어하기 위한 고도처리공법 중 생물학적 인 제거공정의 운전조건에 대한 설명으로 옳지 않은 것은?

① 인 제거 미생물에 의한 인의 과잉섭취를 도모하기 위해서는 혐기와 호기 조건이 반복되어야 한다.
② 침전조에서 반송된 슬러지는 혐기조 유입부로 투입된다.
③ 질산염은 인 방출을 촉진한다.
④ 유출수 내 인 농도를 감소시키기 위해 금속염을 공정 내 주입할 수 있다.

질산염질소는 인 방출을 저해한다.

05 관거의 평균유속을 나타내는 Manning 공식에 대한 설명으로 옳지 않은 것은?

① 조도계수가 커지면 유속은 느려진다.
② 윤변이 커지면 유속은 빨라진다.
③ 동수반경이 커지면 유속은 빨라진다.
④ 동수구배가 커지면 유속은 빨라진다.

Manning 공식

$$V = \frac{1}{n} \times R^{2/3} \times I^{1/2}$$

여기서, V : 유속(m/sec), n : 조도계수, R : 경심(m), I : 동수구배(관거구배, %)

$$R = \frac{A}{P}$$

여기서, A : 관의 단면적, P : 관의 둘레(윤변)

∴ 윤변이 커지면 R값이 작아지므로 전체 유속이 느려진다.

06 대기복사와 관련된 설명으로 옳지 않은 것은?

① 태양복사에서 에너지 강도가 최대인 파장은 0.4~0.5μm 영역에 있다.
② 흑체의 단위표면적에서 방출되는 단위시간당 복사에너지는 표면온도의 4제곱에 비례한다.
③ 태양과 지구의 흑체복사를 비교할 때 태양은 단파복사, 지구는 장파복사를 한다.
④ 태양상수는 태양복사에서 에너지가 최대인 파장값을 말한다.

태양상수는 지구 대기의 표면에 수직으로 들어오는 광선을 측정한 단위면적당 태양전자기복사의 양을 말한다.

07 응집제 투여에 의한 콜로이드 입자의 응결 및 응집형성 시 반응기작에 해당하지 않는 것은?

① 이온결합   ② 표면전하 감소
③ 입자 간 가교결합   ④ 흡착과 전기적 중화

이온결합은 양이온과 음이온이 정전기적 인력으로 결합하여 생기는 화학결합이다.

08 진동과 관련된 용어의 설명으로 옳지 않은 것은?

① 진동량 표기 시 진동변위는 실제 변위의 진폭을 의미한다.
② 진동량 표기 시 진동가속도는 진동속도의 시간에 대한 변화이다.
③ 지반진동의 전파 시 종파는 전파의 방향과 지반입자의 진동방향이 일치한다.
④ 지반진동의 전파 시 표면파는 전파의 방향과 지반입자의 진동방향이 수직이다.

해설

표면파는 자유표면에 연결되어 전달되는 파를 말하며, Rayleigh파(R파)와 Love파(L파)가 있다. 레일리파는 전파의 진행방향과 지반입자의 진동방향이 수직인 평면 내에서 타원을 그리며 운동하고, 러브파는 전파의 진행방향과 지반입자의 진동방향이 직각이다.

지반으로 전파되는 파
• 종파(P파) : 진동의 방향이 파동의 전파방향과 일치하는 파
• 횡파(S파) : 진동의 방향이 파동의 전파방향과 직각인 파
• 실체파 : 종파와 횡파를 총칭하는 파

09 활성슬러지 공법에서 주로 사용되는 화학유기영양계(Chemoorganotroph)의 탄소원과 에너지원이 바르게 연결된 것은?

	탄소원	에너지원
①	CO_2	유기물
②	CO_2	무기물
③	유기물	무기물
④	유기물	유기물

해설

• 화학유기영양계 : 탄소원 – 유기물, 에너지원 – 유기물
• 화학무기독립영양생물 : 탄소원 – 이산화탄소, 에너지원 – 무기물

10 유해물질의 독성평가에서 일정시간 노출 시 대상 생물의 50%가 생존하는 독성물질의 농도를 지칭하는 것은?

① MOS
② TLm
③ ED_{50}
④ NOEL

해설

① MOS(Margin Of Safety) : 약물의 안정성을 판단하는 기준으로 안전계수라고도 한다.
③ ED_{50}(50% Effective Dose) : 실험동물에 독소나 약물을 투여했을 경우, 그 대상 생물의 50%에게 유효하다고 추정되는 용량으로서 50% 효과용량이라고도 한다.
④ NOEL(Nonobervable Effect Level) : 일정한 양의 농약을 실험동물에 계속해서 장기간 섭취시킬 경우 어떤 피해증상도 나타나지 않는 최대의 섭취량으로 최대 무작용약량이라고 한다.

11 완속모래여과조에 대한 설명으로 옳지 않은 것은?

① 휴믹산 등에 의한 천연발생 색도는 거의 제거되지 않는다.
② 역세척 과정이 없다.
③ 여과조 표면에 적정량의 조류 생성은 여과효율에 도움이 된다.
④ 용존성 유기물은 제거되지 않는다.

해설

완속모래여과기는 1m 내외의 고운 모래층과 그 아래에 30cm 정도의 자갈층 그리고 하부 배출장치 등으로 구성된다. 물은 상부로 유입되고 모래와 자갈층을 거쳐 하부에서 집수되어 배출된다. 여과 시스템의 수처리는 크게 고형물 제거와 용존성 물질의 제거를 목적으로 한다.
• 장점 : 가격이 저렴하고, 운전이 간단하다. 운전공정 중 불필요한 추가공정이 없다.
• 단점 : 탁도가 높을 경우 적용이 불가능하다. 표면에 쌓인 불순물을 제거해 주어야 한다. 상대적으로 많은 부지가 필요하다.

12 광화학 스모그(Photochemical Smog)현상에 대한 설명으로 옳은 것은?

① 복사역전에 의한 기온역전층 형성과 밀접한 관련이 있다.
② 석탄연료를 사용하는 공업지역의 주요 대기오염현상으로 시작되었다.
③ 자동차가 많은 대도시 지역에서 주로 여름에 관측되는 대기오염현상이다.
④ 광화학산화물인 오존의 농도는 저녁부터 증가하여 새벽녘에 최대가 된다.

해설

광화학 스모그(LA형 스모그)는 주로 자동차의 배기가스 속에 함유된 올레핀계 탄화수소와 질소산화물의 혼합물에 태양광선이 작용해서 생기는 광화학반응에 의한 것이다.
※ 런던형 스모그 : 주로 공장 및 빌딩의 연소시설이나 일반 가정 난방시설 등에서 배출되는 아황산가스, 매연과 같이 직접 굴뚝에서 나오는 오염물질에 의하여 발생하는 스모그이다.

13 토양의 양이온 교환능력(CEC)에 대한 설명으로 옳지 않은 것은?

① 토양 내 점토광물 함량이 높아지면 CEC값은 낮아진다.
② CEC 표기단위는 meq/100g Soil이다.
③ $Ca^{2+} > K^+ > Na^+$ 순으로 염기성 양이온의 교환이 일어난다.
④ 산성비가 내리면 토양 내 Ca^{2+} 등 양이온의 용탈이 일어난다.

해설

토양 안에 진흙이나 유기체 등은 음의 부호를 띠고 있어 양이온을 끌어들이는 힘이 있다. 이 힘에 의해 칼슘, 마그네슘, 칼륨, 나트륨, 암모늄 등을 끌어들여 보유하게 된다. 일반적으로 CEC의 용량이 크면 클수록 양분을 유지하는 힘이 크다고 보고 비옥한 토양이라고 판단한다.

14 전기집진기의 집진효율은 Deutsch 방정식으로 표시할 수 있다. 어느 전기집진기의 작동조건에서 특정 입자에 대한 집진효율이 90%일 때, 겉보기 이동속도가 2배가 되는 새로운 입자를 같은 집진효율로 집진하기 위한 방법으로 옳은 것은?

① 집진극의 면적을 4배로 늘리고, 유량을 1/2로 줄인다.
② 집진극의 면적을 2배로 늘리고, 유량을 1/4로 줄인다.
③ 집진극의 면적을 1/2로 줄이고, 유량을 4배로 늘린다.
④ 집진극의 면적을 1/4로 줄이고, 유량을 1/2로 줄인다.

해설

$$\eta = 1 - e^{\left(-\frac{A\,We}{Q}\right)}$$

$\eta \propto \dfrac{A\,We}{Q}$, 여기서 A : 단면적(m^2), We : 겉보기 이동속도(m/s), Q : 유량(m^3/s)

따라서, 면적을 1/4로 줄이고, 유량을 1/2로 줄이면 이동속도가 2배가 되었을 때 동일한 집진효율을 낼 수 있다.

1(효율변화가정) $\propto \dfrac{A \times 2}{Q}$

④ $\dfrac{1/4 \times 2}{1/2} = 1$ 배   ① $\dfrac{4 \times 2}{1/2} = 16$ 배

② $\dfrac{2 \times 2}{1/4} = 16$ 배   ③ $\dfrac{1/2 \times 2}{4} = \dfrac{1}{4}$ 배

15 실내소음의 평가 척도에 대한 설명으로 옳지 않은 것은?

① L_A는 수시로 변동하는 소음레벨을 평가하는 기본 척도이다.
② SIL은 장시간 생활하는 주거지역 환경소음의 영향을 평가하는 척도이다.
③ NC는 공조기 소음 등에 의한 광대역 정상 실내소음을 평가할 수 있다.
④ PNC는 NC에 비해 저음역 및 고음역에서 엄격하게 평가되고 있다.

해설

SIL(회화방해레벨) : 소음의 강약이 회화를 방해하는 정도를 나타내는 평가방법

16 폐기물 고형화방법 중 배기가스를 탈황시킬 때 발생되는 슬러지(FGD 슬러지)의 처리에 많이 사용되는 방법은?

① 자가시멘트법   ② 석회기초법
③ 피막형성법   ④ 유리화법

해설

① 자가시멘트법 : 연소가스 탈황 시 발생된 슬러지처리에 사용된다. 혼합률이 낮고, 중금속의 저지에 효율적이고, 혼합물이 안정하며, 비인화성이고, 생물학적으로 분해되지 않는 장점이 있다.

17 하천의 용존산소에 대한 설명으로 옳지 않은 것은?

① 용존산소의 포화농도는 총용존물질(TDS) 농도에 비례한다.
② 유기물의 호기성 분해에 의해 용존산소는 감소한다.
③ 재포기에 의해 용존산소는 증가한다.
④ Streeter-Phelps식은 하천의 용존산소에 대한 모형 중의 하나이다.

해설
총용존물질(TDS) 농도가 높으면 용존산소의 포화농도는 낮아진다.

18 오염 토양 및 지하수 정화기술에 대한 설명으로 옳지 않은 것은?

① 토양세척법(Soil Flushing)은 토양 내에 세척제를 주입해 줌으로써 중금속으로 오염된 토양처리에 효과적이다.
② 공기주입법(Air Sparging)은 오염된 불포화층에 공기를 공급함으로써 오염물질의 휘발 및 생분해를 증진시키는 방법이다.
③ 원위치 생물학적 공법(In-situ Bioremediation)은 미생물의 오염물질 분해능력을 촉진시켜 오염 토양이나 지하수를 처리하는 기술이다.
④ 토양경작법(Land Farming)은 오염 토양의 생물학적 처리 공법으로 유류오염 토양의 정화에 효과적이다.

해설
오염된 불포화층에 공기를 공급함으로써 오염물질의 휘발 및 생분해를 증진시키는 방법은 토양증기추출법(SVE)이다.

19 고요한 침전지에서 수중에 존재하는 독립 입자상 물질의 침전속도 증가 요인으로 옳지 않은 것은?

① 입자의 크기를 증가시킨다.
② 입자의 밀도를 증가시킨다.
③ 수온을 감소시킨다.
④ 물의 점성계수를 감소시킨다.

해설
수온은 독립 입자상 물질의 침전속도에 영향을 주지 않는다.

20 황사현상의 원인과 대책으로 옳지 않은 것은?

① 황사는 강한 바람이나 지형에 의해 만들어진 난류 등의 기상 조건으로 인하여 다량의 모래와 먼지가 강풍을 따라 이동하여 지면 가까이 침적하면서 부유하거나 낙하하는 현상을 말한다.
② 우리나라에 영향을 미치는 황사의 발원지는 중국의 내몽골 고원, 고비사막 등이다.
③ 황사가 발생하면 대기 중의 미세먼지 농도가 급격히 증가하며, 먼지 입자가 호흡기를 통해 몸 속에 들어갈 수 있으나 황사 입자에 유해물질이 함유되어 있지 않다면 호흡기 질환을 초래할 가능성은 거의 없다.
④ 국제협력을 통해 중국 및 몽골의 황사 발생지 특성을 조사하고 사막화 방지와 조림 사업을 추진하여 황사의 발생 조건을 개선해 나가는 등의 황사 대책이 필요하며, 황사의 농도와 성분 분석과 정확한 예보를 통해 피해를 줄이는 방법 외에는 국내 대책이 많지 않다.

해설
황사 입자 자체가 호흡기 장애를 초래한다.

CHAPTER 03

2011년 기출문제

지방직 9급

01 혐기성 중온소화법으로 분뇨를 처리할 때 최종 분해산물 중 가장 높은 농도를 차지하는 기체성분은?

① CO_2

② CH_4

③ NH_3

④ H_2S

정상상태의 매립지에서 혐기성 분해과정을 통해 발생되는 가스는 주로 메탄(CH_4) 55%과 이산화탄소(CO_2) 45%이다.

02 공장의 굴뚝에서 배출되는 연기의 형태가 다음 그림과 같이 훈증형(Fumigation)을 나타낼 때 기온의 연직분포로 옳은 것은?

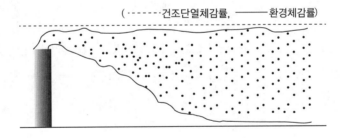

(······ 건조단열체감률, ——— 환경체감률)

① 높이 ⋯ 온도

② 높이 ⋯ 온도

③ 높이 ⋯ 온도

④ 높이 ⋯ 온도

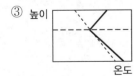

훈증형(Fumigation)의 대기 상태는 상층이 안정하고, 하층이 불안정하다. 대기오염이 가장 심하고 굴뚝높이 아래쪽으로 확산이동한다. 해가 뜨면 역전층은 사라진다.
① 환상형
② 부채형
④ 지붕형

03 대기오염물질의 흡수처리장치에 사용되는 흡수제가 갖추어야 할 조건으로 옳지 않은 것은?

① 대상 가스에 대한 용해도가 높아야 한다.
② 점도가 높아야 한다.
③ 부식성이 없어야 한다.
④ 휘발성이 낮아야 한다.

흡수제의 조건
• 표면적이 크고, 장치 내의 단위면적당 접촉면적이 커야 한다.
• 흡수제 재질의 밀도가 적어야 한다.
• 부식에 강해야 한다.
• 단가가 저렴해야 한다.
• 대상 가스에 대한 용해도가 높아야 한다.
• 휘발성이 낮아야 한다.
• 주로 스테인리스(SUS), 폴리프로필렌(P.P)을 사용한다.

04 파괴점 염소처리(Breakpoint Chlorination)법으로 수중의 암모니아를 제거할 때 반응산물이 아닌 것은?

① NH_4Cl
② NH_2Cl
③ NCl_3
④ N_2

염화암모늄(NH_4Cl)은 암모니아와 염화수소의 중화반응 또는 수산화암모늄과 염화수소와의 반응으로 얻을 수 있다.

05 함수율 92%인 하수슬러지를 탈수·건조시켜 함수율을 20%로 낮추었다면 하수슬러지의 총중량 감소율(%)은?

① 70
② 72
③ 80
④ 90

$$V_1(100-P_1) = V_2(100-P_2)$$
여기서, V_1 : 건조 전 폐기물 양, P_1 : 건조 전 함수율, V_2 : 건조 후 폐기물 양, P_2 : 건조 후 함수율

$$V_1(100-92) = V_2(100-20), \quad V_2 = \frac{1}{10}V_1$$

06 특정 제품의 원료, 생산, 유통, 소비, 재활용, 폐기 등 전과정에 걸쳐서 환경에 미치는 영향을 종합적으로 분석 · 평가하여 개선방안을 모색하는 객관적인 평가방법은?

① LCA(Life Cycle Assessment)
② EPE(Environmental Performance Evaluation)
③ EIA(Environmental Impact Assessment)
④ EMS(Environmental Management Systems)

해설

① 전과정평가 : 제품 또는 시스템의 모든 과정인 원료채취단계, 가공, 조립, 수송, 사용, 폐기에 걸쳐 에너지와 광물자원의 사용과 이로 인한 대기 및 수계, 토양으로의 환경 부하량을 정량화하고 이들이 환경이 미치는 잠재적 악영향을 규명하고 환경부하가 환경에 미치는 영향을 평가하여 이를 저감, 개선하고자 하는 기법이다.
② 환경성과평가
③ 환경영향평가
④ 환경경영체제

07 대상소음도에 충격음, 관련 시간대에 대한 측정소음, 발생시간의 백분율, 시간별, 지역별 등의 보정치를 보정한 후 얻어진 소음도는?

① 등가소음도
② 측정소음도
③ 암소음도
④ 평가소음도

해설

④ 평가소음도 : 대상소음도에 보정치를 보정한 후 얻어진 소음도
① 등가소음도 : 임의의 측정시간 동안 발생한 변동소음의 총에너지를 같은 시간 내의 정상소음의 에너지로 등가하여 얻어진 소음도
② 측정소음도 : 시험기준에서 정한 측정방법으로 측정한 소음도 및 등가소음도
③ 암소음도 : 측정소음도의 측정위치에서 대상소음이 없을 때 이 시험방법에서 정한 측정방법으로 측정한 소음도 및 등가소음도

08 입자상 물질을 제거하기 위한 침전지 이론에 대한 설명으로 옳지 않은 것은?

① 제거효율은 표면월류율(Surface Overflow Rate)에 좌우된다.
② 표면월류율은 100% 제거되는 최소입자의 침강속도와 같다.
③ 체류시간은 침전지 깊이를 표면월류율로 나눈 값과 같다.
④ 침전지의 표면적과 유량이 동일하면 제거효율은 수심에 반비례한다.

해설

• 체류시간 $T(\text{day}) = \dfrac{\text{침전지의 용적}}{\text{유입수량}} = \dfrac{V(\text{m}^3)}{Q(\text{m}^3/\text{day})}$

• 제거효율 $\eta_d(\%) = \dfrac{\text{대상 입자의 침강속도}(V_g)}{\text{표면부하율}(V_o)} \times 100$

※ 표면부하율$(\text{m}^3/\text{m}^2 \cdot \text{day}) = \dfrac{Q}{A} = \dfrac{\frac{V}{t}}{A} = \dfrac{\frac{AH}{t}}{A} = \dfrac{H}{t}$

여기서, Q : 유입수량, A : 수표면적, V : 침전지의 용적

09 상하수도용 펌프의 성능을 저하시키는 공동현상(Cavitation)에 대한 설명으로 옳지 않은 것은?

① 펌프의 회전차 입구에서 물의 압력이 그 때의 수온에 대한 포화수증기압 이하가 되는 경우 물이 기화하여 발생하는 기포가 공동현상의 직접적인 원인 중 하나이다.
② 펌프의 설치위치를 가능한 낮게 하고, 흡입관의 길이를 가능한 짧게 하여 유효흡입수두를 크게 하면 공동현상 방지에 도움이 된다.
③ 펌프의 흡입부에 설치된 수압조절밸브의 개도를 조절하여 밸브 내의 유속을 빠르게 하면 공동현상 방지에 도움이 된다.
④ 펌프 선정 시 전양정에 과대한 여유를 피하여 적정 토출량의 범위에서 운전되도록 하면 공동현상 방지에 도움이 된다.

해설

공동현상이란 유체의 속도 변화에 의한 압력변화로 인해 유체 내에 공동(빈곳)이 생기는 현상을 말한다.

공동현상의 영향 인자
• 펌프의 흡입실양정이 클 경우
• 펌프의 흡입손실수두가 클 경우
• 시설의 이용 가능한 유효흡입수두가 작을 경우
• 펌프의 회전속도가 클 경우
• 토출량이 과대할 경우
• 펌프의 흡입관경이 작을 경우

10 연소과정에서 NO_x 발생량을 저감시킬 수 있는 방법으로 옳지 않은 것은?

① 저과잉산소 조건에서 연소시킨다.
② 연소실 온도를 가능한 높게 유지한다.
③ 연소용 공기를 2단계로 주입하며 연소시킨다.
④ 배기가스 일부를 연소실로 재순환시킨다.

해설

연소조절에 의한 NO_x의 저감방법으로는 저온 연소, 저산소 연소, 저질소 성분연료 우선 연소, 2단 연소, 최고 화염온도를 낮추는 방법 등이 있다.

11 배기가스로부터 입자상 오염물질을 제거하는 집진장치 중 건식 집진장치가 아닌 것은?

① 사이클론
② 백필터
③ 전기집진기
④ 벤투리 스크러버

해설

세정식 집진장치는 훈연, 미스트 및 부유먼지를 제거하기 위한 습식 포집장치를 말한다. 유수식, 가압수식, 회전식이 있으며, 물을 가압 분출하여 액적(물방울)을 생성시켜 함진 가스를 세정하여 먼지를 제거하는 가압수식에는 벤투리 스크러버, 제트 스크러버, 사이클론 스크러버, 분무탑, 포종탑, 충전탑 등이 있다.
④ 벤투리 스크러버(Venturi Scrubber) : 세정식 집진장치 중 집진율이 가장 높고 광범위하게 사용된다.

12 토양오염의 특징으로 옳지 않은 것은?

① 원상복구의 용이성   ② 발생과 영향의 시차성
③ 오염경로의 다양성   ④ 오염의 비인지성

해석

토양오염의 특징은 간접적, 만성적, 복원의 어려움 등이 있다.

13 최종 BOD가 300mg/L이고, BOD₅가 270mg/L일 때 반응속도상수 k값(day⁻¹)은?(단, k는 상용로그를 기준으로 하는 반응속도 상수이다)

① 0.15   ② 0.20
③ 0.30   ④ 0.50

해석

$$BOD_5 = BOD_u \left(1 - 10^{-k_1 \times t}\right)$$

여기서, BOD_5 : 5일 후 BOD값, BOD_u : 최종 BOD값, k_1 : 탈산소계수, t : 시간

$$270mg/L = 300mg/L\left(1 - 10^{-k \times 5}\right)$$
$$0.9 = \left(1 - 10^{-k \times 5}\right)$$
$$0.1 = 10^{-k \times 5}$$
$$\therefore \ k = 0.2$$

14 다이크로뮴산칼륨법으로 COD를 측정할 때 적정에 소요된 0.01M $K_2Cr_2O_7$ 1mL는 산소 몇 mg에 해당하는가?

① 0.08   ② 0.24
③ 0.48   ④ 0.64

해석

다이크로뮴산칼륨은 6가, 산소분자는 4가이다.

$$0.01M K_2Cr_2O_7 = 0.01M \times 6 = 0.06eq/L \times 1L/100mL \times 1mL = 0.06meq$$
$$O = 32g/4eq = 8g/eq = 8mg/meq$$

따라서, $0.06meq \times 8mg/meq = 0.48mg$

15 유기성 폐기물의 퇴비화에 대한 설명으로 옳지 않은 것은?

① 퇴비화란 호기성 조건 하에서 생물학적으로 유기물을 안정한 상태의 부식질로 변환시키는 공정이다.
② 퇴비화를 위한 유기성 폐기물의 적정 C/N비는 대략 25~35이며, 퇴비화가 진행됨에 따라 점차 감소한다.
③ 퇴비화기간 동안 생물학적 과정에 의해 분해가 일어나면서 병원균을 사멸시킬 수 있는 고온이 발생한다.
④ 퇴비화를 위한 적정 함수율은 대략 30~40%이며, 함수율이 너무 낮으면 혐기적 조건이 될 수 있다.

해석

퇴비화의 최적 조건
• 온도 : 중온균 30~40℃, 고온균 50~60℃
• 수분 : 50~60%
• C/N비 : 30~50
• pH : 5.5~8 정도

16 소음저감기술에 대한 설명으로 옳은 것을 모두 고른 것은?

> ㄱ. 흡음률은 흡음재의 소재 종류에 의존하지만 음파의 주파수와는 무관하다.
> ㄴ. 흡음재는 기공이 많고 가벼운 소재가 주로 사용된다.
> ㄷ. 차음재는 기밀(Air-tight)하고 무거운 소재가 선호된다.
> ㄹ. 특정 소재에 대한 음파의 투과손실값이 작을수록 우수한 차음성능을 나타낸다.
> ㅁ. 도로변에 설치된 방음벽은 좌우길이가 길수록 보다 우수한 방음효과를 나타낸다.

① ㄱ, ㄴ, ㄷ　　　　　　　　　　② ㄱ, ㄹ, ㅁ
③ ㄴ, ㄷ, ㄹ　　　　　　　　　　④ ㄴ, ㄷ, ㅁ

해석

투과손실이란 차음재료의 차음성능을 나타내는 지표로서 벽이 음의 투과를 얼마나 방지하는가를 나타내는 정도이다.
흡음률의 변화요인
• 재료자체의 성질
• 재료배면의 조건
• 재료의 시공조건
• 입사음의 주파수와 입사각도
※ 흡음재 : 경량의 다공성 자재이며 차음재로는 바람직하지 않다.
※ 차음재 : 상대적으로 고밀도이며 기공이 없고 흡음재로는 바람직하지 않다.

17 사이클론 집진장치의 집진효율에 대한 설명으로 옳은 것은?

① 입자의 크기가 작을수록 집진효율이 증가한다.
② 입자의 밀도가 작을수록 집진효율이 증가한다.
③ 사이클론의 반경이 작을수록 집진효율이 증가한다.
④ 사이클론 내 기류 유속이 작을수록 집진효율이 증가한다.

해석

집진효율 향상조건
• 먼지 농도, 밀도, 입경이 클수록　　　　• 입구의 유속이 빠를수록
• 유량이 클수록　　　　　　　　　　　　• 회전수가 많을수록
• 몸통 길이가 길수록　　　　　　　　　• 몸통 직경이 작을수록
• 처리가스 온도가 낮을수록　　　　　　• 점도가 작을수록

18 수질의 유기오염 평가지표인 BOD와 COD의 관계식으로 옳지 않은 것은?

① $BOD = IBOD + SBOD$

② $BDCOD = BOD_5$

③ $COD = BDCOD + NBDCOD$

④ $NBD \ COD = COD - BOD_u$

해석

BOD와 COD의 관계식

- $BOD = SBOD + IBOD$
- $COD = SCOD + ICOD$
- $COD = BDCOD + NBDCOD$(분해 가능한 COD + 분해 불가능한 COD)
- $BDCOD = BOD_u$
- $BOD_u = 1.72BOD$(일반적인 도시하수의 최종 BOD값은 5일 BOD값의 1.72배)

19 기온역전층에 대한 설명으로 옳은 것을 모두 고른 것은?

> ㄱ. 대기 중 오염물질의 확산과 이동이 억제된다.
> ㄴ. 상공으로 올라갈수록 기온이 감소된다.
> ㄷ. 공기층이 대단히 불안정하다.
> ㄹ. 기온역전층 내에서는 대류현상이 활발하다.

① ㄱ

② ㄱ, ㄴ

③ ㄱ, ㄴ, ㄷ

④ ㄱ, ㄴ, ㄷ, ㄹ

해석

기온역전층이란 높이에 따라 온도가 높아져 대기가 안정한 층을 말한다.

20 폐기물 고체연료(RDF)의 특징에 대한 설명으로 옳은 것은?

① RDF는 저장 중 세균이나 곰팡이의 발생으로 장기간 저장이 곤란하다.

② RDF의 회분량은 가연성 쓰레기의 회분량 17~20%(건조 기준)보다 높다.

③ RDF의 함수율은 발열량과 저장성을 고려하여 약 10% 이하로 억제할 필요가 있다.

④ 일반 생활폐기물을 원료로 한 RDF의 저위발열량은 대략 7,000kcal/kg으로 석탄과 비슷한 열량을 낸다.

해석

RDF의 구비조건

- 열함량이 높을 것
- 염소 및 황함량이 낮을 것
- 대기오염이 작을 것
- 수분함량(함수율)이 낮을 것
- 재의 함량이 낮을 것
- 성분배합률이 균일할 것

※ 일반 생활폐기물을 원료로 한 RDF의 저위발열량은 대략 3,500kcal/kg으로 석탄과 비슷한 열량을 낸다.

2014년 기출문제

서울시 9급

01 지하수가 포화대수층(Saturated Aquifer)에서 이동할 때, 지하수 흐름은 Darcy's Flow Equation에 의해 표현할 수 있다. Darcy's Flow Equation에서 대수층의 매질 특성과 관련된 인자는?

① 확산(Diffusion)　　　　　　　　　　② 수리전도도(Hydraulic Conductivity)
③ 생분해도(Biodegradation)　　　　　　④ 흡착(Sorption)
⑤ 분산(Dispersion)

해설
② 수리전도도 : 토양과 같은 다공성 매질의 투수성을 나타내며, 통상적으로 투수계수라고도 한다.

02 광화학 스모그의 생성물질로 옳지 않은 것은?

① 오 존　　　　　　　　　　　　　　② 질소산화물
③ 알데하이드　　　　　　　　　　　　④ 아크롤레인
⑤ 유기산

해설
주로 자동차 배기가스에 의해 발생된 질소산화물(NO_x)과 탄화수소(HC)는 강한 자외선에 의해 광화학반응이 생성되어 오존, 알데하이드, PAN, 유기산, 케톤 등의 광화학산화물(2차 오염물질)이 생성된다.

03 침전조에서 입자의 침전속도는 Stokes 법칙을 통해 결정된다. 다음 중 Stokes 법칙에 따라 침전하는 원형 입자의 침전속도에 영향을 미치는 인자가 아닌 것은?

① 입자의 밀도　　　　　　　　　　　② 물의 밀도
③ 입자의 지름　　　　　　　　　　　④ 물의 점도
⑤ 입자의 성분

해석

스토크스(Stokes)의 법칙 : $V_g = \dfrac{d^2(\rho_s - \rho)g}{18\mu}$

여기서, d : 직경(cm), μ : 점성계수(g/cm · s), $\rho_s - \rho$: 밀도 차이, g : 중력가속도(cm/s^2)

04 호소의 부영양화 현상에 관한 기술로서 틀린 것은?

① COD가 낮고, 투명도도 저하된다.

② 독성에 의해 어폐류가 폐사하며, 악취를 발생시킨다.

③ 한 번 부영양화된 호수는 회복이 어려우며 상수원으로는 부적당하다.

④ 질소, 인을 포함한 합성세제 사용을 금지하며 조류번식을 방지하기 위하여 황산제2구리(CuSO$_4$), 석회석을 혼합한 황토 또는 활성탄을 뿌려 제거한다.

⑤ 호소 내에서의 처리방안으로는 차광막을 설치해 조류증식에 필요한 광을 차단, 수계로부터의 수초 및 부착 조류의 제거, 생물학적 제어, 화학적 처리가 있다.

해석

부영양화

정체 수역에서 영양염류의 과다 유입으로 미생물 활동에 의한 생산과 소비의 균형이 파괴되어 물의 이용가치 저하 및 조류의 이상번식에 따른 자연적 늪지현상

• 수중 생태계의 변화 : 플랑크톤의 사체가 분해될 때 산소가 대량 소모, 어류의 생육 장애

• 정수공정의 효율 저하 : 조류에 의한 스크린의 폐쇄 및 여과지의 막힘, THM 발생

• 농산물의 수확량 감소 : 부영양화된 호수의 수질은 질소, 인 등 식물이 섭취할 수 있는 영양염류의 농도가 높음

• 수자원의 용도 및 가치하락 : 조류의 과다번식은 호수의 투명도를 저하, 악취 발생

• 수산업의 수익성 저하

05 비점오염원의 특징에 대한 설명으로 옳지 않은 것은?

① 발생량의 예측과 정량화가 어렵다.

② 인위적인 활동과 자연적인 활동의 복합작용에 기인한다.

③ 지표수의 유출이 거의 없는 갈수기에 하천수의 수질악화에 큰 영향을 미친다.

④ 빗물, 지하수 등에 의하여 희석되거나 확산되면서 넓은 장소로부터 배출된다.

⑤ 강우 등 자연적 요인에 따른 배출량의 변화가 심하여 예측이 어렵다.

해석

비점오염원은 홍수 시 하천수의 수질악화의 원인이 된다.

※ 비점오염원

• 도시, 도로, 산지, 공사장 등으로서 불특정 장소에서 불특정하게 수질오염물질을 배출하는 배출원을 말한다(물환경보전법 제2조제2호).

• 오염물질의 유출 및 배출 경로가 명확하게 구분되지 않아 수집이 어렵고 발생량, 배출량이 강수량 등 기상조건에 크게 좌우되기 때문에 처리시설의 설계 및 유지관리가 어렵다.

• 비점오염원에는 농작물에 흡수되지 않고 농경지에 남아있는 비료와 농약, 초지에 방목된 가축의 배설물, 가축사육농가에서 배출되는 미처리 축산폐수, 빗물에 섞인 대기오염물질, 도로 노면의 퇴적물, 합류식 하수관거에서 강우 시 설계량을 초과하여 하천으로 흘러드는 오수, 하수와 빗물의 혼합수 등이 있다.

06 용수 및 폐수처리공정에서 물리 · 화학적 처리로 옳지 않은 것은?

① 이온교환
② 산화 · 환원
③ 산화지
④ 막분리법
⑤ 전기투석

해설

산화지법은 생물학적 처리법의 일종으로 호기성 산화지(Aerobic Lagoon), 포기식 산화지(Aerated Lagoon), 임의성 산화지(Facultative Lagoon)로 분류된다.

07 다음은 생물학적 영양염류 제거공법이다. 이 가운데 생물학적 인(P) 제거 공정의 기본형은 무엇인가?

① A/O(혐기/호기) 공법
② UCT(University of Cape Town) 공법
③ VIP(Virginia Initiative Plant) 공법
④ Bardenpho 5단계 공법
⑤ MLE(Modified Ludzack-Ettinger) 공법

해설

① A/O 공법은 BOD와 인(P)을 제거하기 위해 혐기성조(인방출), 호기성조(인흡수)로 구성된다.
② UCT 공법은 반송슬러지를 혐기성조에 유입시키지 않고, 무산소조로 유입하여 반송슬러지 내의 질소가 인의 방출에 나쁜 영향을 미치는 것을 방지한다.
④ Bardenpho 5단계 공법은 N, P를 동시에 제거할 목적으로 4단계 Bardenpho의 전단계에 혐기성조를 보강한 수정 Bardenpho 공법이다.

08 청각기관의 경우 음의 감각상의 세기는 물리적인 세기에 비례하지 않고 음의 세기의 대수(Logarithm)에 비례하는 현상을 무슨 법칙이라고 하는가?

① 도플러(Doppler)의 법칙
② 옴(Ohm)의 법칙
③ 호이겐스(Hoygens)의 법칙
④ 베버-페히너(Weber-Fechner)의 법칙
⑤ 파서발(Parseval)의 법칙

해설

④ 베버-페히너 법칙 : 감각상의 세기는 그 감각이 일어나게 한 자극의 양의 로그에 비례하는 현상을 말한다.
① 도플러 법칙 : 어떤 파동의 파동원과 관찰자의 상대 속도에 따라 진동수와 파장이 바뀌는 현상을 말한다.
② 옴의 법칙 : 도체의 두 지점 사이에 나타나는 전위차에 의해 흐르는 전류가 일정한 법칙에 따르는 것을 말한다.
⑤ 파서발의 법칙 : '시간 영역에서의 총파워와 주파수 영역에서의 총파워는 같다'는 원리이다.

09 물의 경도(Hardness)가 높은 물은 음용수로 사용하면 위장장애, 설사, 복통을 유발할 수 있다. 다음 중 물의 경도를 유발하는 화합물이 아닌 것은?

① 칼륨(K)
② 칼슘(Ca)
③ 망가니즈(Mn)
④ 마그네슘(Mg)
⑤ 철(Fe)

해석

경도 유발물질 : 물속에 용해되어 있는 2가 이상의 금속원소 양이온(Ca^{2+}, Mg^{2+}, Fe^{2+}, Mn^{2+}, Sr^{2+}), 특히 칼슘(Ca^{2+}), 마그네슘(Mg^{2+})이 대부분이다.

10 다이옥신(Dioxin)의 대표적인 물리적 성질로 알맞은 것은?

① 소수성, 낮은 증기압, 열적 안정, 강한 흡착성
② 친수성, 낮은 증기압, 열적 불안정, 강한 흡착성
③ 소수성, 높은 증기압, 열적 불안정, 약한 흡착성
④ 친수성, 낮은 증기압, 열적 안정, 강한 흡착성
⑤ 소수성, 높은 증기압, 열적 안정, 약한 흡착성

해석

다이옥신은 강한 흡착성을 가지고 있으며, 활성탄 흡착+백필터를 이용해서 처리한다.

다이옥신의 물리적 성질
• 증기압이 낮다($10^{-8} \sim 10^{-4}$Pa).
• 염소의 수가 많아지면 HLC가 감소한다.
• 물에 대한 용해도가 매우 낮다.
• 화학적으로 안정하여 자연계에서 한번 생성되면 잘 분해되지 않는다.

11 하루의 매시간당 등가소음도를 측정(24개 Data)한 후, 야간(22:00~07:00)의 매시간 측정치에 10dB의 벌칙레벨을 합산하여 파워평균(dB합)한 레벨을 무엇이라고 하는가?

① 회화방해레벨(SIL)
② 교통소음지수(TNI)
③ 주야평균소음레벨(L_{dn})
④ 소음공해레벨(L_{NP})
⑤ 감각소음레벨(PNL)

해석

③ 주야평균소음레벨(L_{dn}, Day–Night Average Sound Level) : 미국의 교통소음평가방법으로, 하루 매시간당 등가소음을 측정(24개)한 후 야간 시간대인 22:00~07:00 측정치에 10dB의 벌칙성 레벨을 합산한 후 평균한 값이다. 소음에 대한 주관적 반응과 대응이 좋고, 하루를 낮과 밤의 시간을 구분하여 기준을 정할 필요없이 하루 단위로 기준을 정할 수 있는 장점이 있다.

$$L_{dn} = 10\log[1/24 \times (15 \times 10^{L_d/10} + 9 \times 10^{(L_n+10)/10})]$$

① 회화방해레벨 : 회화방해수준, 회화방해도 등으로 불린다. 소음의 강약이 회화를 방해하는 정도를 나타내는 평가방법으로 소음을 3개의 옥타브 밴드로 분석한 음압레벨의 산술 평균값이다. 3개의 옥타브 밴드는 600~1,200Hz, 1,200~2,400Hz, 2,400~4,800Hz이다. 즉, 이 옥타브 밴드에서 소음의 강도(dB)를 측정해 평균을 낸 것이다.
② 교통소음지수 : 24시간 중 임의의 시간에 간헐적으로 측정한 결과값으로 실외소음 상태를 측정할 때 가장 많이 사용한다.
④ 소음공해레벨 : 변동소음의 에너지와 소란스러움을 동시에 평가하는 방법이다.
⑤ 감각소음레벨 : 소음을 0.5초 이내의 간격으로 1/1 또는 1/3 옥타브밴드로 분석하여 각 대역별 음압레벨을 구한 후, 이 음악레벨에 상당하는 noy값을 그림에서 판독하여 총 noy값 Nt를 구한다.

12 선진국이 개발도상국에 투자하여 발생된 온실가스 감축분을 선진국의 감축실적에 반영할 수 있도록 허용하는 제도를 무엇이라 하는가?

① 교토의정서(Kyoto Protocol)
② 공동이행제도(Joint Implementation)
③ 배출권거래제(Emission Trading)
④ 청정개발체제(Clean Development Mechanism)
⑤ 탄소감축제도(Carbon Reduction Commitment)

해설

청정개발체제(CDM ; Clean Development Mechanism) : 선진국들의 온실가스 감축 및 개도국의 지속가능한 성장을 위해 선진국과 개도국이 서로 협력할 수 있는 제도이다(교토의정서 제12조).

※ 공동이행제 : 선진국인 A국이 선진국인 B국에 투자하여 발생된 온실가스 감축분의 일정분을 A국의 배출저감실적으로 인정하는 제도이다. 선진국이 개발도상국에 투자하여 발생된 온실가스 감축분을 선진국의 감축 실적에 포함시킬 수 있는 제도는 청정개발체제이다(교토의정서 제6조).

13 기상오염물질과 발생원의 관계가 잘못된 것은?

① 이산화황(SO_2) : 벙커시유 또는 석탄의 연소과정
② 이산화질소(NO_2) : 자동차 배기가스, 질산을 사용하는 표면 처리공정
③ 탄화수소(HC) : 휘발유가 연소되지 않은 상태에서 배출되거나 연소에 의하여 크래킹을 일으킬 때 주로 발생
④ 일산화탄소(CO) : 산소가 부족한 상태에서 연료가 연소할 때 발생
⑤ 오존(O_3) : 연료연소, 시멘트 공장, 도로 등에서 비산

해설

2차성 오염물질 : 대기 중으로 방출된 1차성 오염물질이 광화학반응이나 광분해반응 및 산화반응을 통해서 형성되는 물질이다. 종류로는 O_3, PAN, 아크롤레인, NOCl, H_2O_2, CO^-, 케톤 등이 있다.

14 수분함량이 50%인 음식쓰레기를 수분함량이 20%가 되도록 건조시켰다. 건조된 쓰레기의 무게는 어떻게 변하는가?

① 원래의 약 48%로 감소한다.
② 원래의 약 53%로 감소한다.
③ 원래의 약 58%로 감소한다.
④ 원래의 약 63%로 감소한다.
⑤ 원래의 약 68%로 감소한다.

해설

$$W_1(100-P_1) = W_2(100-P_2)$$

여기서, W_1 : 건조 전 폐기물 양, P_1 : 건조 전 함수율, W_2 : 건조 후 폐기물 양, P_2 : 건조 후 함수율

$$100(100-50) = W_2(100-20)$$

$$\therefore \ W_2 = \frac{100 \times 50}{80} = 62.5$$

15 전기집진장치에 대한 설명으로 옳지 않은 것은?

① 보수가 간단하여 인건비가 절약된다.
② 압력손실이 크고, 송풍기의 동력비가 많이 든다.
③ 소요설치 면적이 크며, 처리비용이 많이 든다.
④ 광범위한 온도와 대용량 범위에서 운전이 가능하다.
⑤ 성능이 우수하여 $0.1\mu m$ 이하의 미세입자까지 포집이 가능하다.

해설

전기집진장치는 전압변동, 압력손실이 작고, 동력비가 적게 들지만 설치비는 많이 든다. 전압변동이 자주 일어날 경우 일정한 전기를 공급해야 하는 전극에 이상이 생겨 효율이 떨어진다.

16 다음 중 호기성 퇴비화의 운영 조건에 대한 설명으로 옳지 않은 것은?

① 퇴비화 공정에 영향을 미치는 인자는 온도, 수분, pH, C/N비 등이 있다.
② 폐기물의 입자 크기가 너무 작으면 퇴비단으로 공기가 충분히 공급되지 못해 통기성이 나빠지므로 통기 개량제 또는 팽화제(Bulking Agent)를 활용해야 한다.
③ 호기성 퇴비화에 작용하는 미생물의 생장에 필요한 최적 pH 조건은 5.5~8.5 범위이다.
④ 만약 충분한 공기 공급이 이루어지지 않는다면 산소가 없는 조건에서 혐기성 미생물의 활동이 제한되어 퇴비화 과정이 느려지고 악취가 발생한다.
⑤ 통상 퇴비화 최적 C/N비는 약 25~30이며, 퇴비 더미 안에 질소가 과량 존재하는 경우에는 암모니아성 질소의 생성으로 인해 악취가 발생한다.

해설

혐기성 미생물의 활동이 활발해져 퇴비화 과정이 느려지고 악취가 발생한다.

17 다음 중 연소용 공기의 과잉공급량을 약 10% 이내(공기비 1.05~1.10)로 줄임으로써 질소산화물의 생성을 억제하는 방법은?

① 연소부분 냉각　　　　　　　② 수증기 분무
③ 2단 연소　　　　　　　　　④ 저온도 연소
⑤ 저산소 연소

해설

저산소 연소란 공기과잉계수를 1에 가까운 연소 상태로 하여 과잉공기의 사용을 막고, 연소배가스 중에 포함된 산소의 양을 가능한 한 적게 하는 것을 말한다. 특히 대형 보일러에서 저산소 연소 시에는 금속면의 부식방지, 산괴, 질소산화물 등의 발생방지, 열효율 향상 등의 효과를 기대할 수 있다.

18 주철 중에서 음파의 이동속도는 1,200m/sec이다. 기차가 20cycle/sec로 소리를 내며 달리고 있을 때 철로에 한 귀를 대고 듣는다고 가정하자. 이때, 기차소리의 파장은 얼마인가?

① 20m ② 30m
③ 40m ④ 50m
⑤ 60m

해설

파동의 파장$(\lambda) = \dfrac{v}{f} = \dfrac{1,200\text{m/sec}}{20/\text{sec}} = 60\text{m}$

여기서, v : 속도(m/sec), f : 진동수(Hz)

19 어떤 쓰레기의 입도(Particle Size)를 분석한 결과, 입도누적곡선상의 10%, 50%, 60%, 90%에 해당하는 입경이 각각 1mm, 5mm, 10mm, 20mm이었다. 이 쓰레기의 유효입경과 균등계수는 얼마인가?

① 유효입경=1mm, 균등계수=5
② 유효입경=1mm, 균등계수=10
③ 유효입경=5mm, 균등계수=2
④ 유효입경=5mm, 균등계수=4
⑤ 유효입경=10mm, 균등계수=2

해설

• 유효입경$(D_{10}) = 1$mm
• 균등계수 $= \dfrac{D_{60}}{D_{10}} = \dfrac{10}{1} = 10$

20 토양의 양이온 교환용량(CEC ; Cation Exchange Capacity)에 관한 설명 중 옳지 않은 것은?

① CEC는 토양이 양이온을 보유할 수 있는 용량을 말한다.
② 점토질과 유기물의 함량이 높은 토양은 CEC가 높다.
③ 토양의 CEC는 무기영양분의 보유능력, 산성비의 완충능력 및 자연의 정화능력에 큰 영향을 미친다.
④ 이온의 하전수가 높을수록 선택적으로 잘 흡착된다.
⑤ 카올리나이트(Kaolinite)와 깁사이트(Gibbsite) 함량이 높으면 CEC는 높아진다.

해설

카올리나이트와 깁사이트 함량이 높으면 CEC는 낮아진다. 카올리나이트는 1 : 1형 광물이기 때문에 CEC가 낮다.
※ 양이론 교환용량 : 특정 pH에서 일정량의 토양에 전력에 의하여 다른 양이온과 교환이 가능한 형태로 흡착된 양이온의 총량을 말한다.

지방직 9급

01 하수의 염소소독에 대한 설명으로 옳지 않은 것은?

① 염소소독 시설은 염소의 독성 때문에 사고에 대비한 안전 및 제해설비가 필요하다.

② 염소소독은 발암성 물질인 THM을 생성시킬 수 있다.

③ 염소의 살균효율은 잔류염소의 농도와 형태, pH와 온도, 불순물 농도, 접촉시간 등에 따라 달라진다.

④ 염소를 하수에 주입하면 HOCl, OCl⁻, 결합잔류염소 등의 형태가 되며, 살균력은 결합잔류염소가 가장 강하다.

해석

결합잔류염소는 정수의 마지막 과정에서 병원성 미생물의 오염을 예방하기 위해 염소를 주입하여 생성된 클로라민 등의 염소화합물을 의미하며, 살균력은 가장 약하다.
살균력의 크기
오존(O_3) ≫ 차아염소산(HOCl) > 차아염소산 이온(OCl⁻) > 클로라민(NH_2Cl)

02 환경문제 해결을 위한 국제협약과 그 내용이 옳게 짝지어진 것은?

① 런던협약 : 폐기물의 투기로 인한 해양오염의 방지

② 람사르협약 : 오존층 파괴물질에 대한 관리

③ 몬트리올의정서 : 유해폐기물의 국가 간 이동 및 처리 규제

④ 바젤협약 : 물새 서식지로서 국제적으로 주요한 습지의 보호

해석

② 람사르협약 : 습지와 습지보존 자원의 보호를 위한 국제협약

③ 몬트리올의정서 : 오존층 파괴물질에 대한 관리

④ 바젤협약 : 유해폐기물의 국가 간 이동 및 처리규제에 관한 협약

03 F/M비는 유입 유기물량과 활성슬러지 미생물량의 비를 말한다. 유입수의 BOD 농도가 200mg/L, 유량 10,000m³/day이고, 포기조의 용량은 2,500m³이며 MLSS 농도가 2,000mg/L일 때 F/M비(kg-BOD/kg-MLSS·day)는?

① 0.2

② 0.3

③ 0.4

④ 0.5

해석

$$F/M비 = \frac{폐수량 \times 평균\ BOD}{포기조\ 용적 \times 평균\ MLSS} = \frac{(10,000\,\mathrm{m^3/d} \times 200\,\mathrm{mg/L})}{(2,500\,\mathrm{m^3} \times 2,000\,\mathrm{mg/L})} = 0.4$$

04 토양오염 복원 시 투수성 반응벽체공법을 이용할 경우 주요 설계 고려사항이 아닌 것은?

① 오염대 주변의 식생 특성
② 제거대상 오염물질의 특성
③ 오염된 부지의 수리지질학적 특성
④ 처리과정에서 미생물에 의한 영향

투수성 반응벽체공법은 오염물질이 존재하는 지표 아래에 반응물질을 설치하여 지하수의 흐름을 이용해 오염물질과 반응물질의 화학반응을 이용해 오염원을 제거하는 방법으로 제거대상 오염물질의 특성, 오염부지의 수리지질학적 특성, 처리과정 중 미생물의 영향 등을 고려해야 한다.

05 관개용수의 수질을 분석하여 다음의 측정값을 얻었다. 이 물의 나트륨흡착비(SAR)는?(단, 원자량 : Ca=40, Mg=24, Na=23, S=32, O=16, N=14, Cl=35.5)

측정값 : Ca^{2+}=80mg/L, Mg^{2+}=48mg/L, Na^+=115mg/L, SO_4^{2-}=150mg/L, Cl^-=110mg/L, NO_3^-=28mg/L

① 1.8
② 2.5
③ 2.9
④ 3.5

나트륨흡착비(SAR) $= \dfrac{Na^+}{\sqrt{\dfrac{1}{2} \times (Mg^{2+} + Ca^{2+})}} = \dfrac{5}{\sqrt{\dfrac{1}{2} \times (4+4)}} = 2.5$

여기서, Mg^{2+}= 48mg/L × 1meq/12, 12 = 24/2(2당량이므로)
　　　　Ca^{2+}= 80mg/L × 1meq/20, 20 = 40/2(2당량이므로)
　　　　Na^+= 115mg/L × 1meq/23, 23 = 23/1(1당량이므로)

06 수분함량 70%인 음식물 쓰레기와 수분함량 20%인 톱밥을 중량비 6 : 4로 섞은 혼합물의 평균 수분함량(%)은?

① 30
② 40
③ 50
④ 60

$(0.7 \times 0.6) + (0.2 \times 0.4) = 0.5 = 50\%$

07 25℃, 1atm에서 대기 중 SO_2의 농도가 0.049ppm일 경우, SO_2의 질량 농도($\mu g/m^3$)는?(단, 원자량은 S=32, O=16이고, 25℃, 1atm에서 이상기체 1몰의 부피는 24.5L이다)

① 64
② 128
③ 142
④ 284

해석

$25°C$, 1기압일 때의 기준농도를 표시하여 단위를 ppm에서 $\mu g/m^3$으로 환산하는 문제이다.

$$SO_2(\mu g/m^3) = 0.049ppm = 0.049mL/m^3 \times \frac{64g \times 1,000mg/g \times 1,000\mu g/mg}{24.5L \times 1,000mL/L} = 128\mu g/m^3$$

08 대기권에 대한 설명으로 옳지 않은 것은?

① 대기권은 지구를 중심으로 중력에 의해 붙잡혀 있는 기체의 집합권역을 의미하며 대류권, 성층권, 중간권, 열권으로 구성되어 있다.

② 대류권에서는 수증기, 구름 및 강수의 대부분이 발생하고 고도가 높아질수록 기온이 낮아진다.

③ 성층권에는 오존층이 존재하고 태양복사열이 흡수되므로 상층부의 더운 공기와 하층부의 찬 공기의 혼합이 활발하게 일어난다.

④ 중간권에는 대기가 매우 희박하지만 질소와 산소의 비율은 지구표면과 유사하다.

해석

성층권은 오존층이 존재하여 태양복사열이 흡수되지만 온도분포가 안정(하부 저온, 상부 고온)하여 공기의 순환이 없어 혼합이 발생하지 않는다.

09 수자원의 일반적인 수질특성에 대한 설명으로 옳지 않은 것은?

① 지하수는 지표수에 비하여 일반적으로 경도가 크다.

② 호소의 부영양화를 일으키는 주요 원인물질은 질소와 인성분이다.

③ 하천 자정작용의 주요한 인자는 희석·확산작용과 미생물에 의한 분해작용이다.

④ 오염되지 않은 빗물은 대기 중의 이산화탄소로 인하여 약알칼리성이 된다.

해석

오염되지 않는 빗물은 이산화탄소의 영향으로 탄산이 빗물에 녹아 약산성(pH 5.6)을 유지하게 된다.

10 풍속이 3m/s일 때, 높이가 100m이고 안지름이 2m인 굴뚝에서 황산화물을 포함하는 연기가 10m/s의 속도로 배출되고 있다면 굴뚝의 유효높이(m)는?(단, 연기와 대기의 온도차가 28°C 이하로 연기상승은 $\Delta H = D(V_s/U)1.5$에 따른다)

① 105   ② 110

③ 114   ④ 124

해석

굴뚝의 유효높이$(H_e) = H + H_t + \Delta H$

여기서, H : 굴뚝 높이, H_t : 부력상승 높이, ΔH : 연기의 유속으로 인한 상승

온도 차이가 28°C 이하일 때 연기상승은 연기의 유속으로 인한 상승에 따르므로 굴뚝의 유효높이(H_e)는 $H + \Delta H$가 된다.

$$H_e = 100m + \left(D \times \frac{V_s}{U} \times 1.5\right) = 100m + \left(2m \times \frac{10m/s}{3m/s} \times 1.5\right) = 110m$$

11 대기의 기온역전현상과 대기오염에 관한 설명으로 옳지 않은 것은?

① 기온역전은 대기가 매우 안정된 상태를 나타내며, 오염물질의 수평이동을 막는 역할을 한다.

② 침강역전은 고기압대에서 기층이 하강하면서 발생하고, 수일 이상 지속되어 대기오염 사건을 일으키기도 한다.

③ 전선역전은 따뜻한 공기가 찬 공기 위로 올라갈 때 생기는데, 이동성이기 때문에 대기오염 문제에 심각한 영향을 주지는 못한다.

④ 복사역전은 겨울철 지표면 가까이에서 발생하여 몇 시간 후에 사라지나, 종종 초저녁에 퇴근길 자동차에서 발생하는 배기가스를 지표면에 정체시켜 고농도 오염물질에 따른 악영향을 유발한다.

기온역전은 공기의 수직이동을 막는 역할을 하여 대류의 순환을 방해한다.

12 도플러(Doppler) 효과에 대한 설명으로 옳지 않은 것은?

① 음원과 청취자 사이의 상대적인 운동에 따라 소리의 높낮이가 변한다.

② 음원이 멀어지는 경우 소리의 진동수는 작아진다.

③ 음원이 멀어지는 경우 소리의 파장은 짧아진다.

④ 기적을 울리는 기차가 지나간 후 그 기적 소리가 낮게 들린다.

음원이 멀어질 경우 진동수는 작아지고 파장은 길어진다.

도플러 효과(Doppler Effect) : 어떤 파동의 파동원과 관찰자의 상대속도에 따라 진동수와 파장이 바뀌는 현상이다.

13 MLSS 농도 2,000mg/L로 운전되는 활성슬러지 공정에서 포기조 혼합액 1L를 메스실린더에 옮겨서 30분 침강시켰을 때 슬러지의 계면이 178mL에서 형성되었고, 1시간 침강시켰을 때 계면이 136mL에서 형성되었다. 이 혼합액의 슬러지용량지표(SVI ; Sludge Volume Index)는?

① 21.0   ② 68.0

③ 78.5   ④ 89.0

$$SVI(슬러지용적지수) = \frac{SV(mL/L)}{MLSS(mg/L)} \times 10^3 = \frac{178(mL/L)}{2,000(mg/L)} \times 10^3 = 89mL/g$$

14 호소에서 발생하는 성층현상의 설명으로 옳지 않은 것은?

① 호소가 성층화되면 물의 대류작용이 억제된다.

② 성층화된 호소는 수심에 따라 밀도가 변화한다.

③ 수심에 따른 물의 온도차로 인하여 성층현상이 발생한다.

④ 영양염의 농도차로 인하여 봄과 가을에 성층이 심화된다.

성층형상은 수온의 차이(밀도)로 인해 상하 혼합이 일어나는 현상으로 주로 여름과 겨울에 발생한다.

15 하수처리장에서 설계부하(표면부하율)가 20m³/m²·day이고, 처리할 하수유량이 6,280m³/day인 경우 원형 침전조의 직경(m)은?

① 14.1   ② 17.3

③ 20.0   ④ 24.5

$$표면부하율 = \frac{Q(유량)}{A(표면적)}$$

$$20\text{m}^3/\text{m}^2 \cdot \text{day} = \frac{6,280\text{m}^3/\text{day}}{A}, \ A = 314\text{m}^2 \text{이므로}$$

$$\frac{1}{4}\pi D^2 = 314, \ \therefore \ D = 20\text{m}$$

16 산성 망가니즈법 COD 실험에서 과망가니즈산염(MnO_4^-)이 0.01M(몰농도) 소요되었다면, 이 시료의 COD_{Mn}(mg/L)는?

① 320

② 400

③ 560

④ 800

과망가니즈산염은 5당량, 산소 1당량은 8g이므로
0.01mol/L(M) × 5eq/mol × 8g/eq × 10³mg/g = 400mg/L

17 도시폐기물의 선별에 많이 이용되는 트롬벨스크린의 주요 설계 및 운전인자가 아닌 것은?

① 경사도

② 광투과도

③ 회전속도

④ 체 눈의 크기

트롬벨스크린의 설계인자 : 경사도, 회전속도, 체 눈의 크기 등

18 하수슬러지 혐기성 소화조의 설계와 운전에 대한 설명으로 옳은 것은?

① 소화가스 내 메탄가스의 함량은 30~45% 정도이다.

② 고율소화조의 고형물체류시간(SRT)은 30~60일의 범위이다.

③ 소화조의 온도가 중요한 인자이며, 일반적으로 고온소화는 55~60℃를 사용한다.

④ pH 감소에 따른 소화효율 저하를 방지하기 위해 소화조의 총알칼리도는 100~500mg/L를 유지한다.

해설

혐기성 소화(메탄균)는 소화조의 온도가 가장 중요하며, 고온소화(55~60℃)한다.

19 수평거리로 100m 떨어진 폐기물매립지의 두 지점에 관측정을 설치하고 지하수위를 관측하였다. 한 관측정의 수위가 3.0m, 다른 관측정의 수위가 2.9m로 측정되었을 때, 매립지 내에서 지하수의 평균속도(mm/day)는?(단, 매립지 내 지하수의 흐름은 Darcy법칙을 따르고, 투수계수는 5m/day이다)

① 5

② 10

③ 15

④ 20

해설

지하수 평균유속(V) = $K \times I$

여기서, K : 투수계수, I : 동수구배

$$V = 5\text{m/d} \times \frac{(3-2.9)\text{m}}{100\text{m}} \times 10^3 \text{mm/m} = 5\text{mm/d}$$

20 야외 음악당의 무대로부터 100m 떨어진 관중석에서 공연 중에 측정한 음압레벨이 평균 95dB이었다. 무대에 설치된 스피커가 유일한 음원이고 야외 음악당을 반자유공간으로 분류할 때, 음원의 음향파워레벨(dB)은?(단, 음향파워레벨 = 음압레벨 + 10 · $\log_{10}$(음원방사표면적), $\log_{10}(2\pi)$ = 0.8, $\log_{10}(4\pi)$ = 1.1)

① 136

② 143

③ 146

④ 153

해설

음향파워레벨(PWL) = SPL + 10log(음원방사표면적)

반자유공간이므로 음원방사표면적 = $4\pi r^2 \times \frac{1}{2} = 2\pi r^2$(자유공간일 경우 $4\pi r^2$ 적용)

$$\begin{aligned}
\text{PWL} &= 95\text{dB} + 10\log 2\pi (100)^2 \\
&= 95\text{dB} + 10\log 2\pi + 40\log 10 \\
&= 95\text{dB} + (10 \times 0.8) + 40 \\
&= 143\text{dB}
\end{aligned}$$

2015년 기출문제

 지방직 9급

01 최근 수자원 확보를 위하여 적용되는 해수의 담수화 방법이 아닌 것은?

① 증발압축법
② 역삼투법
③ 오존산화법
④ 전기투석법

해설

오존산화법은 오존의 산화력을 이용해 물을 정화하는 방법이다.

담수화

• Mineral 성분을 제거하는 탈염화와 이온을 제거하는 탈이온화를 종합한 것으로서 탈염 담수화로 일컫기도 한다.
• 해수의 담수화 방법에는 특수한 막을 이용하는 역삼투법 및 전기투석법, 해수를 증기로 변화시켜서 담수화하는 증발법(다단플래시증발법, 다중효용법, 증기압축법), 그 외에 냉동법, 태양열이용법 등이 있다. 해수 담수화에는 주로 증발법과 역삼투법이 사용되고, 기수 담수화에는 역삼투법과 전기투석법이 주로 사용되고 있다.

02 폐수처리방법 중 생물학적 처리방법이 아닌 것은?

① 산화지법
② 회전원판법
③ 활성탄 흡착법
④ 살수여상법

해설

활성탄 흡착법은 물리화학적 처리방법이다.
생물학적 처리법 : 산화지법, 회전원판법, 살수여상법

03 다음 기체 중 지구온난화를 유발하는 것과 거리가 먼 것은?

① CH_4
② H_2S
③ N_2O
④ SF_6

해설

6대 온실가스 : 이산화탄소(CO_2), 메탄(CH_4), 아산화질소(N_2O), 수소플루오린화탄소(HFCs), 과플루오린화탄소(PFCs), 육플루오린화황(SF_6)

04 가스연료의 하나인 메탄가스(CH_4) 1몰이 완전히 연소될 때 필요한 산소의 양은?

① 12g ② 16g
③ 32g ④ 64g

해석

CH_4 1mol이 완전히 연소될 때 O_2는 2mol이 필요하므로
필요한 O_2는 2mol × 32g/mol = 64g이다.

05 복사역전에 대한 설명으로 옳지 않은 것은?

① 고기압 중심부근에서 대기하층의 공기가 발산하고 넓은 지역에 걸쳐 상층의 공기가 서서히 하강하여 나타난다.
② 일몰 후 지표면의 냉각이 빠르게 일어나 지표부근의 온도가 낮아져 발생한다.
③ 복사역전이 형성되면 안개형성이 촉진되며, 이를 접지역전이라고도 부른다.
④ 복사역전은 아침 햇빛이 지면을 가열하면서 사라지기 시작한다.

해석

• 복사역전은 가장 일반적인 역전현상으로 일몰 후 지표 냉각으로 발생하며, 일출 후 자연스럽게 사라진다.
• 복사역전층이 만들어질 때에는 지표의 온도가 급격히 낮아지게 되어 안개가 종종 발생한다.
• 춥고 긴 겨울 밤 하늘이 맑고 평온하여 지표가 급격하게 장파 복사를 방출할 때 발생한다.
• 복사역전은 고위도 지역일수록 잘 발생한다.
※ 고기압 중심의 역전현상은 침강성 역전을 말한다.

06 폐기물관리법 시행령상 지정폐기물에 대한 설명으로 옳지 않은 것은?

① 폐유 : 기름성분을 5% 이상 함유한 것을 포함하며, 폴리클로리네이티드바이페닐(PCBs) 함유 폐기물 및 폐식용유와 그 잔재물, 폐흡착제 및 폐흡수제는 제외한다.
② 폐산 : 액체 상태의 폐기물로서 수소이온농도지수가 2.0 이하인 것에 한정한다.
③ 폐알칼리 : 액체 상태의 폐기물로서 수소이온농도지수가 12.5 이상인 것으로 한정하며, 수산화칼륨 및 수산화나트륨을 포함한다.
④ 오니류 : 수분 함량이 85% 미만이거나 고형물 함량이 15% 이상인 것으로 한정한다.

해석

오니류는 수분 함량이 95% 미만이거나 고형물 함량이 5% 이상인 것으로 한정한다(폐기물관리법 시행령 별표 1).

07 퇴비화 과정이 안정적으로 진행된 부식토(Humus)의 특징으로 옳지 않은 것은?

① 악취가 없는 안정한 물질이다.
② 병원균이 존재하므로 반드시 살균 후 사용한다.
③ 수분보유력과 양이온 교환능력이 좋다.
④ C/N 비율이 낮다.

해설

- 퇴비화는 호기적 조건하에서 도시폐기물 중 음식찌꺼기, 축산폐기물, 낙엽, 하수슬러지 등과 같은 유기물을 안정한 상태의 부식토(Humus)로 전환하는 공정으로 부식토에는 병원균이 있어서는 안 된다.
- 부식토(Humus)의 특징
  - 악취가 없는 안정한 유기물이다.
  - 병원균이 사멸되어 거의 없다.
  - 뛰어난 토양 개량제이다.
  - 수분보유력과 양이온 교환능력이 우수하다.
  - C/N 비율이 낮다(10~20%).
  - 짙은 갈색이다.

08 토양오염이 식물에 미치는 영향에 대한 설명으로 옳지 않은 것은?

① 염분 농도가 높은 토양의 경우 삼투압에 의해서 식물의 성장이 저해되는데, 기온이 높거나 토양층의 온도가 낮거나 비가 적게 오는 경우 그 영향이 감소된다.

② 인분뇨를 농업에 사용하면 인분 중 Na^+이 토양 내 Ca^{2+} 및 Mg^{2+}과 치환되며, 또한 Na^+은 산성비에 포함된 H^+에 의해서 다시 치환되어 토양이 산성화되므로 식물의 생육을 저해한다.

③ Cu^{2+}나 Zn^{2+} 등이 토양에 지나치게 많으면 식물세포의 물질대사를 저해하여 식물세포가 죽게 된다.

④ 농업용수 내 Na^+의 양이 Ca^{2+}과 Mg^{2+}의 양과 비교하여 과다할 때에는 Na^+이 토양 중의 Ca^{2+} 및 Mg^{2+}과 치환되어 배수가 불량한 토양이 되므로 식물의 성장이 방해받는다.

해설

강우의 양이 적을 경우 수분이 감소하여 염분의 농도가 높아져 그 영향이 증가한다.

09 LD_{50}에 대한 설명으로 옳지 않은 것은?

① 일정 조건하에서 실험동물에 독성물질을 직접 경구투여할 경우 실험동물의 50%가 치사할 때의 용량이다.

② 독성물질을 다양한 용량에 걸쳐 실험동물에 노출시켜 얻은 측정치를 통계적으로 유의성 검증을 거쳐 얻은 결과이다.

③ LD_{50}에 영향을 주는 인자에는 종에 관련된 인자, 건강에 관련된 인자 그리고 온도에 의한 인자 등이 있다.

④ 측정단위는 mg/L 또는 mL/m^3을 사용한다.

해설

LD_{50}은 경구투여 반수치사량으로, 독성물질 투입 후 실험동물의 50%가 30일 이내에 사망하는 양을 말하며, 농도는 mg/kg을 사용한다.

10 공동주택 층간소음의 범위와 기준에 관한 규칙상 직접충격 소음의 1분간 등가소음도(Leq)는?(단, 이 공동주택은 2005년 7월 1일 이후에 건축되었으며 층간소음의 기준단위는 dB(A)이다)

① 주간 40, 야간 35

② 주간 43, 야간 38

③ 주간 45, 야간 40

④ 주간 47, 야간 42

직접충격 소음 1분간 등가소음도 기준(공동주택 층간소음의 범위와 기준에 관한 규칙 [별표])
• 주간 : 43
• 야간 : 38

11 상수도 수원지용 저수지의 수질을 분석한 결과 Ca^{2+} 40mg/L, Mg^{2+} 12mg/L로 각각 나타났다. 이 두 가지 원소에 의한 저수지 물의 경도(mg/L as $CaCO_3$)는?(단, 원자량은 Ca=40, Mg=24이다)

① 50　　　　　　　　　　　　　② 100

③ 150　　　　　　　　　　　　　④ 200

• 경도는 물속 2가 양이온 금속이온의 농도를 측정해 그 값을 $CaCO_3$의 양으로 환산하여 경도를 결정한다.
　경도 as $CaCO_3$ = M^{2+}(ppm) × 50/[M^{2+}의 당량(wt)]
• Ca^{2+} = 40mg/L × 1meq/20mg × 50mg/1meq = 100mg/L
• Mg^{2+} = 12mg/L × 1meq/12mg × 50mg/1meq = 50mg/L
∴ 경도(Hardness) = Ca^{2+} + Mg^{2+} = 150mg/L

12 오염토양복원기술 중 물리화학적 복원기술이 아닌 것은?

① 퇴비화법　　　　　　　　　　　② 토양증기추출법

③ 토양세척법　　　　　　　　　　④ 고형화 및 안정화법

퇴비화법은 대표적인 생물학적 복원기술이다.

13 전자제품 폐기물 야적장에서 중금속인 납이 지하수 대수층으로 60g/day로 스며들고 있다. 야적장 아래 지하수의 평균속도는 0.5m/day이고, 지하수 흐름에 수직인 대수층 단면적이 30m²일 때, 지하수 내 납 농도는?(단, 납은 토양에 흡착되지 않으며 대수층 단면으로 균일하게 유입된다고 가정한다)

① 3mg/L　　　　　　　　　　　　② 4mg/L

③ 5mg/L　　　　　　　　　　　　④ 6mg/L

$$납 \ 농도 = \frac{납 \ 유입량}{대수층 \ 부피} = \frac{60g/d \times 1,000mg/g}{0.5m/d \times 30m^2 \times 1,000L/m^3} = 4mg/L$$

14 소음방지 대책 중 소음원 대책이 아닌 것은?

① 밀 폐   ② 파동감쇠

③ 차음벽   ④ 흡음덕트

소음원 대책, 전파경로 대책으로 나뉘며, 차음벽 설치는 대표적인 전파경로 대책이다.

15 폐기물 관리에서 우선적으로 고려할 사항이 아닌 것은?

① 폐기물 발생의 억제 및 감량화   ② 분리수거된 폐기물의 재활용 및 자원화

③ 소각처리 시 폐열회수 및 에너지회수   ④ 폐기물의 위생적 매립

폐기물의 감량화, 발생억제가 우선적이며 재활용, 자원화(열회수)를 고려하고 가장 마지막에 위생적 매립을 고려한다.

16 BOD 용적부하가 2kg/m³ · day이고, 유입수 BOD가 500mg/L인 폐수를 하루에 10,000m³ 처리하기 위해서 요구되는 포기조의 부피는?

① 1,000m³   ② 2,000m³

③ 2,500m³   ④ 5,000m³

- BOD 농도 500mg/L = 500g/m³ = 0.5kg/m³
- 포기조의 용적 = (BOD 농도 × 유입수량)/BOD 용적부하
  $$= (0.5kg/m^3 \times 10,000m^3/일)/2.0kg/m^3 \cdot day$$
  $$= 2,500m^3$$

17 유해물질을 정의하는 특성이 아닌 것은?

① 반응성   ② 인화성

③ 부식성   ④ 생물학적 난분해성

유해물질을 정의하는 특성 : 반응성, 인화성, 부식성, 유독성 등
※ 생물학적 난분해성은 처리방법의 선택의 고려사항이다.

18 페놀(C_6H_5OH) 94g과 글루코스($C_6H_{12}O_6$) 90g을 $1m^3$의 증류수에 녹여 실험용 시료를 만들었다. 이 시료의 이론적 산소요구량(ThOD ; Theoretical Oxygen Demand)은?(단, 원자량은 C=12, H=1, O=16이다)

① 320mg/L   ② 480mg/L

③ 640mg/L   ④ 960mg/L

해석

$C_6H_5OH + 7O_2 \rightarrow 6CO_2 + 3H_2O$에서 페놀 분자량이 94g이므로 94/94 = 1mol
  1mol   7mol

$C_6H_{12}O_6 + 6O_2 \rightarrow 6CO_2 + 6H_2O$에서 글루코스 분자량이 180g이므로 90/180 = 0.5mol
  0.5mol   3mol

산소의 총합을 10mol이므로 10mol × 32g/mol = 320g = 320mg/L

---

19 포기조 용량 $3,000m^3$, 유입수 BOD 0.27g/L, 유량 $10,000m^3$/day일 때, F/M비를 0.3kg BOD/(kg MLVSS · day)으로 유지하기 위하여 필요한 MLVSS(Mixed Liquor Volatile Suspended Solid)의 농도는?

① 1,500mg/L   ② 2,000mg/L

③ 2,500mg/L   ④ 3,000mg/L

해석

$$\text{F/M비} = \frac{\text{폐수량} \times \text{평균 BOD}}{\text{포기조 용적} \times \text{평균 MLSS}}$$

$$300g = \frac{(10,000m^3 \times 0.27g/L \times 1,000L/m^3)}{(3,000m^3 \times MLSS)}$$

$$MLSS = 3g/L = 3,000mg/L$$

---

20 성층권에 있는 오존층에 대한 설명으로 옳지 않은 것은?

① 태양에서 방출된 유해한 자외선을 흡수하여 지상의 생명을 보호하는 막의 역할을 한다.

② UV-C는 인체에 무해하지만 오존층이 파괴되어 UV-B가 많아지면 피부암을 유발할 수 있으며, UV-A는 생물체의 유전자 파괴를 일으킬 수 있다.

③ 오존층이 파괴되면 성층권 내 자외선의 흡수량이 적어지며 많은 양의 자외선이 지표면에 도달하여 지구의 온도가 상승한다.

④ 성층권에 있는 오존은 짧은 파장의 자외선을 흡수하여 지속적으로 소멸되고 동시에 산소원자로 변환시키는 화학반응을 일으킨 후 산소분자와 결합해 오존을 생성한다.

해석

• UV-A : 인체에 무해하며, 안정한 상태이다.
• UV-B : 인체에 비교적 무해하며, 일정량만 지표에 도달한다.
• UV-C : 인체에 상당히 유해하며, 오존층에 대부분 흡수되어 거의 지표에 도달하지 않는다.

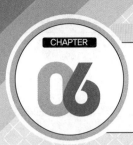

2016년 기출문제

 서울시 9급

01 해양에서 발생하는 적조현상에 대한 설명으로 가장 옳은 것은?

① 적조는 해수의 색 변화를 통한 심미적 불쾌감, 어패류의 질식사, 해수 내 빠른 용존산소의 감소, 독소물질 생성 등의 피해를 일으킬 수 있다.

② 적조는 미량의 염분 농도, 높은 수온, 풍부한 영양염류의 조건에서 쉽게 나타나며 비정체성 수역에서 자주 관찰된다.

③ 적조 발생 시 대처 방안으로 활성탄 살포, 유입하수의 고도처리와 함께 공존 미생물의 활발한 성장을 돕기 위한 질소, 인의 투입 등이 있다.

④ 적조 발생은 생활하수 및 산업폐수의 유입과는 연관성이 희박하므로 수산 피해를 최소화하기 위한 장기적 방안은 해안 지역에 국한하여 고려해야 한다.

해설

② 적조는 외해와 해수교환이 적은 폐쇄성 수역에서 자주 관찰된다.

③ 질소와 인으로 인해 발생함으로 질소, 인을 넣으면 안 된다.

④ 적조는 생활하수와 산업폐수의 유입과 연관성이 높으며 주로 장마기간 이후 발생한다.

02 다음에서 ㉠, ㉡에 들어갈 말로 옳게 짝지어진 것은?

> 온난화지수란 각 온실가스의 온실효과를 상대적으로 환산함으로써 비용적 접근이 가능하도록 하는 지수를 말하는 것으로 대상기체 1kg의 적외선 흡수능력을 (㉠)와(과) 비교하는 값이다. 이 온난화지수가 가장 높은 물질은 (㉡)이다.

	㉠	㉡
①	메 탄	육플루오린화황
②	메 탄	과플루오린화탄소
③	이산화탄소	육플루오린화황
④	이산화탄소	과플루오린화탄소

정답 1 ① 2 ③

온난화지수(GWP)란 적외선 흡수능력을 이산화탄소와 비교하는 값이며, 육플루오린화황이 가장 높다.
※ 6대 온실가스 : 이산화탄소(CO_2), 메탄(CH_4), 아산화질소(N_2O), 수소플루오린화탄소(HFCs), 과플루오린화탄소(PFCs), 육플루오린화황(SF_6)

03 폐기물의 수송 전 효율성을 높이기 위해 적환장을 설치할 경우, 적환장의 위치 결정 시 고려해야 할 사항 중 옳지 않은 것은?

① 간선도로로 접근이 쉽고 2차 보조수송수단의 연결이 쉬운 곳
② 수거하고자 하는 개별적 고형 폐기물 발생지역들과의 평균거리가 동일한 곳
③ 주민의 반대가 적고 주위환경에 대한 영향이 최소인 곳
④ 설치 및 작업조작이 용이한 곳

지역의 평균거리와 폐기물 발생량은 관계가 없으며, 무게를 고려하여 가장 효율적인 무게중심지역으로 선정한다.

04 고형물 함유도가 40%인 슬러지 200kg을 5일 동안 건조시켰더니 수분 함유율이 20%로 측정되었다. 5일 동안 제거된 수분량은 몇 kg인가?(단, 비중은 1.0기준이다)

① 70kg
② 80kg
③ 90kg
④ 100kg

$$V_1 \times (100 - W_1) = V_2 \times (100 - W_2)$$
여기서, V_1 : 초기 슬러지량
W_1 : 초기 슬러지 수분량
V_2 : 건조 후 슬러지량
W_2 : 건조 후 수분량
$200kg \times (100 - 60) = V_2 \times (100 - 20)$
$V_2 = 100kg$이므로 초기 슬러지량 200kg에서 100kg의 수분을 제거한 것이다.

05 슬러지 처리공정 시 안정화 방법으로서 호기적 소화가 갖는 장점으로 옳지 않은 것은?

① 상등액의 BOD 농도가 낮다.
② 슬러지 생성량이 적다.
③ 악취 발생이 적다.
④ 시설비가 적게 든다.

호기성 처리는 낮은 상등액의 BOD, 악취 · 벌레 발생이 적음, 저렴한 시설비 등의 장점이 있다.

06 강우의 유달시간과 강우지속시간의 관계에 대한 설명으로 가장 옳지 않은 것은?

① 유달시간은 강우의 유입시간과 유하시간의 합이고 유입시간은 강우가 배수구역의 최원격지점에서 하수관거 입구까지 유입되는데 걸리는 시간이다.

② 유달시간이 강우지속시간보다 긴 경우 지체현상이 발생한다.

③ 강우지속시간이 유달시간보다 긴 경우 전배수구역의 강우가 동시에 하수관 시작점에 모일 수 있다.

④ 최근 도시화로 인해 강우의 유출계수와 유달시간이 증가하여 침수피해 발생빈도가 증가하고 있다.

해설

유달시간 : 유역에 강우가 내릴 때 유역의 끝지점까지 이동하는 시간으로 도시화는 유출계수를 증가시키고 유달시간을 감소시킨다.

※ 유출계수 : 특정지역 우수유출량/(강우량×배수면적)으로 높을수록 빗물이 많이 유출된다.

07 수질오염의 지표로 널리 사용되고 있는 생물학적 산소요구량(BOD)의 한계성으로 옳지 않은 것은?

① 다른 수질오염 지표에 비해 측정에 긴 시간이 필요하다.

② 수중에 함유된 유기물 중 생분해성 유기물만 측정이 가능하다.

③ 미생물의 활성에 영향을 주는 독성물질의 방해가 예상된다.

④ BOD_5의 정확한 측정을 위해서는 질산화 미생물이 필요하다.

해설

BOD는 1단계(5일) 탄소성 BOD와 2단계(5일 이후) 질소성 BOD의 합으로 계산하며, 보통 20일 정도 지난 후 BOD_u 가 측정되며 초기 단계는 탄소성 BOD의 단계이므로 질산화 미생물은 필요없다.

08 다음은 소리의 마스킹효과(Masking Effect, 음폐효과)의 정의 및 특징에 대한 설명이다. 옳지 않은 것은?

① 고음(높은 주파수)이 저음(낮은 주파수)을 잘 마스킹한다.

② 두 음의 주파수가 비슷할 때 마스킹효과는 커진다.

③ 마스킹효과란 어떤 소리가 다른 소리를 들을 수 있는 능력을 감소시키는 현상을 말한다.

④ 두 음의 주파수가 같을 때는 맥동현상에 의해 마스킹효과가 감소한다.

해설

마스킹효과 : 여러 가지 소음이 발생하였을 때 특정 음으로 인해 다른 음들이 잘 안 들리는 현상으로, 저음이 고음을 잘 마스킹한다.

09 다음은 토양과 지하수의 정화 및 복원기술과 관련된 설명이다. 옳지 않은 것은?

① 지하수 복원기술로서 양수처리기법은 정화된 물을 지하로 투입하여 지중 내의 오염지하수를 희석시킴으로써 오염물질의 농도를 규제치 이하로 떨어뜨리는 기법을 의미하며 가장 간단하고 보편적으로 활용되는 기법이다.

② 오염토양의 처리기법은 위치에 따라 In-situ와 Ex-situ 처리법으로 나뉘며 In-situ 처리법으로는 토양증기추출법, 고형화·안정화법, 생물학적 분해법 등이 있고 Ex-situ 처리법으로는 열탈착법, 토양세척법, 산화·환원법, 토양경작법 등이 있다.

③ 물리·화학적 방법을 통해 독성물질 및 오염물질의 유동성을 떨어뜨리거나 고체구조 내에 가두는 방식의 처리기법을 고형화·안정화법이라고 하며, 중금속이나 방사능물질을 포함하는 무기물질에 효과적인 것으로 알려져 있다.

④ 토양경작법은 오염토양을 굴착하여 지표상에 위치시킨 후 정기적인 뒤집기에 의한 공기공급을 통해 호기성 생분해를 촉진하여 유기오염물질을 제어하는 방법이다.

해설
양수처리기법은 양수기를 이용해 물을 펌핑하여 처리한 후 다시 투입하여 처리하는 가장 간단하고 보편적인 처리기법이다.

10 청계천의 상류와 하류에서 하천수의 BOD를 측정한 결과 상류 하천수의 BOD는 25mg/L, 하류 하천수의 BOD는 19mg/L이었다. 상류 하천수의 DO가 9mg/L이었고, 하천수가 상류에서 하류로 흐르는 동안 4mg/L의 재포기가 있었다고 할 때, 하류 하천수의 DO는 얼마인가?(단, 지류에서 유입·유출되는 오염수 또는 하천수는 없다)

① 4mg/L
② 5mg/L
③ 6mg/L
④ 7mg/L

해설
BOD 감소량이 6ppm이므로 초기 상류 9ppm 중 6ppm을 사용한다. 이후 4ppm을 재포기하였으므로 (9-6+4)=7ppm이다.

11 다음 중 소음평가를 나타내는 용어에 대한 설명으로 옳은 것은?

① AI(Articulation Index, 명료도지수)는 음성레벨과 배경소음레벨의 비율인 신호 대 잡음비에 기본을 두며 AI가 0%이면 완벽한 대화가 가능한 것을 의미한다.

② NC(Noise Criteria)는 도로교통소음과 같이 변동이 심한 소음을 평가하는 척도이다.

③ PNL(Perceived Noise Level, 감각소음레벨)은 공항주변의 항공기소음을 평가한 방법이다.

④ SIL(Speech Interference Level, 회화방해레벨)은 도로교통소음을 인간의 반응과 관련시켜 정량적으로 구한 값이다.

해설
① AI(명료도지수)는 값이 비쌀수록(100%) 완벽한 대화가 가능하다.
② NC(소음기준)는 실내의 소음을 평가하는 지수이다.
④ SIL(회화방해레벨)은 실내소음평가로 도로교통소음과 무관하다.

12 대기의 수직혼합이 억제되어 대기오염을 심화시키는 기온역전현상은 생성과정에 따라 여러 종류가 있는데, 다음 설명은 어떤 기온역전층에 대한 내용인가?

> • 지표면 부근의 공기가 냉각되어 발생
> • 맑고 건조하며 바람이 약한 날 야간에 주로 발생
> • 일출 후 지표면으로부터 역전층이 서서히 해소

① 침강역전   ② 복사역전

③ 난류역전   ④ 전선역전

해설

복사역전은 가장 일반적인 역전현상으로 일출 후 지표가 따뜻해지면서 서서히 해소된다.

13 다음 중 등가비(ϕ)에 대한 설명으로 옳지 않은 것은?

① $\phi > 1$이면 공기가 과잉으로 공급되는 불완전연소이다.

② 등가비는 공기비의 역수이다.

③ 등가비는 $\dfrac{\text{실제 연료량/산화제}}{\text{완전연소를 위한 이상적 연료량/산화제}}$ 이다.

④ $\phi = 1$이면 완전연소를 의미한다.

해설

등가비(ϕ)는 이론적인 연료와 공기의 혼합비에 대해 실연소 연료공기의 혼합비를 말한다. $\phi = 1$이 가장 이상적인 혼합이며, $\phi > 1$이면 과잉연료로 불완전연소, $\phi < 1$이면 과잉공기로 완전연소가 일어남을 의미한다.

14 토양오염의 특징을 설명한 다음 내용 중 옳지 않은 것은?

① 토양은 일단 오염되면 원상 복구가 어렵다.

② 토양오염은 물, 공기 등 오염경로가 다양하다.

③ 토양오염은 매체의 특성상 대부분 잔류성이 적은 편이다.

④ 토양오염은 대부분 눈에 보이지 않아 인지가 쉽지 않다.

해설

토양은 오염되면 원상복구가 어렵다. 다양한 오염경로가 있고 땅 속에 스며들어 인지하기 어려우며, 일반적으로 잔류성이 커 처리가 상당히 어려운 문제가 있다.

15 하수에 공기를 불어넣고 교반시키면 각종 미생물이 하수 중의 유기물을 이용하여 증식하며 플록을 형성하는데 이것을 활성슬러지라고 한다. 다음 중 활성슬러지법 처리방식으로 옳지 않은 것은?

① 순산소활성슬러지법
② 심층포기법
③ 크라우스(Kraus)공법
④ 살수여상법

해설

④ 살수여상법 : 여상에 혐기성 미생물을 부착시켜 유기물을 제거하는 방법으로 대표적인 혐기성 처리방법이다.
① 순산소활성슬러지법 : 활성슬러지는 포기조 내에서 호기성 미생물을 부유시켜 하수와 접촉시키면서 하수를 정화시키는 방법이다.
② 심층포기법 : 하수처리 시 수심이 깊은 조를 이용하여 용지 이용률을 높이고자 고안된 포기법의 하나로, 호수나 저수지에 수질개선을 위한 저수 순기조의 포기방법의 하나이다.
③ 크라우스(Kraus)공법 : 질소가 결핍된 폐수를 처리하는 방법으로 다량의 슬러지 소화장치 상등액과 소화슬러지, 반송슬러지의 일부를 별도의 재포기장치에서 약 24시간 동안 포기하여 암모니아성 질소를 질산염으로 전환시킨다.

16 하수의 고도처리과정 중 생물학적 탈질과정에 대한 설명으로 옳지 않은 것은?

① 탈질반응은 무산소 조건에서 탈질미생물에 의해 생물학적으로 진행된다.
② 탈질미생물은 혐기성 미생물로서 질산성 질소의 산소를 이용하며 유기탄소원이 필요없는 독립영양미생물이다.
③ 질산성 질소의 탈질과정에서 알칼리도는 증가한다.
④ 탈질반응조의 온도는 생물학적 반응이 원활하게 이루어질 수 있는 온도를 유지하여야 한다.

해설

탈질에 이용되는 미생물은 대표적인 종속영양미생물로 스스로 광합성을 할 수 없어 유기탄소원(메탄올, 단·다당류)을 투입하여 처리에 이용한다.
※ 독립영양미생물 : 유기물의 유입없이 스스로 에너지를 생성하여 생활할 수 있는 미생물

17 폐기물 및 폐기물 처리기술에 대한 다음 설명 중 옳지 않은 것은?

① 폐기물의 유해성을 판단하는 요소에는 반응성(Reactivity), 부식성(Corrosivity), 가연성(Ignitability), 독성(Toxicity) 등이 있다.
② 소각, 파쇄·절단, 응집·침전, 증발·농축, 탈수, 안정화시설 등은 유해 폐기물 중간처리시설로 분류된다.
③ 폐기물처리를 위한 매립 기법은 종류와 무관하게 광범위한 고형 폐기물의 처리가 가능하고 매립 완료 후 일정기간이 지나면 토지 이용이 가능하며 시설 투자비용 및 운영비용이 저렴하다는 장점이 있다.
④ 열적 처리공정으로서 소각은 환원성 분위기에서 폐기물을 가열함으로 가스, 액체, 고체 상태의 연료를 생성시킬 수 있는 공정을 의미하며 질소산화물(NO_x) 등의 발생이 비교적 적고 자원 회수가 가능하다는 장점이 있다.

해설

열적 처리공정(소각-산화성, 열분해-환원성)은 폐기물의 양을 대폭 줄일 수 있고(약 90% 감소 가능), 에너지의 회수가 가능하나 완료단계에서 질소산화물이 생성되어 반드시 대기오염물질의 처리가 필요하다.

18 지표수 분석 결과 물속의 양이온과 음이온의 농도가 다음과 같이 나타났다. 물속의 경도를 CaCO₃ mg/L로 올바르게 나타낸 값은 무엇인가?(단, CaCO₃를 구성하는 Ca, C, O의 원자량은 각각 40, 12, 16이다)

이 온	Ca^{2+}	Na^+	Cl^-	NO_3^-	SO_4^{2-}
농도(mg/L)	60	60	120	5	24

① 75

② 150

③ 300

④ 450

경도는 2가 금속이온(Mg^{2+}, Ca^{2+}, Fe^{2+}, Mn^{2+}) 등에 기인하며 $CaCO_3$로 환산하여 합하면 된다.

$$Ca^{2+} = 60mg/L \times \frac{CaCO_3\ 1당량}{Ca\ 1당량} = 60mg/L \times \frac{\frac{100}{2}}{\frac{40}{2}} = 60mg/L \times \frac{50}{20} = 150mg/L\ as\ CaCO_3$$

19 다음 중 중력집진장치의 집진효율을 향상시키는 조건으로 옳지 않은 것은?

① 침강실 내의 가스흐름이 균일해야 한다.

② 침강실의 높이가 높아야 한다.

③ 침강실의 길이가 길어야 한다.

④ 배기가스의 유속이 느려야 한다.

침강실의 높이(H)가 낮고, 길이(L)가 길수록 집진효율이 높아진다.

20 다음 중 방진재료로 사용되는 금속스프링의 특징으로 옳지 않은 것은?

① 온도나 부식 등의 환경적 요소에 대한 저항성이 크다.

② 감쇠가 거의 없으며 공진 시 전달률이 크다.

③ 고주파 진동의 차진이 우수하다.

④ 최대변위가 허용된다.

방진재료로 금속스프링은 저주파 진동의 차진이 우수하다.

2016 지방직 9급

01 Dulong식으로 폐기물 발열량 계산 시 포함되지 않는 원소는?

① 수 소　　　　　　　　　　② 산 소
③ 황　　　　　　　　　　　④ 질 소

질소는 해당이 없다.

02 슬러지 처리공정에서 호기성 소화에 비해 혐기성 소화의 장점이 아닌 것은?

① 운영비가 저렴하다.　　　　② 슬러지가 적게 생산된다.
③ 체류시간이 짧다.　　　　　④ 메탄을 에너지화할 수 있다.

일반적으로 호기성 소화가 혐기성 소화에 비해 효율이 높고, 체류시간이 짧은 장점이 있다.

03 암모니아 1mg/L를 질산성 질소로 모두 산화하는 데 필요한 산소농도(mg/L)는?

① 3.76　　　　　　　　　　② 3.56
③ 4.57　　　　　　　　　　④ 4.27

$NH_3 + 2O_2 \rightarrow NO_3^- + H^+ + H_2O$이므로
$17 : 2 \times 32 = 1 : x$
$\therefore x = \dfrac{64}{17} = 3.76$

04 집진장치의 효율이 99.8%에서 95%로 감소하였다. 효율 저하 전후의 배출 먼지 농도 비율은?

① 1 : 10　　　　　　　　　② 1 : 15
③ 1 : 20　　　　　　　　　④ 1 : 25

$\left(1 - \dfrac{C_1}{C_0}\right) = 0.998$, $\left(1 - \dfrac{C_2}{C_0}\right) = 0.95$이므로 간단하게 정리하면
효율 저하 전 $C_1 = 0.002C_0$, 효율 저하 후 $C_2 = 0.05C_0$
$C_1 : C_2 = 0.002C_0 : 0.05C_0$
$\therefore C_1 : C_2 = 1 : 25$

1 ④　2 ③　3 ①　4 ④　**정답**

05 10m 간격으로 떨어져 있는 실험공의 수위차가 20cm일 때, 실질평균선형유속(m/day)은?(단, 투수계수는 0.4m/day이고 공극률은 0.5이다)

① 0.008

② 0.18

③ 0.004

④ 0.016

해설

실질유속은 공극 사이로 흐르는 물의 속도를 고려해야 한다.

실질유속 $(V_a) = \dfrac{속도}{공극}$ 이므로 $V_a = \dfrac{V}{0.5}$ 이며, $V = KI$ 을 넣어서 계산한다.

여기서, V_a : 실질평균선형유속, K : 투수계수, V : 유속, I : 동수구배$\left(\dfrac{dh}{dl}\right)$

$\therefore V_a = \dfrac{0.4\text{m/d} \times (0.2\text{m/10m})}{0.5} = 0.016\text{m/d}$

06 어떤 물질 A의 반응차수를 구하기 위한 실험결과이다. 이에 대한 설명으로 옳지 않은 것은?(단, C는 A의 농도이고, t는 시간, k는 반응속도 상수, n은 반응차수이다)

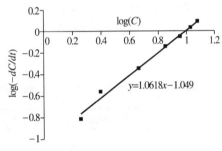

① 단순선형 회귀분석방법을 이용하여 자료를 해석하였다.

② 일반적인 반응속도식인 $\left[-\dfrac{dC}{dt} = k \times C^n\right]$ 을 이용하여 반응차수인 n값을 구한 것이다.

③ 반응차수는 1.049이다.

④ 실험 자료의 유효성은 결정계수로 판단할 수 있다.

해설

반응차수에 관한 일반식을 로그화하여 표로 나타낸 것이며, 다음과 같이 분석할 수 있다.

$\dfrac{dC}{dt} = -KC^m$, $\log\left(-\dfrac{dC}{dt}\right) = \log(KC^m) = \log k + n\log C$

그래프를 보면 y축이 $\log\left(-\dfrac{dC}{dt}\right)$ 이고, x축이 $\log C$이므로 각각 y, x를 대입하면 1차 방정식으로 표현할 수 있다.

$y = nx + \log k$(상수)이므로 반응차수 n은 1.06180이고 상수는 -1.049가 된다.

07 다음은 용해된 염소가스가 수중에서 해리되었을 때 차아염소산과 염소산이온 간의 상대적인 분포를 pH에 따라 나타낸 그래프이다. 이에 대한 설명으로 옳지 않은 것은?

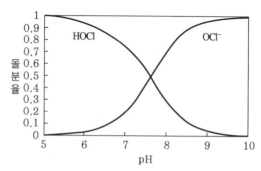

① pH가 6일 때 HOCl 농도는 0.99mg/L이고 OCl⁻보다 소독력이 크다.
② pH가 7.6일 때 HOCl 농도와 OCl⁻ 농도는 같다.
③ 염기성일 때, 산성에서보다 소독력이 떨어진다.
④ 온도에 따라 일정 pH에서 두 화학종의 몰분율이 달라진다.

해설

그래프를 분석해보면 x축 pH가 6일 때 y값은 0.99의 값을 보이며, x축은 pH, y축은 농도가 아닌 몰분율이며 몰분율은 무단위로 mg/L라는 단위를 사용하지 않는다. 즉, pH가 6일 때 HOCl 몰분율은 0.99이고 OCl⁻보다 소독력이 크다라고 해야 맞는 설명이다.

08 다음 실험 결과에서 처리 전과 처리 후의 BOD 제거율(%)은?(단, 희석수의 BOD값은 0이다)

구 분	초기 DO(mg/L)	최종 DO(mg/L)	하수 부피(mL)	희석수 부피(mL)
처리 전	6.0	2.0	5	295
처리 후	9.0	4.0	15	285

① 33.3
② 50.0
③ 58.3
④ 61.4

해설

• 처리 전 BOD : $(6-2) \times \dfrac{300}{5} = 240 \text{mg/L}$

• 처리 후 BOD : $(9-4) \times \dfrac{300}{15} = 100 \text{mg/L}$

∴ 제거율 $= \dfrac{\text{처리 전} - \text{처리 후}}{\text{처리 전}} = \dfrac{240-100}{240} = \dfrac{140}{240} = \dfrac{7}{12} = 58.3\%$

09 길이가 30m, 폭이 15m, 깊이가 3m인 침전지의 유량이 4,500m³/day이다. 유입 BOD 농도가 600mg/L이고 총고형물질 농도가 1,200mg/L일 때, 수리학적 표면부하율(m³·m⁻²·day⁻¹)은?

① 10 ② 30
③ 50 ④ 90

표면부하율(수면부하율) $= \dfrac{\text{유량}(Q)}{\text{침전지 표면적}(A)}$

$Q = 4,500\text{m}^3/\text{d}$

$A = 30\text{m} \times 15\text{m} = 450\text{m}^2$

$\therefore \dfrac{4,500\text{m}^3/\text{d}}{450\text{m}^2} = 10\text{m}^3 \cdot \text{m}^{-2} \cdot \text{day}^{-1}$

10 대기 중 부유성 입자와 침강성 입자를 분류하는 입경(Particle Diameter) 기준은?

① $2.5\mu\text{m}$ ② $10\mu\text{m}$
③ $50\mu\text{m}$ ④ $100\mu\text{m}$

미세먼지 기준 PM₁₀ $= 10\mu\text{m}$

11 입자상 물질을 제거하는 장치로 가장 거리가 먼 것은?

① 사이클론집진기 ② 전기집진기
③ 백하우스 ④ 유동상 흡착장치

입자상 물질 제거장치의 종류
사이클론, 전기집진기, 백필터, 중력집진장치, 관성력집진장치, 원심력집진장치

12 물리량의 차원으로 옳지 않은 것은?

① 확산계수(L^2T^{-1})
② 동점성계수(L^3T^{-1})
③ 압력($\text{ML}^{-1}\text{T}^{-2}$)
④ 밀도(ML^{-3})

② 동점성계수 단위 : cm²/s(L^2T^{-1})
※ M : Mass, L : Length, T : Time

13 고형물이 40%인 유기성 폐기물 10ton을 수분 함량 20%가 되도록 건조시킬 때 건조 후 수분 중량(ton)은?(단, 유기성 폐기물은 고형물과 수분만으로 구성되어 있다고 가정한다)

① 1

② 2

③ 4

④ 6

$x_1(1-$수분 함량$)=x_2(1-$수분 함량$)$

$10t \times 0.4 = x_2 \times 0.8$

따라서, $x_2 = 5ton$

건조시키더라도 고형물의 양은 동일하므로(4ton)

∴ $x_2 -$ 고형물(4ton) $= 5 - 4 = 1ton$

14 지하수 대수층의 부피가 2,500m³, 공극률이 0.4, 공극수 내 비반응성 물질 A의 농도가 50mg/L일 때, 공극수 내 물질 A의 질량(kg)은?

① 25

② 40

③ 50

④ 100

대수층 속의 공극에 포함된 지하수의 양 = 대수층 2,500m³ × 공극률 0.4 = 1,000m³

∴ 1,000m³ × 50g/m³ × 0.001kg/g = 50kg

15 80% 효율의 펌프로 1m³/sec의 물을 5m의 총수두로 양수 시 필요한 동력(kW)은?(단, 소수점 첫째 자리에서 반올림한다)

① 34

② 40

③ 61

④ 70

펌프의 동력 계산식 $= \dfrac{1,000 \times \gamma \times Q \times H}{102 \times \eta}$

여기서, 1,000 : 물의 비중량, Q : 유량, η : 효율, γ : 물의 비중, H : 높이

∴ $\dfrac{1,000 \times 1 \times 1 \times 5}{102 \times 0.8} = 61kW$

16 다음 미생물 비증식속도식에 대한 설명으로 옳지 않은 것은?(단, μ는 비증식속도, μ_{max}는 최대 비증식속도, K_s는 미카엘리스 상수, S는 기질 농도이다)

$$\mu = \frac{\mu_{max} \times S}{K_s + S}$$

① $\frac{1}{\mu}$과 $\frac{1}{S}$의 그래프에서 기울기값이 μ_{max}이다.

② μ는 S가 증가함에 따라 기질흡수기작이 포화될 때까지 증가한다.

③ K_s는 그래프상에서 μ가 μ_{max}의 $\frac{1}{2}$일 때의 S값이다.

④ $S \gg K_s$일 때 $\mu \simeq \mu_{max}$이다.

모노드식

$\frac{1}{\mu} = \frac{K_s \cdot 1}{\mu_{max} \cdot S} + \frac{1}{\mu_{max}}$ 이므로, y축을 $\frac{1}{\mu}$, x축을 $\frac{1}{S}$이라 하면 기울기값은 $\frac{K_s}{\mu_{max}}$이다.

17 위생 매립지에 유입된 미확인 물질을 원소 분석한 결과, 질량 기준으로 탄소 40.92%, 수소 4.58%, 산소 54.50%로 구성되어 있을 경우 이 물질의 실험식은?

① CH_3O ② $C_3H_4O_3$

③ $C_2H_6O_2$ ④ $C_6H_8O_6$

전체 질량을 100으로 하여, 각 물질의 비율로 탄소, 수소, 산소의 몰수를 나타내면
- 탄소 : 40.92/12(탄소 원자량) = 3.41mol
- 수소 : 4.58/1(수소 원자량) = 4.58mol
- 산소 : 54.50/16(산소 원자량) = 3.40mol

즉, 탄소와 산소는 비율이 비슷하며 조금 더 많은 비율의 수소로 구성된 실험식을 찾아야 한다(실험식은 최소한의 정수비의 식이므로 ③, ④는 제외).

18 K_{OW}(옥탄올-물 분배계수) 100인 유기화합물 A가 물 시료 중에 50mg/L 농도로 용해되어 있다. 이 시료 1L에 옥탄올 100mL를 넣고 교반하였다. 평형에 도달한 후 물에 용해되어 있는 A의 농도(mg/L)는?

① 1.45   ② 2.25

③ 3.10   ④ 4.55

해석

옥탄올-물 분배계수 계산

K_{OW}(옥탄올 $-$ 물 분배계수)$= \dfrac{C_o}{C_w}$

$C_w = \dfrac{\text{물의 무게}}{\text{물의 부피}}, \quad C_o = \dfrac{\text{옥탄올 무게} - \text{물의 무게}}{\text{옥탄올 부피}}$이며, 전체 시료가 1L이므로

K_{OW}(옥탄올 $-$ 물 분배계수)$= \dfrac{\dfrac{(50\text{mg} - W_w)}{100\text{mL}}}{\dfrac{W_w}{1\text{L}}} = 100$을 계산하면(여기서, W_w : 물의 무게)

$11 W_w = 50, \quad W_w = \dfrac{50}{11} = 4.55$이다.

19 어떤 지점에서 기계에 의한 음압레벨이 80dB, 자동차에 의한 음압레벨이 70dB, 바람에 의한 음압레벨이 50dB인 경우 총음압레벨(dB)은?(단, log1.1＝0.04, log2.2＝0.34, log3.1＝0.49이다)

① 66.7   ② 74.9

③ 80.4   ④ 93.4

해석

- 첫 번째 소음레벨 $= 10\log(10^8 + 10^7) = 10\log10^8(1 + 0.1) = 80 + 10\log(1.1) = 80 + 0.4 = 80.4\text{dB}$
- 두 번째 소음레벨 $= 50\text{dB}$

두 소음 간의 차이가 20dB 이상일 경우 상위레벨을 따라간다.

20 질소순환에 대한 설명으로 옳지 않은 것은?

① 질산화 과정 중 나이트로박터는 아질산성 질소를 질산성 질소로 산화시킨다.
② 아질산염은 NADH의 촉매작용으로 질산염이 된다.
③ 탈질화 과정에서 N_2가 생성된다.
④ N_2가 질소 고정반응을 통해 암모니아를 생성한다.

해석

NADH는 환원성 물질로 아질산성 질소를 암모니아성 질소로 환원시킨다.

2017년 기출문제

 서울시 9급

01 물의 산소전달률을 나타내는 다음 식에서 보정계수 β가 나타내는 것으로 옳은 것은?

$$\frac{dO}{dt} = \alpha K_{La}(\beta C_S - C_t) \times 1.024^{T-20}$$

① 총괄산소전달계수

② 수중의 용존산소농도

③ 어느 물과 증류수의 C_S 비율(표준상태에서 시험)

④ 어느 물과 증류수의 K_{La} 비율(표준상태에서 시험)

해설

β는 물과 증류수의 C_S 비율을 보정하고, α는 물과 증류수의 K_{La} 비율을 보정한다. 여기서, 비례상수 K_{La}는 총괄산소전달계수이다.

02 화학적 처리 중 하나인 응집에 대한 설명으로 가장 옳지 않은 것은?

① 침전이 어려운 미립자를 화학약품을 사용하여 전기적으로 중화시켜 입자의 상호 부착을 일으킨다.

② 콜로이드 입자는 중력과 제타전위(Zeta Potential)에 영향을 받고, Van der Waals 힘에는 영향을 받지 않는다.

③ 상수처리 공정에서 일반적으로 여과 공정 이전에 적용된다.

④ 산업폐수 처리에서 중금속이나 부유물질(SS) 성분을 제거하기 위해 이용된다.

해설

콜로이드성 물질은 브라운 운동으로 침전하기 어렵고 입자 간에 서로 밀어내는 힘(Zeta Potential)과 서로 잡아 당기는 힘(Van der Waals) 및 입자의 중력이 서로 평형을 이루어 항상 안정된 부유상태를 유지하고 있다.

응집 : 미세한 콜로이드성 부유물질($0.1 \sim 1\mu m$)을 용해 및 이온형태를 띠는 고형입자의 처리를 위해 응집제를 이용해 서로 응집시켜 침강성을 높여주는 공정이다.

03 배출가스 분석 결과 $CO_2 = 15\%$, $CO = 0\%$, $N_2 = 79\%$, $O_2 = 6\%$일 때, 최대탄산가스율$(CO_2)_{max}$는?

① 8.4%

② 15.0%

③ 21.0%

④ 28.0%

해설

최대탄산가스율$(CO_2)_{max} = \dfrac{21(CO_2 + CO)}{21 - O_2 + 0.395CO} = \dfrac{21 \times CO_2}{21 - O_2} = \dfrac{21 \times 15}{21 - 6} = 21\%$

04 선택적 촉매환원(SCR)은 소각로에서 발생하는 배출가스 중 어떤 물질을 처리하는 방법인가?

① 분 진

② 중금속

③ 황산화물

④ 질소산화물

해설

선택적 촉매환원은 소각로 배출가스 중 다이옥신류 및 질소산화물을 제거하는 용도로 사용한다.

05 대기오염 방지시설에서 여과 집진장치에 대한 설명으로 옳지 않은 것은?

① 주요 분진 포집 메커니즘은 관성충돌, 접촉차단, 확산이다.

② 수분이나 여과속도에 대한 적응성이 높다.

③ 다양한 여재를 사용함으로써 설계 및 운영에 융통성이 있다.

④ 가스의 온도에 따라 여과재 선택에 제한을 받는다.

해설

여과 집진장치는 수분이 많으면 운전이 곤란하다.

여과집진기 : 함진가스와 여과재를 통과 시 여과재가 장벽으로 작용하여 함진가스에서 먼지를 제거하는 장치이다.

• 장 점

 − 유량 변동에 탄력적이다.

 − 다양한 입자에 적용이 가능하다.

 − 미리 공장에서 조립할 수 있어 편리하다.

 − 제거효율이 높다(매우 미세한 입자까지 제거 가능).

• 단 점

 − 큰 부지 면적이 필요하다.

 − 화재 및 폭발의 위험성이 있다.

 − 고온 및 화학물질에 의해 여과재의 손상이 나타난다.

 − 습기가 많은 조건에서는 운전이 곤란하다(여과재의 눈막힘).

06 생물막을 이용한 처리법 중 접촉산화법에 대한 설명으로 옳지 않은 것은?

① 비교적 소규모 시설에 적합하다.
② 미생물량과 영향인자를 정상상태로 유지하기 위한 조작이 쉽다.
③ 슬러지 반송이 필요하지 않아 운전이 용이하다.
④ 고부하에서 운전 시 생물막이 비대화되어 접촉재가 막히는 경우가 발생할 수 있다.

해설

접촉산화법은 고정상식 활성오니법이라고도 하며 회전원판법이나 살수여상법 등과 같이 생물막을 이용하여 유기성 폐수를 처리하는 방법이다.
접촉산화법의 장점
• 소규모 시설에 적합하다.
• 분해속도가 낮은 기질제거에 효과적이다.
• 난분해성 및 유해물질에 대한 내성이 높다.
• 수온 및 부하, 수량변동에 대응이 가능하다.
• 슬러지 반송이 필요하지 않아 운전이 용이하다.
• 부착생물량을 임의로 조정할 수 있어 조작조건의 변경에 대응이 용이하다.
• 비표면적이 큰 접촉재를 사용하여 부착생물량을 다량으로 할 수 있기 때문에 이입기질의 변동에 유연한 대응이 가능하다.

07 오염지역 내 지하수계의 동수구배(動水勾配)가 없다고 가정하는 경우, 누출된 수용성 오염물질이 지하수 내에서 확산되는 메커니즘을 설명하기 위하여 사용할 수 있는 법칙은?

① 픽의 법칙(Fick's Law)
② 다시의 법칙(Darcy's Law)
③ 라울의 법칙(Raoult's Law)
④ 헨리의 법칙(Henry's Law)

해설

① 픽의 법칙(Fick's Law) : 정상 상태 조건 하에서 단위면적당 확산되는 물질의 유속은 농도 기울기에 비례한다.
② 다시의 법칙(Darcy's Law) : 다공성 매질을 통과하는 유체의 단위시간당 유량과 유체의 점성, 유체가 흐르는 거리와 그에 따른 압력 차이 사이의 비례 관계를 의미한다.
③ 라울의 법칙(Raoult's Law) : 이상 혼합물일 경우, 어떠한 용액의 증기압을 구하는데 쓰인다.
④ 헨리의 법칙(Henry's Law) : 온도가 일정할 때, 기체의 용해도는 기체의 부분압에 비례한다.

08 바닥 면이 4m×5m이고, 높이가 3m인 방이 있다. 바닥, 벽, 천장의 흡음률이 각각 0.2, 0.4, 0.5일 때 평균흡음률은?(단, 소수점 셋째 자리에서 반올림한다)

① 0.17
② 0.27
③ 0.38
④ 0.48

해석

$$평균흡음률(\bar{a}) = \frac{\sum S_i \alpha_i}{\sum S_i}$$

여기서 S_i : 사용재료별 면적(m^2), α_i : 흡음률

$$\therefore \bar{a} = \frac{20\text{m}^2 \times 0.2 + (12\text{m}^2 \times 0.4 \times 2) + (15\text{m}^2 \times 0.4 \times 2) + 20\text{m}^2 \times 0.5}{20\text{m}^2 + (12\text{m}^2 \times 2) + (15\text{m}^2 \times 2) + 20\text{m}^2} = 0.38$$

09 정수처리 과정에서 이용되는 여과에 대한 설명으로 옳지 않은 것은?

① 완속여과는 부유물질 외에 세균도 제거가 가능하다.

② 급속여과는 저탁도 원수, 완속여과는 고탁도 원수의 처리에 적합하다.

③ 급속여과의 속도는 약 120~150m/d이며, 완속여과의 속도는 약 4~5m/d이다.

④ 여과지의 운전에 따라 발생하는 공극률의 감소는 여과저항 증가의 원인이 된다.

해석

급속여과시스템은 고탁도 원수를 처리하는 데 적합하다.

여과 : 침전지로부터 물은 여과되어 흘러간다. 여과장치는 모래와 자갈층으로 만들어져 있으며, 물속에 남아있는 모든 알갱이들을 제거한다.

완속여과 및 급속여과의 특징

완속여과	급속여과
• 비교적 양호한 원수에 효과적 • 침전, 완속사 여과, 살균 등의 공정에 사용 • 수중의 현탁물질, 세균의 제거 가능 • 일정 범위 내 암모니아성 질소, 악취, 철, 망간, 합성세제, 페놀 등 제거 가능	• 여과 후 염소살균으로 완전히 세균 제거 • 고탁도수에 적합하며 색도, 철, 조류의 처리에 적합 • 처리 용량이 면적에 비해 크고 대규모 처리에 적합 • 여과지의 면적이 작아 좁은 장소에서 시공 가능하며 건설비가 적게 듦 • 기계로 청소에 비용이 많이 소요되고 청소시간은 짧아 오염의 정도가 작음

10 유량이 1,000m^3/d이고, SS 농도가 200mg/L인 하수가 1차 침전지로 유입된다. 1차 슬러지 발생량이 5m^3/d, 1차 슬러지 SS 농도가 20,000mg/L라면 1차 침전지의 SS 제거효율은 얼마인가?(단, SS는 1차 침전지에서 분해되지 않는다고 가정한다)

① 40%

② 50%

③ 60%

④ 70%

해석

$$\eta = \frac{1\text{차 슬러지 부하량}}{\text{하수 부하량}} = \frac{5 \times 20,000}{1,000 \times 200} = \frac{1}{2} = 0.5$$

여기서, 부하량은 유량×농도로 구한다.

11 유기물을 다량 함유하고 있으면서 산분해가 어려운 시료에 적용하기 위한 전처리법으로 옳은 것은?

① 질산법

② 질산–염산법

③ 질산–과염소산법

④ 질산–과염소산–플루오린화수소산

해설

전처리방법은 여러 종류가 있기 때문에 목적성분 및 시료에 따라 선택하여 전처리하면 된다. 질산–과염소산에 의한 분해방법은 유기물을 다량 함유하고 있으면서 산화분해가 어려운 시료들에 적용된다.

• 질산법 : 주로 유기물 함량이 낮은 깨끗한 하천수나 호소수 등의 시료에 적용된다.

• 질산–염산법 : 유기물 함량이 비교적 높지 않고 금속의 수산화물, 산화물 인산염 및 황산화물을 함유하고 있는 시료에 적용된다.

• 질산–과염소산–플루오린화수소산 : 다량의 점토질 및 규산염을 함유한 시료에 적용된다.

12 고형폐기물의 발열량에 관한 설명으로 옳지 않은 것은?

① 고위발열량은 연소될 때 생성되는 총발열량이다.

② 저위발열량은 고위발열량에서 수증기 응축잠열을 제외한 발열량이다.

③ 소각에 대한 타당성 조사 시 저위발열량에 대한 자료가 필요하다.

④ 열량계는 저위발열량을 측정한다.

해설

고위발열량

• 고위발열량은 열량계로 측정되며 총발열량이라고 한다.

• 연소에 의하여 생성된 연소가스 중에는 수분이 포함되는데 이것은 연료 중 수소분이 타서 생성되는 것과 연료 중 함유된 수분이 가스로 배출되는 것이다.

• 고위발열량은 연료 중 수분 및 연소에 의하여 생성된 수분의 응축열(증발잠열, H_s)을 함유한 열량이다.

• 실제 연소에서는 연소가스 중 수분은 연소에 사용되지 않고 수증기 상태로 배출되기 때문에 응축열은 실제 연소에 이용되지 않는다.

13 실내공기질 관리법에 따른 오염물질에 관한 설명으로 가장 옳지 않은 것은?

① 라돈(Rn ; Radon) : 주로 건축자재를 통하여 인체에 영향을 미치며, 화학적으로는 거의 반응을 일으키지 않고, 흙 속에서 방사선 붕괴를 일으킨다.

② 폼알데하이드(Formaldehyde) : 자극성 냄새를 갖는 무색의 기체이며, 36.0~38.0% 수용액은 포르말린이라고 한다.

③ 석면(Asbestos) : 가늘고 긴 강한 섬유상으로 내열성, 불활성, 절연성이 좋고, 발암성은 청석면 > 아모싸이트 > 온석면 순이다.

④ 휘발성 유기화합물(VOCs ; Volatile Organic Compounds) : 가장 독성이 강한 것은 에틸벤젠이며, 다음은 톨루엔, 자일렌 순으로 강하다.

해설

휘발성 유기화합물(VOCs)에서 가장 독성이 강한 것은 톨루엔 > 자일렌 > 에틸벤젠 순이다.

14 함수율 99%인 하수처리 슬러지를 탈수하여 함수율 70%로 낮추면, 탈수된 슬러지의 최종 부피는 탈수 전의 부피(V_0) 대비 얼마로 줄어드는가?(단, 슬러지의 비중은 탈수 전이나 후에도 변함없이 1이라고 가정한다)

① $\dfrac{1}{5} V_0$　　　　　　　　　　　　　② $\dfrac{1}{10} V_0$

③ $\dfrac{1}{20} V_0$　　　　　　　　　　　　　④ $\dfrac{1}{30} V_0$

해설

$V_0(100 - W_0) = V_1(100 - W_1)$

$V_0 \times (100 - 99) = V_1 \times (100 - 70)$

$V_1 = \dfrac{1}{30} V_0$

15 굴뚝에서 오염물질이 배출될 때, 지표 최대착지농도를 $\dfrac{1}{4}$로 줄이고자 한다면, 유효굴뚝 높이를 몇 배로 해야 하는가?(단, 배출량과 풍속은 일정한 것으로 가정한다)

① $\dfrac{1}{4}$배　　　　　　　　　　　　　　② $\dfrac{1}{2}$배

③ 2배　　　　　　　　　　　　　　　　　　④ 4배

해설

유효굴뚝 높이 $H_e = H + \Delta H$

여기서, H : 굴뚝의 높이

ΔH : 연기의 상승높이$\left(= \dfrac{1.5 V_s \times D}{U}\right)$

V_s : 굴뚝 가스배출농도, D : 굴뚝 내경, U : 굴뚝 주위의 풍속

최대착지농도 $C_{\max} = \dfrac{2Q}{(\pi e U H_e^2)} \times \dfrac{K_z}{K_y}$

여기서, Q : 오염물질의 배출률(유량×농도)

π : 3.14

e : 2.718

U : 풍속(m/s)

H_e : 유효굴뚝고(m)

K_y, K_z : 수평 및 수직 확산계수

16 대기 중의 광화학 스모그 또는 광화학 반응에 직접적으로 관계되는 오염물질이 아닌 것은?

① 암모니아(NH_3)　　　　　　　　　　　② 일산화질소(NO)

③ 휘발성 유기화합물($VOCs$)　　　　　　④ 퍼옥시아세틸니트레이트(PAN)

해설

광화학 스모그 오염물질 : CO, SO_2, SO_3, NO_2, NO, HC(올레핀계), Aldehyde, Acrolein, Form Aldehyde, O_3, PAN, VOCs

17 대기환경보전법상의 특정대기유해물질로 옳지 않은 것은?

① 오 존
② 플루오린화물
③ 시안화수소
④ 다이클로로메탄

해설

오존은 특정대기유해물질에 해당하지 않는다.
특정대기유해물질(대기환경보전법 시행규칙 별표 2)
• 카드뮴 및 그 화합물
• 시안화수소
• 납 및 그 화합물
• 폴리염화바이페닐
• 크롬 및 그 화합물
• 비소 및 그 화합물
• 수은 및 그 화합물
• 프로필렌 옥사이드
• 염소 및 염화수소
• 다이클로로메탄
• 플루오린화물 등

18 침전지 내에서 용존산소가 부족하거나 BOD부하가 과대한 폐수처리 시 사상균의 지나친 번식으로 나타나는 활성슬러지처리의 운영상 문제점으로 가장 옳은 것은?

① Pin-floc 현상
② 과도한 흰 거품 발생
③ 슬러지 부상(Sludge Rising)
④ 슬러지 팽화(Sludge Bulking)

해설

슬러지 팽화 : 최종 침전지에서 활성슬러지법을 실시할 경우 슬러지가 잘 침전되지 않거나 침전된 슬러지가 수면으로 떠오르는 현상
슬러지 팽화현상의 원인
• 질소 가스의 부족
• MLSS의 과다 혹은 과소
• 폭기조의 F/M비가 클 때
• 폭기조의 고장 또는 폭기장치의 고장
• 낮은 pH 및 용존산소(DO), 질소가 부족한 경우

19 공장폐수에 대해 미생물 식종(Seeding)법으로 생물화학적 산소요구량(BOD)을 측정하고자 한다. 식종희석수의 초기 용존산소(DO)는 9.2mg/L였으며, 식종희석수만을 300mL BOD병에 5일간 배양한 후 DO는 8.6mg/L이었다. 실제 시료의 BOD 측정을 위해 공장폐수와 식종희석수를 혼합하여 다음 표와 같이 2가지 희석 배율로 테스트를 진행하였을 때, 해당 폐수의 BOD는?(단, 실험은 수질오염공정시험기준에 따르며, DO는 용존산소-전극법에 따라 측정하였다)

실 험	폐수시료량(mL)	식종희석수량(mL)	초기 DO(mg/L)	5일 후 최종 DO(mg/L)
#1	50	250	9.2	3.7
#2	100	200	9.1	0.1

① 27.0mg/L

② 27.7mg/L

③ 30.0mg/L

④ 32.4mg/L

해설

폐수의 BOD $= [(D_1 - D_2) - (B_1 - B_2) \times f]P$

여기서, D_1 : 초기 DO

D_2 : 5일 후 최종 DO(단, 값이 1 이상일 때)

B_1 : 식종희석수의 초기 용존산소

B_2 : 5일간 배양한 DO

f : $\dfrac{P-1}{P}$

P : 희석배수

$\left[(9.2 - 3.7) - (9.2 - 8.6) \times \dfrac{5}{6}\right] \times \dfrac{50 + 250}{50} = 30$

D_2의 값이 1보다 커야 하기 때문에 실험 #1의 결과로 계산한다.

희석배수 $P = \dfrac{\text{폐수시료량} + \text{식종희석수량}}{\text{폐수시료량}}$ 으로 계산한다.

20 토양 내에서 오염물질의 이동에 대한 설명으로 옳지 않은 것은?

① 투수계수가 낮은 점토 토양에서 침출이 잘 일어난다.

② 토양 공극 내에서 농도구배에 의해 오염물질이 이동하는 현상을 확산(Diffusion)이라고 한다.

③ 토양 공극의 불균질성으로 인해 물질 이동 경로의 불규칙성과 토양 공극 사이 이동 속도의 차이로 인해 분산 (Dispersion)이 일어나게 된다.

④ 양전하를 가진 분자는 음전하를 띤 토양에 흡착되어 이동이 지체된다.

해설

침출수의 양은 투수계수와 비례관계이다.

Darcy's Law : 모래 시료를 통과하는 물의 흐름을 관찰하여 경험식으로부터 유도한 유체의 흐름에 관한 법칙이다. 다공성 매질을 통과하는 유체의 단위시간당 유량(Q)은 유체가 통과하는 매질의 투수계수(k)와 매질의 단면적(A) 그리고 수두차(또는 수두구배, h)에 비례하며, 유체가 통과하는 길이(L)에 반비례한다.

2017 지방직 9급

01 하천에서 용존산소가 소모되는 과정으로 옳지 않은 것은?

① 유기물 분해
② 재포기
③ 조류의 호흡
④ 질산화

해설

재포기는 산소가 다시 공급되어 용존산소가 증가하는 반응이다.

02 강에서 부영양화에 의한 조류 번성 시 하천수에 대한 설명으로 옳지 않은 것은?

① 강물에 이취미 물질(Geosmin, 2-MIB)이 증가한다.
② 조류번식으로 pH값이 증가한다.
③ 하천 수질의 투명도가 낮아진다.
④ 낮에는 빛을 이용해 물속의 용존산소는 소모되고 CO_2가 생성된다.

해설

조류(Algae)는 광합성을 하므로 낮에 빛을 이용해 이산화탄소는 소모되고 용존산소가 증가한다.
조류(Algae) : 하천수의 부영양화로 발생하는 대표적인 식물성 플라크톤으로 강물에 이취미 물질(물속에 맛, 냄새를 유발하는 물질) 증가, 광합성으로 인한 이산화탄소 감소로 pH값 증가(탄산 감소), 하천 수질의 투명도 감소 등의 영향이 있다.

03 수질 오염원으로 알려진 비점 오염원의 특징으로 옳지 않은 것은?

① 초기 강우에 영향을 받지 않아 시간에 따른 오염 물질 농도의 변화가 없다.
② 비점 오염원은 점 오염원과 비교하여 간헐적으로 유입되는 특성이 있다.
③ 비점 오염원 저감 시설로는 인공 습지, 침투 시설, 식생형 시설 등이 있다.
④ 광산, 벌목장, 임야 등이 비점 오염원에 속하며 오염 물질의 차집이 어렵다.

해설

비점 오염원은 초기 강우의 영향을 많이 받아 지속적이지 않고 장마기간에 간헐적으로 유입되는 특성을 지니고 있다.

04 온실효과에 대한 설명으로 옳지 않은 것은?

① 지구온실효과에 영향을 미치는 대표적인 온실가스는 CO_2이다.

② 온실효과는 장파장보다 단파장이 더 크다.

③ CO_2는 복사열이 우주로 방출되는 것을 막는 역할을 한다.

④ 온실가스는 화석연료 사용과 산업, 농업부문 등에서 배출된다.

해설

온실효과는 태양의 복사열(단파)을 가두는 것이 아니라 태양으로부터 복사된 열이 지표면으로 흡수된 후 반사되는 지구복사열(장파)을 가두는 형식으로, 장파장에 의한 영향이 더 크다.

05 활성슬러지 공정을 다음 조건에서 운전할 때, F/M(kg BOD/kg MLVSS · d)비는?

> • 유입수 BOD : 200mg/L
> • 포기조 내 MLSS : 2,500mg/L
> • MLVSS/MLSS비 : 0.8
> • 반응(포기)시간 : 24h

① 0.01

② 0.08

③ 0.10

④ 1.00

해설

F/M비 = Food/MLVSS 비율

$\dfrac{MLVSS}{MLSS} = 0.8$, MLVSS = 2,500mg/L×0.8 = 2,000mg/L

유량 = $\dfrac{부피}{반응시간}$, 반응시간 = $\dfrac{부피}{유량}$ 이므로

F/M비 = $\dfrac{BOD \times 유량}{부피 \times MLVSS}$ = $\dfrac{BOD}{반응시간 \times MLVSS}$ = $\dfrac{200mg/L}{24h \times 2,000mg/L \times 1day/24h}$ = 0.1/day

06 하천의 BOD 기준이 2mg/L이고, 현재 하천의 BOD는 1mg/L이며, 하천의 유량은 1,500,000m^3/day이다. 하천 주변에 돼지 축사를 건설하고자 할 때, 축사에서 배출되는 폐수로 인해 BOD기준을 초과하지 않도록 하면서 사육 가능한 돼지 수(마리)는?(단, 돼지 축사 건설로 인한 유량 증가는 없으며, 돼지 1마리당 배출되는 BOD 부하는 2kg/day라고 가정한다)

① 500

② 750

③ 1,000

④ 1,500

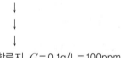

두 하천 A와 B의 두 지점이 합류되는 혼합물질의 농도계산

```
A지점 ——————————— B지점
            |
            |
            |
          합류
```

$$C = \frac{Q_a C_a + Q_b C_b}{Q_a + Q_b}$$

여기서, C : 혼합물질 농도, Q_a : A지점의 유량, C_a : A지점의 농도, Q_b : B지점의 유량, C_b : B지점의 농도

$$2 = \frac{(1,500,000\text{m}^3/\text{d} \times 1\text{mg/L}) + Q_b C_b}{1,500,000\text{m}^3/\text{d}}$$

$$Q_b C_b = 1,500,000\text{m}^3 \cdot \text{mg/d} \cdot \text{L}$$

$$= 1,500,000\text{m}^3 \cdot \text{mg/d} \cdot \text{L} \times 10^3\text{L/m}^3 \times 1\text{kg}/10^6\text{mg} = 1,500\text{kg/d}$$

$\therefore$ 마리당 2kg이므로 $\dfrac{1,500}{2} = 750/\text{d}$

---

07 두 개의 저수지에서 한 농지에 동시에 용수를 공급하고자 한다. 이 농업용수는 염분농도 0.1g/L, 유량 8.0m³/sec의 조건을 맞추어야 한다. 이때 1, 2번 저수지에서 취수해야 하는 유량 Q_1, Q_2(m³/sec)는 각각 얼마인가?

> • 1번 저수지 : 염분농도 C_1 = 500ppm
> • 2번 저수지 : 염분농도 C_2 = 50ppm

	Q_1	Q_2
①	3.5	4.5
②	2.8	5.2
③	1.4	6.6
④	0.9	7.1

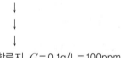

```
1번 저수지 ——————————— 2번 저수지
            ↓
            ↓
            ↓
        합류지  C = 0.1g/L = 100ppm,  Q = 8.0m³/s
```

$$C = \frac{Q_1 C_1 + Q_2 C_2}{Q_1 + Q_2}$$

여기서, C : 혼합물질 농도, Q_1 : 1번 저수지 유량, C_1 : 1번 저수지 농도, Q_2 : 2번 저수지 유량, C_2 : 2번 저수지 농도

$$100 = \frac{(Q_1 \times 500) + ((8 - Q_1) \times 50)}{Q_1 + (8 - Q_1)} \quad (Q = Q_1 + Q_2 \text{이므로 } Q_2 = 8 - Q_1 \text{을 대입})$$

$$Q_1 \fallingdotseq 0.9, \ Q_2 = 8 - 0.9 = 7.1$$

08 대기오염물질인 질소산화물(NO_x)의 영향에 대한 설명으로 옳지 않은 것은?

① NO_2는 광화학적 분해 작용 때문에 대기의 O_3 농도를 증가시킨다.
② NO_2는 냉수 또는 알칼리 수용액과 작용하여 가시도에 영향을 미친다.
③ NO_2는 습도가 높은 경우 질산이 되어 금속을 부식시킨다.
④ NO_x 배출의 대부분은 NO_2 형태이며 무색 기체이다.

해설

NO_x는 1차로 자동차 배기가스에서 배출될 경우 NO(90%)의 형태를 띠며, 대기 중의 산소와 반응하여 2차로 NO_2(10%)의 형태를 띠고 있다. 일산화질소는 무색, 이산화질소는 적갈색이다.

09 도시 쓰레기 소각장의 다이옥신 생성 및 방출 억제 대책으로 옳지 않은 것은?

① 소각 과정 중에서 다이옥신의 생성을 억제하고, 생성된 경우에도 파괴될 수 있도록 550℃ 이상의 고온에서 1초 동안 정체하도록 한다.
② 다이옥신은 소각로에서 배출되는 과정 중 300℃ 부근에서 재형성된다.
③ 쓰레기 소각로에서의 배출 공정을 개선하여 배출 기준 이하가 되도록 제거, 감소시킨다.
④ 분말 활성탄을 살포하여 다이옥신이 흡착되게 한 후, 이를 전기 집진기에 걸러서 다이옥신 농도를 저감시킬 수 있다.

해설

다이옥신의 파괴를 위해선 약 850℃ 이상(법적기준, 최대억제값 약 1,100℃)의 고온이 필요하며, 소각실에서 수 초(약 2초 이상)동안 고온을 유지하여 소각시설을 운영해야 한다.

10 전과정평가(LCA ; Life Cycle Assessment)에 대한 설명으로 옳지 않은 것은?

① 제품이 환경에 미치는 각종 부하를 원료·자원 채취부터 폐기까지의 전과정에 걸쳐 정량적으로 분석하고 평가하는 방법이다.
② 복수 제품 간의 환경오염 부하의 비교 목적으로 활용할 수 있다.
③ 목적 및 범위설정, 목록분석, 영향평가, 전과정 결과해석의 4단계로 구성되어 있다.
④ 국제표준화기구(ISO)에서 정한 환경경영시스템(EMS)에 대한 국제 규격이다.

해설

ISO-14040을 근거로 환경경영시스템으로 인증하였으며, 환경경영시스템(EMS)과는 관계가 없다.

11 소음의 마스킹 효과에 대한 설명으로 옳지 않은 것은?

① 음파의 간섭에 의해 일어난다.
② 크고 작은 두 소리를 동시에 들을 때 큰 소리만 듣고 작은 소리는 듣지 못하는 현상을 말한다.
③ 고음이 저음을 잘 마스킹한다.
④ 두 음의 주파수가 비슷할 때는 마스킹 효과가 더 커진다.

마스킹 효과는 저음이 고음을 잘 마스킹한다.

12 1차 생산력은 1차 생산자에 의해 단위 시간당 단위 면적에서 생물량이 생산되는 속도이다. 이러한 1차 생산력을 측정하는 방법이 아닌 것은?

① 수확 측정법
② 산소 측정법
③ 엽록체 측정법
④ 일산화탄소 측정법

1차 생산력 측정법은 광합성으로 인해 변화량이 유출되는 인자(산소 증가, 이산화탄소 감소, pH 증가)로 측정하며 수확 측정법, 산소 측정법, 엽록체 측정법, 이산화탄소 측정법(감소), pH 측정법(증가) 등이 있다.

13 내분비계 장애물질(Endocrine Disruptors, 환경호르몬)에 대한 설명으로 옳지 않은 것은?

① 쓰레기 소각장 등 각종 연소 시설에서 발생되는 대표적인 환경호르몬은 DDT이다.
② 식품 및 음료수의 용기 내부, 병뚜껑 및 캔의 내부에서 비스페놀A가 검출된다.
③ 각종 플라스틱 가소제에서 프탈레이트류와 같은 환경호르몬이 검출된다.
④ 각종 산업용 화학물질, 의약품 및 일부 천연물질에도 내분비계 장애물질을 포함하는 것으로 거론되고 있다.

쓰레기 소각장 등 각종 연소 시설에서 발생되는 대표적인 환경호르몬은 다이옥신이다.
※ DDT : Dichloro-Diphenyl-Trichloroethane이라고 불리는 대표적인 유기염소계의 살충제이다.

14 유기성 폐기물의 퇴비화에 대한 설명으로 옳은 것은?

① 퇴비화의 적정 온도는 25~35℃이다.
② pH는 9 이상이 적절하다.
③ 수분이 너무 지나치면 혐기 조건이 되기 쉬우므로 40% 이하로 유지하는 것이 바람직하다.
④ 퇴비화가 진행될수록 C/N비는 낮아진다.

퇴비화조건
• 적정 온도 : 55~65℃
• pH : 5.5~8.0
• 함수율 : 50~60%로 유지
• C/N비 : 초기보다 낮아진다(약 30 → 10).

15 생활 폐기물을 선별 후 분석하여 다음의 수분 함량 측정치를 얻었다. 전체 수분 함량(%)은?

> 음식폐기물 8kg(수분 80%), 종이 14kg(수분 5%), 목재 5kg(수분 20%), 정원폐기물 4kg(수분 60%), 유리 4kg(수분 5%), 흙 및 재 5kg(수분 10%)

① 18.4

② 25.2

③ 28.0

④ 32.5

해설

$(8 \times 0.8) + (14 \times 0.05) + (5 \times 0.2) + (4 \times 0.6) + (4 \times 0.05) + (5 \times 0.1) = 11.2$

전체 수분 함량 $= \dfrac{11.2}{40} \times 100\% = 28\%$

16 주변 소음이 전혀 없는 야간에 소음 레벨이 70dB인 풍력발전기 10대를 동시에 가동할 때 합성 소음 레벨(dB)은?

① 73

② 75

③ 76

④ 80

해설

합성 소음 레벨 $= 10\log(10^{70/10} \times 10) = 10\log10^7 + 10\log10 = 80\text{dB}$

17 유해 물질에 대한 위해성 평가의 일반적인 절차를 순서대로 바르게 나열한 것은?

① 용량/반응평가 → 노출평가 → 유해성 확인 → 위해도 결정

② 노출평가 → 용량/반응평가 → 유해성 확인 → 위해도 결정

③ 유해성 확인 → 용량/반응평가 → 노출평가 → 위해도 결정

④ 노출평가 → 유해성 확인 → 용량/반응평가 → 위해도 결정

해설

위해성 평가 절차

1. 유해성 확인 : 유해성의 여부를 확인
2. 용량/반응평가 : 생물학적, 화학적, 물리적 자극의 양과 반응정도의 관계 평가
3. 노출평가 : 인체노출에 대한 평가
4. 위해도 결정 : 유해성의 정도를 결정하는 단계

18 토양 및 지하수 처리공법에 대한 설명으로 옳지 않은 것은?

① 토양세척공법(Soil Washing)은 중금속으로 오염된 토양 처리에 효과적이다.

② 바이오벤팅공법(Bioventing)은 휘발성이 강하거나 생분해성이 높은 유기물질로 오염된 토양 처리에 효과적이며 토양 증기추출법과 연계하기도 한다.

③ 바이오스파징공법(Biosparging)은 휘발성 유기물질로 오염된 불포화토양층 처리에 효과적이다.

④ 열탈착공법(Thermal Desorption)은 오염 토양을 굴착한 후, 고온에 노출시켜 소각이나 열분해를 통해 유해물질을 분해시킨다.

해설

바이오스파징은 포화토양층 안에 있는 휘발성 유기물질을 생물학적 공기방울로 결합한 다음 외부로 배출시켜 처리하는 방법이다.

19 환경영향평가에서 영향평가 및 대안비교를 위해 일반적으로 사용되는 방법으로 옳은 것은?

① 가치측정방법

② 감응도분석방법

③ 매트릭스분석방법

④ 스코핑방법

해설

환경영양평가의 대안평가 방법으로 매트릭스분석법, 체크리스트기법이 있다.

매트릭스분석기법 : 구체적 평가를 하기 위한 방법으로 객관적이지 못하며 분석법이 어렵다는 단점이 있어 잘 사용하지 않았으나 최근 컴퓨터나 다양한 분석도구의 이용으로 객관적인 비교가 가능하게 되어 그 사용이 늘어가고 있다.

20 유량이 10,000m³/d이고 BOD 200mg/L인 도시 하수를 처리하기 위해서 필요한 포기조의 용량은 10,000m³이고 MLSS 농도는 2,000mg/L이다. 이때 BOD 용적부하와 F/M비(BOD 슬러지 부하로 지칭하기도 함)는 각각 얼마인가?

① BOD 용적부하 : 0.20kg/m³·d, F/M비 : 0.10kg−BOD/kg−SS·d

② BOD 용적부하 : 0.10kg/m³·d, F/M비 : 0.20kg−BOD/kg−SS·d

③ BOD 용적부하 : 0.10kg−BOD/kg−SS·d, F/M비 : 0.20kg/m³·d

④ BOD 용적부하 : 0.20kg−BOD/kg−SS·d, F/M비 : 0.10kg/m³·d

해설

- F/M 비율 $= \dfrac{BOD \times 유량}{폭기조\ 용량 \times MLSS\ 농도} = \dfrac{200mg/L \times 10,000m^3/d}{10,000m^3 \times 2,000mg/L} = 0.1/d$

- BOD 용적부하 $= \dfrac{BOD \times 유량}{부피} = \dfrac{200mg/L \times 10,000m^3/d}{10,000m^3} = 0.2kg/m^3 \cdot d$

2018년 기출문제

서울시 9급

01 농도가 가장 높은 용액은?(단, 용액의 비중은 1로 가정한다)

① 100ppb

② 10μg/L

③ 1ppm

④ 0.1mg/L

비중을 1로 가정하면, 1ppm=1mg/L이다.

1ppm $= 10^3$ppb이고, 1mg $= 10^3 \mu$g이기 때문에 1mg/L$=10^3 \mu$g/L이다.

① 100ppb → 0.1ppm

② 10μg/L → 0.01ppm

④ 0.1mg/L → 0.1ppm

02 대기 중에서 지름이 10μm인 구형입자의 침강속도가 3.0cm/sec라고 한다. 같은 조건에서 지름이 5μm인 같은 밀도의 구형입자의 침강속도(cm/sec)는?

① 0.25

② 0.5

③ 0.75

④ 1.0

직경↑, 침강속도↑

침강속도는 스토크스 법칙을 이용하여 구한다.

$$V_g = \frac{d^2(\rho_p - \rho) \cdot g}{18 \cdot \mu}$$

여기서, V_g : 침강속도 또는 침전속도 ρ_p : 입자의 밀도

     ρ : 공기의 밀도 g : 중력가속도

     μ : 공기의 점성력

직경 외 다른 조건은 동일하다고 하여 다른 조건을 A로 하고 풀이하면

침강속도 3.0cm/sec, 지름 10μm일 때

$$3.0 = 10^2 \times A, \ A = \frac{3}{100}$$

지름이 5μm일 때, $V_g = 5^2 \times \frac{3}{100} = 0.75\text{cm/sec}$

03 호수 및 저수지에서 일어날 수 있는 자연현상에 대한 설명으로 가장 옳지 않은 것은?

① 호수의 성층현상은 수심에 따라 변화되는 온도로 인해 수직 방향으로 밀도차가 발생하게 되고 이로 인해 층상으로 구분되는 현상을 의미한다.

② 표수층은 호수 혹은 저수지의 최상부층을 말하며 대기와 직접 접촉하고 있으므로 산소 공급이 원활하고 태양광 직접 조사를 통해 조류의 광합성 작용이 활발히 일어난다.

③ 여름 이후 가을이 되면서 높아졌던 표수층의 온도가 4℃까지 저하되면 물의 밀도가 최대가 되므로 연직 방향의 밀도차에 의한 자연스러운 수직혼합현상이 발생하며, 이로 인해 표수층의 풍부한 산소와 영양성분이 하층부로 전달된다.

④ 겨울이 되어 호수 및 저수지 수면층이 얼게 되면 물과 얼음의 밀도차에 의해 수면의 얼음은 침강하게 된다.

해설

얼음은 물보다 부피가 크고 밀도가 작다. 그러므로 물 위에 뜬다.

04 인구 5,000명인 아파트에서 발생하는 쓰레기를 5일마다 적재용량 10m³인 트럭 10대를 동원하여 수거한다면 1인당 1일 쓰레기 배출량(kg)은?(단, 쓰레기의 평균밀도는 100kg/m³라고 가정한다)

① 0.2　　　　　　　　　　　　　　　　　② 0.4
③ 2　　　　　　　　　　　　　　　　　④ 4

해설

1인당 1일 쓰레기 배출량(kg)을 구하면

$$\frac{kg쓰레기}{인 \cdot 일} = \frac{10m^3 \times 10대 \times 100kg}{(m^3 \cdot 대) \times 5일 \times 5,000인} = \frac{10kg}{25인 \cdot 일} = 0.4kg/인 \cdot 일$$

05 폐수처리에 사용되는 주요 생물학적 처리 공정 중 부착성장 미생물을 활용하는 공정으로 가장 옳은 것은?

① 살수여상
② 활성 슬러지 공정
③ 호기성 라군
④ 호기성 소화

해설

호기성 공정의 종류
• 부유성장 미생물 활용방식(부유증식공법) : 활성 슬러지 공정, 완전 혼합, 단계 포기식, 순산소, 연속 회분식(SBR), 심층포기
• 부착성장 미생물 활용방식(부착생물막법) : 살수여상, 회전 원판법(RBC), 충진상 반응기
• 혼합형 방식 : 생물막 – 활성 슬러지, 살수여상 – 활성 슬러지

06 리처드슨수(Richardson number, Ri)에 대한 설명으로 가장 옳지 않은 것은?

① 대류난류를 기계적인 난류로 전환시키는 비율을 뜻하며, 무차원수이다.

② $Ri = 0$은 기계적 난류가 없음을 나타낸다.

③ $Ri > 0.25$인 경우는 수직 방향의 혼합이 거의 없음을 나타낸다.

④ $-0.03 < Ri < 0$인 경우 기계적 난류가 혼합을 주로 일으킨다.

해설

리처드슨수(Ri)란 온도차의 영향을 받는 유체의 운동에 관계된 무차원수이다. Ri는 무차원수로서 대류난류를 기계적인 난류로 전환시키는 율을 측정한다. 이를 산정하기 위한 인자는 그 지역의 중력가속도, 잠재온도, 풍속, 고도 등이다.

$$Ri = \frac{g}{T_m}[(\Delta T/\Delta Z)/(\Delta U/\Delta Z)^2]$$

여기서, g : 중력가속도(9.8m/sec^2) T_m : 상하층의 평균 절대온도 $= (T_2 + T_1)/2$

ΔU : 풍속차 $= U_2 + U_1(\text{m/sec})$ ΔZ : 고도차 $= Z_2 + Z_1(\text{m})$

ΔT : 온도차 $= t_2 + t_1(℃)$

Ri가 0인 경우에는 기계적 난류만 존재한다.

Ri가 0.25보다 큰 경우에는 성층에 의해 약화된 기계적 난류가 존재한다.

07 소음·진동관리법 시행규칙상 낮 시간대(06 : 00~18 : 00) 공장 소음 배출 허용기준(dB)이 가장 낮은 지역은?

① 도시지역 중 전용 주거지역 및 녹지지역

② 도시지역 중 일반 주거지역

③ 농림지역

④ 도시지역 중 일반 공업지역 및 전용 공업지역

해설

낮 시간대 공장 소음 배출 허용기준(dB)은 50dB로 전용 주거지역 및 녹지지역이 가장 낮다.

공장 소음 배출 허용기준(소음·진동관리법 시행규칙 별표 5)

대상 지역	낮	저 녁	밤
도시지역 중 전용 주거지역 및 녹지지역	50 이하	45 이하	40 이하
도시지역 중 일반 거주지역	55 이하	50 이하	45 이하
농림지역	60 이하	55 이하	50 이하
도시지역 중 상업지역	65 이하	60 이하	55 이하
도시지역 중 일반 공업지역 및 전용 공업지역	70 이하	65 이하	60 이하

08 공극률이 20%인 토양 시료의 겉보기밀도는?(단, 입자밀도는 2.5g/cm³로 가정한다)

① 1g/cm^3 ② 1.5g/cm^3

③ 2g/cm^3 ④ 2.5g/cm^3

해설

$$공극률(\%) = \frac{입자밀도 - 겉보기밀도}{입자밀도}$$

$$0.2 = \frac{2.5 - 겉보기밀도}{2.5}$$

겉보기밀도 $= 2.5 - 0.5 = 2.0 \, g/cm^3$

09 폐기물 매립지의 매립가스 발생단계에 대한 설명으로 가장 옳지 않은 것은?

① 1단계는 호기성 단계로 매립지 내 O_2와 N_2가 서서히 감소하며, CO_2가 발생하기 시작한다.

② 2단계는 혐기성 비메탄 발효단계로 H_2가 생성되기 시작하며, CO_2는 최대 농도에 이른다.

③ 3단계는 혐기성 메탄 축적단계로 CH_4 발생이 시작되며, 중반기 이후 CO_2의 농도비율이 감소한다.

④ 4단계는 혐기성 단계로 CH_4와 CO_2가 일정한 비율로 발생한다.

해설

매립가스 발생단계

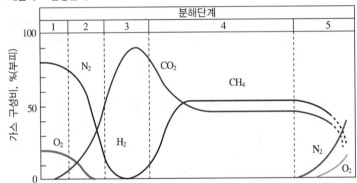

- 1단계 : 호기성 단계로 매립지 내 O_2, N_2가 감소하고 CO_2는 증가한다.
- 2단계 : 혐기성 비메탄 발효단계(산 생성단계)로 H_2가 생성되기 시작한다.
- 3단계 : 혐기성 메탄 축적단계(메탄 생성단계)로 CH_4 발생이 시작되며 초반 CO_2 농도가 최대로 증가하다가 중반기 이후 CO_2 농도 비율이 감소한다.
- 4단계 : 혐기성 단계로 CH_4, CO_2가 일정한 비율로 발생한다.

10 원심력집진기의 집진장치 효율에 대한 설명으로 가장 옳지 않은 것은?

① 배기관의 직경이 작을수록 입경이 작은 먼지를 제거할 수 있다.

② 입구 유속에는 한계가 있지만, 그 한계 내에서 속도가 빠를수록 효율이 높은 반면 압력 손실도 높아진다.

③ 사이클론의 직렬단수, 먼지호퍼의 모양과 크기도 효율에 영향을 미친다.

④ 점착성이 있는 먼지에 적당하며 딱딱한 입자는 장치를 마모시킨다.

해설

원심력집진기란 고체 또는 액체 상태의 먼지를 가스로부터 분리시키기 위해 가스를 회전시킬 때 발생되는 원심력을 이용하여 먼지를 제거한다.

집진효율을 향상시키는 방법

• 출구 내경이 작을수록 입경이 작은 먼지를 제거하므로 제거효율이 증대한다.
• 입구 유속에 한계가 있어 한계 내에서는 속도가 빠를수록 효율이 좋지만 압력손실도 증가하므로 입구 유속은 12~15m/sec로 한다.
• Cyclone의 직렬단수, Dust Box의 모양과 크기도 효율과 관계가 있다.
• 점착성이 있는 먼지 집진에 부적합하며, 딱딱한 먼지는 장치 마모를 일으킨다.
• 고성능의 전기집진기나 여과집진기의 전처리용으로 사용된다.

11 폐수의 화학적 응집침전을 촉진시키기 위한 방법으로 가장 옳지 않은 것은?

① 전위결정이온을 첨가하여 콜로이드 표면을 채우거나 반응을 하여 표면전하를 줄인다.
② 수산화금속이온을 형성하는 화학약품을 투입한다.
③ 고분자응집제를 첨가하여 흡착작용과 가교작용으로 입자를 제거한다.
④ 전해질을 제거하여 분산층의 두께를 높여 제타전위를 줄이는 것이 효과적이다.

해설

화학적 응집침전 촉진방법은 수중에 존재하는 오염물질에 화학적 약품을 주입하여 응집시켜 처리하는 방법으로, 전해질을 첨가하여 분산층의 두께를 낮춰 제타전위를 줄이는 것이 효과적이다. 여기서 분산층의 두께를 높이면 반발력이 상승하여 응집을 방해하게 된다.

12 혐기성 소화과정은 가수분해, 산 생성, 메탄 생성의 단계로 구분된다. 가수분해 단계에서 주로 생성되는 물질로 가장 옳지 않은 것은?

① 아미노산
② 글루코스
③ 글리세린
④ 알데하이드

해설

혐기성 소화과정에서 생성되는 물질

• 가수분해 : 아미노산, 글루코산, 글리세린(당류)
• 산 생성 : 유기산, 알코올, 알데하이드류
• 메탄 생성 : CH_4, CO_2

13 대기층은 고도에 따른 온도 변화 양상에 따라 영역 구분이 가능하다. 〈보기〉에 해당하는 영역은?

〈보 기〉
• 대기층에서 고도 11~50km 사이에 존재한다.
• 고도가 올라감에 따라 온도가 상승하는 안정적인 수직 구조를 갖는다.
• 상대적으로 높은 농도의 오존이 존재하여 태양광의 단파장영역을 효과적으로 흡수한다.

① 대류권　　　　　　　　　　　　② 성층권
③ 중간권　　　　　　　　　　　　④ 열 권

해설

성층권은 대류권 계면으로부터 고도 약 50km까지 분포하고 있는 대기이다.
성층권의 특징
• 고도 20~30km 정도에 오존층이 분포하여 고도가 상승할수록 온도가 계속해서 증가한다.
• 기상현상이 일어나지 않는다.
• 성층권 계면은 산소와 오존에 의해 자외선이 흡수되며 가열이 시작되는 곳이다.

14 실외 지면에 위치한 점음원에서 발생한 소음의 음향 파워 레벨이 105dB일 때 음원으로부터 100m 떨어진 지점에서의 음압 레벨은?

① 54dB　　　　　　　　　　　　② 57dB
③ 77dB　　　　　　　　　　　　④ 91dB

해설

실외 지면에 위치한 점음원 음압 레벨 구하는 식
$SPL = PWL - 20\log r - 8(dB)$
　　　$= 105 - 20\log100 - 8 = 57$
여기서, SPL : 음압 레벨, PWL : 음향 파워 레벨, r : 음원으로부터 떨어진 거리

15 수계의 유기물질 총량을 간접적으로 예측하기 위한 지표로서 생물화학적 산소요구량(Biochemical Oxygen Demand, BOD)과 화학적 산소요구량(Chemical Oxygen Demand, COD)에 대한 설명으로 가장 옳은 것은?

① BOD는 혐기성 미생물의 수계 유기물질 분해활동과 연관된 산소요구량을 의미하며 BOD_5는 5일간 상온에서 시료를 배양했을 때 미생물에 의해 소모된 산소량을 의미한다.
② BOD값이 높을수록 수중 유기물질 함량이 높으며, 측정방법의 특성상 BOD는 언제나 COD보다 높게 측정된다.
③ BOD는 생물학적 분해가 가능한 유기물의 총량 예측에 적합하며, 미생물의 활성을 저해하는 독성물질 존재 시 분해의 방해효과가 나타날 수 있다.
④ COD는 시료 중 유기물질을 화학적 산화제를 사용하여 산화 분해시킨 후 소모된 산화제의 양을 대응산소의 양으로 환산하여 나타낸 값으로, 일반적인 활용 산화제는 염소나 과산화수소이다.

해석

① BOD는 호기성 미생물의 수계 유기물질 분해활동과 연관된 산소요구량을 의미하며 BOD₅는 5일간 20℃에서 시료를 배양했을 때 미생물에 의해 소모된 산소량을 의미한다.

② BOD값이 높을수록 수중 유기물질 함량이 높으며 측정방법의 특성상 BOD는 언제나 COD보다 낮다.

④ 일반적인 활용 산화제는 $KMnO_4$, $K_2Cr_2O_7$이다.

16 지구 온난화에 기여하는 온실가스 중 이산화탄소와 탄소 순환에 대한 설명으로 가장 옳지 않은 것은?

① 공업적으로 이산화탄소를 배출하는 큰 산업 중의 하나는 시멘트 제조업이다.

② 지구상의 식물에 저장되어 있는 탄소량은 바닷속에 저장된 탄소량에 비해 매우 적다.

③ 바다는 주로 이산화탄소를 중탄산이온(HCO_3^-)의 형태로 저장한다.

④ 석유는 다른 화석연료(석탄, 천연가스 등)에 비해 탄소집중도가 가장 큰 물질이다.

해석

화석연료(석탄)은 탄소집중도가 가장 큰 물질이다.

17 토양세척법에 대한 설명으로 가장 옳지 않은 것은?

① 토양세척법에 이용되는 세척제는 계면의 자유에너지를 낮추는 물질이다.

② 토양세척기술은 1970년대 후반 미국 환경청에서 기름 유출사고로 오염된 해변을 정화하기 위해 처음으로 개발되었다.

③ 준휘발성 유기화합물은 토양세척법을 이용하여 처리하기에 적합하지 않다.

④ 토양 내에 휴믹질이 고농도로 존재하는 경우에는 전처리가 필요하다.

해석

• 토양세척법의 특징 : 복합적인 오염물의 경우 혼합 세척제를 사용하며, 적절한 세척제를 선별·제조하기 어렵다. 토양 내의 휴믹질이 고농도로 존재하는 경우에는 전처리가 필요하며 오염물질을 제거하거나 고정화시키지 않으므로 분리된 세척액이나 토양은 2차 처리가 필요하다.

• 토양세척법을 이용한 처리물질 : 준휘발성 유기화합물질, 유류계 오염물질, 중금속, PCBs, PAHs

18 대기오염제어장치로서 분진 제거 시 〈보기〉의 조건을 충족하는 집진시설로 가장 옳은 것은?

〈보 기〉

• 미세한 분진을 비교적 고효율로 제거하여야 할 경우
• 가스의 냉각이 요구되나 습도가 문제되지 않는 경우
• 가스가 연소성인 경우
• 분진과 기체 상태의 오염물질을 동시에 제거해야 하는 경우

---

① 직물여과기 ② 사이클론
③ 습식세정기 ④ 전기집진기

해설

습식세정기의 장단점

• 장 점
  – Mist를 처리한다.
  – 고온가스를 냉각시킨다.
  – 포집효율을 변화시킨다.
  – 가연성, 폭발성 먼지를 처리한다.
  – 단일장치에서 가스 흡수와 분진포집이 동시에 가능하다.

• 단 점
  – 부식 잠재성이 크다.
  – 유출수가 수질오염 문제를 일으킬 수 있다.
  – 포집된 분진은 오염될 수 있고, 회수할 수 없다.
  – 냉각의 방지 : 배출가스는 가시적인 연기를 피하기 위해 재가열이 필요하다.

직물여과기 선택 이유

• 높은 제진효율이 요구되는 경우
• 가스의 부피가 비교적 작은 경우
• 가스의 온도가 비교적 낮은 경우
• 가치 있는 물질을 건조한 상태로 회수할 경우

전기집진지 선택 이유

• 대량의 가스를 처리해야 하는 경우
• 가치 있는 물질을 회수하여야 하는 경우
• 미세한 분진을 고효율로 제거해야 하는 경우

사이클론 선택 이유

• 분진입자가 큰 경우
• 분진의 분류가 요구되는 경우
• 높은 제진효율이 요구되지 않는 경우
• 분진의 농도가 비교적 높은 경우(>2.3g/m³)

19 먹는 물 수질기준 및 검사 등에 관한 규칙상의 건강상 유해 영향 무기물질로 가장 옳지 않은 것은?

① 아연(Zn)   ② 셀레늄(Se)
③ 암모니아성 질소(NH_3-N)   ④ 비소(As)

해설

건강상 유해 영향 무기물질에 관한 기준(먹는 물 수질기준 및 검사 등에 관한 규칙 별표 1)
- 납은 0.01mg/L를 넘지 아니할 것
- 플루오린은 1.5mg/L(샘물·먹는 샘물 및 염지하수·먹는 염지하수의 경우에는 2.0mg/L)를 넘지 아니할 것
- 비소는 0.01mg/L(샘물·염지하수의 경우에는 0.05mg/L)를 넘지 아니할 것
- 셀레늄은 0.01mg/L(염지하수의 경우에는 0.05mg/L)를 넘지 아니할 것
- 수은은 0.001mg/L를 넘지 아니할 것
- 시안은 0.01mg/L를 넘지 아니할 것
- 크롬은 0.05mg/L를 넘지 아니할 것
- 암모니아성 질소는 0.5mg/L를 넘지 아니할 것
- 질산성 질소는 10mg/L를 넘지 아니할 것
- 카드뮴은 0.005mg/L를 넘지 아니할 것
- 붕소는 1.0mg/L를 넘지 아니할 것(염지하수의 경우에는 적용하지 아니한다)
- 브롬산염은 0.01mg/L를 넘지 아니할 것(수돗물, 먹는 샘물, 염지하수·먹는 염지하수, 먹는 해양심층수 및 오존으로 살균·소독 또는 세척 등을 하여 음용수로 이용하는 지하수만 적용한다)
- 스트론튬은 4mg/L를 넘지 아니할 것(먹는 염지하수 및 먹는 해양심층수의 경우에만 적용한다)
- 우라늄은 30μg/L를 넘지 않을 것[수돗물(지하수를 원수로 사용하는 수돗물), 샘물, 먹는 샘물, 먹는 염지하수 및 먹는 물 공동시설의 물의 경우에만 적용한다]

20 하·폐수 처리 공정의 3차 처리에서 수중의 질소를 제거하기 위한 방법으로 가장 옳지 않은 것은?

① 응집침전법
② 이온교환법
③ 생물학적 처리법
④ 탈기법

해설

응집침전법은 인을 제거하기 위한 방법이다.
- 고도처리 질소(N) 제거 : 파과점염소주입법, 공기탈기법, 이온교환법, 막분리, 질산화, 탈질공정
- 고도처리 인(P) 제거 : 응집침전법, A/O공정, 포스트립공정

지방직 9급

01 다음 글에서 설명하는 것은?

> 지구 생태계의 가장 기본적인 에너지원은 태양광이다. 이 태양광 중 엽록체가 광합성을 할 때 흡수하는 주된 파장 부분을 일컫는다.

① 방사선
② 자외선
③ 가시광선
④ 적외선

광합성은 가시광선을 이용해 에너지를 만든다.

02 독립 침강하는 구형(Spherical) 입자 A와 B가 있다. 입자 A의 지름은 0.10mm이고 비중은 2.0, 입자 B의 지름은 0.20mm이고 비중은 3.0이다. 입자 A의 침강속도가 0.0050m/sec일 때, 동일한 유체에서 입자 B의 침강속도(m/sec)는?(단, 두 입자의 침강속도는 스토크스(Stokes) 법칙을 따른다고 가정하며, 유체의 밀도는 1,000kg/m³이다)

① 0.015
② 0.020
③ 0.030
④ 0.040

스토크스의 법칙을 적용하면

$V_g = \dfrac{d_p^2 (\rho_p - \rho) g}{18\mu}$ 에서 입자 A와 B는 직경(d_p)과 비중(ρ_p) 외에는 동일한 조건을 지니게 된다.

입자 종류	입자 A	입자 B
직 경	0.1mm	0.2mm
비 중	2.0	3.0

※ 동일 유체이므로 μ, ρ, g(점도, 밀도, 중력가속도는 동일)

- 입자 A : $V_g = \dfrac{d_p^2 (\rho_p - \rho) g}{18\mu} = (0.1)^2 \times (2-1) \times \dfrac{g}{18\mu} = 0.005 \text{m/sec}, \quad \therefore \ \dfrac{g}{18\mu} = 0.5$

- 입자 B : $V_g = \dfrac{d_p^2 (\rho_p - \rho) g}{18\mu} = (0.2)^2 \times (3-1) \times 0.5 = 0.04 \text{m/sec}, \quad \therefore \ V_g = 0.04 \text{m/sec}$

03 수처리 공정에서 침전현상에 대한 설명으로 옳지 않은 것은?

① 제1형 침전-입자들은 다른 입자들의 영향을 받지 않고 독립적으로 침전한다.

② 제2형 침전-입자들끼리 응집하여 플록(Floc) 형태로 침전한다.

③ 제3형 침전-입자들이 서로 간의 상대적인 위치(깊이에 따른 입자들의 위아래 배치 순서)를 크게 바꾸면서 침전한다.

④ 제4형 침전-고농도의 슬러지 혼합액에서 압밀에 의해 일어나는 침전이다.

수처리 공정 침전의 구분
- 제1형 침전 : 스스로 가라앉는 단독침전(자율침전)
- 제2형 침전 : 서로 결합해 가라앉는 응결침전(응집침전)
- 제3형 침전 : 플록 형성 후 부유하고 있는 입자 간의 방해현상으로 침강속도가 제한받는 방해침전(간섭침전, 지역침전)이라고 하며, 입자 간의 저항으로 서로 간의 위치 변화는 이루어지지 않는다.
- 제4형 침전 : 바닥에 가라앉은 후 침전된 물질이 2차적으로 농축되며 가라앉는 압축침전

04 음의 세기 레벨(Sound Intensity Level, SIL) 공식은?(단, SIL은 dB 단위의 음의 세기 레벨, I는 W/m² 단위의 음의 세기, I_o는 기준 음의 세기로서 10^{-12}W/m²이다)

① $SIL = \log_{10}\dfrac{I_o}{I}$

② $SIL = \log_{10}\dfrac{I}{I_o}$

③ $SIL = 10 \cdot \log_{10}\dfrac{I_o}{I}$

④ $SIL = 10 \cdot \log_{10}\dfrac{I}{I_o}$

음의 세기 레벨 공식

$$SIL = 10\log_{10}\frac{I}{I_o}$$

05 지표 미생물에 대한 설명으로 옳지 않은 것은?

① 총대장균군(Total Coliforms)은 락토스(Lactose)를 발효시켜 35℃에서 48시간 내에 기체를 생성하는 모든 세균을 포함한다.

② 총대장균군은 호기성, 통성 혐기성, 그람양성세균들이다.

③ *E. coli*는 총대장균군에도 속하고 분변성 대장균군에도 속한다.

④ 분변성 대장균군은 온혈동물의 배설물 존재를 가리킨다.

대장균

총대장균은 락토스(효소)를 발효(분해)시켜 중온(35℃)에서 48시간 내에 기체를 생성하는 호기성, 통성 혐기성, 그람음성세균을 말하며 분변성 대장균군은 온혈동물의 배설물 존재의 인지에 사용된다.

※ 그람음성균 : 그람염색을 통해 보라색을 유지하지 못하는 박테리아를 통칭함(적색 또는 복숭아 색으로 염색됨)
  그람양성균 : 그람염색을 통해 감청색 또는 보라색으로 염색되는 세균을 통칭함

3 ③ 4 ④ 5 ② **정답**

06 액체 연료의 고위 발열량이 11,000kcal/kg이고 저위 발열량이 10,250kcal/kg이다. 액체 연료 1.0kg이 연소될 때 생성되는 수분의 양(kg)은?(단, 물의 증발열은 600kcal/kg이다)

① 0.75

② 1.00

③ 1.25

④ 1.50

해설

고위 발열량(H_h) = 저위 발열량(H_l) + 물의 증발잠열

액체 연료 1kg당 물의 증발잠열은

11,000 - 10,250 = 750kcal/kg, 즉 750kcal이므로

제시된 물의 증발잠열은 1kg당 600kcal일 때 몇 kg이 있어야 750kcal이 생성되는지 비례식으로 푼다.

1 : 600 = x : 750, ∴ x = 1.25

07 음속에 대한 설명으로 옳지 않은 것은?

① 공기의 경우 0℃, 1기압에서 약 331m/sec이다.

② 공기 온도가 상승하면 음속은 감소한다.

③ 물속에서 온도가 상승하면 음속은 증가한다.

④ 마하(Mach)수는 공기 중 물체의 이동속도와 음속의 비율이다.

해설

음속(소리의 속도) = 331.5 + 0.6T, T : 섭씨온도

음속은 온도가 올라갈수록 증가한다.

※ 마하수 : 공기 속 물체의 이동속도와 음속의 비율(예 마하수 1 = 1,200km/h)로 1보다 크면 소리보다 빠르고, 1보다 작으면 소리보다 속도가 느리다.

08 펌프의 공동현상(Cavitation)에 대한 설명으로 옳지 않은 것은?

① 펌프의 내부에서 급격한 유속의 변화, 와류 발생, 유로장애 등으로 인하여 물속에 기포가 형성되는 현상이다.

② 펌프의 흡입손실수두가 작을 경우 발생하기 쉽다.

③ 공동현상이 발생하면 펌프의 양수기능이 저하된다.

④ 공동현상의 방지대책 중의 하나로서 펌프의 회전수를 작게 한다.

해설

펌프의 공동현상(Cavitation, 빈 동굴, 공간 발생)은 펌프의 효율이 저하되는 주요 요인이며, 일정한 수온에서 압력이 하강하여 포화증기압 이하로 액체 내부에 증발하는 기포로 인해 발생한다. 주로 펌프 내 급격한 유속 변화, 와류 발생, 유로장애 등으로 물속 기포 발생으로 인해 발생하며 흡입손실수두가 높을 경우에 발생하기 쉬우며, 발생할수록 펌프의 성능은 저하된다.

※ 억제대책 : 적절한 흡입압력의 펌프 선정, 펌프 내 주기적 청소, 운전(회전)은 정상 상태로 운영

09 대기 오염물질의 하나인 질소 산화물을 제거하는 가장 효과적인 장치는?

① 선택적 촉매환원장치
② 물 세정 흡수탑
③ 전기집진기
④ 여과집진기

해설

질소 산화물 : 가스상 오염물질로 선택적 촉매환원장치를 이용해 제거한다.

대기 오염물질

대기 오염물질	입자상 물질	가스상 물질
대상 물질	먼지, 검댕 등 입자형태의 물질	질소, 황산화물 등 가스형태의 물질
처리방법	흡수법, 사이클론, 집진기 등	흡수법, 촉매환원법 등

10 도시 고형폐기물을 소각할 때 단위무게당 가장 높은 에너지를 얻을 수 있는 것은?

① 종 이
② 목 재
③ 음식물 쓰레기
④ 플라스틱

해설

플라스틱은 단위체적당 발열량이 가장 높으며 이것은 플라스틱의 구성 자체가 높은 분자구조를 유지하고 있음에 기인한다.

플라스틱 > 목재 > 종이 > 음식물쓰레기

※ 음식물 쓰레기는 수분을 많이 포함하고 있어 발열량이 높지 않다.

11 염소소독법에 대한 설명으로 옳지 않은 것은?

① 염소소독은 THM(Trihalomethane)과 같은 발암성 물질을 생성시킬 수 있다.
② 하수처리 시 수중에서 염소는 암모니아와 반응하여 모노클로로아민(NH_2Cl)과 다이클로로아민($NHCl_2$) 등과 같은 결합 잔류 염소를 형성한다.
③ 유리 잔류 염소인 $HOCl$과 OCl^-의 비율$\left(\dfrac{HOCl}{OCl^-}\right)$은 pH가 높아지면 커진다.
④ 정수장에서 암모니아를 포함한 물을 염소소독할 때 유리 잔류 염소를 적정한 농도로 유지하기 위해서는 불연속점(Breakpoint)보다 더 많은 염소를 주입하여야 한다.

해설

염소소독법

• 수처리 공정에서 잔존 병원성 미생물의 억제를 위해 사용되는 저렴한 방법이다.

• 유리 잔류 염소인 $HOCl$과 OCl^-의 비율$\left(\dfrac{HOCl}{OCl^-}\right)$은 pH가 낮아질수록 커지며 살균력은 HOCl(차아염소산)이 더 좋아 낮은 pH에서 높은 살균력을 지니게 된다(pH 6.5 이하 HOCl, pH 8.5 이상 OCl⁻).

• 단점 : 수중의 유기물과 결합하여 THM(Trihalomethane) 형성 가능

※ THM(Trihalomethane) : 염소소독 시 발생하는 발암성 물질로 염소 대신 클로라민, 오존 등의 사용으로 줄일 수 있다.

12 유기성 슬러지에 해당하지 않는 것은?

① 하·폐수 생물학적 처리 공정의 잉여 슬러지
② 음식물 쓰레기 처리 공정에서 발생하는 고형물
③ 정수장의 응집침전지에서 생성된 슬러지
④ 정화조 찌꺼기

해설

유기성 슬러지 : 생물학적 처리를 통해 발생하는 슬러지
※ 응집은 화학적 처리법이다.

13 광화학 스모그의 생성과정에서 반응물과 생성물에 해당하지 않는 것은?

① 탄화수소   ② 황산화물
③ 질소산화물   ④ 오 존

해설

광화학 스모그는 질소 산화물과 자외선의 영향으로 1차 오염물질인 NOx, 2차 오염물질인 오존, PAN 등이 발생하는 현상이다. 황화합물은 런던형 스모그의 반응, 생성물이다.

14 총경도가 250mg $CaCO_3$/L이며 알칼리도가 190mg $CaCO_3$/L인 경우, 주된 알칼리도 물질과 비탄산경도(mg $CaCO_3$/L)는?(단, pH는 7.6이다)

	알칼리도 물질	비탄산경도(mg $CaCO_3$/L)
①	CO_3^{2-}	60
②	CO_3^{2-}	190
③	HCO_3^-	60
④	HCO_3^-	190

해설

알칼리도와 pH의 관계
• pH<4 : 분자 상태의 이산화탄소(CO_2)
• pH>7 : 중탄산염(HCO_3^-)
• pH>9 : 탄산염(CO_3^{2-}) 또는 OH^-가 영향
즉, 문제의 조건 중 pH가 7.6이므로 알칼리도 유발물질은 중탄산염(HCO_3^-)이 된다.
총경도(TH) = 탄산경도(CH, 끓이면 제거됨) + 비탄산경도(NCH, 끓여도 남음, 영구경도)
또한, 총경도>알칼리도일 때 알칼리도 = 탄산경도,
　　　　총경도<알칼리도일 때 총경도 = 탄산경도이므로
문제에서는 첫 번째 조건을 충족하므로
비탄산경도 = 총경도 – 탄산경도 = 250 – 190 = 60

15 오염물질로서의 중금속에 대한 설명으로 옳지 않은 것은?

① 크롬은 +3가인 화학종이 +6가인 화학종에 비하여 독성이 강하다.
② 구리는 황산구리의 형태로 부영양화된 호수의 조류 제어에 사용되기도 한다.
③ 납은 과거에 휘발유의 노킹(Knocking) 방지제로 사용되었으므로 고속도로변 토양에서 검출되기도 한다.
④ 수은은 상온에서 액체인 물질이다.

해설

크롬은 6가 크롬이 독성이 강하며 화학적 반응을 통해 3가로 환원하여 독성을 제거하는 공정으로 처리한다.

16 점도(Viscosity)에 대한 설명으로 옳지 않은 것은?

① 물의 점도는 온도가 상승하면 감소한다.
② 뉴턴 유체(Newtonian Fluid)에서 전단응력은 속도 경사(Velocity Gradient)에 비례한다.
③ 공기의 점도는 온도가 상승하면 증가한다.
④ 동점도계수는 점도를 속도로 나눈 것이다.

해설

동점도계수 $= \dfrac{\mu}{\rho}$

여기서, μ : 점도, ρ : 밀도
즉, 점도를 밀도로 나눈 값을 의미한다.

17 하수처리에서 기존의 활성 슬러지 공정과 비교할 때 막분리생물반응조(Membrane Bioreactor, MBR) 공정의 특징으로 옳지 않은 것은?

① 일반적인 처리장 운전에서 슬러지 체류시간을 짧게 하여 잉여 슬러지 발생량을 줄일 수 있다.
② 하수처리를 위한 부지 공간을 절약할 수 있다.
③ 수리학적 체류시간을 짧게 유지할 수 있다.
④ 주기적인 막 교체에 소요되는 비용이 발생한다.

해설

MBR(막분리생물반응조, Membrane Bioreactor)은 최종 침전조 대신 분리막을 사용하여 일반 하수처리 공정에 비해 유기물, 질소 성분처리에 좋고, 고액 분리가 좋은 장점이 있다. 또한, 수리학적 체류시간을 길게 유지하여 발생하는 잉여 슬러지의 양을 줄일 수 있는 특징도 있다.

18 RDF(Refuse Derived Fuel)에 대한 설명으로 옳지 않은 것은?

① 물리·화학적 성분 조성이 균일해야 좋다.
② 다이옥신 발생을 줄이기 위하여 RDF 제조에 염소가 함유된 플라스틱을 60% 이상 사용하는 것이 바람직하다.
③ RDF의 형태에는 펠렛(Pellet)형, 분말(Powder)형 등이 있다.
④ 발열량을 높이기 위하여 함수량을 감소시켜야 한다.

해설

RDF는 균일성상의 열량이 높은 폐기물을 모아 건조시켜 만든 폐기물 연료로, 염소가 함유된 플라스틱을 다량 사용할 경우 다이옥신 발생 우려가 높아져 염소 성분의 억제를 반드시 우선시해야 한다(대한민국은 법적 기준은 없으나 대략 2% 이내를 권장함).

19 지역 A의 면적은 $1,000km^2$이고, 대기 혼합고(Mixing Height)는 100m이다. 하루에 200톤(질량 기준)의 석탄이 완전 연소되었는데, 이 석탄의 황(S) 함유량은 4%이었고 연소 후 S는 모두 SO_2로 배출되었다. 지역 A에서 1주 동안 대기가 정체되었을 때 SO_2의 최종 농도($\mu g/m^3$)는?(단, S의 원자량은 32, O의 원자량은 16이며, 지역 A에서 대기가 정체되기 이전의 SO_2 초기 농도는 $0\mu g/m^3$이고 주변 지역과의 물질 전달은 없다고 가정한다)

① 56 ② 112
③ 560 ④ 1,120

해설

면적은 $1,000km^2$, 대기 혼합고 100m → $1,000km^2 \times 100m$
석탄 200톤 중 황 4% $= 200t \times 0.04 = 8t$

$$S + O_2 \rightarrow SO_2$$
$$32kg \qquad 64kg$$
$$8t \qquad x$$

$32 : 64 = 8 : x, \ x = 16t/day$

이산화황이 7일간 정체되므로 $16\dfrac{t}{day} \times 7day \times \dfrac{10^{12}\mu g}{1t} \times \dfrac{1}{1,000km^2 \times 100m} \times \dfrac{1km^2}{(1,000)^2 m^2}$

전부 단위환산하면 최종농도$\left(\dfrac{\mu g}{m^3}\right) = 1,120\dfrac{\mu g}{m^3}$

20 해수의 특성으로 옳지 않은 것은?

① pH는 일반적으로 약 7.5 ~ 8.5 범위이다. ② 염도는 약 3.5‰이다.
③ 용존 산소농도는 수온이 감소하면 증가한다. ④ 밀도는 온도가 상승하면 작아지고, 염도가 증가하면 커진다.

해설

해수의 특성
• pH : 7.5 ~ 8.5
• 염도 : 3.5% = 35‰(퍼밀)
• 용존산소는 온도에 반비례한다.
• 밀도는 온도가 상승할수록 활동성이 높아 낮아지고, 염도가 증가하면 물질의 양이 많아 높아진다.

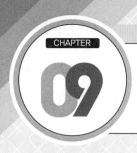

2019년 기출문제

 서울시 9급

01 온실가스로 분류되는 육플루오린화황(SF_6), 이산화탄소(CO_2), 메탄(CH_4)을 지구온난화지수(GWP ; Global Warming Potential)가 큰 순서대로 바르게 나열한 것은?

① $SF_6 > CH_4 > CO_2$

② $CO_2 > CH_4 > SF_6$

③ $SF_6 > CO_2 > CH_4$

④ $CH_4 > CO_2 > SF_6$

해설

지구온난화지수(GWP ; Global Warming Potential)는 이산화탄소를 기준으로 하였기 때문에 CO_2값을 1로 정했으며, 크기에 따라 비교하면 대략적으로 다음과 같다.

• SF_6(육플루오린화황, 23,900)
• PFCs(과플루오린탄소, 6,500~9,200)
• HPCs(수소플루오린화탄소, 140~11,700)
• N_2O(아산화질소, 310)
• CH_4(메탄, 21)
• CO_2(이산화탄소, 1)

02 $0.2N/m^2$의 음압을 음압레벨로 나타내면 몇 dB인가?(단, P_0(기준음압의 실효치) $= 2 \times 10^{-5}N/m^2$)

① 40

② 80

③ 100

④ 60

해설

$0.2N/m^2$은 0.2N의 힘이 $1m^2$의 넓이에 적용되는 소리의 크기를 말하며, 음압레벨(SPL)로 변환할 경우 다음과 같은 공식에 의해 적용된다.

$$SPL = 20\log\frac{P}{P_0} = 20\log\left(\frac{2 \times 10^{-1}}{2 \times 10^{-5}}\right) = 20\log 10^4 = 20 \times 4 = 80dB$$

03 수용액에서 수소이온과 음이온으로 거의 완전히 해리되는 산은 강산(強酸)에 속한다. 표준상태에서 강산에 해당하지 않는 것은?

① HF
② HI
③ HNO_3
④ HBr

해석

HF는 수소이온과 플루오린이온 사이의 결합에너지가 크므로 잘 해리되지 않아 이온화가 이루어지기 어렵다. 따라서 수소이온 발생이 잘되지 않는 약산의 성질을 지니고 있다.

※ 강산 : HCl, HBr, HI, H_2SO_4, HNO_3, $HClO_4$ → 결합력이 약해 100% 이온화된다.
　약산 : HF, $C_6H_8O_6$(아스코르빈산, 비타민C), $C_6H_8O_7$(Citric Acid : 구연산) → 결합력이 강해 5% 이하만 이온화된다.

04 수용액과 평형상태를 유지하고 있는 공기의 전압이 0.8atm일 때 수중의 산소 농도(mg/L)는?(단, 산소의 헨리상수는 40mg/L · atm로 한다)

① 약 3.2
② 약 6.7
③ 약 8.4
④ 약 32

해석

헨리의 법칙을 이용하여 풀 수 있다.
$C = HP$(여기서 C : 대상물질의 농도, H : 헨리상수, P : 압력)
　$= 40mg/L \cdot atm \times 0.8atm \times 0.21 = 6.72mg/L$
※ 0.21 : 대기가스 중 산소의 부피비

05 다음 표시된 압력 중 가장 낮은 것은?

① 1atm
② $8mH_2O$
③ 700mmHg
④ 100,000Pa

해석

1atm = 760mmHg = $10,332mmH_2O$ = 101,325Pa = 101.325kPa을 기준으로 기본압력인 atm 단위로 모두 환산하여 문제를 푼다.

① 1atm

② $8mH_2O \times \dfrac{1atm}{10.332mH_2O} = 0.774atm$

③ $700mmHg \times \dfrac{1atm}{760mmHg} = 0.921atm$

④ $100,000Pa \times \dfrac{1atm}{101,325Pa} = 0.987atm$

06 대기오염 저감 장치인 습식 세정기에 대한 설명으로 가장 옳지 않은 것은?

① 분무세정기, 사이클론, 스크러버는 습식 제거장치에 포함된다.
② 가연성, 폭발성 먼지를 처리할 수 있다.
③ 부식의 잠재성이 크고, 유출수의 수질오염 문제가 발생할 수 있다.
④ 포집효율에 변화를 줄 수 있고, 가스흡수와 분진포집이 동시에 가능하다.

해설
사이클론은 대표적인 건식 처리장치이다.

07 동화작용과 이화작용에 대한 설명으로 가장 옳은 것은?

① 동화작용은 세포 내 미토콘드리아에서 일어난다.
② 이화작용은 흡열반응으로 ATP(Adenosine Triphosphate)에서 인산기 하나가 떨어질 때, 약 7.3kcal의 에너지를 흡수한다.
③ 이화작용은 CO_2를 흡수하고 O_2를 방출한다.
④ 호흡은 대표적인 이화작용으로 유기물과 산소를 필요로 한다.

해설
① 미토콘드리아는 대부분의 진핵세포 속에 존재하며, 산소를 이용해 영양소를 분해하여 ATP를 만드는 세포 호흡(이화)의 역할을 수행한다.
② 이화작용은 대표적인 발열반응으로 에너지를 방출한다.
③ 이화작용은 O_2를 흡수하고 CO_2를 방출한다.

08 대기오염물질 확산에 대한 설명으로 가장 옳지 않은 것은?

① 바다와 육지의 자외선 흡수 차이에 의해서 낮에는 해풍이 불고 밤에는 육풍이 분다.
② 복사역전은 야간의 방사냉각에 의하여 지표면 부근의 공기가 냉각되어 생겨나는 역전층이다.
③ 침강역전은 고기압에서 하강기류가 있는 곳에 발생할 수 있다.
④ 지형역전은 산의 계곡이나 분지와 같이 오목한 지형에서 발생할 수 있다.

해설
① 육지와 해수의 온도 상승·하강의 차이(비열차)로 인해 낮에는 해풍이 불고 밤에는 육풍이 분다. 자외선 흡수와는 아무 관계가 없다.

09 환경위해성평가의 오차 발생요인과 한계점으로 가장 옳지 않은 것은?

① 유해작용에 대한 관찰 조건의 차이에 따른 어려움
② 실험모델의 부적절성
③ 불확실성 인자들 측정의 어려움
④ 너무 많은 유해물질에 관한 정보

해설
유해물질에 관한 정보는 많을수록 적절한 환경위해성평가를 위해서 좋다.

10 물속 조류의 생장과 관련된 설명으로 가장 옳은 것은?

① 조류가 이산화탄소를 섭취함에 따라 물속의 알칼리도가 중탄산으로부터 탄산으로, 그리고 탄산으로부터 수산화물로 변화하는데, 이때의 총알칼리도는 일정하게 된다.

② 조류는 세포를 만들기 위해 수중의 중탄산이온을 이용하는 종속영양생물이다.

③ 조류가 번성하는 얕은 물에서는 물의 pH가 약산을 나타낸다.

④ 야간에는 조류의 호흡작용으로 인해 산소가 생성되고 이산화탄소가 소모되기에 pH가 높아지게 된다.

해설

② 조류는 일종의 식물성 플랑크톤이며, 광합성을 하므로 독립영양생물이다.

③ 조류 번성 → 광합성 증가 → 수중 CO_2 농도 감소 → 탄산 감소 → pH 상승(약알칼리성)

④ 야간 조류호흡 → 수중 O_2 고갈 → 수중 CO_2 농도 증가 → 탄산 증가 → pH 감소(약산성)

※ 식물은 낮에는 광합성, 밤에는 호흡을 하는데 호흡의 과정에서 산소를 소비하고 이산화탄소를 증가시킨다.

11 소각시스템에 대한 설명으로 가장 옳지 않은 것은?

① 폐기물처리시설은 반입·공급설비, 연소설비, 연소가스 냉각설비, 배가스 처리 설비, 통풍설비, 소각재 반출설비 등으로 구성되어 있다.

② 스토커 연소장비의 화격자는 손상이 적게 가도록 그 구조와 운동방식을 고려하여 내열, 내마모성이 우수한 재료를 사용한다.

③ 연소가스 냉각설비는 연소가스가 보유하고 있는 유효한 열에너지를 회수하는 것은 물론 연소가스 온도를 냉각시켜 소각로 이후의 설비를 부식으로부터 보호한다.

④ 유동상식 연소장치는 유동층 매체를 300~400℃로 유지하여 대상물을 유동상태에서 소각한다.

해설

유동상식 연소장치는 폐기물을 태우기(소각)보다 일종의 녹이는 반응을 이용하여 대상물을 처리하는 방법으로, 모래와 같은 유동층 매체를 700~800℃로 유지하여 처리한다.

※ 일반적으로 900℃ 이상으로 처리하지는 않는다.

12 도시 쓰레기의 성분 중 비가연성 부분이 중량비로 50%일 때 밀도가 100kg/m³인 쓰레기 10m³가 있다. 이때 가연성 물질의 양(kg)은?

① 300   ② 500

③ 700   ④ 1,000

해설

총폐기물의 양 = 가연성 부분(50%) + 비가연성 부분(50%)이므로 비가연성 폐기물의 함량을 구해 전체 폐기물 양에서 제하면 된다.

비가연성 폐기물 = 100kg/m³ × 10m³ × 0.5 = 500kg

가연성 부분 = 총폐기물의 양 − 비가연성 부분 = 1,000kg − 500kg = 500kg

13 오염된 지하수의 Darcy 속도가 0.1m/day이고, 공극률이 0.25일 때 오염원으로부터 200m 떨어진 지점에 도달하는데 걸리는 시간은?

① 약 0.9년   ② 약 1.4년

③ 약 2.4년   ④ 약 3.9년

실제 속도 $= \dfrac{\text{Darcy 속도}}{\text{공극률}} = \dfrac{0.1\text{m/d}}{0.25} = 0.4\text{m/d}$

도달시간 $= \dfrac{\text{거리}}{\text{실제 속도}} = \dfrac{200\text{m}}{0.4\text{m/d}} \times \dfrac{1\text{yr}}{365\text{d}} \fallingdotseq 1.4\text{yr}$

14 1M 황산 100mL의 노르말 농도(Normality, N)는 얼마인가?(단, 수소, 황, 산소 원자의 몰질량은 각각 순서대로 1g/mol, 32g/mol, 16g/mol이다)

① 0.1N   ② 0.2N

③ 1N   ④ 2N

H_2SO_4는 결합되는 수소가 2개이므로 2가산으로 2당량이며, 이것을 환산하면 1M = 2N이 된다.

15 활성탄 흡착법을 이용한 오염물질 처리에 대한 설명으로 가장 옳지 않은 것은?

① 분자량이 큰 물질일수록 흡착이 잘된다.
② 불포화유기물이 포화유기물보다 흡착이 잘된다.
③ 방향족의 고리수가 많을수록 흡착이 잘된다.
④ 용해도가 높은 물질일수록 흡착이 잘된다.

④ 용해도가 높은 물질은 수중에 녹아 존재하지 않으므로 흡착이 안 된다. 용해도가 낮은 물질일수록 물속에 더 많이 존재하여 흡착이 잘된다.

16 기후에 영향을 미치는 다양한 요인들에 대한 설명 중 가장 옳지 않은 것은?

① 빛은 대기 중의 입자성 물질에 의해 반사되고, 반사가 많을수록 지구에 도달하는 빛 에너지는 적어지게 된다.
② 대기 중 이산화탄소에 의해 지구로부터 방출되는 적외선의 통과가 방해를 받게 되어 온실효과가 나타난다.
③ 염소원자들이 성층권에 유입되면 오존층을 분쇄시키는 반응의 촉매작용을 한다.
④ 성층권에 있는 오존은 태양으로부터의 자외선을 막아 주는 차단막 역할을 하며, 낮은 대기층에서의 오존은 식물이 성장하는 데 필요한 산소를 공급하는 역할을 한다.

해설

④ 오존은 자연적으로 성층권에 존재하며 인위적인 오염으로 인해 대류권에 일정량 존재하게 되는데, 이때 낮은 대기층(대류권)에 존재하는 오존은 인간생활에 피해를 주고 동식물의 성장을 저해하는 요소로 작용한다.

17 지하수법 시행령상 환경부장관이 수립하는 지하수의 수질관리 및 정화계획에 포함해야 할 사항으로 가장 옳지 않은 것은?

① 지하수의 수질보호계획
② 지하수 오염의 현황 및 예측
③ 지하수의 조사 및 이용계획
④ 지하수의 수질에 관한 정보화계획

해설

지하수의 수질관리 및 정화계획(지하수법 시행령 제7조)
• 지하수의 수질관리 및 정화계획에 관한 기본방향
• 지하수 오염의 현황 및 예측
• 지하수의 수질보호계획
• 지하수 수질측정망의 운영계획
• 지하수의 수질에 관한 정보화계획
• 그 밖에 지하수의 수질관리 및 정화에 필요한 사항

18 수산화칼슘과 탄산수소칼슘은 〈보기〉와 같은 화학반응을 통하여 탄산칼슘의 침전물을 형성한다고 할 때, 37g의 수산화칼슘을 사용할 경우 생성되는 탄산칼슘의 침전물의 양(g)은?(단, Ca의 분자량은 40이다)

〈보 기〉
$Ca(OH)_2 + Ca(HCO_3)_2 \rightarrow 2CaCO_3(s) + 2H_2O$

① 50
② 100
③ 150
④ 200

해설

$Ca(OH)_2$의 분자량 = 74, $CaCO_3$의 분자량 = 100이므로,
$Ca(OH)_2$: $2CaCO_3(s)$
  74g : $2 \times 100g$
  37g : x
비례식으로 풀면 74g의 절반이므로 $x = 100g$이다.

19 라돈(Radon, Rn)에 대한 설명으로 가장 옳지 않은 것은?

① Rn-222는 Ra-226의 방사성 붕괴로 인하여 생성된다.

② 라돈은 알파 붕괴(Alpha Decay)를 통해 알파입자를 방출한다.

③ 표준상태에서 라돈은 공기보다 가볍기 때문에 대기 중에서 확산이 용이하다.

④ 라돈의 반감기는 대략 3.8일이다.

해설

③ 라돈가스는 공기보다 무거워 바닥에 가라앉는다.

20 대기오염물질 배출원에 대한 설명으로 가장 옳지 않은 것은?

① 화산폭발, 산불, 먼지폭풍, 해양 등은 자연적 배출원에 해당한다.

② 배출원을 물리적 배출형태로 구분하면 고정배출원과 이동배출원으로 나눌 수 있다.

③ 이동배출원은 배출규모나 형태에 따라 점오염원과 면오염원으로 분류된다.

④ 일반적으로 선오염원은 배출구 위치가 낮아 대기 확산이 어렵기 때문에 점오염원에 비해 지표면에 직접적인 영향을 미친다.

해설

③ 이동배출원은 차량, 선박, 비행기 등이 일정한 선을 따라 이동하는 형태로 오염물질을 배출시킨다고 하여 선오염원이라고 한다.

2019 지방직 9급

01 평균유량이 1.0m³/min인 Air Sampler를 10시간 운전하였다. 포집 전 1,000mg이었던 필터의 무게가 포집 후 건조하였더니 1,060mg이 되었을 때, 먼지의 농도(μg/m³)는?

① 25

② 50

③ 75

④ 100

해설

먼지의 농도$(\mu g/m^3) = \dfrac{(1,060-1,000)mg \times 10^3 \mu g/mg}{1m^3/min \times 10h \times 60min/h} = 100\mu g/m^3$

02 호소의 부영양화로 인해 수생태계가 받는 영향에 대한 설명으로 옳지 않은 것은?

① 조류가 사멸하면 다른 조류의 번식에 필요한 영양소가 될 수 있다.
② 생물종의 다양성이 증가한다.
③ 조류에 의해 생성된 용해성 유기물들은 불쾌한 맛과 냄새를 유발한다.
④ 유기물의 분해로 수중의 용존산소가 감소한다.

해설

호소의 부영양화로 인해 생물종의 다양성은 감소하고, 총개체수는 증가한다.

※ 부영양화(Eutrophication) : 일반적으로 수생태계에서 질소, 인 때로는 실리콘, 칼륨, 칼슘, 철이나 망간 등 식물 영양의 증가를 일으킬 수 있는 영양성분이 하천, 호수 등으로 지나치게 많이 유입되어 물속의 식물성 플랑크톤이 짧은 시간에 대량 증식하여 용존산소량의 고갈과 어패류의 질식사 등을 유발하는 현상이다.

03 수중 용존산소(DO)에 대한 설명으로 옳지 않은 것은?

① 물에 용해되는 산소의 양은 접촉하는 산소의 부분압력에 비례한다.
② 수온이 높을수록 산소의 용해도는 감소한다.
③ 수중에 녹아 있는 염소이온, 아질산염의 농도가 높을수록 산소의 용해도는 감소한다.
④ 생분해성 유기물이 유입되면 혐기성 미생물에 의해서 수중의 산소가 소모된다.

해설

생분해성 유기물이 유입되면 호기성 미생물에 의해서 수중의 산소가 소모된다. 혐기성 미생물은 산소를 소모하지 않는다.

04 호소에서의 조류증식을 억제하기 위한 방안으로 옳지 않은 것은?

① 호소의 수심을 깊게 해 물의 체류시간을 증가시킴
② 차광막을 설치하여 조류증식에 필요한 빛을 차단
③ 질소와 인의 유입을 감소시킴
④ 하수의 고도처리

해설

호소의 수심을 깊게 하면 성층현상이 발달하고 부영양화를 진행시킨다.

05 완전혼합반응기에서의 반응식은?(단, 1차 반응이며 정상상태이고, r_A : A물질의 반응속도, C_A : A물질의 유입수 농도, C_{A0} : A물질의 유출수 농도, θ : 반응시간 또는 체류시간이다)

① $r_A = \dfrac{C_{A0} - C_A}{\theta}$

② $r_A = \dfrac{C_{A0} - C_A}{C_A}$

③ $r_A = \dfrac{C_A - \theta}{C_A}$

④ $r_A = \dfrac{C_A - C_{A0}}{\theta}$

해석

전체 물질의 변화가 없는 상태를 정상상태라고 한다.

$$\forall \frac{dc}{dt} = Q\,C_A - QC_{A0} - \forall\,T_A$$

전체를 $\forall$ 로 나누면 $\dfrac{dc}{dt} = \dfrac{Q}{\forall}(C_A - C_{A0}) - T_A$ 이 되고, 여기서 θ 는 $\dfrac{\forall}{Q}$ 이므로 대입하면 $T_A = \dfrac{1}{\theta}(C_A - C_{A0})$ 이 된다.

※ 완전혼합반응조(CFSTR ; Continuous Flow Stirred Tank Reactor)
- 유입된 유체의 일부분은 즉시 유출된다.
- 반응조를 빠져나오는 입자는 통계학적인 농도로 유출된다.
- 유입하는 유체는 반응조 내에서 즉시 완전혼합되며 균등하게 분산된다.

06 BOD_5 실험식에 대한 설명으로 옳은 것은?(단, $BOD_5 = \dfrac{(DO_i - DO_f) - (B_i - B_f)(1 - P)}{P}$)

① P는 희석배율이다.
② DO_i는 5일 배양 후 용존산소 농도이다.
③ DO_f는 초기 용존산소 농도이다.
④ B_i는 식종희석수의 5일 배양 후 용존산소 농도이다.

해석

- P : 희석배율 $\left[= \dfrac{시료량}{전체시료(시료량 + 희석액)} \right]$
- DO_i : 초기 용존산소 농도
- DO_f : 5일 배양 후 용존산소 농도
- B_i : 식종희석수의 초기 용존산소 농도
- B_f : 식종희석수의 5일 배양 후 용존산소 농도

07 대기오염 방지장치인 전기집진장치(ESP)에 대한 설명으로 옳지 않은 것은?

① 비저항이 높은 입자($10^{12} \sim 10^{13}\,\Omega \cdot cm$)는 제어하기 어렵다.
② 수분함량이 증가하면 분진제어 효율은 감소한다.
③ 가스상 오염물질을 제어할 수 없다.
④ 미세입자도 제어가 가능하다.

해석

수분함량이 증가하면 비저항이 감소하여 분진제어 효율이 증가한다.
※ 전기집진장치의 장점
- 온도, 압력에 대해 사용가능 범위가 넓다.
- 구조가 간단하고 가동부분이 거의 없으므로 보수가 쉽다.
- 모든 종류의 고체, 액체 입자를 극히 효율 있게 포집할 수 있다.
- 저압력 손실, 소집진 전력으로서 에너지 절약면에서 우수하다.

08 입자상 오염물질 중 하나로 증기의 응축 또는 화학반응에 의해 생성되는 액체입자이며, 일반적인 입자 크기가 0.5∼3.0 μm 인 것은?

① 먼지(Dust)   ② 미스트(Mist)

③ 스모그(Smog)   ④ 박무(Haze)

해설

입자상 오염물질
- 미스트(Mist)는 가스 또는 증기의 응축으로 액상이 된 것이며, 작은 물방울이 낮은 농도로 기상 중 분산된 것이다.
- 먼지(Dust)는 대기 중에 떠다니거나 흩날려 내려오는 입자상의 물질이다.
- 매연(Smoke)은 연소 시 발생하는 유리탄소이다.
- 박무(Haze)는 미세한 분산질(오염물질, 먼지 등)이 대기 중에 존재하는 현상이다.

09 지하수에 대한 설명으로 옳지 않은 것은?

① 저투수층(Aquitard)은 투수도는 낮지만 물을 저장할 수 있다.
② 피압면 지하수는 자유면 지하수층보다 수온과 수질이 안정하다.
③ 지하수는 하천수와 호소수 같은 지표수보다 경도가 낮다.
④ 지하수는 천층수, 심층수, 복류수, 용천수 등이 있다.

해설

지하수는 일반적으로 지표수보다 경도가 높다.
※ 지하수의 특징
- 미생물과 오염물이 적다.
- 경도나 무기염료의 농도가 높다.
- 국지적인 환경영향을 크게 받는다.
- 수온의 변동이 적고, 탁도가 낮다.
- 세균에 의한 유기물 분해(혐기성 환원작용)가 주된 생물작용이다.

10 일반적인 매립가스 발생의 변화 단계를 바르게 나열한 것은?

① 호기성 단계 → 혐기성 단계 →유기산 생성 단계(통성 혐기성 단계)→혐기성 안정화 단계
② 혐기성 단계 → 유기산 생성 단계(통성 혐기성 단계) → 호기성 단계→혐기성 안정화 단계
③ 호기성 단계 → 유기산 생성 단계(통성 혐기성 단계)→혐기성 단계→혐기성 안정화 단계
④ 혐기성 단계 → 호기성 단계→유기산 생성 단계(통성 혐기성 단계)→혐기성 안정화 단계

해설

호기성 단계 → 산 생성 단계 → 메탄 생성(혐기성) 단계 → 안정화 단계
※ 매립가스 생성 과정
- 1단계 : 초기 조절 단계
- 2단계 : 전이 단계
- 3단계 : 산 생성 단계
- 4단계 : 메탄 생성(혐기성) 단계
- 5단계 : 숙성 단계

11 콜로이드(Colloids)에 대한 설명으로 옳지 않은 것은?

① 브라운 운동을 한다.

② 표면전하를 띠고 있다.

③ 입자 크기는 $0.001\sim1\mu m$ 이다.

④ 모래여과로 완전히 제거된다.

해설

콜로이드란 분산질(용질에 해당하는 입자)의 크기가 1~100nm 정도인 입자가 분산매(용매에 해당)에 분산되어 있는 상태를 말하며, 모래여과로 제거되지 않는다.

12 해양에 유출된 기름을 제거하는 화학적 방법에 해당하는 것은?

① 진공장치를 이용하여 유출된 기름을 제거한다.

② 비중차를 이용한 원심력으로 기름을 제거한다.

③ 분산제로 기름을 분산시켜 제거한다.

④ 패드형이나 롤형과 같은 흡착제로 유출된 기름을 제거한다.

해설

①, ②, ④번은 물리적 방법에 해당한다.

13 도시폐기물 소각로에서 다이옥신이 생성되는 기작에 대한 설명으로 옳지 않은 것은?

① 투입된 쓰레기에 존재하던 PCDD/PCDF가 연소 시 파괴되지 않고 대기 중으로 배출된다.

② 전구물질인 CP(Chlorophenols)와 PCB(Polychlorinated Biphenyls) 등이 반응하여 PCDD/PCDF로 전환된다.

③ 유기물(PVC, Lignin 등)과 염소 공여체($NaCl$, HCl, Cl_2 등)로부터 생성된다.

④ 전구물질이 비산재 및 염소 공여체와 결합한 후 생성된 PCDD는 배출가스의 온도가 $600℃$ 이상에서 최대로 발생한다.

해설

다이옥신을 제거하기 위한 방법은 완전연소이며, $600℃$ 이상에서는 다이옥신이 분해되기 시작한다.

14 지구 대기에 존재하는 다음 기체들 중 부피 기준으로 가장 낮은 농도를 나타내는 것은?(단, 건조 공기로 가정한다)

① 아르곤(Ar)

② 이산화탄소(CO_2)

③ 수소(H_2)

④ 메탄(CH_4)

해설

지구 대기는 부피 기준으로 질소 78.08%, 산소 20.95%, 아르곤 0.93%, 이산화탄소 0.035%, 네온 18ppm, 헬륨 5ppm, 메탄 1.7ppm, 크립톤 1.1ppm, 수소 0.5ppm 순서로 구성된다.

15 환경위해성 평가와 위해도 결정에 대한 설명으로 옳지 않은 것은?

① 96HLC$_{50}$은 96시간 반치사 농도를 의미한다.
② BF는 유해물질의 생물농축계수를 의미한다.
③ 분배계수(K_{ow})는 유해물질의 전기전도도 값을 의미한다.
④ LD$_{50}$은 실험동물 중 50%가 치사하는 용량을 의미한다.

해설

• 분배계수는 전기전도도 값과 무관하다.
• 반수치사량(LD$_{50}$) : 시험물질을 실험동물에 투여하였을 때 실험동물의 50%가 죽는 투여량으로, 단위는 체중 kg당 mg이다.
• 생물농축계수(BF) : 생물체에 특정 오염물질이 축적되는 과정에서 환경 중의 농도에 대한 생물체 내의 농축비를 말한다.
• 분배계수(K_{ow}) : 서로 혼합되지 않는 옥탄올과 물에서의 용질의 분포를 나타내는 계수로, 비극성 화합물의 소수성 측정의 한 방법으로 사용한다.
　－ $K_{ow} = C_o / C_w$ (여기서, C_o : 옥탄올에서의 용질의 농도, C_w : 물에서의 용질의 농도)
　－ $K_{ow} > 1$: 소수성이 강하다.
　－ $K_{ow} < 1$: 친수성이 강하다.

16 온실효과와 지구온난화지수(GWP)에 대한 설명으로 옳지 않은 것은?(단, GWP의 표준시간 범위는 20년)

① 아산화질소(N$_2$O)의 지구온난화지수는 이산화탄소에 비하여 15,100배 정도이다.
② 수증기의 온실효과 기여도는 약 60%이다.
③ 메탄은 이산화탄소에 비하여 62배 정도의 지구온난화지수를 갖는다.
④ 온실가스가 단파장 빛은 통과시키나 장파장 빛은 흡수하는 것을 온실효과라 한다.

해설

이산화탄소에 비하여 15,100배 지구온난화지수를 가지는 것은 SF$_6$이다(GWP의 표준시간 범위는 20년).
※ 온실효과 : 지구 대기의 1%를 구성하는 이산화탄소 등의 온실가스가 지구에 들어오는 짧은 파장의 태양에너지는 통과시키는 반면, 지구로부터 나가려는 긴 파장의 적외복사에너지는 흡수하여 지구를 덥히는 담요 역할을 하는 것이다.
※ 지구온난화지수(GWP) : 이산화탄소가 지구온난화에 미치는 영향을 기준으로 하여 각각의 온실가스가 지구온난화에 기여하는 정도를 수치로 표현한 것이다. 즉, 단위질량당 지구온난화효과를 지수화한 것이다.

17 유해폐기물의 용매추출법은 액상폐기물로부터 제거하고자 하는 성분을 용매 쪽으로 이동시키는 방법이다. 용매추출에 사용하는 용매의 선택기준으로 옳은 것은?

① 낮은 분배계수를 가질 것
② 끓는점이 낮을 것
③ 물에 대한 용해도가 높을 것
④ 밀도가 물과 같을 것

끓는점이 낮으면 증발하면서 순환하는 과정에서 추출이 자주 일어난다.

※ 분배계수가 낮으면 물에 대한 용해도가 높아져 용매가 분리되지 않는다.

※ 추출용매의 선택 조건
- 용매의 용매와 섞이지 않아야 한다.
- 추출 후 용질로부터 쉽게 제거되어야 한다.
- 용질과 화학적 반응이 없어야 한다.
- 추출하고자 하는 용질에 대한 용해도가 커야 한다.
- 용매의 인화성과 독성을 고려해야 한다.

18 Sone은 음의 감각적인 크기를 나타내는 척도로 중심주파수 1,000Hz의 옥타브 밴드레벨 40dB의 음, 즉 40phon을 기준으로 하여 그 해당하는 음을 1Sone이라 할 때, 같은 주파수에서 2Sone에 해당하는 dB은?

① 50　　　　　　　　　　　　　　② 60
③ 70　　　　　　　　　　　　　　④ 80

33.3 logSone + 40
= 33.3 log2 + 40
= 약 10.02 + 40
= 약 50

※ 음량을 나타내는 것으로 phon과 Sone이 있다.
- phon : 1,000Hz의 기준음과 같은 크기로 들리는 다른 주파수의 음의 크기로, 음의 상대적이고 주관적인 크기는 표시할 수 없다.
- Sone : 상대적으로 느끼는 주관적 소리 크기를 나타낸 단위이다(1Sone = 40phon).

19 오염된 토양의 복원기술 중에서 원위치(In-situ) 처리기술이 아닌 것은?

① 토양세정(Soil Flushing)
② 바이오벤팅(Bioventing)
③ 토양증기추출(Soil Vapor Extraction)
④ 토지경작(Land Farming)

토지경작(토양경작법)은 토양 굴착을 통해 외부 공기를 공급해주는 방법으로, 토착미생물의 활성화를 돕는다.
① 토양세정 : 물 또는 오염물질 용해도를 증대시키기 위한 첨가제가 함유된 물을 관정을 통하여 토양공극 내에 주입함으로써 토양에 흡착된 오염물질을 탈착시켜 지상으로 추출하여 처리하는 지중처리 기술 중 물리・화학적 처리기술에 속한다.
② 바이오벤팅 : 오염된 토양에 공기를 강제적으로 주입하여 산소 농도를 증대시켜 미생물의 생분해 기능을 활성화시키는 방법이다.
③ 토양증기추출 : 불포화 대수층 위에 가스 추출정을 설치하여 토양을 진공상태로 만들어 줌으로써 토양으로부터 휘발성 및 준휘발성 유기화합물질을 제거하는 지중처리 기술이다.

20 소음에 대한 설명으로 옳은 것은?

① 소리(Sound)는 비탄성 매질을 통해 전파되는 파동(Wave) 현상의 일종이다.
② 소음의 주기는 1초당 사이클의 수이고, 주파수는 한 사이클당 걸리는 시간으로 정의된다.
③ 환경소음의 피해 평가지수는 소음원의 종류에 상관없이 감각소음레벨(PNL)을 활용한다.
④ 소음저감기술은 음의 흡수, 반사, 투과, 회절 등의 기본개념과 밀접한 상관관계가 있다.

해석
① 소음은 탄성 매질을 통해 전달되는 파동 현상이다.
② 소음의 주기는 압력 파동이 1cycle을 도는데 소요되는 시간이며, 주파수는 단위시간에 발생하는 압력 파동의 횟수이다.
③ 감각소음레벨은 비행기 소음에만 활용된다.

CHAPTER

2020년 기출문제

 2020 **서울시, 지방직 9급**

01 토양오염 처리기술 중 토양증기추출법(Soil Vapor Extraction)에 대한 설명으로 옳지 않은 것은?

① 오염지역 밖에서 처리하는 현장외(Ex-situ) 기술이다.
② 대기오염을 방지하려면 추출된 기체의 후처리가 필요하다.
③ 오염물질에 대한 생물학적 처리 효율을 높여줄 수 있다.
④ 추출정 및 공기 주입정이 필요하다.

해설

토양증기추출법은 진공추출이라고도 하며, 불포화대수층에 가스추출정을 설치하여 토양을 진공상태로 만들어 휘발성, 준휘발성 오염물질을 제거하는 원위치(In-situ) 지중처리공정이다.

02 염소의 주입으로 발생되는 결합잔류염소와 유리염소의 살균력 크기를 순서대로 바르게 나열한 것은?

① $HOCl > OCl^- > NH_2Cl$
② $NH_2Cl > HOCl > OCl^-$
③ $OCl^- > NH_2Cl > HOCl$
④ $HOCl > NH_2Cl > OCl^-$

해설

• $HOCl$(차아염소산)은 OCl^- 보다 살균력이 80배 정도 강하며, 결합형 잔류염소보다는 약 350배 정도 강하다.
• Chloramins(NH_2Cl, $NHCl_2$, NCl_3)는 살균력은 약하나 소독 후 물에 이취미를 주지 않고 살균작용이 오래 지속된다는 장점이 있다.
※ 염소의 살균력은 온도가 높고, 반응(접촉)시간이 길며, 주입농도가 높을수록, pH가 낮을수록 강하다.

03 신에너지 및 재생에너지 개발·이용·보급 촉진법상 재생에너지에 해당하지 않는 것은?

① 지열에너지
② 수 력
③ 풍 력
④ 연료전지

정의(신에너지 및 재생에너지 개발·이용·보급 촉진법 제2조)
- '신에너지'란 기존의 화석연료를 변환시켜 이용하거나 수소·산소 등의 화학반응을 통하여 전기 또는 열을 이용하는 에너지로서 다음의 어느 하나에 해당하는 것을 말한다.
  - 수소에너지
  - 연료전지
  - 석탄을 액화·가스화한 에너지 및 중질산사유를 가스화한 에너지로서 대통령령으로 정하는 기준 및 범위에 해당하는 에너지
  - 그 밖에 석유·석탄·원자력 또는 천연가스가 아닌 에너지로서 대통령령으로 정하는 에너지
- '재생에너지'란 햇빛·물·지열·강수·생물유기체 등을 포함하는 재생 가능한 에너지를 변환시켜 이용하는 에너지로서 다음의 어느 하나에 해당하는 것을 말한다.
  - 태양에너지
  - 풍 력
  - 수 력
  - 해양에너지
  - 지열에너지
  - 생물자원을 변환시켜 이용하는 바이오에너지로서 대통령령으로 정하는 기준 및 범위에 해당하는 에너지
  - 폐기물에너지(비재생폐기물로부터 생산된 것은 제외한다)로서 대통령령으로 정하는 기준 및 범위에 해당하는 에너지
  - 그 밖에 석유·석탄·원자력 또는 천연가스가 아닌 에너지로서 대통령령으로 정하는 에너지

04 지하수 흐름 관련 Darcy 법칙에 대한 설명으로 옳지 않은 것은?

① 다공성 매질을 통해 흐르는 유체와 관련된 법칙이다.
② 콜로이드성 진흙과 같은 미세한 물질에서의 지하수 이동을 잘 설명한다.
③ 유량과 수리적 구배 사이에 선형성이 있다고 가정한다.
④ 매질이 다공질이며 유체의 흐름이 난류인 경우에는 적용되지 않는다.

Darcy 법칙
모래로 가득 찬 통에 물을 통과시키려는데 압력과 이동거리에 따라 얼마나 잘 통과하는지를 살펴본 관계식이다. 즉, 콜로이드성 진흙 같은 미세한 물질이 아닌 다공성 매질(모래)을 통과하는 수량(물의 양)이 압력과 이동거리에 따라 얼마가 될 것인지 보여주는 식이다.

05 먹는물 수질기준에 대한 설명으로 옳지 않은 것은?

① '먹는물'이란 먹는 데에 일반적으로 사용하는 자연 상태의 물, 자연 상태의 물을 먹기에 적합하도록 처리한 수돗물, 먹는샘물, 먹는염지하수, 먹는해양심층수 등을 말한다.
② 먹는샘물 및 먹는염지하수에서 중온일반세균은 100CFUmL^{-1}을 넘지 않아야 한다.
③ 대장균·분원성 대장균군에 관한 기준은 먹는샘물, 먹는염지하수에는 적용하지 아니한다.
④ 소독제 및 소독부산물질에 관한 기준은 먹는샘물, 먹는염지하수, 먹는해양심층수 및 먹는물공동시설의 물의 경우에는 적용하지 아니한다.

먹는샘물 및 먹는염지하수에서 저온일반세균은 100CFU/mL, 중온일반세균은 20CFU/mL을 넘지 않아야 한다(먹는물 수질기준 및 검사 등에 관한 규칙 별표 1).

06 25℃에서 하천수의 pH가 9.0일 때, 이 시료에서 $[HCO_3^-]/[H_2CO_3]$의 값은?(단, $H_2CO_3 \rightleftharpoons H^+ + HCO_3^-$이고, 해리상수 $K = 10^{-6.7}$이다)

① $10^{1.7}$

② $10^{-1.7}$

③ $10^{2.3}$

④ $10^{-2.3}$

해석

$$K = \frac{[H^+][HCO_3^-]}{[H_2CO_3]} = 10^{-6.7}$$

여기서, $[H^+] = 10^{-pH}\,mol/L = 10^{-9}\,mol/L$

$$\therefore K = \frac{[HCO_3^-]}{[H_2CO_3]} = \frac{10^{-6.7}}{[H^+]} = \frac{10^{-6.7}}{10^{-9}} = 10^{2.3}$$

07 고도하수처리공정에서 질산화 및 탈질산화 과정에 대한 설명으로 옳은 것은?

① 질산화 과정에서 질산염이 질소(N_2)로 전환된다.

② 탈질산화 과정에서 아질산염이 질산염으로 전환된다.

③ 탈질산화 과정에 *Nitrobacter* 속 세균이 관여한다.

④ 질산화 과정에서 암모늄이 아질산염으로 전환된다.

해석

• 질산화 과정(Nitrification)은 질산화박테리아에 의해 암모니아성 질소(NH_3-N)가 아질산성 질소(NO_2-N) 또는 질산성 질소(질산염, NO_3-N)로 변환되는 작용이다. 질산화 박테리아 중 암모니아를 아질산성 질소로 변환시키는 종류는 주로 Nitrosomonas이고, 질산성 질소로 변화시키는 종류는 Nitrobacter이다.

• 탈질산화 과정(Denitrification)은 미생물에 의해 질산성 질소(질산염, NO_3-N)가 질소가스(N_2)로 환원되는 작용이다. 탈질 작용은 미생물이 산소가 부족하면 질산(NO_3)에 포함되어 있는 산소를 빼내 이용하므로 질산은 산소를 잃고, 질소가스(N_2)로 환원되어 대기 중으로 방출되는 것이다.

08 연소공정에서 발생하는 질소산화물(NO_x)을 감소시킬 수 있는 방법으로 적절하지 않은 것은?

① 연소 온도를 높인다.

② 화염구역에서 가스 체류시간을 줄인다.

③ 화염구역에서 산소 농도를 줄인다.

④ 배기가스의 일부를 재순환시켜 연소한다.

해석

NO_x의 발생을 억제하는 방법

• 연소 영역에서의 산소 농도를 낮게 한다.

• 고온 영역에서 연소가스의 체류시간을 짧게 한다.

• 연소 온도를 낮추고, 국부 고온 영역이 발생하지 않도록 한다.

• 질소 성분이 적게 포함된 연료를 사용한다.

09 수도법령상 일반수도사업자가 준수해야 할 정수처리기준에 따라 제거하거나 불활성화하도록 요구되는 병원성 미생물에 포함되지 않는 것은?

① 바이러스   ② 크립토스포리디움 난포낭

③ 살모넬라   ④ 지아디아 포낭

정수처리기준 등(수도법 시행규칙 제18조의2)
일반수도사업자가 지켜야 하는 정수처리기준은 다음과 같다.
• 취수지점부터 정수장의 정수지 유출지점까지의 구간에서 바이러스를 1만분의 9천999 이상 제거하거나 불활성화할 것
• 취수지점부터 정수장의 정수지 유출지점까지의 구간에서 지아디아 포낭(包囊)을 1천분의 999 이상 제거하거나 불활성화할 것
• 취수지점부터 정수장의 정수지 유출지점까지의 구간에서 크립토스포리디움 난포낭(卵胞囊)을 1백분의 99 이상 제거할 것

10 대기오염방지장치인 전기집진장치(ESP)에 대한 설명으로 옳지 않은 것은?

① 처리가스의 속도가 너무 빠르면 처리 효율이 저하될 수 있다.

② 작은 압력손실로도 많은 양의 가스를 처리할 수 있다.

③ 먼지의 비저항이 너무 낮거나 높으면 제거하기가 어려워진다.

④ 지속적인 운영이 가능하고, 최초 시설 투자비가 저렴하다.

전기집진장치는 최초 시설 투자비가 고가이다.

11 연간 폐기물 발생량이 5,000,000ton인 지역에서 1일 작업시간이 평균 6시간, 1일 평균 수거인부가 5,000명이 소요되었다면 폐기물 수거 노동력(MHT) [man h ton^{-1}]은?(단, 연간 200일 수거한다)

① 0.20   ② 0.83

③ 1.20   ④ 2.19

$$MHT = \frac{5,000명 \times \dfrac{6h}{d} \times 200d}{5,000,000ton} = 1.2$$

12 악취방지법령상 지정악취물질은?

① H_2S

② CO

③ N_2

④ N_2O

해설

지정악취물질 22종(악취방지법 시행규칙 별표 1)
암모니아, 메틸메르캅탄, 황화수소(H_2S), 다이메틸설파이드, 다이메틸다이설파이드, 트라이메틸아민, 아세트알데하이드, 스타이렌, 프로피온알데하이드, 뷰틸알데하이드, n-발레르알데하이드, i-발레르알데하이드, 톨루엔, 자일렌, 메틸에틸케톤, 메틸아이소뷰틸케톤, 뷰틸아세테이트, 프로피온산, n-뷰틸산, n-발레르산, i-발레르산, i-뷰틸알코올

13 소리의 굴절에 대한 설명으로 옳지 않은 것은?

① 굴절은 소리의 전달경로가 구부러지는 현상을 말한다.
② 굴절은 공기의 상하 온도 차이에 의해 발생한다.
③ 정상 대기에서 낮 시간대에는 음파가 위로 향한다.
④ 음파는 온도가 높은 쪽으로 굴절한다.

해설

음파는 온도가 낮은 쪽으로 굴절한다. 낮에는 지표면보다 상공의 온도가 낮아 위로 향하고, 밤에는 상공보다 지표면의 냉각속도가 빨라 아래로 향한다(굴절현상).
※ 낮말은 새(하늘)가 듣고 밤말은 쥐(지면)가 듣는다.

14 활성슬러지 공정에서 발생할 수 있는 운전상의 문제점과 그 원인으로 옳지 않은 것은?

① 슬러지 부상 – 탈질화로 생성된 가스의 슬러지 부착
② 슬러지 팽윤(팽화) – 포기조 내의 낮은 DO
③ 슬러지 팽윤(팽화) – 유기물의 과도한 부하
④ 포기조 내 갈색 거품 – 높은 F/M(먹이/미생물) 비

해설

• 포기조 내 갈색 거품 – 과도한 슬러지 체류시간으로 인한 과다 산화현상
• 해결방법 : 1차 유입수 부하 조절, 슬러지 인발량 증가, 폭기조 내 MLSS 감소, 거품제거제(소포제) 투입

15 미세먼지에 대한 설명으로 옳은 것만을 모두 고르면?

> ㄱ. 미세먼지 발생원은 자연적인 것과 인위적인 것으로 구분된다.
> ㄴ. 질소산화물이 대기 중의 수증기, 오존, 암모니아 등과 화학반응을 통해서도 미세먼지가 발생한다.
> ㄷ. NH_4NO_3, $(NH_4)_2SO_4$는 2차적으로 발생한 유기 미세입자이다.
> ㄹ. 환경정책기본법령상 대기환경기준에서 먼지에 관한 항목은 TSP, PM_{10}, $PM_{2.5}$이다.

① ㄱ, ㄴ
② ㄷ, ㄹ
③ ㄱ, ㄴ, ㄷ
④ ㄱ, ㄴ, ㄹ

- 질산암모늄(NH_4NO_3)과 황산암모늄(($NH_4)_2SO_4$)는 직접 배출되는 1차 오염물질이다.
- 환경정책기본법령상 대기환경기준의 먼지항목은 PM_{10}, $PM_{2.5}$ 두 가지이다(환경정책기본법 시행령 별표 1).

16 폐기물관리법령에서 정한 지정폐기물 중 오니류, 폐흡착제 및 폐흡수제에 함유된 유해물질이 아닌 것은?

① 유기인화합물
② 니켈 또는 그 화합물
③ 테트라클로로에틸렌
④ 납 또는 그 화합물

해설

지정폐기물에 함유된 유해물질(폐기물관리법 시행규칙 별표 1)

오니류 · 폐흡착제 및 폐흡수제에 함유된 유해물질

유해물질	기준(용출액 1L당)
납 또는 그 화합물	3mg 이상을 함유한 경우
구리 또는 그 화합물	3mg 이상을 함유한 경우
비소 또는 그 화합물	1.5mg 이상을 함유한 경우
수은 또는 그 화합물	0.005mg 이상을 함유한 경우
카드뮴 또는 그 화합물	0.3mg 이상을 함유한 경우
6가크롬화합물	1.5mg 이상을 함유한 경우
시안화합물	1mg 이상을 함유한 경우
유기인화합물	1mg 이상을 함유한 경우
테트라클로로에틸렌(TCE)	0.1mg 이상을 함유한 경우
트라이클로로에틸렌(PCE)	0.3mg 이상을 함유한 경우
기름성분	중량비를 기준으로 유해물질을 5% 이상 함유한 경우
그 밖에 환경부장관이 정하여 고시하는 물질	

17 폐기물 매립처분 방법 중 위생 매립의 장점이 아닌 것은?

① 매립시설 설치를 위한 부지 확보가 가능하면 가장 경제적인 매립 방법이다.
② 위생 매립지는 복토 작업을 통해 매립지 투수율을 증가시켜 침출수 관리를 용이하게 한다.
③ 처분대상 폐기물의 증가에 따른 추가 인원 및 장비 소요가 크지 않다.
④ 안정화 과정을 거친 부지는 공원, 운동장, 골프장 등으로 이용될 수 있다.

해설

위생 매립 시 이루어지는 복토 작업은 일일복토, 중간복토, 최종복토로 구분되며 폐기물의 흩날림(비산), 악취방지, 해충 서식, 빗물 침투 등을 방지하고 주변환경 피해를 최소화하기 위해 실시한다. 복토 후 침출수의 발생이 억제되어 전체 침출수 유출량은 감소한다.

18 열분해 공정에 대한 설명으로 옳지 않은 것은?

① 산소가 없는 상태에서 열을 공급하여 유기물을 기체상, 액체상 및 고체상 물질로 분리하는 공정이다.
② 외부열원이 필요한 흡열반응이다.
③ 소각 공정에 비해 배기가스량이 적다.
④ 열분해 온도에 상관없이 일정한 분해산물을 얻을 수 있다.

해설

열분해 공정은 저산소 상태에서 열을 공급하여 분자 내부의 산소를 활용해 물질의 분해와 부산물의 획득(연료), 이 두 가지를 얻을 수 있는 처리법으로 온도의 범위에 따라 액체연료(300~400℃)와 기체연료(700℃ 이상)를 얻을 수 있다.

19 소음 측정 시 청감보정회로에 대한 설명으로 옳지 않은 것은?

① A회로는 낮은 음압레벨에서 민감하며, 소리의 감각 특성을 잘 반영한다.
② B회로는 중간 음압레벨에서 민감하며, 거의 사용하지 않는다.
③ C회로는 낮은 음압레벨에서 민감하며, 환경소음 측정에 주로 이용한다.
④ D회로는 높은 음압레벨에서 민감하며, 항공기 소음의 평가에 활용한다.

해설

청감보정회로 : 등청감곡선에 가까운 보정회로를 말하며, 소음계의 지시를 사람의 귀 감각기능과 유사하게 만들기 위해 계기 내에 설치한다. 음의 세기에 따라 A, B, C, D 4개로 구성된다.

특성 구분	설 명
A 특성	저음압레벨, 인간의 주관적 반응과 가장 많이 일치되며 소음레벨 측정에 사용
B 특성	중음압레벨, 중음역대의 신호 보정을 위해 사용
C 특성	고음압레벨, 소음등급의 평가에 주로 사용
D 특성	소음의 시끄러움 평가에 활용되며 항공기 소음평가의 기준으로 이용됨

20 0℃, 1기압에서 8g의 메탄(CH_4)을 완전연소시키기 위해 필요한 공기의 부피[L]는?(단, 공기 중 산소의 부피 비율 = 20%, 탄소 원자량 = 12, 수소 원자량 = 1이다)

① 56 ② 112
③ 224 ④ 448

해설

먼저 반응식을 이용해 연소에 필요한 산소량을 계산한다.
$CH_4 + 2O_2 \rightarrow CO_2 + 2H_2O$
16g : 2×22.4L=8g : x
x(연소에 필요한 산소량) = 22.4L
문제의 조건에서 공기 중 산소의 부피 비율이 20%이므로, 공기의 부피를 계산하면 다음과 같다.
1 : 0.2 = x : 22.4L
∴ x(공기의 부피) = $\dfrac{22.4L}{0.2}$ = 112L

MEMO

참 / 고 / 문 / 헌

- 공업화학, 한국직업능력개발원

- 대기오염개론, 대기환경연구회

- 일반화학, 도서출판 창문각

- 환경공업일반, 교육과학기술부

- 환경공학개론, 예문사

- 환경공학개론, 탑스팟

- 환경기능사, 시대고시기획

좋은 책을 만드는 길
독자님과 함께하겠습니다.

도서나 동영상에 궁금한 점, 아쉬운 점, 만족스러운 점이
있으시다면 어떤 의견이라도 말씀해 주세요.
시대고시기획은 독자님의 의견을 모아 더 좋은 책으로 보답하겠습니다.

www.sidaegosi.com

기술직 환경공학개론 기출이 답이다

개정4판1쇄 발행	2021년 02월 05일 (인쇄 2020년 12월 23일)
초 판 발 행	2017년 07월 10일 (인쇄 2017년 05월 24일)
발 행 인	박영일
책 임 편 집	이해욱
편 저	김민 · 김지선
편 집 진 행	윤진영 · 이새록
표 지 디 자 인	조혜령
편 집 디 자 인	심혜림
발 행 처	(주)시대고시기획
출 판 등 록	제10-1521호
주 소	서울시 마포구 큰우물로 75 [도화동 538 성지 B/D] 9F
전 화	1600-3600
팩 스	02-701-8823
홈 페 이 지	www.sidaegosi.com
I S B N	979-11-254-8272-7(13350)
정 가	21,000원

시대북 통합서비스 앱 안내

연간 1,500여종의 실용서와 수험서를 출간하는 시대고시기획, 시대교육, 시대인에서
출간도서 구매 고객에 대하여 도서와 관련한 **"실시간 푸시 알림"** 앱 서비스를 개시합니다.

이제 수험정보와 함께 도서와 관련한 다양한 서비스를
찾아다닐 필요 없이 스마트 폰에서 실시간으로 받을 수 있습니다.

사용방법 안내

1. 메인 및 설정화면

- 로그인/로그아웃
- 푸시 알림 신청내역을 확인하거나 취소할 수 있습니다.
- 시험 일정 시행 공고 및 컨텐츠 정보를 알려드립니다.
- 1:1 질문과 답변(답변 시 푸시 알림)

2. 도서별 세부 서비스 신청화면

메인화면의 [콘텐츠 정보] [정오표/도서 학습자료 찾기]
[상품 및 이벤트] 각종 서비스를 이용하여 다양한 서비스를 제공 받을수 있습니다.

[제공 서비스]

- **최신 이슈&상식** : 최신 이슈와 상식 제공(주 1회)
- **뉴스로 배우는 필수 한자성어** : 시사 뉴스로 배우기 쉬운 한자성어(주 1회)
- **정오표** : 수험서 관련 정오자료 업로드 시
- **MP3 파일** : 어학 및 MP3파일 업로드 시
- **시험일정** : 수험서 관련 시험 일정이 공고되고 게시될 때
- **기출문제** : 수험서 관련 기출문제가 게시될 때
- **도서업데이트** : 도서 부가자료가 파일로 제공되어 게시될 때
- **개정법령** : 수험서 관련 법령개정이 개정되어 게시될 때
- **동영상강의** : 도서와 관련한 동영상강의가 제공, 변경 정보가 발생한 경우
- ***향후 서비스 자동 알림 신청** : 이 외의 추가서비스가 개발될 경우 추가된 서비스에 대한 알림을 자동으로 발송해 드립니다.
- ***질문과 답변 서비스** : 도서와 동영상 강의 등에 대한 1:1 고객상담

⑦ **앱 설치방법** ▶ Google Play / App Store

← 시대에듀로 검색 🎤

※ 본 앱 및 제공 서비스는 사전 예고 없이 수정, 변경되거나 제외될 수 있고, 푸시 알림 발송의
경우 기기변경이나 앱 권한 설정, 네트워크 및 서비스 상황에 따라 지연, 누락될 수 있으므로
참고하여 주시기 바랍니다.

※ 안드로이드와 IOS기기는 일부 메뉴가 상이할 수 있습니다.

기술직 공무원 전기이론
별판 | 21,000원

기술직 공무원 전기기기
별판 | 21,000원

기술직 공무원 기계일반
별판 | 21,000원

기술직 공무원 환경공학개론
별판 | 21,000원

기술직 공무원 재배학개론+식용작물
별판 | 35,000원

기술직 공무원 기계설계
별판 | 21,000원

기술직 공무원 임업경영
별판 | 20,000원

기술직 공무원 조림
별판 | 20,000원

※도서의 이미지와 가격은 변경될 수 있습니다.

AI면접
이젠, 모바일로

기업과 취준생 모두를 위한 평가 솔루션 윈시대로! 지금 바로 시작하세요.

www.sdedu.co.kr/winsidaero